本书出版受“北京市优秀人才培养资助青年拔尖个人项目”（批准号：2016000020044ZS01）资助

北京及周边地区
辽代壁画墓研究

黄小钰　著

科 学 出 版 社
北　京

首都博物馆　书库
甲种　第陆部
《北京及周边地区辽代壁画墓研究》

内 容 简 介

本书是关于辽代壁画墓的区域研究。作者力图在既有研究的基础上运用考古类型学的方法，对北京及周边地区辽代壁画墓进行系统的整理和分期、分区研究，建立这一区域辽代壁画墓发展的时空框架，厘清发展脉络，总结区域特征，并与契丹腹地同类型壁画墓进行比较，最后结合文献史料对北京及周边地区辽墓壁画所反映的社会背景及文化渊源进行分析和探讨。

本书可供历史、考古、文物、博物馆等专业的师生、研究人员和兴趣爱好者阅读、参考。

图书在版编目（CIP）数据

北京及周边地区辽代壁画墓研究 / 黄小钰著. —北京：科学出版社，2019.10
ISBN 978-7-03-062079-8

Ⅰ.①北…　Ⅱ.①黄…　Ⅲ.①壁画墓－研究－北京－辽代　Ⅳ.①K878.84

中国版本图书馆CIP数据核字（2019）第179018号

责任编辑：张亚娜　周　赒 / 责任校对：邹慧卿
责任印制：肖　兴 / 封面设计：北京美光设计制版有限公司

科学出版社 出版
北京东黄城根北街16号
邮政编码:100717
http://www.sciencep.com

中国科学院印刷厂 印刷
科学出版社发行　各地新华书店经销
*
2019年10月第　一　版　开本：720×1000　1/16
2021年10月第二次印刷　印张：12 1/4　插页：1
字数：235 000

定价：78.00元
（如有印装质量问题，我社负责调换）

序　言

辽代墓葬和辽墓壁画的发掘与研究，是考古学和美术史学研究的重要课题之一。20世纪20年代，法国传教士闵宣化最先调查了位于内蒙古东部的辽上京、庆陵和怀陵，以及祖州、庆州、怀州等辽城、辽陵和奉陵邑。20世纪30年代，日本东亚考古学会的江上波夫、田村实造又调查了庆陵。随后，鸟居龙藏、小林行雄等人也相继对庆陵进行了调查、测绘、墓葬清理和壁画临摹。在1952～1953年出版的《庆陵》（全两册）报告中，虽然因当年条件所限，其中的壁画临摹存在一些错误，但这应当是关于辽墓及壁画的第一本大型学术报告。这一时期，外国传教士和考古学者在辽代考古和墓葬壁画研究上取得的成果，引起了中国学术团体和中国学者对于辽代城址、墓葬，特别是辽墓壁画的关注。

20世纪50～70年代，伴随着新中国考古事业的发展，辽代壁画墓的发掘资料逐渐增多，库伦旗辽代壁画墓等一批考古发掘报告和相关的研究论文相继发表。进入20世纪80年代后，随着中国考古事业的不断推进，辽代墓葬的考古发掘工作也相继取得了丰硕的成果。内蒙古东部地区通辽奈曼旗陈国公主墓、赤峰阿鲁科尔沁旗耶律羽之墓和宝山辽墓的发现和发掘，以及辽西地区和燕山以南地区辽代墓葬的不断发现，将辽代考古工作推向深入。同时，对辽代墓葬分期与分区、丧葬习俗及文化交流的综合性研究逐渐增多，先后有王秋华、李逸友、杨晶、冯恩学、董新林、彭善国、刘未、张帆等学者的相关论著发表；在辽墓壁画研究方面，则有俞剑华、郑绍宗、董新林、张鹏、贺西林与李清泉等以专著或分卷本，从艺术题材和绘画技法方面，阐释了辽代绘画艺术的兴起、发展、完善及不断汉化的历史过程，使辽代考古和墓葬壁画的研究达到了一个新的高度。

迄今为止，我国发掘和清理的辽代壁画墓已达百余座。就其分布而言，可分为包含了燕山以北的内蒙古东部、辽西地区的北区，以及北京、河北和山西北部地区的南区。在这两大区域之中，重要的且具代表性的壁画墓主要集中在辽上京和辽中京的契丹腹心地带，而且基本都是契丹贵族的墓葬，年代上包括了契丹至辽代的早、中、晚期各个阶段。而发现于辽南京和辽西京一带的壁画墓则汉文化特征明显。从北京和宣化等地发现的辽代墓志看，这一区域的辽代墓葬都是汉人的墓葬，年代上多在辽代中、晚期阶段。这种分布区域的差异、不同区域墓葬年代分布的差异和考古工作进行的先后差异，造成了考古学界和美术史学界对于辽代墓葬考古和壁画研究工作，在地域和专题研究等方面均呈现出不平衡的状态，即北京及周边地区辽代壁画墓的研究较为零散，缺乏综合性的研究成果。

在这部论著中，黄小钰运用了考古类型学方法和艺术史的图像分析法，将考古资料与历史文献相结合，对幽云地区辽代壁画墓的墓葬形制、壁画内容等进行全面系统的梳理：按照墓葬主室数量的不同分为单室墓、双室墓和多室墓三类；根据壁画题材和区域性特征，将墓葬壁画分为出行归来、备侍、宴饮、散乐、启门、劳作侍女、门吏武士、升天祥瑞、星宿和家居陈设十类。论著在充分归纳幽云地区辽代汉人壁画墓的形制特征和壁画的区域性特色的基础上，与内蒙古东部及辽西地区辽代汉人壁画墓进行了对比研究，并结合文献史料和对该区域壁画所反映的时代背景和文化渊源进行了很有价值的探讨。此外，她还十分注意吸收前人的研究成果，比如很好地借鉴了我指导过的研究生何京的硕士学位论文《北京地区辽金墓葬壁画研究》。该文对保存较好的北京地区辽代和金代的墓葬壁画进行了考古学的观察和美术史学的图像分析，总结了辽金时期墓葬壁画不同的时代特点和发展变化的原因，为黄小钰的写作拓展了思路。应当说，这部论著在前人既往研究的基础上，对北京及周边地区辽代壁画墓进行了系统的梳理和分期、分区研究，初步建立起了这一区域辽代壁画墓发展演变的时空框架，不但梳理总结了辽代幽云地区汉人壁画墓的基本特征和文化面貌，同时填补和完善了该区域辽代墓葬壁画研究的不足和缺憾。

黄小钰对学术有一股执着的韧劲。她2005年毕业于中央民族大学历史学专业，获学士学位。2008年毕业于中央民族大学考古学及博物馆学专业，获硕士学位，随后就职于首都博物馆，从事展览策划与研究工作。2011～2015年就读于中国人民大学考古文博系，取得博士学位。目前是首都博物馆副研究馆员。十几年来，她以勤奋刻苦的精神投入到工作中，先后担任过《南海遗珍——西沙华光礁沉船宝藏展》、《楚风汉韵——南水北调中线工程渠首水源地南阳文物展》以及《回望大明——走进万历朝》等展览的责任人。同时协助展览责任人参与过多项重大展览的策划与实施，如《早期中国——中华文明起源展》《大辽五京——内蒙古出土文物暨辽南京建城1080年展》《台北世界宗教博物馆宗教艺术文化展》《北京的胡同四合院展》《白山·黑水·海东青——纪念金中都建都860周年特展》《地域一体　文化一脉——京津冀历史文化展》。并担任《香江雅集——香港回归祖国20周年特展》《器作·匠心——中国当代陶瓷艺术展》《巴林左旗辽代壁画》《巴林左旗辽代葬俗》等展览的内容设计。在展览工作之余，她还笔耕不辍，发表了十几篇关于博物馆陈列和壁画墓研究的学术论文。

这部论著收集资料较为翔实，多学科方法论运用得当，逻辑推理严密，系统性强，既是以辽代墓葬壁画为主题的学术性探讨，也是对北京及周边地区的区域文化所做的专门研究，强调了该区域历史地位的重要性，对建立文化自信具有现实意义。若要说不足之处，在论述社会背景与文化渊源一节，还可以利用出土器物和文献记载做得更加深入、细致一些，以便在前人研究的基础上能有新的突破。

一个年轻学者的学术之路已经起步，我相信，无论远方是诗情画意，还是艰难险阻，她都会坚定地走下去！

受黄小钰之托，时间急迫之中，匆匆写就以上文字，权且为序。

魏　坚

2019年8月5日于长春南湖

目　录

第一章　绪　　论

第一节　辽代壁画墓的考古发现与研究现状

一、考古发现

20世纪初，国外一批学者和传教士开启了辽代考古与发现的先河。1912年和1920年，法国传教士闵宣化调查了内蒙古东部的上京、祖州、怀州、庆州等城址及怀陵、庆陵、乌牛台、头道湾子等陵墓。19世纪30年代，东亚考古学会内蒙古调查团江上波夫、田村实造等调查了庆陵。随后，鸟居龙藏、小林行雄等人也相继对庆陵进行了踏查、挖掘和测绘，并于1953年发表了关于庆陵及其壁画的考古发掘报告。国外学者和传教士的考古学调查保存了大量的第一手资料，并取得了一些重要的研究成果，同时，引起了中国人对于辽代城址和墓葬的关注。

中华人民共和国成立后尤其是20世纪80年代以来，辽代墓葬的考古发掘工作逐步取得了丰硕的成果，相关的研究也渐趋深入。不过，学界对于辽代考古的发掘和研究工作在时间、地域和专题等方面均呈现出不平衡的状态，北京及周边地区（以下简称本区）辽代壁画墓的研究情况更是如此。以下将按照今天的行政区划对本区的辽代壁画墓做一个回顾。

（一）北京及邻近地区

北京地区辽代墓葬正式的、科学的考古发掘工作始于20世纪50年代。这一时期，北京市文化局文物调查研究组清理发掘了一批辽墓，如北京西翠路辽墓①、洪茂沟辽墓②、彭庄1号辽墓③、百万庄辽墓④等。其中，洪茂

---

① 苏天钧：《北京郊区辽墓发掘简报》，《考古》1959年第2期。
② 苏天钧：《北京郊区辽墓发掘简报》，《考古》1959年第2期。
③ 苏天钧：《北京郊区辽墓发掘简报》，《考古》1959年第2期。
④ 北京市文物工作队：《北京西郊百万庄辽墓发掘简报》，《考古》1963年第3期。

沟辽墓和彭庄1号辽墓壁画模糊不清，只保留了极小的部分。西翠路辽墓墓室北面的墙壁全是彩绘壁画，但因坍塌漫漶过甚，只能看出一部分内容，绘有类似圆形鼓凳一个，还有荷花、水鸟、小鹅等写生图案。百万庄辽墓为1958年在北京西郊百万庄发现，一号墓壁画除前室外全部脱落，室内四壁有壁画四幅，前两幅绘武士像，后两幅大部分脱落，从残存的痕迹可以看出一幅为女仆烹饪图，一幅为女仆洗涤图；二号墓壁画仅保留残缺不全的下半部，无法分辨其内容。

1960年发掘于丰台区永定门外马家堡的赵德钧墓是北京地区发现最早、规模最大的一座辽代壁画墓。赵德钧墓是一座大型多室墓，全部用沟纹砖砌成，结构上部分是仿木建筑。九座墓室的墙壁、立柱、阑额、柱头枋、斗拱、门框、直棂窗等都用白色粉刷，再施以黑红二色彩绘。墓中壁画多已残毁，但仍然保存了三幅。左中室一幅，绘有九个人物，共同欣赏一幅文玩书画。右前室两幅，分别绘有揉面和端食物的两个侍女。壁画采用的是汉族艺术风格，表现了墓主人悠闲的日常生活①。

20世纪70年代，发现了两座辽代壁画墓：在丰台区丰台镇桥南发现了辽代重熙二十二年（1053年）王泽夫妇合葬墓，该墓出土的一批白瓷，釉色净亮，是定窑系中的佳作，但遗憾的是壁画脱落严重；在西城区西椅子胡同发现的辽墓，因扰乱严重，未发现器物，但在墓的东壁上留存了一部分用红黑两色绘的壁画②。

1981年，在北京八宝山革命公墓院墙内发现了契丹国始平军节度使韩佚墓。该墓是一座砖室墓，由墓道、墓门、甬道和墓室四部分组成。墓室壁画布局匀称，周壁上部绘斗拱，下承壁柱。壁画以壁柱相隔，分七幅绘出。北壁一幅，绘有三幅花鸟围屏。东西两壁各三幅，共绘侍女六人。墓室穹隆顶正中绘莲花，四周用八条红色弧形宽带将穹隆顶分成八格，每格内绘白色飞鹤一只，间以流云，穹顶下部四周分绘头顶生肖的人物像十二个。该墓还出土了一套青瓷注碗、白瓷渣斗、盘、碗等。此墓是研究燕云地区辽代汉族官吏的重要资料③。

① 北京市文物工作队：《北京南郊辽赵德钧墓》，《考古》1962年第5期。

② 北京市文物管理处：《近年来北京发现的几座辽墓》，《考古》1972年第3期。

③ 北京市文物工作队：《辽韩佚墓发掘报告》，《考古学报》1984年第3期。

1999年，廊坊市文物管理处、安次区文物保管所在安次区西永丰村清理发掘了一座砖室壁画墓。该墓照壁、门墙、墓室保存基本完好，仿木结构较为完整，彩绘色彩鲜艳，为本地区同时期墓葬所少见，为研究墓葬建筑结构提供了较为完整的资料①。

2002年，在北京大兴区青云店镇西杭子村发现的青云店M1壁画以四根立柱相隔，分为四个部分，包括侍女点灯图、侍女持凤首壶图、理财图、破子棂窗等。M2与M1形制相似，但破坏严重，残留的壁画包括髡发男童、持杖女子、影作桌椅、点灯侍女等。这两座墓葬壁画栩栩如生，有较高的艺术价值，在一定程度上反映了当时的社会面貌，是研究辽代社会生活的重要资料②。

近年来，随着城市基建工作的进行，北京地区收获了大批考古成果。其中，刘六符及夫人合葬墓是辽代墓葬中的重要发现。2007年1月，中国航天科工集团第三研究院厂际协调中心工程施工中发现了两座辽代墓葬，随后北京市文物研究所与丰台区文物管理所对其进行了抢救性发掘清理。其中刘六符墓保存较好，是一座砖结构多室墓，壁画内容主要有凤鸟、流云、缠枝纹、人物等，并随葬有铜、铁、瓷器共138件③。

除此之外，昌平陈庄辽墓④、丰台路口南侧李继成夫妇合葬墓⑤、海淀区增光路康文成墓⑥、西城区丰盛胡同辽墓⑦、西城区光明胡同辽墓⑧、

① 廊坊市文物管理处、安次区文物保管所：《廊坊市安次区西永丰村辽代壁画墓》，《文物春秋》2001年第4期。

② 北京市文物研究所：《北京大兴区青云店辽墓》，《考古》2004年第2期。

③ 周宇：《丰台云岗辽墓07FHM1发掘简报》，《北京考古》（第一辑），北京燕山出版社，2008年。

④ 昌平县文物管理所：《北京昌平陈庄辽墓清理简报》，《文物》1993年第3期。

⑤ 王清林、王朱、周宇：《丰台路口南出土辽墓清理简报》，《北京文博》（2002·2），北京燕山出版社，2002年。

⑥ 朱志刚：《海淀中国工运学院辽墓及其墓志》，《北京文物与考古》（第6辑），民族出版社，2004年。

⑦ 北京市文物局：《北京文物地图集》，科学出版社，2009年。

⑧ 北京市文物局：《北京文物地图集》，科学出版社，2009年。

西城区府右街罗贤胡同辽墓[①]都有零星壁画发现。只是有的壁画破坏严重，只剩残迹；有的模糊不清，无法辨认。

（二）山西大同地区

山西大同地区的辽代壁画墓主要分布在大同市近郊区及朔州等地。从20世纪50年代开始，在大同市城郊先后发掘和清理了一批辽墓。1954～1962年，在大同北郊卧虎湾先后发现了六座壁画墓。其中，M1、M3、M5壁画部分脱落，M2、M4、M6壁画保存较完整，均为墓主人家庭生活的场景[②]。

1957～1958年，发现的辽代壁画墓有大同市西南郊的十里铺M27、M28，新添堡村M29，以及大同市东郊的马家堡辽墓。十里铺M27墓门东西内侧绘门吏图，正中一幅中间绘花石围屏三条，围屏两侧有侍者图，东壁绘一老翁，西壁绘车马出行图。M28与M27壁画基本相同[③]。新添堡M29因室顶部分塌毁，内积淤土，以致壁画模糊不清，据辨别，残存的内容大概为车马出行、宴饮之类[④]。马家堡辽墓亦因室顶坍塌，室内填满淤泥，壁画剥落严重，图像模糊不清，但随葬的几件瓷器和一具釉陶棺保存较好，颇为珍贵[⑤]。

1974年4月，在大同纸箱厂发现了周家店辽代壁画墓。该墓为砖券单室墓，墓室为砖雕影作仿木结构，墓壁表面彩绘壁画，用影作立柱六根，分割成七幅画面。壁画自上而下分为三层，上层位于穹隆顶的下端，绘有人形十二生肖图；中层为仿木构建筑的梁架部分；下层是以人物为主的画面，有收财帛图、灯檠侍女图、守门侍婢图、备膳图、待客图、侍女图等[⑥]。

从20世纪80年代开始，辽代壁画墓的考古发掘工作发展迅速，发掘或

---

① 北京市文物管理处：《近年来北京发现的几座辽墓》，《考古》1972年第3期。

② 大同市文物陈列馆：《山西大同卧虎湾四座辽代壁画墓》，《考古》1963年第8期。

③ 山西省文物管理委员会：《山西大同郊区五座辽壁画墓》，《考古》1960年第10期。

④ 山西省文物管理委员会：《山西大同郊区五座辽壁画墓》，《考古》1960年第10期。

⑤ 大同市博物馆、曹臣明：《山西大同市东郊马家堡辽墓》，《考古》2005年第11期。

⑥ 王银田、解廷琦、周雪松：《山西大同市辽墓的发掘》，《考古》2007年第8期。

清理了一批重要的壁画墓，成果显著。其中三座重要的壁画墓如下：一是1984年发现的辽代军节度使许从赟夫妇合葬墓。墓室周壁及墓顶皆绘有彩色壁画，自上而下分为三层，上层绘星宿图，中层为仿木结构的梁架、斗拱及屋檐，下层绘有侍女图、男侍官图、守门侍婢图等。墓内出土器物丰富，包括陶器、铁器、铜镜、木俑、瓦当和墓志等。该墓是晋北地区唯一的一座辽代早期纪年墓，同时也是大同市已发掘的辽墓中规模最大、内涵最丰富的一座，弥补了燕云地区辽代早期壁画墓的缺环①。二是1987年发现的南关M2辽墓。墓道、墓门、墓室四壁都有壁画，同周家店辽墓一样，墓室壁画由上而下分为三层，分别为星象图、象征屋檐纹饰的斗拱以及斗拱之下的门窗、人物图②。三是2004年发现的机车厂辽墓。该墓为斜坡墓道砖结构单室墓，由墓道、墓门和墓室三部分组成。壁画也是自上而下分为三层，下部壁画用立柱分为八幅画面，有出行准备图、侍卫图、启门图、侍宴图等③。另外，1991年清理的五法村辽墓绘有壁画十幅，但其中九幅的大部分都已经遭到破坏④。

2011年4月，大同市考古研究所在大同市东风里发掘了一座辽代晚期的壁画墓。该墓为砖筑圆形单室墓，虽然出土器物不多，但壁画内容丰富、保存完整。墓室顶部绘有彩色星宿图，中部有影作仿木构建筑，墓室周壁绘有门侍图、农耕图、出行图、起居图、侍酒图、散乐图、吉祥图等⑤。

（三）河北西北部地区

属于辽代西京道的河北西北部地区，其辽代墓葬主要集中在宣化、张家口、涿鹿等地。其中最重要的发现是1974～1993年在宣化区下八里村发

---

① 王银田、解廷琦、周雪松：《山西大同市辽代军节度使许从赟夫妇壁画墓》，《考古》2005年第8期。

② 王银田、解廷琦、周雪松：《山西大同市辽墓的发掘》，《考古》2007年第8期。

③ 大同市考古研究所：《山西大同机车厂辽代壁画墓》，《文物》2006年第10期。

④ 王银田、解廷琦、周雪松：《山西大同市辽墓的发掘》，《考古》2007年第8期。

⑤ 大同市考古研究所：《山西大同东风里辽代壁画墓发掘简报》，《文物》2013年第10期。

掘的九座壁画墓[①]。迄今学术界的共同看法为宣化下八里村东北及村北的这片墓地是辽代晚期汉人张氏和韩氏的家族墓地，营建年代在辽道宗大安年间至天祚帝天庆年间[②]。这九座墓均为仿木结构，皆绘有精美的壁画，壁画内容丰富，包括彩绘星象图、出行图、散乐图、备经图、备茶图、妇人启门图，以及弈棋、云鹤、花鸟树石屏风等，堪称辽代墓葬艺术的代表。

20世纪80年代，张家口地区博物馆和张家口地区文化局在涿鹿和张北两县清理了两座辽代壁画墓。涿鹿县辽墓的壁画分布于墓室的四周、顶部和墓门两侧，壁画布局规整、色彩鲜艳、技巧娴熟，遗憾的是西壁和顶部壁画遭到破坏，仅存的东壁壁画也不完整。这是继宣化下八里辽墓之后，较为重要的一次发现[③]。张北县辽墓是一座石椁石棺壁画墓，墓顶、墓壁、墓底和石棺外壁均绘有淡雅清秀的水墨山水画，但遗憾的是壁画破坏严重，无法辨认内容[④]。

此外，1987年发掘了河北怀安张家屯辽墓。该墓仿木结构十分精致，墓室内有砖雕大门、小门、灯架、马球杖等，尸床外壁有砖雕花纹图案[⑤]。

1988年发掘了河北涿鹿谭庄辽臧知进墓。墓室周壁砖雕彩绘仿木结构，在斗拱之下各柱间砌筑有仿木门窗和家具。该墓出土有墓志，其明确的纪年为研究同类型辽墓的分期提供了参考[⑥]。

1990年发掘了河北宣化姜承义墓。该墓壁砌木桌、灯架、门窗，随葬器物数量众多，种类丰富，是张家口地区辽金考古的重要收获[⑦]。

---

① 河北省文物研究所、张家口市文物管理处、宣化区文物管理所：《宣化辽代壁画墓群》，《文物春秋》1995年第2期。

② 汤池：《宣化辽墓壁画的若干地域特色》，《宣化辽墓壁画》，文物出版社，2001年，第7页。

③ 张家口地区博物馆：《河北涿鹿县辽代壁画墓发掘简报》，《考古》1987年第3期。

④ 张家口地区文化局：《河北张北县清理一座辽代壁画墓》，《考古》1987年第1期。

⑤ 张家口地区文管所、怀安县文管所：《河北怀安县张家屯辽墓》，《考古》1991年第1期。

⑥ 张家口地区文管所、涿鹿县文管所：《河北涿鹿谭庄辽臧知进墓》，《文物春秋》1990年第3期。

⑦ 张家口市文管所、宣化县文管所：《河北宣化辽姜承义墓》，《北方文物》1991年第4期。

此外，在长城以北的内蒙古东南部、辽宁西部等地区均发现有大量辽代壁画墓，此处不再赘述。

以上分别从北京、山西、河北三地简要纵览了本区辽代壁画墓考古发现的历程。结合长城以北地区辽代壁画墓的发现情况，可得出如下认识：

首先，迄今为止，已经发掘或清理的辽代壁画墓多达100余座，主要集中在辽上京、中京和燕山以南的南京和西京之间。上京和中京一带的壁画墓，大多都是契丹贵族的墓葬；南京和西京一带的壁画墓汉文化特征明显，基本上都是汉人的墓葬。这种不同区域、不同特点的分布状况为我们研究辽墓壁画的地域特色，以及辽代社会南北分治的政治格局而形成的文化记忆与认同、冲突与融合提供了重要的依据和线索。

其次，根据目前所发现的辽代壁画墓的情况，可以分为长城以北的北区（包括内蒙古、辽宁）和长城以南的南区（包括北京、山西、河北）。其中，北区的年代跨度较大，跨越了辽代早、中、晚各时期；南区的壁画墓多集中于辽代中、晚期，早期较少。这种时间序列上的差异对于辽墓壁画的历时性和共时性研究是一个极大的启发。

最后，北京、山西、河北三地已发现的辽代壁画墓及其相关研究情况也不同。北京地区辽墓壁画普遍保存较差，考古发掘报告简略，图片资料缺乏，既有研究较少；山西地区考古发掘报告较为详细，但随葬器物不多；河北宣化辽墓壁画最为丰富，已有发掘简报或专题考古报告出版，研究成果丰硕，为学术研究提供了基本的图文资料。针对这种状况，如何最大化利用既有材料进行有效研究是论文写作前必须思考的问题。

二、研究现状综述

20世纪50年代以来，伴随着辽代考古的启动与发展，辽代壁画墓的发掘和出土实物的增多，大批研究成果相应诞生，包括各类调查记录、考古发掘报告、研究论文等。而后随着国内学术研究体系的形成和各学科研究实力的增强，辽代墓葬与壁画的研究成果层出不穷。

（一）辽代墓葬的综合性研究

辽代壁画墓属于辽代墓葬的一个形式和组成部分。从20世纪80年代开始就相继有学者对辽墓的分期、类型等问题进行了探索。王秋华在《辽代墓葬分区与分期的初探》一文中将所收集的资料按不同民族、不同文化、不同风俗及历史沿革情况分为两区；根据墓葬形制、遗物、墓壁及棺壁的装饰将第一区的墓葬分为三期，将第二区的墓葬分为两期[①]。

杨晶发表过两篇关于辽墓研究的文章：一是《辽墓初探》，根据墓室结构和形状，将辽墓分为二类五型，并结合辽墓陶瓷器的分期，进一步分析辽墓的类型和等级在各期的变化。为进一步探讨辽墓的分期和等级划分，该文中也提到了部分壁画内容，但仅限于对辽墓壁画的题材内容进行归类[②]。二是《辽代汉人墓葬概述》，该文仍然从辽代陶瓷器的分期入手对辽代汉人墓葬进行分期研究，并结合丧葬习俗归纳出汉人墓葬的特点[③]。

李逸友侧重于以墓葬形制、葬具和随葬品三个因素作为判断依据，将辽代契丹人墓葬分为早、中、晚三个时期。对辽代汉人的墓葬也作了相应的论述。在大体时代划分上，与王秋华的分期基本一致[④]。

冯恩学的博士学位论文《辽墓初探》对辽代墓葬作了较为系统深入的综合性研究，通过对随葬品的类型学分析，将辽墓分为三期七段，并从族别、等级、区域等方面作了深层次分析[⑤]。

徐苹芳也将辽代墓葬分为早、中、晚三期，但与其他学者不同的是，他将早期延长至辽圣宗时期（1031年），中期时间缩短。其分期的依据更

---

① 王秋华：《辽代墓葬分区与分期的初探》，《辽宁大学学报》（哲学社会科学版）1982年第3期。

② 杨晶：《辽墓初探》，《北方文物》1985年第4期。

③ 杨晶：《辽代汉人墓葬概述》，《文物春秋》1995年第2期。

④ 李逸友：《略论辽代契丹与汉人墓葬的特征和分期》，《中国考古学会第六次年会论文集（1987）》，文物出版社，1990年。

⑤ 冯恩学：《辽墓初探》，吉林大学博士学位论文，1995年。

注重对不同时期文化交流与融合的考察[1]。

董新林《辽代墓葬形制与分期略论》一文，首先对辽代墓葬形制进行类型学分析，再在契丹人墓和汉人墓的出土器物中，选取具有一定分期意义的典型器物及其组合进行分类排序，同时结合其他资料将辽墓分为四期，并分析了各期的时代特征[2]。

刘未《辽代契丹墓葬研究》一文将契丹墓葬分为大型墓葬和中小型墓葬，从四组契丹贵族墓葬中总结出贵族葬制的四个发展阶段，将中小型墓葬的发展过程划分为三期五段，对辽代契丹墓葬的等级制度进行了深入的归纳和总结。作者以墓葬壁面装饰为依据之一，收集了大量精确的数据资料，并结合大量史料，深入总结了契丹墓葬中各类型和各题材墓葬壁画的特点[3]。

彭善国《辽代契丹贵族丧葬习俗的考古学观察》一文从考古学的视角探讨了契丹人尤其是契丹贵族的丧葬习俗，结合文献和墓葬实例归纳为六个方面[4]，为研究辽代墓葬的分期和特点提供了思考路径。

美国布朗大学美术史系的张帆《试谈辽代墓葬的研究和对契丹文化的再认识》一文，首先回顾了辽代考古工作的开展和汉化模式对契丹研究的影响，而后总结了契丹贵族墓葬的三个特点，最后结合壁画内容探讨了辽代契丹和汉人墓葬特点及其变化的原因[5]。相较于中国学者的研究，该文没有将重点放在分期、分区等细节问题的探讨上，而是更注重于分析辽代墓葬背后所蕴含的文化信息和意涵。

（二）辽代墓葬壁画的综合性研究

辽代墓葬壁画的综合性研究主题较为宽泛，并且不局限于某个区域或

① 中国大百科全书总编辑委员会《考古学》编辑委员会：《中国大百科全书·考古学》，中国大百科全书出版社，1986年。

② 董新林：《辽代墓葬形制与分期略论》，《考古》2004年第8期。

③ 刘未：《辽代契丹墓葬研究》，《考古学报》2009年第4期。

④ 彭善国：《辽代契丹贵族丧葬习俗的考古学观察》，《边疆考古研究》（第2辑），科学出版社，2004年。

⑤ 张帆：《试谈辽代墓葬的研究和对契丹文化的再认识》，《内蒙古文物考古》2009年第1期。

者题材，体现了一种综合性视角与多元化思路。目前，这方面的研究已经取得了不少成果，择重点分述如下：

1958年出版的俞剑华《中国壁画》一书第二编《历代墓葬壁画》按时代顺序介绍了各个时期的墓室壁画，是对中国壁画的一次全面的总结①。20世纪80年代后陆续出版的大型图录《中国美术全集》专门列有《墓室壁画》一卷，将壁画看作是美术史的一部分，详细收集了墓葬壁画的资料②。

郑绍宗《辽代绘画艺术和辽墓壁画的发现与研究》一文，从绘画技法及艺术风格方面，系统回顾了辽代绘画艺术兴起、发展、完善及不断汉化的历史过程，是一篇从美术学角度探讨辽墓壁画的重要参考文章③。

董新林的《幽冥色彩——中国古代墓葬壁饰》一书，是全面介绍古代墓葬壁饰发展历程的重要专著。文中以专题研究的形式展现古代墓葬装饰的时代特点和精美的艺术造诣，并且分别介绍了辽代壁画墓的几类重要题材④。

《古代壁画墓》是一部系统研究壁画墓的专著。该书较为全面地归纳了从汉魏到明清时期壁画墓的考古发掘成果和研究历程，其中单辟一章介绍宋辽时期的壁画墓，资料翔实丰富、图文并茂，对于概览古代壁画墓全貌大有裨益⑤。

中央美术学院张鹏教授的《辽墓壁画研究》一书是辽墓壁画研究领域的代表性专著。作者以三座代表性辽代壁画墓为切入点，结合历史文献，运用社会学和民族学的方法，考察辽代墓葬艺术中民族文化的交流与互动及其多元文化内涵，从而探讨辽代艺术的发展轨迹。该书以其美术史的广阔视角和扎实且深入的工作为辽墓壁画的研究提供了重要思路⑥。

---

① 俞剑华：《中国壁画》，中国古典艺术出版社，1958年。

② 中国美术全集编辑委员会编：《中国美术全集·绘画编12·墓室壁画》，文物出版社，1989年。

③ 郑绍宗：《辽代绘画艺术和辽墓壁画的发现与研究》，《文物春秋》1995年第2期。

④ 董新林：《幽冥色彩——中国古代墓葬壁饰》，四川人民出版社，2004年。

⑤ 罗世平、廖旸：《古代壁画墓》，文物出版社，2005年。

⑥ 张鹏：《辽墓壁画研究》，天津人民美术出版社，2008年。

贺西林与李清泉合著的《中国墓室壁画史》一书，收录了自汉代至明清时期的墓室壁画，其中《辽代墓室壁画》一章分不同的族属对辽墓壁画的发现进行梳理，是一部研究墓葬壁画的基础性专著[①]。

此外，近年来，关于墓葬壁画的研究呈现出多元化的特点。在金维诺先生、巫鸿先生的倡导与示范下，墓葬艺术的研究方法得到拓展，从考古学、美术史等多学科角度进行研究的专著或论文不在少数，尤其是海外学者的成果在研究的多维视角方面提供了典范。

美国芝加哥大学的巫鸿教授在此方面成果最为丰富，他在中国古代和现代艺术、美术史理论和方法论等方面均有研究，出版有《美术史十议》《礼仪中的美术——巫鸿中国古代美术史文编》等著作。他在书中采用跨学科研究，结合历史文献、图像、考古、风格分析等多种研究方法，观点独到，对于理解中国古代不同时期、不同材质、不同主题的美术作品都颇有启发性。

总之，以上著作或论文都是墓葬壁画的总论性研究成果，有的从美术考古的角度，有的从方法论的角度，有的从历史学的角度，但都将目光聚焦在墓葬壁画这一主题上，为辽墓壁画研究提供了广阔的视角。

（三）辽代墓葬壁画的区域研究

辽墓壁画主要分布于内蒙古、辽宁、北京、山西、河北五个地区。在既往的研究中，从中选取某个地区或针对某个墓葬做区域性研究或个案研究的成果很多，以下择重点略举几例。

北京市文物研究所编的《北京考古四十年》一书专设一章节对北京地区辽墓进行了详细的梳理和介绍，文中从墓葬形制、葬具、葬式、壁画、随葬器物、墓志等几个方面对墓葬进行类型学分析，是全面总结北京地区辽墓的重要专著[②]。

巫鸿与李清泉合著的《宝山辽墓：材料与释读》一书将宝山辽墓壁画放在墓葬整体中进行审视，讨论的重点包括绘画与建筑的互动、画像程序、绘画的风格与画者的身份，以及壁画与墓葬赞助人的文化背景、当时

① 贺西林、李清泉：《中国墓室壁画史》，高等教育出版社，2009年。

② 北京市文物研究所编：《北京考古四十年》，北京燕山出版社，1990年。

政治环境及辽代礼仪风俗的联系[①]。

李清泉的《宣化辽墓：墓葬艺术与辽代社会》是一部对宣化辽墓进行跨学科研究的专著。作者以河北宣化下八里地区发现的辽代壁画墓群为研究对象，重点考察了辽代汉人墓葬壁画中的多元文化内涵，探讨了一些典型壁画图像的内容、功能与意义，并从丧葬礼仪、宗教信仰、艺术的互动与建构、文化的变迁等角度进行深入挖掘和解释[②]。

冯恩学《河北省宣化辽墓壁画特点》以宣化下八里村发掘的九座辽代壁画墓为研究对象，总结了宣化辽墓壁画的特点：以表现各种家内生活场景为主要题材，其中又以和佛事生活有关的内容占重要地位。墓顶以莲花为中心的天象图体现了以佛土为中心的宇宙观。壁画透露出辽末契丹流民进入汉富之家和民族融合的事实，还具有特殊的艺术风韵[③]。冯恩学的另外一篇文章《内蒙（古）库伦六、七号辽墓壁画的人物身份》对库伦六号墓舞乐图中女子的身份和出猎图中“墓主人”的身份，以及库伦七号墓墓道出行、归来图中两位“墓主人”的身份提出了新的观点和看法。他认为库伦六号墓舞乐图中的女子应为仙女，表示主人生活在天国仙境之中；出猎图中拄骨朵歇脚的人认定为“墓主人”是不对的，而应确定为侍卫；库伦七号墓出行、归来图中的两位“墓主人”都应该为侍从人员[④]。

王银田《大同辽代壁画墓刍议》从山西大同地区壁画墓的墓葬形制、出土器物、壁画的布局、绘画技巧等方面进行归纳总结，比较分析大同地区辽代壁画墓与北京、内蒙古、辽宁等地区的异同。指出在墓葬形制方面，大同人更崇尚节俭与实用，随葬器物除几件陶制明器外，只有为数不多的几件炊饮器；墓葬壁画最大的特点是程式化，题材多为反映居室生活；大同辽代壁画墓既受北方契丹文化的影响，又受到宋文化的影响[⑤]。

孙勐则选择北京地区的辽代壁画墓为研究对象，主要分析了北京辽墓壁画的题材内容、空间布局和壁画背后的文化内涵与时代背景，并将北京

---

① 巫鸿、李清泉：《宝山辽墓：材料与释读》，上海书画出版社，2013年。

② 李清泉：《宣化辽墓：墓葬艺术与辽代社会》，文物出版社，2008年。

③ 冯恩学：《河北省宣化辽墓壁画特点》，《北方文物》2001年第1期。

④ 冯恩学：《内蒙（古）库伦六、七号辽墓壁画的人物身份》，《北方文物》1999年第3期。

⑤ 王银田：《大同辽代壁画墓刍议》，《北方文物》1994年第2期。

地区辽墓壁画与山西大同、河北宣化等辽境内汉人聚居区中的墓葬壁画加以比较，最后将北京地区辽墓壁画的区域特点总结为：在画风和题材等方面继承了唐和五代的传统，延续性强，变化性小，受到外来文化因素的影响较小并且表现为构图简单、题材单一、情节平淡、气氛宁和[①]。

何京的硕士学位论文《北京地区辽金墓葬壁画研究》分别对保存较好的北京地区辽代和金代的墓葬壁画进行考古学的观察和美术学的图像分析，总结辽金时期墓葬壁画的特点和发展变化的原因，并结合历史文献考察墓葬壁画反映的物质文化生活[②]。该文中关于北京地区辽代墓葬壁画的研究为本书的写作提供了思路参考。还有一些硕士学位论文虽然研究范围较窄，但收集的资料较为丰富，也是本文写作过程中的有利参考。例如，王琳玮《辽代贵族墓葬家居陈设的考古学观察》[③]、张文静《赤峰市敖汉旗羊山辽墓壁画研究》[④]、乔微《宣化辽墓壁画特征及其文化成因探究》[⑤]等。

此外，多本关于辽墓壁画的图录，是本书重要的图像参考资料来源。例如，《中国墓室壁画全集·宋辽金元》[⑥]、《内蒙古辽代壁画》[⑦]、《河北古代墓葬壁画》[⑧]、《宣化辽墓壁画》[⑨]及《北京地区辽金墓葬壁画保护研究》[⑩]等。

---

① 孙勐：《浅谈北京辽代墓室壁画的特征》，《文物世界》2011年第1期。

② 何京：《北京地区辽金墓葬壁画研究》，中国人民大学硕士学位论文，2010年。

③ 王琳玮：《辽代贵族墓葬家居陈设的考古学观察》，中国人民大学硕士学位论文，2012年。

④ 张文静：《赤峰市敖汉旗羊山辽墓壁画研究》，中央民族大学硕士学位论文，2011年。

⑤ 乔微：《宣化辽墓壁画特征及其文化成因探究》，东北师范大学硕士学位论文，2007年。

⑥ 《中国墓室壁画全集》编辑委员会编：《中国墓室壁画全集·宋辽金元》，河北教育出版社，2011年。

⑦ 内蒙古自治区文物考古研究所、孙建华：《内蒙古辽代壁画》，文物出版社，2009年。

⑧ 河北省文物研究所编：《河北古代墓葬壁画》，文物出版社，2000年。

⑨ 河北省文物研究所编：《宣化辽墓壁画》，文物出版社，2001年。

⑩ 北京市文物研究所编：《北京地区辽金墓葬壁画保护研究》，科学出版社，2008年。

（四）辽代墓葬壁画的题材和内容研究

针对壁画某一题材和内容研究的文章在辽墓壁画研究领域中比较多见，通常是以壁画题材为背景对某一事物或现象的考证，或者以壁画题材为背景考察辽代的社会生活、礼仪习俗等。

李清泉有多篇此类文章。《绘画题材中意义和内涵的演变——以宣化辽墓壁画中的车马出行图为例》根据宣化辽墓出行图壁画图像内容和形式方面的一些新变化，探索了这一传统题材在辽代晚期发生的意义变迁，从而揭示古人从祈望死后升仙，到祈望投身来世的观念转变①。《宣化辽墓壁画散乐图与备茶图的礼仪功能》从世俗与宗教艺术的礼仪功能等角度，讨论了宣化辽墓中普遍出现的散乐图和备茶图的象征意义，认为散乐图具有“酬神”与民间娱乐两重含义。通过分析二者在墓葬中的空间结构，认为散乐题材与备茶题材关系密切，共同构成了民间酬神供盏的乐舞礼仪画面，并推断在当时的辽代普通富庶汉人的墓葬中，散乐和饮茶文化是死者来世享乐生活的象征②。

郑绍宗《河北宣化辽墓壁画茶道图的研究》以宣化下八里7号辽墓茶道图为材料，结合文献记载重点分析了辽代饮茶习俗的形成过程，煮汤、点茶的程序和茶具的使用，提出：茶道在中国历史悠久，至唐代形成独特的茶文化，宋辽时期普及于北方；饮茶习俗广泛流传于中原和草原，但各地均有自己不同的特点；宣化辽墓多幅壁画中出现契丹装束幼童和侍吏，反映了汉族和契丹族民族融合的情况③。

彭善国《辽代的茶叶与饮茶风俗》结合文献和考古发现，力求勾勒出有辽一代茶叶和饮茶风俗的详细面貌。文章首先从史料中寻找辽代茶的来源，进而阐明在辽代社会生活中，茶叶除广泛用于日常宴饮外，还用于礼仪和各种佛事活动，最后结合宣化辽墓壁画中的茶道图探讨辽代的饮茶方

---

① 李清泉：《绘画题材中意义和内涵的演变——以宣化辽墓壁画中的车马出行图为例》，《中山大学学报》（社会科学版）2003年第2期。

② 李清泉：《宣化辽墓壁画散乐图与备茶图的礼仪功能》，《故宫博物院院刊》2005年第3期。

③ 郑绍宗：《河北宣化辽墓壁画茶道图的研究》，《农业考古》1994年第2期。

式和茶具，认为这是辽代饮茶风行程度的体现[①]。

张景明、杨晨霞《契丹饮食文化在墓葬壁画中的反映》将反映契丹人经济生活的墓葬壁画与带有饮食场面的墓葬壁画进行对比，分析了契丹人独特的饮食文化——既兼容了汉族的饮食风俗，又保留了契丹族自身的饮食内容，反映了契丹人的经济类型为畜牧业和狩猎业，并不见农业，着重突出了游牧民族的特征[②]。

袁泉《宣化辽墓“备茶题材”考》以河北宣化辽墓备茶题材为典型个案，以宋元时期其他墓葬壁画、砖雕的同类题材为类比支持，援引文献，探讨了以茶为祭是唐宋以降丧葬文化“祭以时器”的重要表现[③]。

关剑平《以宣化辽墓壁画为中心的分茶研究》一文从宣化张世卿墓和张世古墓的茶道图壁画出发，印证以文献史料，比照以出土文物，探讨分茶的烹点方法、茶器的形制及作用，并在此基础上讨论茶器的文化内涵[④]。

针对茶具进行考证的还有周新华，他的《宣化辽墓壁画所见之茶具考》一文结合《茶经》等文献记述，对河北宣化辽墓壁画中所见之茶具作了考辨，并对当时北地饮茶之俗的流播、自身的地域特色及古人的“一器多用”现象作了探讨[⑤]。

彭善国《辽墓猎鹰题材壁画及相关文物初识》归纳了辽代猎鹰题材的壁画及其特点，并结合与猎鹰有关的出土遗物，探讨譬如臂韝、扁鼓等实物的形制和用法，是一篇壁画内容结合文物研究的佳作[⑥]。

张春旭、马德龙结合出土的辽墓壁画资料，从出行图、归来图的判断开始论述，继而写到出行归来图的渊源、发展过程、所表现的主要内容和

---

① 彭善国：《辽代的茶叶与饮茶风俗》，《北方文物》1998年第2期。

② 张景明、杨晨霞：《契丹饮食文化在墓葬壁画中的反映》，《大连大学学报》2007年第1期。

③ 袁泉：《宣化辽墓“备茶题材”考》，《华夏考古》2006年第1期。

④ 关剑平：《以宣化辽墓壁画为中心的分茶研究》，《上海交通大学学报》（哲学社会科学版）2004年第1期。

⑤ 周新华：《宣化辽墓壁画所见之茶具考》，《东南文化》2000年第7期。

⑥ 彭善国：《辽墓猎鹰题材壁画及相关文物初识》，《边疆考古研究》（第3辑），科学出版社，2005年。

表现方式，研究细致入微，值得借鉴[①]。

赵爱军《辽墓壁画中的乐舞图》梳理了乐舞图中散乐和旗鼓两部分内容，进一步讨论了辽代乐舞的渊源、乐器与辽代的民族关系、乐舞壁画所反映的艺术形式，认为乐舞图从一个侧面反映了辽代契丹族能歌善舞的民族特性[②]。

针对辽墓壁画中经常出现的“妇人启门”图这一题材，学界已有不少相关研究成果，主要有以下五篇重要的学术论文。

张鹏《妇人启门图试探——以宣化辽墓壁画为中心》选取宣化辽墓中的妇人启门图为研究对象，借助历史文化语境的复原和重建，追溯其源、分析内涵，认为妇人启门表现的是女性在宅内的生活，以及宅门结构，传达了汉人共同的生活习俗及对女性的认识[③]。

李清泉在《空间逻辑与视觉意味——宋辽金墓“妇人启门”图新论》一文中认为，宋辽金墓葬中用以暗示“寝”的空间表达符号——“妇人启门”图的背后，是儒与道、理与情、善与美、现实与虚幻之间的相互渗透和完美结合[④]。

冯恩学在归纳启门图的类型基础上，将启门图中的门分为两种，启门只是利用侍婢出入门来表现居宅和家内生活的一种艺术手法，并没有固定统一的含义[⑤]。

郑岩的《论“半启门”》收集了更多“半启门”图的典型图式，包括雕刻和建筑，认为“半启门”图不仅仅是一个画面，而是墓葬中理想与现实矛盾的一种浓缩、简洁的艺术表达[⑥]。

郑滦明《宣化辽墓“妇人启门”壁画小考》将妇人启门的社会涵义归

---

① 张春旭、马德龙：《辽墓壁画出行归来图探索》，《美苑》2009年第4期。

② 赵爱军：《辽墓壁画中的乐舞图》，《内蒙古文物考古》2001年第2期。

③ 张鹏：《妇人启门图试探——以宣化辽墓壁画为中心》，《民族艺术》2006年第3期。

④ 李清泉：《空间逻辑与视觉意味——宋辽金墓“妇人启门”图新论》，《美术学报》2012年第2期。

⑤ 冯恩学：《辽墓启门图之探讨》，《北方文物》2005年第4期。

⑥ 郑岩：《论“半启门”》，《故宫博物院院刊》2012年第3期。

纳为两类：一类是侍奉主人的女仆，如侍茶饮食侍女；另一类是侍奉主人的贴身小妾、更衣陪寝女。由于这种装饰与佛教提倡的修身养性、清静无为相悖逆，金代以后这种题材逐渐减少和衰落，到元代初年几乎消失①。

（五）其他综合性研究

还有一些研究资料虽然不是专门针对辽代壁画墓的研究，却是研究这一主题的理论基础和方法论指导。

首先，一些考古类的综合性研究论著，或者对辽代考古发现进行专题介绍，或者单辟章节论述壁画墓，为本书提供了研究墓葬壁画的基础。例如《中国考古集成·东北卷》②、《北京考古发现与研究（1949～2009）》③及《北京考古史·辽代卷》④等。

其次，一些辽金史类与辽代社会风俗史类专著，为本书的研究提供了一些线索。例如蔡美彪《辽金元史十五讲》⑤、陶玉坤《北方游牧民族历史文化研究》⑥、朱瑞熙等《宋辽西夏金社会生活史》⑦、韩世明《辽金生活掠影》⑧、冯继钦等《契丹族文化史》⑨等。

再次，目前学界关于汉唐时期墓葬壁画的研究成果较多，虽然并非研究辽代壁画，却为本书的写作思路和研究范式提供了借鉴和参考。例如黄佩贤《汉代墓室壁画研究》⑩、李星明《唐代墓室壁画研究》⑪、贺西林

---

① 郑滦明：《宣化辽墓“妇人启门”壁画小考》，《文物春秋》1995年第2期。
② 孙进己、冯永谦、苏天钧主编：《中国考古集成·东北卷》，北京出版社，1997年。
③ 宋大川主编：《北京考古发现与研究（1949～2009）》，科学出版社，2009年。
④ 于璞：《北京考古史·辽代卷》，上海古籍出版社，2012年。
⑤ 蔡美彪：《辽金元史十五讲》，中华书局，2011年。
⑥ 陶玉坤：《北方游牧民族历史文化研究》，内蒙古教育出版社，2007年。
⑦ 朱瑞熙、张邦炜、刘复生，等：《宋辽西夏金社会生活史》，中国社会科学出版社，1998年。
⑧ 韩世明：《辽金生活掠影》，沈阳出版社，2002年。
⑨ 冯继钦、孟古托力、黄凤岐：《契丹族文化史》，黑龙江人民出版社，1994年。
⑩ 黄佩贤：《汉代墓室壁画研究》，文物出版社，2008年。
⑪ 李星明：《唐代墓室壁画研究》，陕西人民美术出版社，2005年。

《古墓丹青——汉代墓室壁画的发现与研究》[①]等。

综上所述，有关辽代壁画墓的研究是多方面、多角度的，可供参考的资料较多，并且已经取得了部分研究成果。就辽墓壁画的研究现状而言，各区域呈现不平衡的状态。内蒙古、河北两地区研究成果较多，其他地区略显不足；契丹贵族墓葬壁画研究成果较多，汉人墓葬壁画略显不足。因此，本书选取长城以南（北京及周边地区）这一区域的辽代壁画墓为研究对象，试图对辽代汉人墓葬壁画研究的不足作一些弥补。

第二节　研究对象的界定与研究方法

一、研究对象的界定

本书的研究对象为辽代壁画墓，即带壁画的辽墓。墓葬壁画属于墓葬的重要组成部分，国内对墓葬壁画的研究成果基本上都包含在壁画墓的研究中。因此，虽然本书的研究重点放在辽墓壁画上，但亦不能脱离于辽墓的研究。

本选题并非一个学术界陌生的概念，但在研究中仍存在各自界定不同、理解相异的情况，因此，有必要对本书的相关概念做一个厘定和说明。

（一）时间、空间范围的界定

本书中“辽代”是指916～1125年，即从辽太祖耶律阿保机建元神册，称帝建国，至辽为金所灭的阶段。

北京及周边地区的范围大致相当于辽宋时期由石敬瑭割让给辽朝的幽云十六州地区，即今太行山以东的山前幽州（今北京）、蓟州（今天津蓟县）、瀛洲（今河北河间）、莫州（今河北任丘）、涿州（今河北涿州）、檀州（今北京密云）、顺州（今北京顺义），以及今太行山以西的山后新州（今河北涿鹿）、妫州（今河北怀来）、儒州（今北京延庆）、

① 贺西林：《古墓丹青——汉代墓室壁画的发现与研究》，陕西人民美术出版社，2001年。

武州（今河北宣化）、云州（今山西大同）、应州（今山西应县）、寰州（今山西朔州东部）、朔州（今山西朔州）、蔚州（今河北蔚县），共计十六州[①]。其中，山前七州属于辽代的南京道，山后九州属于辽代的西京道。幽云地区是辽境内的汉人聚居区，该区域内的辽代壁画墓基本上都属于汉人墓葬。这一区域范围大致相当于今北京、天津、河北西北部以及山西北部地区。

（二）关于“壁画”的界定

《中国大百科全书·美术Ⅰ》对“壁画”的定义为：“装饰壁面的画。包括用绘制、雕塑及其他造型和工艺手段，在天然和人工壁面（主要指建筑物内外表面）上制作的画。”根据“制作和技法”将壁画分为“绘画型”和“绘画工艺型”两大类。前者以绘画手段为主，用手绘方式完成；后者借助工艺制作手段体现[②]。根据这一定义，目前学界对“壁画”这一词的理解有广义和狭义之分。广义上指以任何工具和技法绘制于建筑物墙壁面上的装饰图案。狭义上指以笔和墨及各种颜料等，绘制于建筑物墙壁面上的装饰图案。同样，对应壁画的广义和狭义之分，壁画墓也有广义和狭义的区别。广义的壁画墓是指墓壁上有装饰图案的墓葬，包括彩绘、砖雕、石刻、模印等任何工具和技法在壁面上进行的各种制作。狭义的壁画墓单指在墓壁上用墨笔和各种颜料绘制装饰图案的墓葬。一般来讲，考古学报告和论著中常使用狭义的概念，指笔绘于壁面上的彩色图像。而以其他的材料和技术手段制作的壁面装饰，大多另外加以定名，不包括在壁画的范畴之内，如画像石、画像砖、线刻画、拼镶砖画等。本书所探讨的“墓葬壁画”范围取狭义的概念，主要以绘于墓葬壁面上的图像为研究对象，但由于幽云地区出现较多砖雕与绘画共同装饰壁面的墓葬，

---

① 幽云十六州为长城以南汉地之泛指。《辽史·太宗本纪》记载，会同元年（938年）十一月“晋复遣赵莹奉表来贺，以幽、蓟、瀛、莫、涿、檀、顺、妫、儒、新、武、云、应、朔、寰、蔚十六州并图籍来献。于是诏以皇都为上京，府曰临潢。升幽州为南京，南京为东京”。

② 中国大百科全书总编辑委员会《美术》编辑委员会、中国大百科全书编辑部编：《中国大百科全书·美术Ⅰ》，中国大百科全书出版社，1992年，第81～82页。

为使研究更为全面，砖雕也纳入壁画的考察范围之中。

到目前为止，考古界发掘和清理的辽代壁画墓很多，但根据考古发掘报告介绍，部分墓葬中的壁画因人为或非人为的因素而遭破坏，保存状况较差，内容无法辨认。还有的墓葬中仅有一些装饰的纹样或单幅画面，无法与墓葬中的其他信息形成互动，这样的壁画墓不纳入本书的研究范畴。

二、研究方法

本书主要以幽云地区的辽代壁画墓和壁画图像资料为基础材料，结合历史文献，运用考古类型学的方法对材料进行梳理、总结和分析探讨。具体研究方法如下：

第一，考古资料与历史文献相结合。运用考古资料与历史文献相结合的方法对考古发掘的壁画墓墓葬形制、壁画内容等进行全面系统的梳理。结合文献史料记载对壁画所反映的时代背景和社会文化进行分析。

第二，考古类型学方法。运用考古类型学方法对北京及周边地区辽代壁画墓进行分区、分期研究，归纳出阶段演变特征和区域特征。

第三，图像分析法。本书的研究主要依据考古发掘的视觉材料，因此需要运用图像分析法把握壁画的题材内容、风格特点。

第二章　北京及周边地区辽代壁画墓的分类

壁画墓是墓葬装饰的载体，研究墓葬壁画离不开对壁画墓的考察，只有将壁画放到壁画墓这一整体中研究才能得出客观、全面的结论。墓葬形制影响着墓葬壁画的布局与形式，随葬器物反映着时代背景和墓主人身份地位，它们与壁画布局配置、壁画题材内容共同构成考察墓葬壁画时代特征和区域特征的要素。本章拟从墓葬形制、随葬器物、壁画题材内容三个方面运用考古类型学方法对北京及周边地区辽代壁画墓进行梳理、分类，为后面章节的分期和分区研究打下基础。

第一节　墓葬形制分类

北京及周边地区辽代壁画墓除了河北涿鹿县酒厂辽墓为石室墓之外，其他都是砖室墓。按照主室数量的不同可分为单室墓、双室墓和多室墓三类。

一、单　室　墓

从已发表的考古发掘简报和报告来看，单室墓共发现31座，按照墓室平面形状的不同可分为三型：A型，圆形或近圆形；B型，方形；C型，多角形。

A型，圆形或近圆形，根据墓室直径大小又可分为两个亚型。

Aa型，为大型墓，墓室直径大于3米，共有墓葬10座，分别为：北京八宝山韩佚墓、丰台路口南李继成墓、西翠路辽墓、彭庄1号辽墓、大兴青云店M1、青云店M2、丰台王泽墓，山西大同许从赟墓、周家店辽墓，河北怀安张家屯辽墓。

以山西大同许从赟墓为例（图2-1），该墓为砖砌圆形单室墓，由墓道、墓门楼、甬道和墓室四部分组成。墓向188度。墓道坡度较大，设有多级不甚规则的台阶，墓道南端较窄，向北逐渐加宽、变深。墓道长7.8米。墓门为砖砌圆拱形，门上筑门楼，通高4.55米。门楼正面筑仿木结构砖雕斗拱及其他建筑构件，外表涂红色和黑色。甬道为拱形顶，甬道南端两侧壁下端各砌有一个小壁龛。墓室在甬道北面，平面呈圆形，穹隆顶。底径4.92、高5.2米。墓室为仿木结构，设影作立柱6根，将壁画分成6幅①。

Ab型，为小型墓，墓室直径小于3米，共有墓葬17座，分别为：北京昌平陈庄辽墓，山西大同机车厂辽墓、五法村辽墓、南关M2、十里堡M27、新添堡M29、卧虎湾M1、卧虎湾M2、卧虎湾M3、卧虎湾M4、卧虎湾M5、卧虎湾M6、马家堡辽墓、东风里M1，河北涿鹿咸知进墓、涿鹿酒厂辽墓、宣化张世本墓。

以山西大同卧虎湾M3为例，墓室平面呈圆形，顶作迭涩圆锥状。墓室用素面沟纹砖错缝砌成，墓底直径1.2米。墙壁在一米高处开始起券，作圆顶，墓室全高1.5米，并用红褐色粘泥勾缝。墓门通高1.8米，用大青石封闭。墓道长2.2、宽0.8、深4.75米。墓室北壁置石棺②。

B型，方形。仅有1座，山西朔州辽代壁画墓（图2-2）。墓室结构为砖砌单室墓，平面呈正方形。墓门向东，方向95度。由墓室、墓门、墓道三部分组成。墓室东西长1.4、南北宽1.4米。墓顶已塌落，根据残存情况推测为叠涩攒尖顶。墓门呈拱券型，高1.04、长0.4、宽0.8米。墓门外用一块大青石板封闭。墓道为竖井式，底部为斜坡27度。墓底西端筑棺床。根据此墓规模狭小，长、宽仅为1.4米，难以容纳一般成人之棺木，推测墓主人可能属火葬③。

C型，多角形。根据墓室多角形状又可分为两个亚型。

---

① 王银田、解廷琦、周雪松：《山西大同市辽代军节度使许从赟夫妇壁画墓》，《考古》2005年第8期。

② 大同市文物陈列馆：《山西大同卧虎湾四座辽代壁画墓》，《考古》1963年第8期。

③ 山西省考古研究所平朔考古队：《朔州辽代壁画墓发掘简报》，《文物季刊》1995年第2期。

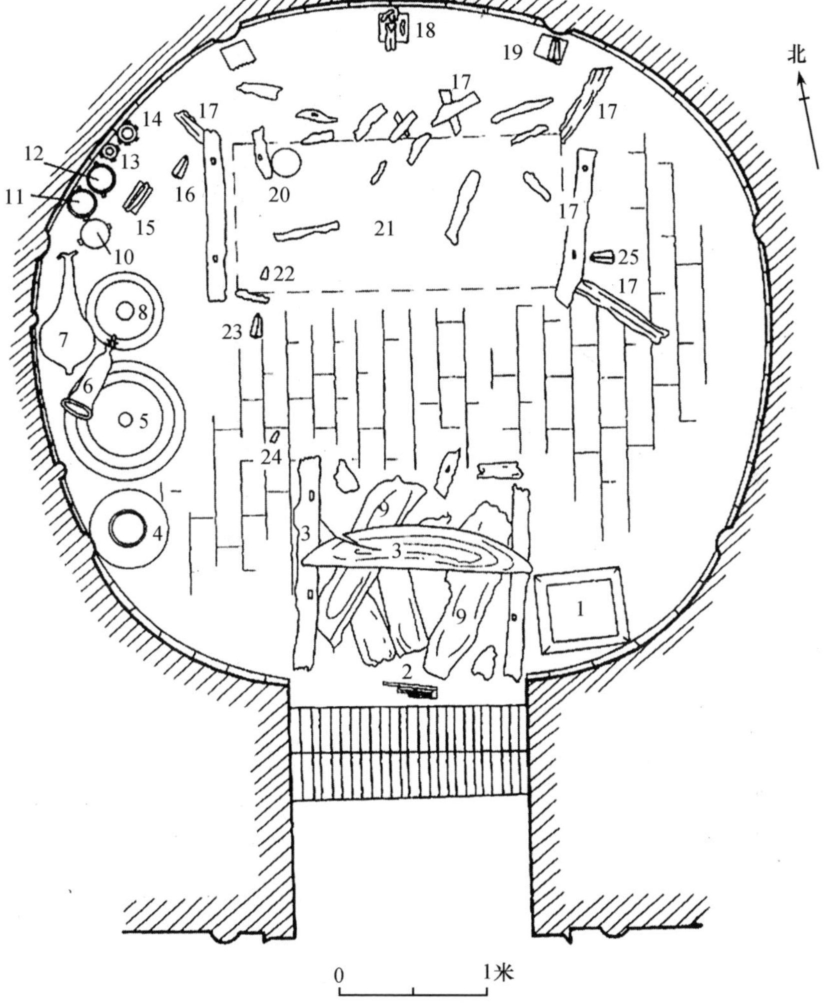

图2-1　山西大同许从赟墓平面图①

1. 墓志　2. 铁锁　3、9. 木门残片　4. 彩绘将军陶罐　5. 彩绘堆花喇叭口形陶器　6. 彩绘将军陶罐盖　7、8. 长颈枭首陶壶　10. 铁鏊盘　11. BⅠ式铁釜　12. BⅡ式铁釜　13. 铁臼　14. A型铁釜　15. 铁碾　16、19、22～25. 铁铃　17. 墓棺罩残片　18. 残木俑　20. 铜镜　21. 墓棺罩位置

① 图片采自王银田、解廷琦、周雪松：《山西大同市辽代军节度使许从赟夫妇壁画墓》，《考古》2005年第8期。

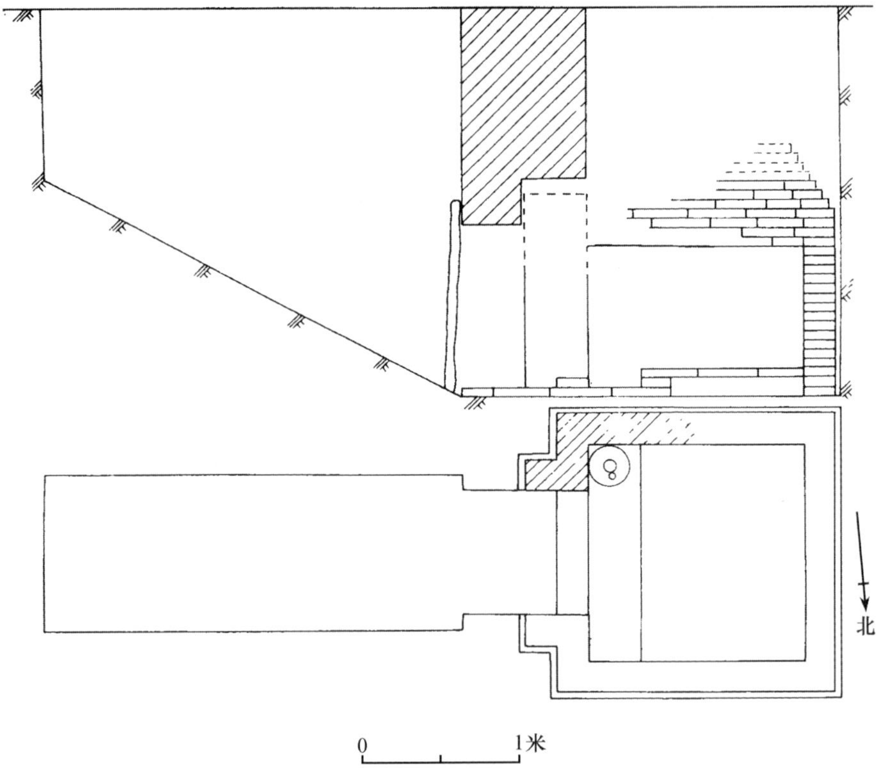

图2-2　山西朔州辽墓平、剖面图①

Ca型，墓室平面为六角形。有2座，山西大同姜承义墓、河北宣化张恭诱墓。

以河北宣化张恭诱墓为例（图2-3），该墓为砖砌仿木构穹隆顶单室墓，由墓道、墓门、墓室三部分组成。墓南向。墓门拱形，高1.4、宽1米。墓门两侧有立颊、门额、斗拱。门楼壁面及斗拱外表先涂白灰作底，后涂红色，再以黑彩勾画外缘轮廓。墓室平面呈六边形，长2.9、宽2.4米，墓壁与顶部表面均抹白灰，然后彩绘影作木结构。墓室底部均铺方砖。墓室北壁置木棺和棺床②。

① 图片采自山西省考古研究所平朔考古队：《朔州辽代壁画墓发掘简报》，《文物季刊》1995年第2期。

② 张家口市文物事业管理所、张家口市宣化区文物保管所：《河北宣化下八里辽金壁画墓》，《文物》1990年第10期。

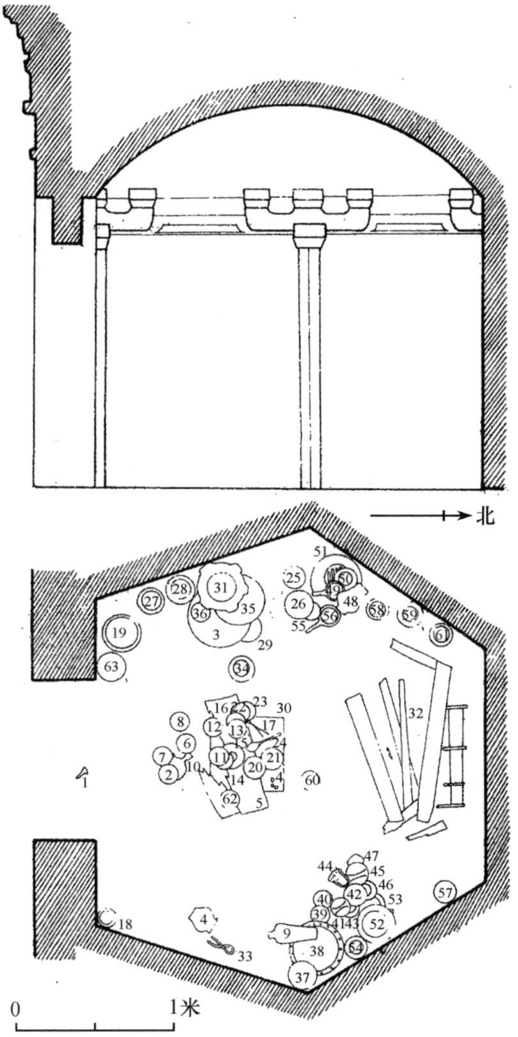

图2-3　河北宣化张恭诱墓平、剖面图①

1. 铁锁　2、6、8、11、13、14、20～22、60. 白瓷碟　3、35. Ⅱ式陶盆　4、27、28. Ⅰ式陶罐　5. 木桌　7、12、16、23、25、36. Ⅰ式白瓷碗　9、18. 瓷鸡腿瓶　10. 白瓷壶　15、34. 陶灯　17. 铜筷　19. 铜洗　24. 铜勺　26、63. Ⅱ式白瓷碗　29. 陶鏊子　30. 石墓志　31. 陶锅　32. 木棺与木棺床　33. 陶剪　37. 陶唾盂　38、52. 陶鼎　39. 陶杯　40. Ⅱ式陶钵　41、45. Ⅰ式陶钵　42、55、57. 陶碗　43、46. 陶盏托　44. 陶簸箕　47. 陶砚　48、50、58、59、61. Ⅱ式陶罐　49. 陶镳斗　51. 陶甑　53. Ⅰ式陶盆　54. 陶壶　56. 陶熨斗　62. 铜镜　64. 铜钱（18枚）

① 图片采自张家口市文物事业管理所、张家口市宣化区文物保管所：《河北宣化下八里辽金壁画墓》，《文物》1990年第10期。

Cb型，墓室平面为八角形。仅有1座，河北廊坊安次西永丰村辽墓（图2-4）。墓葬由砖砌照壁、墓门、门墙、甬道和八角形墓室组成。墓门开在南面，方向190度。照壁面宽1.63、厚0.55、残高0.95米，正面中心有假门，上部砌成仿木结构。墓门距照壁3.2米，拱形券顶，高1.24、宽0.86米，墓门上为倒梯形仿木结构门墙。甬道长1.08米。墓室平面为八角形，南北长2.78、东西宽2.84米，墓壁砖砌成仿木结构，墓壁至1.8米处开始叠涩成穹隆顶，墓室通高3.2米。墓室北部设有棺床①。

二、双 室 墓

从已发表的考古发掘简报和报告来看，双室墓共发现8座，同样按照墓室平面形状的不同可分为三型：A型，圆形或近圆形；B型，方形；C型，多角形。

A型，墓室形状为圆形或近圆形。有4座，分别为：北京西城百万庄1号辽墓，河北宣化张文藻墓、辽墓M9、张匡正墓。

以北京西城百万庄1号辽墓为例，该墓为圆形前后两室墓，两室之间甬道联通，墓道为斜坡，墓门正南向，用砖砌成拱券，高1.83米，门框为正方形，上部有砖雕门簪两块，两侧绘牡丹花彩画。甬道拱券东西两壁绘有人物像。墓室顶部全部坍塌，由残存的痕迹可以推测原来是穹隆式顶。前室直径3.52米，南北各开一门，南门为墓室正门，北门通往后室。墓室正方形砖铺地，在墓壁内，按圆周四等份，砖砌影作立柱四个，上施红彩，立柱上设有砖雕斗拱。后门拱券砌法与墓门相同，甬道长0.75、后室直径长1.8米，墓室结构大致与前室相同②。

B型，墓室形状为方形。仅有河北宣化张世卿墓（图2-5）。该墓由墓道、墓门、前后二室组成，墓门南向，方向南偏西27度。墓道南北呈阶梯状，共11级，墓道全长11.5、宽2.7米。墓门为仿木结构，墓门建筑构件全部以墨线勾勒轮廓，涂以朱、白等色。前室长方形，南北长2.55、东西宽

---

① 廊坊市文物管理处、安次区文物保管所：《廊坊市安次区西永丰村辽代壁画墓》，《文物春秋》2001年第4期。

② 北京市文物工作队：《北京西郊百万庄辽墓发掘简报》，《考古》1963年第3期。

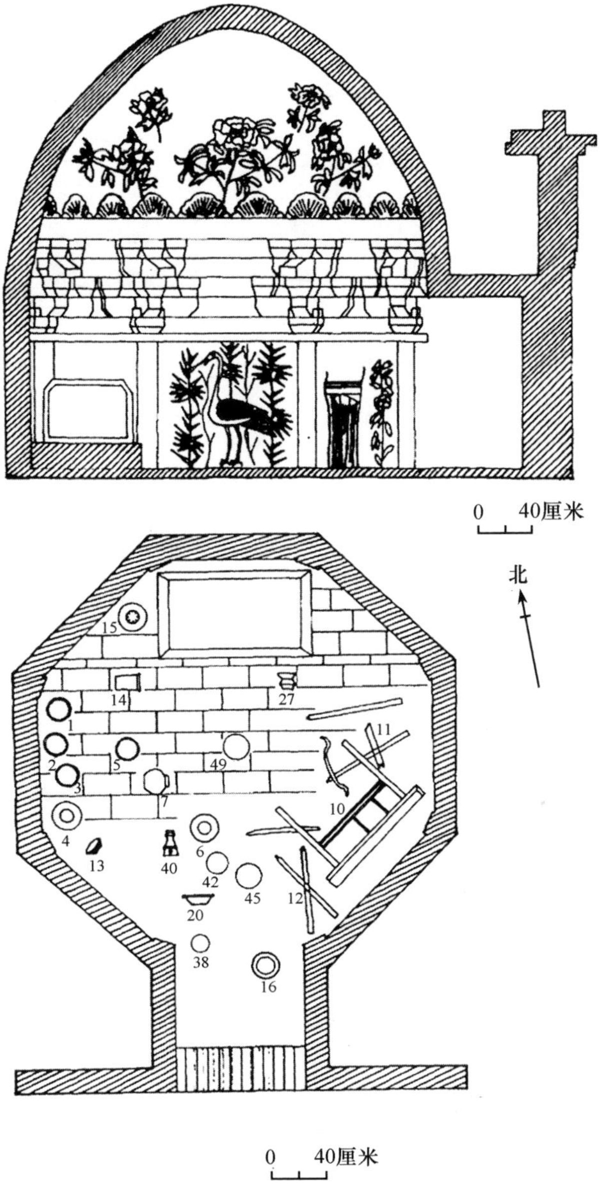

图2-4　河北廊坊安次西永丰村辽墓平、剖面图①

1～3、5、14. 仓罐　4、6、7. Ⅰ式罐　13、20. 盆　10. 木桌　11、12. 木椅　15. 白瓷碗　16. 折腹瓷碗　27. 唾盂　38. 瓷钵　40. 灯　42. 花边口盘　45. 花边口瓷碗　49. 铜镜

① 图片采自廊坊市文物管理处、安次区文物保管所：《廊坊市安次区西永丰村辽代壁画墓》，《文物春秋》2001年第4期。

2.2米，穹隆顶，高3.2米。建筑全部影作，以墨线勾边，内涂朱、黄、蓝色。前后两室之间以拱门相连，后室近方形，长宽各3.1米，后室建筑结构影作、涂色情况同前室。顶作穹隆式，高4.4米①。

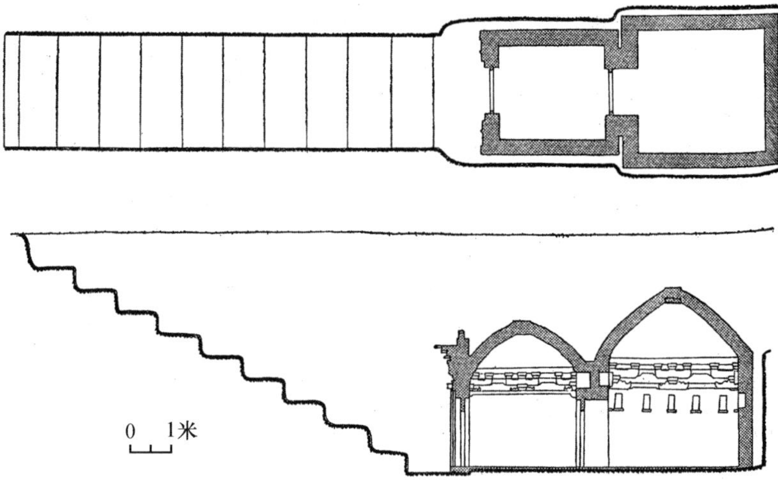

图2-5　河北宣化张世卿墓平、纵剖面图②

C型，墓室形状为多角形。有3座，分别为：河北宣化韩师训墓、张世古墓、辽墓M6。

以韩师训墓为例（图2-6），此墓为仿木结构砖筑双室墓，墓向188度，由墓道、墓门、前室、甬道、后室五部分组成。墓门为仿木结构门楼，拱形门洞，原镶木门，现存残迹。墓道、墓门未做清理。前室平面呈方形，边长2.7、高2.1米，地面铺长方形灰砖。前室以北为甬道，长1.1、宽0.85米。甬道北接后室，后室平面呈六角形，东西长3.1、南北宽2.5米。墓壁居中处及转角处均砌1朵一斗三升斗拱，共12朵，用墨线勾画轮廓。墓顶已毁无存，墓室北端设砖砌长方束腰形棺台③。

① 河北省文物管理处、河北省博物馆：《河北宣化辽壁画墓发掘简报》，《文物》1975年第8期。

② 图片采自河北省文物管理处、河北省博物馆：《河北宣化辽壁画墓发掘简报》，《文物》1975年第8期。

③ 张家口市宣化区文物保管所：《河北宣化下八里辽韩师训墓》，《文物》1992年第6期。

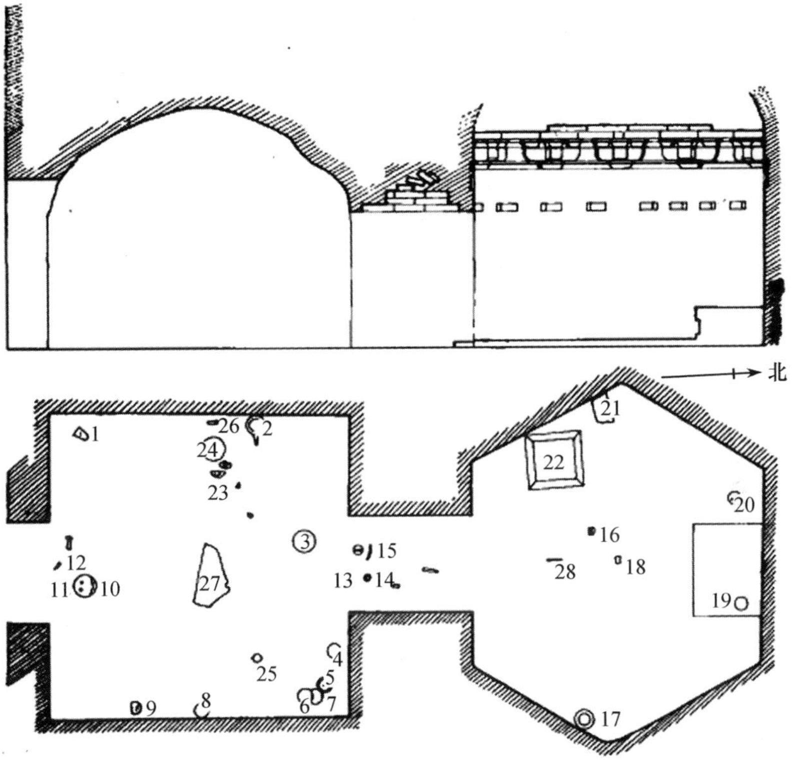

图2-6　河北宣化韩师训墓平、剖面图①

1. 陶簸箕　2. 陶熨斗　3、5. 陶盆　4、6、8、9. 陶器盖　7. 陶镜　10. 陶双耳锅　11. 陶球　12. 铁锁残片　13、25. 陶钵　14、15、26. 陶器残片　16. 骨梳　17. 陶灯　18. 陶斧　19. 砖础　20. 铜镜　21、27. 石础　22. 石墓志　23. 陶箅　24. 陶鏊子　28. 骨簪

三、多　室　墓

从目前发掘的考古发掘报告和简报来看，多室墓仅有北京南郊辽赵德钧墓和丰台云岗刘六符及夫人合葬墓两座，可分为两类，分别为圆形多室墓和八角形多室墓。

赵德钧墓（图2-7）为三进九室，规模大，总面积达144平方米。前中

① 图片采自张家口市宣化区文物保管所：《河北宣化下八里辽韩师训墓》，《文物》1992年第6期。

后三主室每室平面均为圆形，原应为穹隆顶，现皆已残毁。三个主室都有两个耳室，主室间距大体相等，四壁有甬道通向各室。前室直径2.74米，周壁分立四柱，墓壁上壁画全毁。右前室东壁下设一炉灶。中室直径4.12米，放置棺木，周壁砌有八柱，原有壁画均已脱落。后室直径2.62米，墓壁全塌，砌有四柱。左后室东西两侧各置有铜钱一堆。九个墓室的墙壁、立柱、阑额、柱头枋、斗拱、门框、直棂窗均用白灰粉刷，再施黑、红二彩[①]。

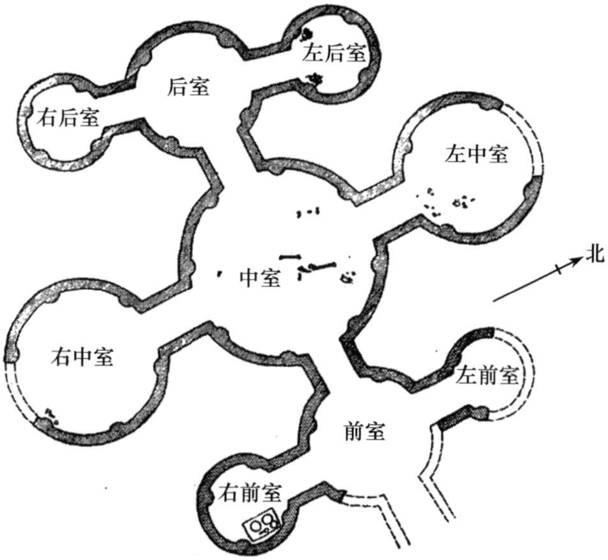

图2-7　北京南郊赵德钧墓平面图[②]

刘六符墓由墓道、天井、墓门、前室、东西耳室、后室组成。墓道有两条，分别残长6.64米和8.2米。天井呈不规则长方形。墓门为砖砌仿木构形制，前甬道券顶，两侧壁各彩绘一门吏。前室券顶，平面长方形，四壁底涂白灰，上施彩绘。前室与耳室及后室之间甬道相连。东西耳室位于前室两侧，平面圆形，穹隆顶。后室平面呈八角形，穹隆顶，遭盗毁严重，葬具、葬式皆已不明[③]。

① 北京市文物工作队：《北京南郊辽赵德钧墓》，《考古》1962年第5期。
② 图片采自北京市文物工作队：《北京南郊辽赵德钧墓》，《考古》1962年第5期。
③ 周宇：《丰台云岗辽墓07FHM1发掘简报》，《北京考古》（第一辑），北京燕山出版社，2008年。

四、小　　结

通过以上对北京及周边地区辽代壁画墓墓葬形制的分类（表2-1），可得出如下结论：

第一，从筑墓材料来看，北京及周边地区除一座石室墓外均为砖室墓。

第二，从墓室形制来看，以圆形单室墓居多，墓室直径大于3米的大型墓较少，等级高的多室墓较少。其中，北京地区以圆形单室墓为主，出现了赵德钧墓和刘六符墓这两例多室墓。山西大同地区墓葬形制单一，均为圆形单室墓。河北地区墓葬形制较北京和山西更为多样，圆形墓、方形墓、多角形墓均有发现。

第三，从阶段特征来看，墓葬形制由单一走向多元，辽代早期普遍流行圆形墓，辽代中晚期出现多角形墓。

第四，从墓葬等级来看，墓主人身份地位高低对使用的墓葬等级并未严格遵从。如辽代早期的韩佚墓和许从赟墓，这二人品级高，地位尊贵，使用的是单室墓；而到了辽代晚期的河北宣化下八里地区墓群，墓主人身份或为中小地主或为当地富商，却多使用双室墓。这说明到辽代晚期，社会对墓葬等级制度的恪守渐趋放松、出现僭越的社会现实。

第五，北京及周边地区的辽墓普遍流行砖雕影作装饰墓室，墓室内有斗拱、立柱等仿木构建筑；流行火化骨灰葬，墓室内设有棺床。

表2-1　墓葬形制分类统计表

墓葬名称	时期	墓葬形制								
		圆单	圆双	圆多	方单	方双	方多	多单	多双	多多
赵德钧墓	应历八年（958年）			√						
韩佚墓	统和十三年（995年）	√								
西翠路辽墓	不晚于圣宗时期	√								
彭庄一号辽墓	不早于圣宗时期	√								
青云店M1	早于1043年	√								
青云店M2	早于1043年	√								

续表

墓葬名称	时期	墓葬形制								
		圆单	圆双	圆多	方单	方双	方多	多单	多双	多多
李继成墓	重熙十二年（1043年）	√								
王泽墓	重熙二十二年（1053年）	√								
刘六符墓	清宁三年（1057年）									√
百万庄1号辽墓	天庆三年（1113年）		√							
陈庄辽墓	辽代晚期	√								
廊坊西永丰辽墓	辽代晚期							√		
许从赟墓	乾亨四年（982年）	√								
机车厂辽墓	辽代早期	√								
周家店辽墓	辽代早期	√								
五法村辽墓	辽代早期偏晚	√								
南关M2	辽代中期	√								
十里堡M27	早于天庆九年	√								
新添堡M29	天庆九年（1119年）	√								
卧虎湾M1	早于天庆九年	√								
卧虎湾M2	早于天庆九年	√								
卧虎湾M3	乾统七年（1107年）	√								
卧虎湾M4		√								
卧虎湾M5		√								
卧虎湾M6	大安九年（1093年）	√								
马家堡辽墓	辽代晚期	√								
朔州辽墓	辽代晚期				√					
东风里M1	辽代晚期	√								
张家屯辽墓	辽代早期偏晚	√								
姜承义墓	统和十二年（994年）							√		
臧知进墓	保宁元年（969年）	√								
涿鹿酒厂辽墓	辽代晚期	√								
张世卿墓	天庆六年（1116年）					√				

续表

墓葬名称	时期	墓葬形制								
		圆单	圆双	圆多	方单	方双	方多	多单	多双	多多
张恭诱墓	天庆七年（1117年）							√		
张世本墓	金皇统四年（1144年）	√								
韩师训墓	天庆元年（1111年）								√	
张世古墓	天庆七年（1117年）								√	
宣化辽墓M6	辽代晚期								√	
张文藻墓	大安九年（1093年）		√							
宣化辽墓M9	辽代晚期		√							
张匡正墓	大安九年（1093年）		√							

第二节　随葬器物分类

随葬器物是墓葬的重要组成部分，是考察墓葬年代、墓主人身份、社会面貌、生活方式的重要依据。幽云地区辽代壁画墓的随葬器物主要有陶器、瓷器、铜器、铁器、木器等。其中，陶器占绝大多数，并且种类丰富，器形多样。本节按照随葬器物功用进行了分类，每类选取几种典型器物进行分析，以提取深层次信息，进一步考察墓葬内涵，为揭示墓葬的区域特征和阶段发展状况作参考。

一、陶　瓷　器

在这一区域辽墓中，绝大多数墓葬都出土有陶瓷器，并以实用器为主，部分为明器。以下仅对实用器进行考察，从功用上讲，主要有四类：一是以罐、碗、碟、盘为代表的食器；二是以壶、瓶、杯、盏为代表的茶酒器；三是以盆、洗、唾盂为代表的盥洗器；四是以熨斗、剪刀、簸箕为代表的日常生活用品。

（一）食器

1. 鋬锅

鋬锅，简报中有多种定名，如锅、釜、鋬耳锅。按其形制不同可分为两类：一类为腹部附 5 个或 6 个扁条形小鋬；另一类为腹部附一周凸棱。

北京韩佚墓随葬鋬锅2件，小口、平唇、鼓腹。一件腹外饰一圈突饰，另一件腹外 6 个扁条形小鋬[①]。北京彭庄一号辽墓随葬鋬锅1件，锅耳分五瓣，耳与耳之间有锯齿状花纹[②]。北京青云店M2随葬鋬锅1件，敛口、鼓腹、直鋬、平底，鋬位于中腹部，被切割成 6 个[③]。北京李继成夫妇合葬墓随葬鋬锅1件[④]。河北宣化姜承义墓随葬鋬锅1件，腹设6个扁方形鋬[⑤]。河北涿鹿威知进墓随葬鋬锅2件，腹部附有鋬 5 个[⑥]。河北宣化张恭诱墓随葬鋬锅1件，腹设 5 个扁方形鋬[⑦]。河北宣化张世本墓随葬鋬锅2件，侈口、收腹、腹设 6 个扁方形鋬，圜底[⑧]。河北宣化张世古墓随葬鋬锅1件，腹部附有 5 个鋬[⑨]。

---

① 北京市文物工作队：《辽韩佚墓发掘报告》，《考古学报》1984年第3期。

② 苏天钧：《北京郊区辽墓发掘简报》，《考古》1959年第2期。

③ 北京市文物研究所：《北京大兴区青云店辽墓》，《考古》2004年第2期。

④ 王清林、王朱、周宇：《丰台路口南出土辽墓清理简报》，《北京文博》（2002 · 4），北京燕山出版社，2002年。

⑤ 张家口市文管所、宣化县文管所：《河北宣化辽姜承义墓》，《北方文物》1991年第4期。

⑥ 张家口地区文管所、涿鹿县文管所：《河北涿鹿谭庄辽威知进墓》，《文物春秋》1990年第3期。

⑦ 张家口市文物事业管理所、张家口市宣化区文物保管所：《河北宣化下八里辽金壁画墓》，《文物》1990年第10期。

⑧ 张家口市文物事业管理所、张家口市宣化区文物保管所：《河北宣化下八里辽金壁画墓》，《文物》1990年第10期。

⑨ 河北省文物研究所、张家口市文物管理处、宣化区文物管理所：《宣化辽代壁画墓群》，《文物春秋》1995年第2期。

2. 罐

出土数量很多，形制多样，可分为鼓腹罐、筒形罐、广口罐。鼓腹罐又可分为带盖和不带盖两种。总体来讲，鼓腹罐形制演变的大体规律是器身由矮而粗逐渐向高而瘦发展，鼓腹外鼓的程度减小。筒形罐为直壁，出现的时间较晚，广口罐出现更晚。

北京韩佚墓随葬罐5件，式样大小相同，塔式钮盖，平卷唇、广肩、收腹、平底①。北京彭庄一号辽墓随葬罐5件，外壁绘成图案式莲花，盖为塔式形状②。北京大兴青云店M1随葬罐5件，其中，带盖罐3件，侈口、卷沿、圆腹、平底，塔式盖；不带盖罐2件，侈口、圆唇、卷沿、鼓腹、平底③。北京大兴青云店M2随葬罐6件，其中，带盖罐即塔式罐5件，不带盖罐1件④。北京王泽墓出土陶罐4件⑤。北京昌平陈庄辽墓出土筒形罐6件，鼓腹罐3件⑥。河北廊坊西永丰村辽墓出土陶罐6件⑦。河北宣化姜承义墓出土罐5件，其中，不带盖罐1件，侈口、高领、曲腹、平底；带盖罐即塔式罐4件⑧。河北涿鹿臧知进墓出土罐8件，其中塔式罐1件⑨。河北宣化张恭诱墓随葬8件带盘形盖罐⑩。河北宣化张世本墓随葬罐14件，其中塔形罐

---

① 北京市文物工作队：《辽韩佚墓发掘报告》，《考古学报》1984年第3期。
② 苏天钧：《北京郊区辽墓发掘简报》，《考古》1959年第2期。
③ 北京市文物研究所：《北京大兴区青云店辽墓》，《考古》2004年第2期。
④ 北京市文物研究所：《北京大兴区青云店辽墓》，《考古》2004年第2期。
⑤ 北京市文物管理处：《近年来北京发现的几座辽墓》，《考古》1972年第3期。
⑥ 昌平县文物管理所：《北京昌平陈庄辽墓清理简报》，《文物》1993年第3期。
⑦ 廊坊市文物管理处、安次区文物保管所：《廊坊市安次区西永丰村辽代壁画墓》，《文物春秋》2001年第4期。
⑧ 张家口市文管所、宣化县文管所：《河北宣化辽姜承义墓》，《北方文物》1991年第4期。
⑨ 张家口地区文管所、涿鹿县文管所：《河北涿鹿谭庄辽臧知进墓》，《文物春秋》1990年第3期。
⑩ 张家口市文物事业管理所、张家口市宣化区文物保管所：《河北宣化下八里辽金壁画墓》，《文物》1990年第10期。

5件，盘形盖罐3件，筒形罐5件①。河北宣化张世古墓随葬罐7件，张匡正墓3件②。

3. 三足鼎

该器形在幽云地区的辽墓中多有出现，简报中定名不一，如三足炉、盆形鼎、釜、三足铛、双耳锅、三足盆、三足釜等。总体来说，该器类都有三足，或有双耳，或无双耳。鼎足的演变趋势是制作趋于简化，位置逐渐下移并变短。

北京韩佚墓出土2件。一件为敞口、平折沿、浅腹、蹄足，高5.6厘米；另一件斜口沿，沿两侧有侈耳，腹微鼓内折成平底，蹄足，高7.4厘米③。北京大兴区青云店M2出土1件，侈口、圆唇、侈腹、平底，下附3个三棱状扁足，两耳置于口沿上部，高13.8厘米④。河北廊坊西永丰村辽墓出土1件，口微敛，浅斜腹，大平底，口内侧贴附对称的桥形耳，三扁状足，口径11.6、底径8.4、高4厘米⑤。河北宣化姜承义墓随葬2件，侈口、折腹、平底，底设三扁足，口径9.6、高5.2厘米⑥。河北涿鹿咸知进墓出土2件。一件深腹、三长足，高11.2厘米；另一件浅腹、三短足，高5.2厘米⑦。河北宣化张世卿墓随葬1件⑧。河北宣化张恭诱墓随葬2件，一件

① 张家口市文物事业管理所、张家口市宣化区文物保管所：《河北宣化下八里辽金壁画墓》，《文物》1990年第10期。

② 河北省文物研究所、张家口市文物管理处、宣化区文物管理所：《宣化辽代壁画墓群》，《文物春秋》1995年第2期。

③ 北京市文物工作队：《辽韩佚墓发掘报告》，《考古学报》1984年第3期。

④ 北京市文物研究所：《北京大兴区青云店辽墓》，《考古》2004年第2期。

⑤ 廊坊市文物管理处、安次区文物保管所：《廊坊市安次区西永丰村辽代壁画墓》，《文物春秋》2001年第4期。

⑥ 张家口市文管所、宣化县文管所：《河北宣化辽姜承义墓》，《北方文物》1991年第4期。

⑦ 张家口地区文管所、涿鹿县文管所：《河北涿鹿谭庄辽咸知进墓》，《文物春秋》1990年第3期。

⑧ 河北省文物管理处、河北省博物馆：《河北宣化辽壁画墓发掘简报》，《文物》1975年第8期。

侈口、口沿有相对的二桥形立耳，弧腹、圜底、三柱足，口径15、高10.2厘米；另一件侈口、宽沿、腹较浅、平底、三扁足，口径19.2、高5.4厘米。河北宣化张世本墓随葬4件，其中三锥足的2件，三扁足的1件，三蹄足的1件[①]。河北宣化韩师训墓随葬1件，侈口、口沿上置双耳，弧腹、圜底、三足，通高10.5厘米[②]。河北宣化张世古墓随葬1件，张匡正墓随葬1件[③]。

4. 鏊子

北京韩佚墓出土1件，圆形顶，平面略外凸，三只扁方足，高5.4厘米[④]。北京丰台李继成墓出土1件，圆形平顶，向下斜折，三只长方形扁足，外撇[⑤]。北京昌平陈庄辽墓出土1件，三扁足，高5.6厘米[⑥]。河北宣化张恭诱墓出土1件，圆形、扁足，高4厘米。河北宣化张世本墓出土1件，梯形、平顶、三扁足，高6厘米[⑦]。此外，河北宣化韩师训墓、张世古墓、张匡正墓各出土1件。

5. 碗、盘、碟

瓷碗、瓷盘、瓷碟在辽墓中出现得非常多，可考虑是否以瓷器组合的形式出现。值得注意的是，直口深腹的碗往往与注壶伴出，当是与注壶配套的注碗，不属于本节讨论范围。例如，北京韩佚墓中随葬青瓷注碗1件，高8.5、口径18厘米，出土时青瓷水注置于碗内。河北宣化姜承义墓

① 张家口市文物事业管理所、张家口市宣化区文物保管所：《河北宣化下八里辽金壁画墓》，《文物》1990年第10期。

② 张家口市宣化区文物保管所：《河北宣化下八里辽韩师训墓》，《文物》1992年第6期。

③ 河北省文物研究所、张家口市文物管理处、宣化区文物管理所：《宣化辽代壁画墓群》，《文物春秋》1995年第2期。

④ 北京市文物工作队：《辽韩佚墓发掘报告》，《考古学报》1984年第3期。

⑤ 王清林、王朱、周宇：《丰台路口南出土辽墓清理简报》，《北京文博》（2002·2），北京燕山出版社，2002年。

⑥ 昌平县文物管理所：《北京昌平陈庄辽墓清理简报》，《文物》1993年第3期。

⑦ 张家口市文物事业管理所、张家口市宣化区文物保管所：《河北宣化下八里辽金壁画墓》，《文物》1990年第10期。

出土注碗1件（发掘报告中称之为“壶套”），侈口、瓜棱形鼓腹、高圈足，口径17.1、高14.4厘米。口径在12厘米以下的一类碗，简报中一般称为小碗，其实可称为盏。其余的碗可分为圆口碗、花口碗，未见有明显的演变规律。另外，瓷器通常在墓葬中出现于棺床上、木桌上或棺床、木桌的周围区域，推测这类瓷器为供器。

北京韩佚墓出土有青瓷碗2件，白瓷碗5件，青瓷碟4件[①]。北京昌平陈庄辽墓出土白瓷碗2件，青釉碗2件，白瓷盘2件[②]。山西大同十里堡M27棺床上置有白釉瓷碗、碟各1件。山西大同新添堡M29随葬大小白瓷碗4件。山西大同卧虎湾M2出土白瓷碟5件，白瓷碗2件[③]。卧虎湾M3出土白瓷碟2件，白瓷碗1件[④]。山西大同马家堡辽墓随葬瓷碗1件，瓷碟2件[⑤]。山西大同东风里辽墓随葬影青小碗1件，影青高足碗2件，白瓷小碟2件[⑥]。河北廊坊西永丰村辽墓出土白瓷碗2件，白瓷盘3件[⑦]。河北涿鹿酒厂辽墓随葬白釉碗2件，白釉碟2件[⑧]。河北宣化张世卿墓随葬三彩瓷盘和黄釉碗各1件[⑨]。张恭诱墓随葬白瓷碟10件，白瓷碗8件。张世本墓随葬白瓷碗4件，白瓷碟24件[⑩]。张匡正墓随葬黄釉碗1件，白瓷碗5件，白釉瓷碟9件[⑪]。

---

① 北京市文物工作队：《辽韩佚墓发掘报告》，《考古学报》1984年第3期。

② 昌平县文物管理所：《北京昌平陈庄辽墓清理简报》，《文物》1993年第3期。

③ 山西省文物管理委员会：《山西大同郊区五座辽壁画墓》，《考古》1960年第10期。

④ 大同市文物陈列馆：《山西大同卧虎湾四座辽代壁画墓》，《考古》1963年第8期。

⑤ 大同市博物馆、曹臣明：《山西大同市东郊马家堡辽墓》，《考古》2005年第11期。

⑥ 大同市考古研究所：《山西大同东风里辽代壁画墓发掘简报》，《文物》2013年第10期。

⑦ 廊坊市文物管理处、安次区文物保管所：《廊坊市安次区西永丰村辽代壁画墓》，《文物春秋》2001年第4期。

⑧ 张家口地区博物馆：《河北涿鹿县辽代壁画墓发掘简报》，《考古》1987年第3期。

⑨ 河北省文物管理处、河北省博物馆：《河北宣化辽壁画墓发掘简报》，《文物》1975年第8期。

⑩ 张家口市文物事业管理所、张家口市宣化区文物保管所：《河北宣化下八里辽金壁画墓》，《文物》1990年第10期。

⑪ 河北省文物研究所、张家口市文物管理处、宣化区文物管理所：《宣化辽代壁画墓群》，《文物春秋》1995年第2期。

张文藻墓随葬白瓷小碗2件，花口白瓷碗3件，花口白瓷盘10件，白釉小瓷碟8件，均置于棺前的大木桌上[①]。

（二）茶酒器

1. 注壶

注壶，简报中也称为注子、水注、执壶。辽墓中出土较多，形制丰富，有大口高领注壶、小口高领注壶、盘口长颈注壶、小口矮领注壶、葫芦形注壶等。

北京韩佚墓出土青瓷水注1件，葫芦形纽盖，花瓣形直口，瓜棱状圆腹，矮圈足，直流、曲把，高18厘米。陶执壶1件，喇叭口，大曲把接于口腹处，短流、平底，高12.5厘米[②]。北京彭庄一号辽墓出土陶注2件[③]。北京大兴青云店M2出土陶执壶1件，侈口、圆唇、束颈、削肩、斜腹、平底，高14.7厘米[④]。北京丰台李继成夫妇合葬墓出土青白釉注壶1件[⑤]。山西大同五法村辽墓出土黑釉注壶1件，颈部以上残，矮颈，鼓腹，肩部一侧有流，残高18.3厘米[⑥]。山西大同卧虎湾M2出土瓷注子1件，通高12厘米[⑦]。山西大同马家堡辽墓出土瓷注壶1件，小口带盖，盖顶有盘曲而卧的狮形钮，溜肩、短流、曲柄、矮圈足，高18.5厘米[⑧]。

河北地区辽墓出土注壶的现象更为普遍。廊坊西永丰村辽墓出土陶注子1件，小直口，葫芦形颈，丰肩，弧鼓腹，平底，高8.2厘米[⑨]。宣化姜

---

① 河北省文物研究所、张家口市文物管理处、宣化区文物管理所：《河北宣化辽张文藻壁画墓发掘简报》，《文物》1996年第9期。

② 北京市文物工作队：《辽韩佚墓发掘报告》，《考古学报》1984年第3期。

③ 苏天钧：《北京郊区辽墓发掘简报》，《考古》1959年第2期。

④ 北京市文物研究所：《北京大兴区青云店辽墓》，《考古》2004年第2期。

⑤ 王清林、王朱、周宇：《丰台路口南出土辽墓清理简报》，《北京文博》（2002·2），北京燕山出版社，2002年。

⑥ 王银田、解廷琦、周雪松：《山西大同市辽墓的发掘》，《考古》2007年第8期。

⑦ 山西省文物管理委员会：《山西大同郊区五座辽壁画墓》，《考古》1960年第10期。

⑧ 大同市博物馆、曹臣明：《山西大同市东郊马家堡辽墓》，《考古》2005年第11期。

⑨ 廊坊市文物管理处、安次区文物保管所：《廊坊市安次区西永丰村辽代壁画墓》，《文物春秋》2001年第4期。

承义墓出土陶注壶5件，瓷注壶1件，塔形盖，壶直口，细长颈，瓜棱形鼓腹，圆肩，高16.5厘米，与韩佚墓出土的注壶形制类似①。咸知进墓出土小口高领注壶2件②。宣化下八里地区辽墓中几乎都有注壶出现：张世卿墓出土黄釉执壶1件，陶执壶1件；张恭诱墓出土陶注壶1件，长颈球腹白瓷注壶1件；张世本墓出土黄瓷瓜棱壶1件；张文藻墓出土黄釉瓜棱壶1件；张匡正墓出土黄釉瓜棱壶1件，陶执壶1件。

2. 盏托

盏托，在辽墓壁画的备茶图中经常可见，表现为女侍捧盏托进茶的图像。幽云地区出土的陶瓷盏托多数为弧腹圈足盘与深腹钵形托座的组合形式，盘内托座明显高于盘口。出土这类盏托的壁画墓有：北京韩佚墓出土青瓷盏托1件；北京彭庄一号辽墓出土瓷盏托1件；北京昌平陈庄辽墓出土陶盏托2件；北京丰台刘六符墓出土白釉盏托1件，李继成墓出土白釉盏托1件；河北廊坊西永丰村辽墓出土陶盏托1件；河北宣化姜承义墓出土陶盏托3件，张恭诱墓出土陶盏托2件，张世本墓出土陶盏托2件、黄瓷盏托1件，张文藻墓出土黄瓷盏托1件，张世古墓出土陶盏托3件，张匡正墓出土黄釉盏托1件。

3. 鸡腿瓶

鸡腿瓶，简报中也被称为长壶、鸡腿坛、浑瓶等，小口内敛，短颈，长腹，平底或内凹底，整体细高如鸡腿状。鸡腿瓶在契丹族墓葬中出土较多，汉人墓葬中也屡有出土，辽墓壁画的饮酒图、侍宴图中均有出现，推测为贮酒的容器。出土情况如下：

北京韩佚墓出土2件，分别高50、口径7.6厘米，高48、口径8.5厘米，皆粗砂胎，挂茶色釉③。河北宣化张恭诱墓出土2件，敛口，束颈较矮，

---

① 张家口市文管所、宣化县文管所：《河北宣化辽姜承义墓》，《北方文物》1991年第4期。

② 张家口地区文管所、涿鹿县文管所：《河北涿鹿谭庄辽咸知进墓》，《文物春秋》1990年第3期。

③ 北京市文物工作队：《辽韩佚墓发掘报告》，《考古学报》1984年第3期。

弧腹，小平底。器表一件施酱釉，另一件施绿釉。河北宣化张世本墓出土2件，敛口，短颈，收腹，小平底，通体施酱釉①。河北宣化张文藻墓出土绿釉瓷鸡腿瓶2件②。河北宣化张匡正墓出土绿釉鸡腿瓶1件③。

（三）盥洗器

1. 唾盂

唾盂，又称唾壶、渣斗。通常与注壶、盏托相组合出土，辽墓壁画中也常见有侍者捧唾盂侍奉的图像。其形制分为上下两部分，上部为一侈口碗，下有束腰与罐形器身相连，圈足。出土情况如下：

北京韩佚墓出土白瓷唾盂1件，盘口，束颈，扁圆腹，矮圈足，高12.5、口径18.7厘米④。北京王泽墓出土白瓷唾盂1件，釉色微黄，上有漏斗形大口，下呈小罐形，通高8厘米⑤。北京昌平陈庄辽墓出土灰陶唾盂1件，高13.6、口径21、底径6.5厘米⑥。河北廊坊西永丰村辽墓出土唾盂1件，口径15.6、底径8.2、高11.4厘米⑦。河北宣化姜承义墓出土青釉唾盂1件，口径19.5、高12.9厘米⑧。河北宣化下八里地区辽墓几乎都有出土，如张世卿墓出土黄釉唾盂1件；张恭诱墓出土唾盂1件，口径13.5、高6.6厘米；张世本墓出土黄瓷唾盂1件，口径16.5、高11.4厘米；张世古墓出土唾盂1件，张文藻墓和张匡正墓各出土黄釉唾盂1件。

---

① 张家口市文物事业管理所、张家口市宣化区文物保管所：《河北宣化下八里辽金壁画墓》，《文物》1990年第10期。

② 河北省文物研究所、张家口市文物管理处、宣化区文物管理所：《河北宣化辽张文藻壁画墓发掘简报》，《文物》1996年第9期。

③ 河北省文物研究所、张家口市文物管理处、宣化区文物管理所：《宣化辽代壁画墓群》，《文物春秋》1995年第2期。

④ 北京市文物工作队：《辽韩佚墓发掘报告》，《考古学报》1984年第3期。

⑤ 北京市文物管理处：《近年来北京发现的几座辽墓》，《考古》1972年第3期。

⑥ 昌平县文物管理所：《北京昌平陈庄辽墓清理简报》，《文物》1993年第3期。

⑦ 廊坊市文物管理处、安次区文物保管所：《廊坊市安次区西永丰村辽代壁画墓》，《文物春秋》2001年第4期。

⑧ 张家口市文管所、宣化县文管所：《河北宣化辽姜承义墓》，《北方文物》1991年第4期。

2. 龙柄洗

龙柄洗，简报中也称之为龙柄碗、单耳杯、魁。其形制为侈口，弧腹，平底，腹侧曲柄上端做成龙形，龙首含住口沿，均为黄釉。这类洗主要出现于河北宣化下八里辽墓中，时间上推测流行于辽代晚期。张世卿墓出土1件，简报中称之为“柄碗”。张文藻墓出土1件，简报中称之为“黄釉魁”。张世本墓出土1件，简报中称之为“黄釉单耳杯”。张匡正墓出土1件，简报中称之为“黄釉龙柄碗”。

（四）日常生活用品

1. 熨斗

出现于辽代晚期墓葬中，共出土9件。分别为：河北廊坊西永丰村辽墓出土1件，河北宣化张世卿墓出土1件、张恭诱墓出土1件、张世本墓出土2件、韩师训墓出土1件、张世古墓出土1件、张文藻墓出土1件、张匡正墓出土1件。

2. 剪刀

出现于辽代中期到晚期墓葬中，共出土10件。分别为：北京彭庄一号辽墓出土1件，北京大兴青云店M1出土1件、M2出土1件，北京丰台李继成墓出土1件，河北涿鹿咸知进墓出土2件，河北宣化张恭诱墓出土1件、张世古墓出土1件、张文藻墓出土1件、张匡正墓出土1件。

3. 簸箕

出现于辽代晚期墓葬中，共出土7件。山西大同卧虎湾M2出土1件，河北廊坊西永丰村辽墓出土1件，河北宣化张世卿墓出土1件、张恭诱墓出土1件、张世本墓出土1件、韩师训墓出土1件、张世古墓出土1件。

二、铜 铁 器

这一区域壁画墓出土的铜铁器主要以日常生活用品为主，如锅、碗、勺、锁、灯、灯碗等，其次还有梳妆配饰类的铜镜、耳坠、带扣、带环等，铜钱的出土也很普遍，数量众多。兹列举几类以作说明。

1. 灯器类

北京西郊百万庄辽墓出土有三足灯架、铁灯碗①。山西大同许从赟墓出土铁灯盏1件，置于墓门西侧立壁砖雕影作灯檠之上②。河北怀安张家屯墓出土铁灯碗3件③。河北宣化张文藻墓出土铁雁足灯1件，足为三角支钉式，形似雁足，长柄形灯柱，上托一圆形灯盘，盘中心有一圆筒形灯盏④。河北宣化张匡正墓出土铁灯1件⑤。

2. 梳妆配饰类

梳妆配饰类包括梳妆打扮所用的饰品和工具，需要说明的是，铜镜是否归为此类还需要参考其出土的位置，如果铜镜与梳妆用具或者镜架、镜盒放在一起，当为梳妆用具，否则为特殊随葬品。如河北宣化辽墓出土的铜镜除简报中未作交代的之外都置于墓室顶部莲花藻井之中，这类铜镜就不能归入梳妆用具类。此外，简报中无法确定铜镜出土位置、无法判断其功用的暂不列入本节考察范围。出土有梳妆配饰类用品的墓葬全部集中于河北地区。

河北张家屯墓出土鎏金铜带銙13件，鎏金铜小扣1件，铜带钩1件，铜带环1件⑥。河北宣化张文藻墓出土有木镜架，铜镜落于地下，可推知此铜

---

① 北京市文物工作队：《北京西郊百万庄辽墓发掘简报》，《考古》1963年第3期。

② 王银田、解廷琦、周雪松：《山西大同市辽代军节度使许从赟夫妇壁画墓》，《考古》2005年第8期。

③ 张家口地区文管所、怀安县文管所：《河北怀安县张家屯辽墓》，《考古》1991年第1期。

④ 河北省文物研究所、张家口市文物管理处、宣化区文物管理所：《河北宣化辽张文藻壁画墓发掘简报》，《文物》1996年第9期。

⑤ 河北省文物研究所、张家口市文物管理处、宣化区文物管理所：《宣化辽代壁画墓群》，《文物春秋》1995年第2期。

⑥ 张家口地区文管所、怀安县文管所：《河北怀安县张家屯辽墓》，《考古》1991年第1期。

镜为梳妆用品，并出土铜耳坠1对[①]。河北宣化张匡正墓出土铜镜2件，一件挂于墓顶，一件与镜架伴出，为梳妆用具[②]。

3. 铜钱

北京南郊辽赵德钧墓出土铜钱两堆，主要是开元通宝，其次为乾元重宝[③]。北京韩佚墓出土铜钱20余枚，计有开元通宝、乾元重宝、至道元宝三种[④]。北京西翠路辽墓随葬开元钱6枚，乾元钱1枚[⑤]。北京大兴青云店M1随葬开元通宝铜钱1枚[⑥]。北京王泽墓出土铜钱29枚，“计：开元7，皇宋1，乾德1，淳化2，咸平1，景德2，祥符4，天禧6，天圣2，明道1，太平2”[⑦]。北京昌平陈庄辽墓出土铜钱7枚，有咸平元宝、天禧通宝、宣和通宝等北宋时期铸币[⑧]。山西大同卧虎湾M5随葬铜钱22枚，M6随葬铜钱19枚，计有开元通宝、皇宋通宝、太平通宝等[⑨]。山西朔州辽墓出土崇宁通宝铜钱2枚，均为北宋徽宗时期铸币[⑩]。河北怀安张家屯墓出土铜钱21枚，为开元通宝20枚、乾元重宝1枚[⑪]。河北宣化姜承义墓出土钱币11枚，为开元通宝6枚、至道元宝4枚、太平通宝1枚[⑫]；张恭诱墓出土钱币18

① 河北省文物研究所、张家口市文物管理处、宣化区文物管理所：《河北宣化辽张文藻壁画墓发掘简报》，《文物》1996年第9期。

② 河北省文物研究所、张家口市文物管理处、宣化区文物管理所：《宣化辽代壁画墓群》，《文物春秋》1995年第2期。

③ 北京市文物工作队：《北京南郊辽赵德钧墓》，《考古》1962年第5期。

④ 北京市文物工作队：《辽韩佚墓发掘报告》，《考古学报》1984年第3期。

⑤ 苏天钧：《北京郊区辽墓发掘简报》，《考古》1959年第2期。

⑥ 北京市文物研究所：《北京大兴区青云店辽墓》，《考古》2004年第2期。

⑦ 北京市文物管理处：《近年来北京发现的几座辽墓》，《考古》1972年第3期。

⑧ 昌平县文物管理所：《北京昌平陈庄辽墓清理简报》，《文物》1993年第3期。

⑨ 大同市文物陈列馆：《山西大同卧虎湾四座辽代壁画墓》，《考古》1963年第8期。

⑩ 山西省考古研究所平朔考古队：《朔州辽代壁画墓发掘简报》，《文物季刊》1995年第2期。

⑪ 张家口地区文管所、怀安县文管所：《河北怀安县张家屯辽墓》，《考古》1991年第1期。

⑫ 张家口市文管所、宣化县文管所：《河北宣化辽姜承义墓》，《北方文物》1991年第4期。

枚，有开元通宝、淳化元宝、至道元宝、咸平元宝等；张世本墓出土铜钱5枚，有开元通宝、祥符元宝、唐宋通宝、元祐通宝①；韩师训墓出土铜钱62枚，有唐代开元通宝、十国咸康元宝及北宋铸币②；张文藻墓出土铜钱8枚，有开元通宝、淳化通宝、景德元宝、祥符通宝、皇宋通宝等③；张匡正墓出土68枚。

三、木　　器

木器主要为桌椅、衣架、盆架等木制家具，出土情况如下：

北京韩佚墓出土木桌1件。山西大同卧虎湾M4出土长方形小木桌1件、长方形衣架1件。河北廊坊西永丰村辽墓出土木桌1件、木椅2件。河北宣化张世本墓出土木椅2件、木盒1件、木架1件、木盆架1件、木桌2件，张文藻墓出土大木桌1件、小木桌1件、木椅2件、木盆架1件、木衣架1件、木镜架1件，张匡正墓出土大木桌1件、小木桌2件、木盆架1件、木镜架1件、木衣架1件、木椅2件。

四、小　　结

通过以上对北京及周边地区辽代壁画墓随葬器物的分类和梳理，从中大致可归纳出北京地区、山西大同地区、河北张家口地区这三个区域随葬器物的特点。

整体而言，随葬器物在材质上以陶瓷器为主，功用上以日常生活用品为主，诸如梳妆用具、文房用具出土很少，而金银玉器几乎没有。虽然辽代幽云地区不乏地位显赫的汉族官吏，如北京的赵德钧为“卢龙军节度使”“北平王”，韩佚为“辽兴军节度副使，银青崇禄大夫，检校国子祭

① 张家口市文物事业管理所、张家口市宣化区文物保管所：《河北宣化下八里辽金壁画墓》，《文物》1990年第10期。

② 张家口市宣化区文物保管所：《河北宣化下八里辽韩师训墓》，《文物》1992年第6期。

③ 河北省文物研究所、张家口市文物管理处、宣化区文物管理所：《河北宣化辽张文藻壁画墓发掘简报》，《文物》1996年第9期。

酒兼监察御史、武骑尉”，山西大同的许从赟为“大同军节度使，检校太保，银青崇禄大夫兼监察御史”等，但为数更多的是毫无特权的中小官吏、中小地主或地方精英，即使出土随葬器物较为丰富的河北宣化辽代壁画墓群，除张世卿外，墓主人身份也只是当地的中小地主，这也反映了辽代的政治中心仍然在长城以北的契丹腹地。

三地之中，河北张家口地区出土器物的种类和数量上都明显多于其他两地，宣化地区茶酒器一类尤为突出，似乎可以看出河北宣化地区饮茶之风盛行。而除了日常生活用品之外的随葬器物，如家具类、配饰类、铜钱等也更为丰富。北京地区仅赵德钧墓、韩佚墓这两座等级较高的墓葬随葬器物种类丰富，其他墓葬以陶器为主，饮食器居多，形制丰富，但实用器较少，明器较多。山西大同地区随葬器物最为简单质朴，以最基本的陶瓷饮食器为主，器类单调，形制以碗、碟为主，铜铁器、木器等几乎不见。

第三节　壁画题材内容分类

一、分　　类

为便于对壁画题材内容进行分析和对其时代进行划分，考察阶段性特征和区域特色，现将已公开发表的墓葬壁画作初步分类，分为出行归来图、备侍图等十类。

（一）出行归来图

主要为车马出行或归来的场景。目前发现有14座墓例。

山西大同机车厂辽墓墓室西北壁为两人一组的出行准备图。南侧为题记“牛哥”的男性，双手抱酱红色包袱，北侧为题记“大喜子”的女性，双手捧敞口壶与牛哥侧身站立。

山西大同五法村辽墓墓门西侧有一幅牵马出行图，牵马人面向墓门站立，左手执辔，右手掌鞭，似在等待主人出行。

山西大同十里堡M27车马出行图，出行方向朝墓门，有牵马人和女侍。

山西大同新添堡M29墓门内西侧画驼驾轿车一辆，辕旁有驾车者一人，车旁立一女侍。

山西大同卧虎湾M1、M2、M5、M6出行图形式相同，位于墓室西壁，出行方向朝墓门，上绘黑顶轿车一辆，车门饰黄帷，辕前旁系黄驼，辕后旁系黄犬或立一女侍。

山西大同东风里辽墓出行图位于墓室西壁，由人物、马、驼及驼车等构成。上方为一驼车，驭者奔走于驼首右侧，下方为一赭色大马，驭者行走于马首右侧，持帽侍从紧随马后（图2-8）。

图2-8　山西大同东风里辽墓出行图①

山西朔州辽墓墓门北侧绘骑马出行图，墓门南侧绘驼车归来图。

河北涿鹿酒厂辽墓墓门东壁绘驼车归来图，西壁绘骑马出行图。

河北宣化张世卿墓前室西壁绘有墓主人准备出行的隆重场景，中间有鞍辔齐全的白马一匹，旁立驭者、持伞人、持帽人、持衣人和顶盘人。

河北宣化韩师训墓前室西壁绘出行图，由牵马和驾驼两个场景组成，驼车后面立一侍者（图2-9）。

河北宣化张世古墓前室西壁绘出行图，中间是鞍辔齐全的白马，旁立驭者、持伞人、持杖人。

---

① 图片采自大同市考古研究所：《山西大同东风里辽代壁画墓发掘简报》，《文物》2013年第10期。

图2-9　河北宣化韩师训墓出行图①

（二）备侍图

主要指男女侍者备宴、侍寝、备酒、备茶等场景，一般位于墓室内的壁面，以东壁和西壁为多。备侍图是表现墓主人居家生活、内宅侍奉的画面，是幽云地区辽墓壁画的主要题材，可分为四小类。

1. 备食、备宴或侍宴图

目前发现有8座墓例。

北京南郊赵德钧墓右前室的两幅壁画，一幅为女仆揉面（图2-10），一幅为女仆手托盛食物的圆盘（图2-11）。

北京大兴青云店M1墓室北壁有一侍者右手托盘，盘内盛食物，向室内走来。另外，墓室东壁的破子棂窗下有一桌一椅，桌上摆放碗盏，椅子后面立一侍女。青云店M2有一桌二椅，桌上摆放酒壶、酒碗、酒盅，旁边有侍女。

北京西郊百万庄1号辽墓有一女仆在灶前作烹饪状，墙壁上画有鸡、鱼等食物痕迹。

山西大同南关M2甬道口东西两侧绘有男侍、女侍准备餐具，侍奉饮

① 图片采自张家口市宣化区文物保管所：《河北宣化下八里辽韩师训墓》，《文物》1992年第6期。

图2-10　北京南郊赵德钧墓备食图（一）①

图2-11　北京南郊赵德钧墓备食图（二）②

① 图片采自北京市文物工作队：《北京南郊辽赵德钧墓》，《考古》1962年第5期。
② 图片采自北京市文物工作队：《北京南郊辽赵德钧墓》，《考古》1962年第5期。

食的场景。

山西大同周家店辽墓墓室东北角绘备膳图一幅，画面绘有火盆、炕桌、男侍和女侍准备食物的场景。

山西朔州辽墓墓室南壁和北壁都绘有侍奉饮食备宴图，以及宴饮之后的侍奉盥洗的场景。

山西大同东风里辽墓墓室东壁绘侍酒图，侍者分前后两排，共五人，其中一人执拍板，其余侍者执各种酒具。

2. 侍寝图

目前发现有10座墓例。

北京韩佚墓墓室西壁绘侍女持巾，身后置衣箱、衣架。

山西大同许从赟墓墓室西北角画面中间砖雕朱绘大衣架1个，衣架两侧各绘有侍女一人，一位捧托盏，另一位身前放盆状容器。

山西大同周家店辽墓西壁正中砖雕朱绘大衣架1个，衣架两侧各有侍女一人。

山西大同十里堡M27墓室北壁中间绘花石围屏3条，上悬蓝黄色帷幕，围屏两旁各有一侍者，一男一女。

山西大同卧虎湾6座墓葬，除M3壁画模糊不清外，余下5座墓葬中的侍寝图形制都与十里堡M27类似，于北壁中间绘花石围屏，上画帷幔，两侧各有一侍者，或为一男一女，或为一女一童，或为二女。

山西大同东风里辽墓北壁侍寝图由寝床、男女侍从构成。画面中间绘宽大的寝床，寝床两侧各立有男侍、女侍三名（图2-12）。

3. 备茶图或茶道图

目前发现有4座墓例。

河北宣化张恭诱墓西南壁绘有备茶图（图2-13），红木桌上置碟、碗、托等茶具，桌后立男、女侍各一人，另有一侍童躬身为茶炉扇火。

河北宣化辽墓M6前室东壁绘茶道图，表现了选茶、碾茶、煮茶等一系列过程。M9前室东壁绘有一方桌，上置碗、盘之类的茶具，其余人物毁坏，推测为茶道图。

图2-12　山西大同东风里辽墓侍寝图①

图2-13　河北宣化张恭诱墓备茶图②

---

① 图片采自大同市考古研究所：《山西大同东风里辽代壁画墓发掘简报》，《文物》2013年第10期。

② 图片采自张家口市文物事业管理所、张家口市宣化区文物保管所：《河北宣化下八里辽金壁画墓》，《文物》1990年第10期。

河北宣化张匡正墓前室东壁绘茶道图，画面由五位不同装束、不同性别、年龄的人组成，表现了碾茶、吹炉、点茶、送茶及茶道程序上的各种活动。

4. 备经图

目前发现有4座墓例。

河北宣化张世卿墓后室东壁绘有两个侍者为墓主人准备诵读佛经的场景。

河北宣化张恭诱墓后室东南壁绘有一红木桌，上置花卉、经箱、香炉等物，桌旁有侍吏二人。

河北宣化张世本墓西壁砖砌门窗下绘黄色折叠木桌，上置经卷等物，桌侧一妇人作挑灯状（图2-14）。

图2-14　河北宣化张世本墓备经图①

河北宣化辽墓M6后室西北壁绘十字交叉式桌，桌上绘有书和经卷。

（三）宴饮图

主要指男女主人宴饮、赏乐、待客之类的场景。画面通常由主人、男

① 图片采自张家口市文物事业管理所、张家口市宣化区文物保管所：《河北宣化下八里辽金壁画墓》，《文物》1990年第10期。

女侍从、摆放餐具和酒具的桌子等组成。目前发现有5座墓例。

山西大同卧虎湾M1、M2墓室西壁绘有二人对饮的宴饮图，与车马出行图共同组成画面。M4东西壁各绘宴饮一组七人，作互让饮宴之状。

河北涿鹿酒厂辽墓墓室东壁绘宴饮图（图2-15），画面共有九人，两男侍，五女侍。

图2-15　河北涿鹿酒厂辽墓宴饮图①

河北宣化韩师训墓后室西南壁绘饮酒听曲图，由四男一女组成，一妇人挺身坐于桌后，桌上放置食物，桌旁二人侍奉饮食，二人弹唱。该组画面包含了饮酒和赏乐两项内容，在此一并归为宴饮之类（图2-16）。

（四）散乐图

主要由奏乐舞蹈人物组成，除舞蹈者外，奏乐者各执不同乐器。目前发现有10座墓例。

山西大同卧虎湾M2东壁绘乐官一组十二人，身穿长袍，腰束带，各执乐器，排列有序。

---

① 图片采自张家口地区博物馆：《河北涿鹿县辽代壁画墓发掘简报》，《考古》1987年第3期。

图2-16　河北宣化韩师训墓宴乐图①

山西朔州辽墓北壁绘一组散乐，由五位男子组成，一位跳舞，其余四位执乐器演奏。

河北涿鹿酒厂辽墓散乐图由十三人组成，分前中后三排。

河北宣化张世卿墓前室东壁绘散乐图，由十二人组成一支完整的表演队伍，包括伴奏者和舞蹈者（图2-17）。

河北宣化韩师训墓前室东壁绘散乐图，由九人组成。

河北宣化张世古墓前室东壁绘散乐图，由五人组成。

河北宣化辽墓M6前室西壁绘散乐图，由八人组成。

河北宣化张文藻墓前室西壁为散乐图，画面共由七人组成，其中五人吹奏，一人舞蹈，一人击腰鼓而舞（图2-18）。

河北宣化辽墓M9前室西壁为散乐图，由九人组成。

河北宣化张匡正墓前室西壁散乐图由八人组成，其中六人吹奏，一人击腰鼓而舞，另一人为舞蹈女童。

① 图片采自河北省文物研究所编：《宣化辽墓壁画》，文物出版社，2001年。

图2-17　河北宣化张世卿墓散乐图①

图2-18　河北宣化张文藻墓散乐图②

① 图片采自河北省文物管理处、河北省博物馆：《河北宣化辽壁画墓发掘简报》，《文物》1975年第8期。

② 图片采自河北省文物研究所编：《宣化辽墓壁画》，文物出版社，2001年。

（五）启门图

主要表现为女子于门内探出半身，作开门欲进状或闭门状，也表现为持物从门内走出或进入。启门人性别也包括男性。目前发现12座墓例。

北京大兴青云店M2墓室正壁绘有一门，门内有人向外探头。

山西大同许从赟墓东壁绘有一侍女，双手捧唾盂，侧身面向朱门而立。

山西大同南关M2东壁正中绘两扇大门，一扇半开，门缝中绘一少女侧身半出。

图2-19　河北宣化张世卿墓启门图①

山西大同卧虎湾M4东壁绘女侍站在微启的大门边，侧身而观。M5、M6启门图绘法完全相同，都位于墓室东壁，朱色菱形隔扇门，左扇微启，门中立一侍者，作开门状。

河北宣化张世卿墓后室西壁绘妇人启门图（图2-19）。

河北宣化张世本墓墓室北壁用红彩绘门一扇，一妇人侧身执锁作开门状。

河北宣化韩师训墓后室北壁正中绘朱色门，右扇半开，门左右各绘一男子，身略侧向朱门而立。

河北宣化张世古墓后室东南壁影作一扇敞开的大门，两个妇人一内一外在门口相遇，里侧妇人作出门姿态，门外妇人作入门姿态。

河北宣化辽墓M6后室东壁推测为妇人启门图，画面遭到破坏。西壁有一妇人立于门前，作闭门状。

河北宣化张文藻墓后室西壁绘一侍女，手端盆状物，作出门状。

① 图片采自河北省文物研究所编：《宣化辽墓壁画》，文物出版社，2001年。

（六）劳作侍女

主要指除备侍类之外的，表现家居生活、内宅侍奉的侍女形象，包括点灯、理财、供奉等内容。目前发现14座墓例。

北京南郊辽赵德钧墓右前室绘有女仆揉面的场景。

北京韩佚墓东西两壁绘三幅壁画，每幅绘侍女一人，持乐侍女和持钵侍女较易辨认，其余漫漶不清。

北京大兴青云店M1墓室西壁和北壁绘有多位侍女，有托举食物的，有理财的，有托盏托的。M2绘有点灯侍女。

北京西郊百万庄辽墓绘有女仆，两手在木盆前作洗涤状。

山西大同许从赟墓墓门西侧绘点灯侍女，东北角影作直棂窗两侧各绘侍女二人，动作分别为举拂尘、持毛笔、捧托盘、捧温碗（图2-20）。

图2-20　山西大同许从赟墓侍女图①

山西大同周家店辽代壁画墓墓门东侧绘点灯侍女，侍女左手平端油碗，右手持一长针，欲用针挑拨灯捻并添油。

河北宣化张世卿墓后室西壁绘有启箱侍女。

河北宣化张世本墓东壁窗下绘黄色木桌，上置文房四宝，桌旁立一

① 图片采自王银田、解廷琦、周雪松：《山西大同市辽代军节度使许从赟夫妇壁画墓》，《考古》2005年第8期。

妇人，右手端碗。

河北宣化韩师训墓西北壁绘三女一男组成的备装图，东北壁和东南壁也绘有多名妇女劳碌供奉的场景。

河北宣化张世古墓东南壁和西南壁分别绘进酒图和进茶图，画面由多位侍奉女仆组成。

河北宣化辽墓M6东南壁绘托唾盂侍女，西南壁绘点灯侍女。

河北宣化张文藻墓后室西壁绘点灯侍女，后室东壁绘捧茶侍女。

河北宣化张匡正墓后室西壁绘点灯侍女，后室东壁绘持钵持镜侍女。

（七）门吏武士

主要指立于墓门或甬道两侧的守门门吏或武士。目前发现22座墓例。

北京韩佚墓，北京丰台云岗刘六符墓，北京西郊百万庄1号辽墓，山西大同许从赟墓（图2-21），山西大同机车厂辽墓，山西大同周家店辽墓，山西大同五法村辽墓，山西大同十里堡M27，山西大同卧虎湾M1、M2、M4、M5、M6，山西大同东风里辽墓，河北涿鹿酒厂辽墓，河北宣化张世卿墓，河北宣化张恭诱墓，河北宣化张世本墓，河北宣化韩师训墓，河北宣化辽墓M6、M9，河北宣化张匡正墓。

图2-21　山西大同许从赟墓门吏图[①]

① 图片采自王银田、解廷琦、周雪松：《山西大同市辽代军节度使许从赟夫妇壁画墓》，《考古》2005年第8期。

（八）升天祥瑞

主要指出现于墓室顶部、甬道、墓门上方等壁面的装饰图案，通常为具有佛教或道教象征意义和文化色彩的装饰内容，表达祈福、升天、祥瑞等愿望。既包括僧道等人物形象，也包括金鸡、玉犬、仙鹤、莲花、牡丹、卷云、山石等动植物装饰图案。目前发现17座墓例。

北京韩佚墓墓顶绘有莲花、飞鹤、流云（图2-22）。

图2-22　北京韩佚墓墓顶图①

北京西翠路辽墓墓室绘有花、鸟、小鹅。

北京丰台云岗刘六符墓甬道绘有凤鸟、流云。

山西大同南关M2墓门墙正中有类似云气纹之类的纹饰。

山西大同新添堡M29墓室顶部绘有星球，云气一团，云气内有人物画。

山西大同卧虎湾M4墓室顶部绘点缀粉红色星球的天空，东侧用墨笔

① 图片采自北京市文物工作队：《辽韩佚墓发掘报告》，《考古学报》1984年第3期。

画一鸡一犬，两侧绘有花和兔。M5、M6墓室顶部绘有东日西月及星球、云气。

山西大同东风里辽墓墓门上方绘金翅鸟立于祥云之上，并有火焰珠宝、犀角、象牙、银锭、祥云等装饰图案。墓室东壁绘有一幅吉祥图，有莲花托珠，橘色支架上置马鞍，蓝色宝瓶，卧鹿、竹子、牡丹、仙鹤、乌龟等。

河北廊坊西永丰村辽墓壁画内容有水草、仙鹤、牡丹花等，相间分布，墓顶以黑、红彩绘出牡丹。

河北涿鹿酒厂辽墓墓室顶部绘太阳、金翅鸟、云气纹。

河北宣化张世卿墓拱门上部绘有二龙戏珠图。

河北宣化张恭诱墓墓门上部绘有螺身双头人、鱼身双头人、头戴黑帽的老者、金鸡、玉犬。

河北宣化张世本墓拱门内侧绘花卉、卷云数朵，北壁彩绘门两侧绘仙鹤花卉图。

河北宣化张世古墓前室南壁的拱门上绘有鸡、犬、老者，前室顶部绘重瓣莲花，后室东北壁、北壁、西北壁绘有花卉、山石、丹顶鹤。

河北宣化张文藻墓前室拱门上绘有“五鬼图”，甬道拱门上绘有“三老对弈图”，后室壁画点缀有仙鹤、花卉。

河北宣化张匡正墓前室拱券中有蕃莲、牡丹、牵牛、月季，北壁拱门上绘流云和仙鹤图，后室顶部也点缀有流云、缠枝蕃莲、牡丹、月季等图案，后室东西壁均有仙鹤图。

（九）星宿图

主要指出现于墓室顶部的十二生肖、二十八星宿等图像。目前发现14座墓例。

北京韩佚墓墓顶绘有头顶生肖的人物像十二个，身着长袍，拱手端立。

山西大同许从赟墓穹隆顶四周绘有星宿图，可惜大部分已经脱落，只残存北侧的北斗七星和西侧的残月与云朵图案。

山西大同南关M2墓室顶部绘星宿图，用橘红色圈点画出星宿，星与星之间用短线相连，但大多已脱落[①]。

山西大同周家店辽墓墓室顶部绘头顶十二生肖的人物。

山西大同机车厂辽墓墓顶绘天象图，多已脱落。

山西大同东风里辽墓残存的星宿图位于穹隆顶东北部，以朱色涂成圆点表示星辰，又按各星宿形式和颗数以直线连接成完整星宿。

河北宣化张世卿墓后室穹隆顶中央绘有二十八星宿，黄道十二宫。中外星图合璧是这幅星图的最大特点。

河北宣化张恭诱墓墓顶从里至外绘有莲花、黄道十二宫、二十八星宿、十二生肖像（图2-23）。

图2-23　河北宣化张恭诱墓星宿图[②]

河北宣化张世本墓墓顶彩绘二十八星宿图。

河北宣化韩师训墓墓顶绘有星宿图，但脱落严重。

① 王银田、解廷琦、周雪松：《山西大同市辽墓的发掘》，《考古》2007年第8期。

② 图片采自张家口市文物事业管理所、张家口市宣化区文物保管所：《河北宣化下八里辽金壁画墓》，《文物》1990年第10期。

河北宣化张世古墓墓顶内容有莲花、黄道十二宫、二十八星宿、十二生肖像。

河北宣化辽墓M6顶部绘有星图，但多数星座已损坏。

河北宣化张文藻墓后室顶部绘有星宿图及其他散星。

河北宣化张匡正墓后室顶部绘有二十八星宿、十二生肖像。

（十）家居室内陈设

主要指砖雕影作或彩绘居室内的家具陈设物等内容，单独成一幅壁画，不具备其他情节，不包括以上分类中的家居陈设图像。目前发现10座墓例。

北京彭庄一号辽墓墓壁东侧砖雕一桌二椅。

山西大同五法村辽墓墓门东侧绘鸡腿坛3件，钵1件。

山西大同十里堡M27西壁绘脸盆、盆架、朱色菱形隔扇门。

山西大同卧虎湾M1西壁绘有面盆、盆架、镜台。M5、M6西壁绘盆架、面盆、喂马槽、斜方格隔扇门。

河北怀安张家屯辽墓有砖雕灯架、马球杖、椅子、大门。

河北宣化姜承义墓有砖雕桌椅、灯架、门窗。

河北涿鹿臧知进墓有砖砌桌子、灯架、门窗。

河北宣化辽墓M6东北壁绘长方形桌，桌上有书、砚、墨、笔、笔架。

二、小　　结

由以上对壁画题材内容的分类情况来看，北京及周边地区辽墓壁画以表现室内的家居生活为主，体现了明显的汉族风格和传统文化。

第一类出行归来图，在空间布局上多出现于墓门两侧壁或前室东西壁，在山西和河北地区辽墓中常见。车马出行图自东汉时期开始就出现在墓葬壁画和画像石的表现题材中，是用来表现墓主人生前身份地位的重要形式。但与前代及契丹贵族墓葬中的车马出行图相比，山西、河北地区出行图虽然也绘有鞍马、驼车等交通工具，但画面简单，侍从仆役稀少，没有庞大的出行队伍和豪华阔绰的场面。

第二类备侍图，出现较多，共计有26座墓例，北京、山西和河北三地均有发现。其中，备食图、备宴或侍宴图及侍寝图流行于北京和山西两地，备茶图和备经图流行于河北地区。

第三类宴饮图，出现于山西、河北部分墓葬中，所占比例不高。在空间布局上多分布于墓室东西壁。

第四类散乐图，流行于山西、河北地区，尤其是河北宣化下八里地区共发现七座墓中有散乐图。在空间布局上多绘于墓前室的东西两壁，每幅图中都有舞者、伎乐和歌者，少则五人，多则十二三人。

第五类启门图，在北京、山西、河北三地均有发现。多绘于墓室正壁，可归纳为两类：一类为开启酒房、茶房或厨房的门，表现为侍者手端器皿从门内走出或递送物品；另一类为女子探出半身，作欲启门状。多认为此装饰表示假门之后另有“别室”或“后室”，促使人联想到门外的事物，给人留下想象的空间①。

第六类劳作侍女，在北京、山西、河北三地均有发现，在墓葬中所占比例较高。

第七类门吏武士，在本区辽墓中较为流行，绘于墓门或甬道两侧，除河北涿鹿酒厂辽墓为武士形象之外，其余皆为官吏形象。

第八类和第九类都为精神信仰方面的装饰内容，几乎涉及每座墓葬，以山西、河北地区较为突出。其中，河北宣化地区出现双头人、五鬼图、三老对弈图等较为稀少的题材。星宿图一般绘于墓后室顶部，内容上以黄道十二宫、二十八星宿、十二生肖，以及太阳、太阴、其他散星的多种不同组合形式出现。

第十类家居室内陈设，是本区辽墓的基本装饰内容，多以砖雕影作的形式出现。表现室内门窗、家具陈设是辽墓壁画的重要组成部分。

虽然笔者将该区域辽墓壁画分为以上十个种类，但它们之间也并非彼此割裂、绝对独立的，反而是相互联系、难以分割的。如前所述，这十类壁画体现出本区辽墓壁画的最突出特点——以表现日常家居生活为主要题材（表2-2）。正如韩小囡所述：“墓葬装饰内容从对等级制度的恪守与炫耀转向对个人日常生活的关照，这也许就是晚唐五代时期社会文化转型

①　冯恩学：《辽墓启门图之探讨》，《北方文物》2005年第4期。

的特点之一。墓葬装饰内容与形式的这种变化，也使其适用范围得到了扩展，墓葬装饰的新形式在中下阶层的流行成为了可能。”①

表2-2　壁画题材内容分类统计表

墓葬名称	时期	壁画题材内容分类									
		第一类	第二类	第三类	第四类	第五类	第六类	第七类	第八类	第九类	第十类
赵德钧墓	应历八年（958年）		1				√				
韩佚墓	统和十三年（995年）		2				√	√	√	√	
西翠路辽墓	不晚于圣宗时期								√		
彭庄一号辽墓	不早于圣宗时期										√
青云店M1	早于1043年		1				√				
青云店M2	早于1043年		1			√	√				
李继成墓	重熙十二年（1043年）										
王泽墓	重熙二十二年（1053年）										
刘六符墓	清宁三年（1057年）							√	√		
百万庄1号辽墓	天庆三年（1113年）		1				√	√			
陈庄辽墓	辽代晚期										
廊坊西永丰辽墓	辽代晚期								√		
许从赟墓	乾亨四年（982年）		2			√	√	√		√	
机车厂辽墓	辽代早期	√						√		√	
周家店辽墓	辽代早期		1 2				√	√		√	
五法村辽墓	辽代早期偏晚	√						√			√
南关M2	辽代中期		1			√			√	√	
十里堡M27	早于天庆九年	√	2					√			√
新添堡M29	天庆九年（1119年）	√							√		
卧虎湾M1	早于天庆九年	√	2	√				√			√
卧虎湾M2	早于天庆九年	√	2	√	√			√			

① 韩小囡：《宋代墓葬装饰研究》，山东大学博士学位论文，2006年。

续表

墓葬名称	时期	壁画题材内容分类									
		第一类	第二类	第三类	第四类	第五类	第六类	第七类	第八类	第九类	第十类
卧虎湾M3	乾统七年（1107年）										
卧虎湾M4			2	√		√		√	√		
卧虎湾M5		√	2			√		√	√		√
卧虎湾M6	大安九年（1093年）	√	2			√		√	√		√
马家堡辽墓	辽代晚期										
朔州辽墓	辽代晚期	√	1		√						
东风里M1	辽代晚期	√	1 2					√	√	√	
张家屯辽墓	辽代早期偏晚										√
姜承义墓	统和十二年（994年）										√
臧知进墓	保宁元年（969年）										√
涿鹿酒厂辽墓	辽代晚期	√		√	√			√	√		
张世卿墓	天庆六年（1116年）	√	4		√	√	√	√	√	√	
张恭诱墓	天庆七年（1117年）		3 4					√	√	√	
张世本墓	金皇统四年（1144年）		4			√	√	√	√	√	
韩师训墓	天庆元年（1111年）	√		√	√	√	√	√		√	
张世古墓	天庆七年（1117年）	√			√	√	√		√	√	
宣化辽墓M6	辽代晚期		3 4		√	√	√	√		√	√
张文藻墓	大安九年（1093年）				√	√	√		√	√	
宣化辽墓M9	辽代晚期		3		√			√			
张匡正墓	大安九年（1093年）		3		√		√	√	√	√	

注：第二类中的数字分别表示1. 备食图、备宴图或侍宴图；2. 侍寝图；3. 备茶图或茶道图；4. 备经图。

第三章　北京及周边地区辽代壁画墓的分区与分期

通过第二章对墓葬形制、随葬器物、壁画题材三个方面的分类研究，我们大致可以管窥北京地区、山西大同地区、河北张家口地区壁画墓的风格特点和地域性特征。因此，有必要在此基础上对其进行分区与分期研究。

需要厘清概念的是，本书标题中出现“北京及周边地区”，实际上大致相当于辽代的幽云十六州地区，虽然不完全等同，但为了保持标题的简洁，行文中有时也将“幽云地区”直接替代标题中所指的“北京及周边地区”。

第一节　本区辽代壁画墓的分区

幽云地区是辽代境内的汉人聚居区，考古发现的汉人壁画墓主要集中在以归化州、奉圣州（今河北宣化、涿鹿地区）、西京（今山西大同地区）、南京（今北京及周边地区）为中心的地域。在第二章对辽代墓葬壁画分类研究的基础上，笔者将上述区域分为南京道和西京道两个大区。

一、南　京　道

据《辽史·地理志·南京道》记载：“南京析津府，本古冀州之地。高阳氏谓之幽陵，陶唐曰幽都，有虞析为幽州。商并幽于冀。周分并为幽。……自唐而晋，高祖以辽有援立之劳，割幽州等十六州以献。太宗升为南京，又曰燕京。”[①]辽太宗时升幽州为南京，同时建卢龙军。圣宗开泰元年（1012年）落军额，南京亦称燕京，又改幽都府为析津府，改冀北

① （元）脱脱：《辽史》卷四十《地理志四》，中华书局，1974年，第493页。

县为析津县，改幽都县为宛平县。开泰以后，南京道析津府，治南京，共统州六、县十一。“统州六，县十一：析津县、宛平县、昌平县、良乡县、潞县、安次县、永清县、武清县、香河县、玉河县、郭阴县、顺州、檀州、涿州、易州、蓟州、景州、平州、滦州、营州。”①实际上，算上各州下辖的各县，南京道计统辖一府、九州，共三十二县。其范围相当于今天的整个北京市、涿州市、廊坊市、唐山市及所辖各县（图3-1）。目前发现属于这一区的辽代壁画墓有12座。

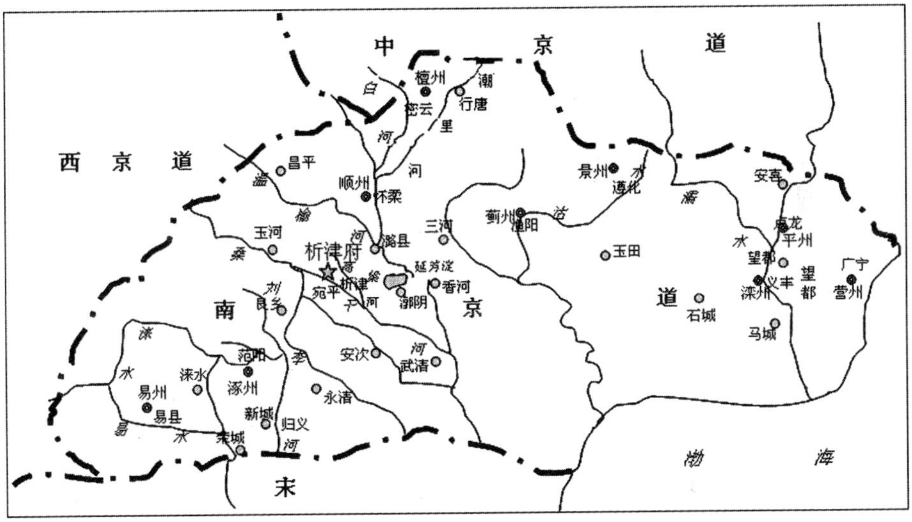

图3-1　南京道城市分布图②

（一）墓葬形制区域特点

南京道地区辽墓在墓葬形制上以圆形单室墓为主，12座墓葬中有8座为圆形单室墓，其中属Aa型的大型墓有7座，属Ab型的小型墓1座。此外，有单室墓Cb型1座，双室墓A型1座，多室墓2座。统计数字说明以大型墓和多室墓为代表的等级较高的墓葬占有相当大的比例，其中赵德钧墓为圆形多室墓，三进九室，是辽代汉人墓葬中规模最大、等级最高的砖室

① （元）脱脱：《辽史》卷四十《地理志四》，中华书局，1974年，第493页。

② 图片采自谭其骧主编：《中国历史地图集》（第六册），地图出版社，1982年，第7～8页。

墓，应与他“北平王”的特殊身份有关。

12座墓葬中5座出土有墓志。根据墓志记载，赵德钧墓墓主人赵德钧为“卢龙军节度使、太师中书令、北平王”①；韩佚墓墓主人韩佚为“辽兴军节度副使，银青崇禄大夫，检校国子祭酒兼监察御史、武骑尉”②；王泽墓墓主人王泽官至“奉陵军节度、怀州管内观察处置等使、金紫崇禄大夫、检校太尉、史持节怀州诸军事、怀州刺史兼御史大夫”③。墓志的记载进一步说明辽代南京道地区身份地位高的汉族官吏较多，从墓葬的发现地点来看，均位于析津府及周边地区，由此不难看出辽代南京是契丹人统治汉地的重要区域。

（二）随葬器物区域特征

南京道地区出土器物以陶器、瓷器为主，器型丰富。根据第二章的统计，出土鏊锅的墓葬有4座，出土陶罐的墓葬有6座，出土三足鼎的墓葬有3座，出土鏊子的墓葬有3座，出土碗、盘、碟组合的墓葬有3座，出土注壶的墓葬有5座，出土盏托的墓葬有6座，出土鸡腿瓶的墓葬有1座，出土唾盂的墓葬有4座，出土熨斗的墓葬有1座，出土剪刀的墓葬有4座，出土簸箕的墓葬有1座。在功用上，以日常饮食器和生活用品为主，随葬铁器、木器的墓葬较少，个别墓葬中还保留有汉唐时期随葬陶俑的遗风。梳妆配饰类种类较为丰富，出土有其他地区少见的银镯、银钗、铜镜、玉带扣等。

（三）壁画题材内容区域特征

由第二章对壁画题材内容的统计来看，南京道地区第六类劳作侍女图出现得最多。而在其他地区较为流行的第一类出行归来图，第三类宴饮图，第四类散乐图，第五类启门图，第九类星宿图均不见或仅见一例。

从壁画布局来看，抛开墓葬被人为破坏的因素，壁画较为集中地绘制于墓室周壁，墓门两侧均不见有壁画。甬道绘有门吏图的墓葬仅有3座，

---

① 北京市文物工作队：《北京南郊辽赵德钧墓》，《考古》1962年第5期。

② 北京市文物工作队：《辽韩佚墓发掘报告》，《考古学报》1984年第3期。

③ 北京市文物管理处：《近年来北京发现的几座辽墓》，《考古》1972年第3期。

墓室顶部绘有星宿图的墓葬仅有1座。

总体而言，北京地区辽墓普遍有斗拱、立柱、棺床，有影作砖雕木构建筑，壁画构图较为简略，画面人物稀少，环境冷清，涵盖的题材种类最少。

二、西　京　道

西京道位于辽统辖区域的西南部，据《辽史·地理志·西京道》记载："西京大同府，陶唐冀州之域。虞分并州。夏复属冀州。……开元十八年，置云州。……同光三年，复以云州为大同军节度使。晋高祖代唐，以契丹有援立功，割山前、代北地为赂，大同来属，因建西京。……初为大同军节度，重熙十三年升为西京，府曰大同。"[①]下辖府一：大同府；节度州六：丰州、云内州、奉圣州、蔚州、应州、朔州；刺史州八：弘州、东胜州、德州、宁边州、归化州、可汗州、儒州、武州；边防州一：金肃州；军二：天德军、河清军[②]。这一地区主要包括今天的山西大同、朔州地区，河北张家口地区，以及内蒙古的乌兰察布、呼和浩特、包头、鄂尔多斯东北部等地。大致为北太行山以西，蒙古高原东南部及河套平原东北部这一区域范围。目前发现属于这一区的辽代壁画墓共有29座，集中分布于西京（今山西大同）、归化州（今河北宣化）、奉圣州（今河北涿鹿）三地。

（一）墓葬形制区域特点

西京道地区墓葬形制除多室墓外均有发现。单室墓Aa型有3座，Ab型有16座，B型有1座，Ca型有2座。双室墓A型有3座，B型有1座，C型有3座。可见该区域墓葬形制流行圆形单室小型墓和双室墓。山西大同地区墓葬形制统一，均为圆形单室墓，墓室平面直径在1.5米左右。河北地区则单室墓和双室墓并行。从墓葬材质看，该区域出现了一座石室墓，其余均为砖室墓。

---

① （元）脱脱：《辽史》卷四十《地理志五》，中华书局，1974年，第505页。

② （元）脱脱：《辽史》卷四十《地理志五》，中华书局，1974年，第505页。

虽然西京道地区除许从赟墓之外墓主人身份地位均不高，多为中小官吏、地方商贾甚至是平民，但宣化地区辽墓仍然使用了等级较高的双室墓。另外，该区域六角形、八角形墓葬多有出现，发现于宣化的9座辽墓中即有4座为多角形，其中张恭诱墓、韩师训墓、张世古墓为六角形，6号墓为八角形，有学者研究认为与佛教信仰有关①。

（二）随葬器物区域特征

西京道地区随葬器物在山西大同和河北宣化呈现出不同的特点。山西大同地区随葬器物最为简单质朴，以最基本的陶瓷饮食器为主要随葬品，器类单调，形制以碗、碟为主，铜铁器、木器等几乎不见。随葬器物无论是在种类上，还是在质量上，都较其他地区逊色。河北宣化地区同样以陶、瓷器为主，但瓷器数量明显增多，有三彩器、黄釉、白釉瓷器。从功用上讲，茶酒器和盥洗器占有较大比例。

该区域出土鏊锅的墓葬有5座，出土陶罐的墓葬有6座，出土三足鼎的墓葬有8座，出土鏊子的墓葬有5座，出土碗、盘、碟组合的墓葬有12座，出土注壶的墓葬有10座，出土盏托的墓葬有6座，出土鸡腿瓶的墓葬有4座，出土唾盂的墓葬有7座，出土龙柄洗的墓葬有4座，出土熨斗的墓葬有7座，出土剪刀的墓葬有5座，出土簸箕的墓葬有6座。

西京道地区出土的铜铁器、木器等也较为丰富，出土铜钱的墓葬有13座，出土铁器的墓葬有4座，出土木器的墓葬有5座。除陶瓷器之外的随葬器物种类所占比例明显增加。

此外，该区域还有多个墓葬出土有佛教文化因素的物品，如念珠，净法界真言碑，石雕真容偶像。

（三）壁画题材内容区域特征

由第二章对壁画题材内容的统计来看，西京道地区壁画十个种类均有涉及。其中，第三类宴饮图、第四类散乐图、第五类启门图尤为丰富，第一类出行归来图在山西大同地区非常流行，第二类备侍图中的备茶图和备经图全部出现于河北宣化地区。

---

① 李清泉：《宣化辽墓：墓葬艺术与辽代社会》，文物出版社，2008年，第295页。

从壁画布局来看，墓门、甬道、墓顶、墓室周壁均有分布。墓门、甬道绘有门吏图的墓葬有18座，墓顶装饰有壁画的墓葬有18座；有的只是简单的星球、云气图案，有的装饰有复杂的星宿图。山西大同地区壁画布局呈现规律性，基本都是自上而下分为三层。最上一层为墓顶，绘天象图；中间层绘于墓壁上端和起券处，内容为斗拱、枋、檐等砖雕仿木构建筑或彩绘图案；最下一层是壁画的主要内容，一般用立柱将壁画分为几个独立的画面。墓室壁画的内容表现为程式化特点，壁画在墓室内各个空间的分布较为固定。南壁为侍从或门神；北壁中间画屏风，上以花卉湖石之类点缀，屏风之上垂以帷幔，两侧各立一侍者；西壁为出行图；东壁以表现宴饮、备膳为主的家内生活图①。

西京道地区辽墓也均有斗拱、立柱、棺床，仿木构砖雕建筑，葬式多数为骨灰葬，以石棺或陶瓷罐为葬具。壁画涵盖的种类较多，内容更为丰富多样。

第二节　本区辽代壁画墓的分期

一、考古学界关于辽墓分期的概况

到目前为止，已有多位学者就陆续发表的资料，对辽墓的分期问题进行研究，为后续的研究工作奠定了基础。学界关于辽墓分期的成果主要如下：

王秋华将所收集的资料按不同民族、不同文化、不同风俗及历史沿革情况分为两区，Ⅰ区为长城两侧及长城以北地区，Ⅱ区为燕云地区。然后根据墓葬形制、出土遗物、墓壁和棺壁的装饰等方面将第Ⅰ区的墓葬分为三期，分别为：第一期，景宗以前（983年以前）；第二期，圣宗至兴宗时期（983～1055年）；第三期，道宗至天祚帝时期（1055～1125年）。第Ⅱ区以兴道两朝为界限分为两期：第一期，穆宗以前至兴宗时期（951年以前～1055年）；第二期，道宗至天祚帝时期（1055～1125年）②。

---

① 王银田：《大同辽代壁画墓刍议》，《北方文物》1994年第2期。

② 王秋华：《辽代墓葬分区与分期的初探》，《辽宁大学学报》（哲学社会科学版）1982年第3期。

李逸友以墓葬形制、葬具和随葬品三个因素作为判断依据，将辽代契丹人墓葬分为早、中、晚三个时期。景宗以前的为早期，圣宗、兴宗两朝为中期，道宗和天祚帝两朝为晚期①。

徐苹芳将辽代墓葬分为三期：早期为穆宗应历八年至圣宗太平十一年（958～1031年），中期为兴宗重熙时期（1032～1055年），晚期为道宗清宁元年至辽亡（1055～1125年）②。

董新林首先对辽代墓葬形制进行类型学分析，再对契丹人墓和汉人墓分别选择具有一定分期意义的典型器物及其组合进行分类排序，在此基础上再结合其他资料将辽墓分为四期：第一期，太祖、太宗阶段（907～947年）；第二期，世宗、穆宗、景宗阶段（947～983年）；第三期，圣宗、兴宗阶段（983～1055年）；第四期，道宗、天祚帝阶段（1055～1125年）③。

刘未将契丹墓葬分为大型墓葬和中小型墓葬，从四组契丹贵族墓葬中总结出贵族葬制的四个发展阶段：第一，辽代贵族葬制的初创（约太祖至太宗前期）；第二，辽代贵族葬制的革新（约太宗后期至穆宗）；第三，辽代贵族葬制的发展（约景宗至兴宗前期）；第四，辽代贵族葬制的定型（约兴宗后期至天祚帝）。将中小型墓葬的发展过程划分为三期五段④。

刘鲡等根据墓葬形制、出土器物特点将辽墓分为早、中、晚三期：早期从会同六年至应历八年（943～958年）；中期为圣宗统和四年至重熙十四年（986～1045年）；晚期为清宁元年至乾统七年（1055～1107年）⑤。

杨星宇在《辽墓壁画的分期研究》中，通过分析、对比不同地区、不同族属辽墓中壁画的布局、内容、技巧，并结合辽代墓葬形制与器物分期，将辽墓壁画分为三期五段：早期分为两段，太祖、太宗两朝（907～947年），世宗、穆宗两朝（947～969年）；中期分为两段，

① 李逸友：《辽代契丹人墓葬制度概说》，《内蒙古东部区考古学文化研究文集》，海洋出版社，1990年，第81页。

② 中国大百科全书总编辑委员会《考古学》编辑委员会：《中国大百科全书·考古学》，中国大百科全书出版社，1986年，第274～275页。

③ 董新林：《辽代墓葬形制与分期略论》，《考古》2004年第8期。

④ 刘未：《辽代契丹墓葬研究》，《考古学报》2009年第4期。

⑤ 刘鲡、刘谦：《辽墓分期试论》，《辽宁工程技术大学学报》（社会科学版），1999年第3期。

景宗至圣宗统和年间（969～1011年），圣宗开泰年间至兴宗重熙年间（1012～1055年）；晚期为道宗清宁年间至辽亡（1055～1125年）[①]。

以上均为学界在辽墓分期问题上所做出的研究成果，各个区域因地理位置、历史沿革及墓主人族属的差别，墓葬壁画的发展演变过程是不均衡的。因此，对于分期的研究不能忽视地域的差别。以下笔者将在前人研究成果的基础上，按照南京道和西京道两个分区分别进行分期研究。

二、南京道分期及各期特点

南京道地区发现辽代壁画墓共计12座，主要分布于辽南京地区，为使研究更为方便、直观，首先将这批墓葬的墓葬形制（表3-1），以及壁画布局、题材内容（表3-2）列表如下。

表3-1　南京道地区辽代壁画墓墓葬形制统计表

墓葬名称	时期	墓葬形制								
		圆单	圆双	圆多	方单	方双	方多	多单	多双	多多
赵德钧墓	958年			√						
韩佚墓	995年	√								
西翠路辽墓	不晚于圣宗时期	√								
彭庄一号辽墓	不早于圣宗时期	√								
青云店M1	早于1043年	√								
青云店M2	早于1043年	√								
李继成墓	1043年	√								
王泽墓	1053年	√								
刘六符墓	1057年									√
百万庄1号辽墓	1113年		√							
陈庄辽墓	辽代晚期	√								
廊坊西永丰辽墓	辽代晚期							√		

① 杨星宇：《辽墓壁画的分期研究》，内蒙古大学硕士学位论文，2009年。

表3-2　南京道地区辽代壁画墓壁画布局统计表

墓葬名称	时期	壁画布局				备注
		墓道	墓门	甬道	墓室	
赵德钧墓	958年				烹饪备食、闲暇赏玩	有斗拱、立柱
韩佚墓	995年	东西壁各绘一官吏	仿木构砖建筑	官吏	花鸟围屏、侍女、墓顶有莲花、飞鹤、流云、十二生肖	有斗拱、棺床
西翠路辽墓	不晚于圣宗时期			对称的壁龛	花、鸟、小鹅	有仿木构砖雕建筑、东西立壁设假门各一座、有斗拱、随葬陶俑、唐代钱币
彭庄一号辽墓	不早于圣宗时期		已塌陷		砖雕桌椅，壁画模糊不清	有棺床，一桌二椅
青云店M1	早于1043年		仿木构砖雕		持壶侍女、点灯侍女、晾布料场景、髡发男童、侍宴图、理财图	有斗拱、立柱、棺床、一桌一椅、破子棂窗
青云店M2	早于1043年				写字男童、点灯侍女、侍宴图	有斗拱、立柱、棺床、一桌二椅、破子棂窗
李继成墓	1043年		仿木构砖雕	西侧有小龛、壁画脱落	壁画脱落	有棺床
王泽墓	1053年		青砖封堵	东壁有小龛	壁画脱落	有棺床、影作桌椅
刘六符墓	1057年	阶梯式	仿木构砖砌、彩绘	门吏、凤鸟、流云		有斗拱
百万庄1号辽墓	1113年	斜坡	砖雕	门吏	牡丹花、花草、武士、烹饪女仆、洗涤女仆	有斗拱、棺床、立柱，假窗

续表

墓葬名称	时期	壁画布局				备注
		墓道	墓门	甬道	墓室	
陈庄辽墓	辽代晚期				壁画脱落，有壁龛盛骨灰	有立柱
廊坊西永丰辽墓	辽代晚期		拱形券顶，仿木结构门墙		水草、鹤、人物、牡丹花	有棺床

从墓葬形制统计表中可以看到，韩佚墓（995年）和刘六符墓（1057年）所处的时间前后墓葬形制有明显的变化。995年之前有圆形多室墓出现；995～1057年墓葬形制统一，全部为圆形单室墓；1057年之后墓葬形制开始多样化，有圆形单室墓、圆形双室墓、八角形单室墓、八角形多室墓。而995～1055年正处于圣宗、兴宗两朝，再结合壁画布局统计表中的墓葬、壁画分布情况等要素，可以大致将南京道地区辽代墓葬壁画以韩佚墓和刘六符墓所处的时期为界分为三期。需要说明的是，北京及周边地区辽代壁画墓保存状况很差，墓例材料有限，信息不够完整，势必会影响到分期研究的结果，以下分析是在现有资料基础上所推测出的大致结论。

1. 第一期　辽太祖至景宗时期（916～982年）

特征可概括为模仿与传承。

这一时期发现的辽代壁画墓很少，仅有赵德钧墓一例。该墓三进九室，但壁画集中于墓室之中，墓道、墓门、甬道不见有装饰。壁画保留有三幅，分别为欣赏书画图，画面上绘有六人，有三名汉族官吏正在欣赏一幅卷轴画，三名侍仆站在身后；庖厨图，表现女子揉面的情形；进奉图，表现女子手捧盛有馒头盘子的形象。画面中的女子均梳高髻，体态较胖，从人物的衣着造型来看带有鲜明的唐末五代风格。

据《旧五代史》记载，德钧后唐时镇幽州，累官至检校太师兼中书令，封北平王，与其子延寿并为契丹所擒，至天福二年夏德钧卒于契丹。未几，契丹主以延寿为幽州节度使，封燕王，寻为枢密使兼政事令。天福末，契丹既与少帝绝好，契丹主委延寿以图南之事，许以中原帝之[①]。可见，赵德钧本来官居高位，官至北平王，其墓又为其子赵延寿势力显赫时所建，因而赵德钧墓等级之高非其他汉人官吏能比，属较为特殊的墓例。

2. 第二期　圣宗至兴宗时期（983～1054年）

特征可概括为延续与渐变。

该期壁画墓有韩佚墓、西翠路辽墓、彭庄一号辽墓、青云店M1、青云店M2、李继成墓、王泽墓。

从墓葬形制和结构来看，6座墓都是圆形单室墓，除延续唐代墓葬形制之外，出现了部分宋墓特征的元素。西翠路辽墓的甬道中设有对称的壁龛，并随葬有陶俑和唐代钱币；李继成墓甬道西侧有小龛；王泽墓甬道东壁有小龛。根据这类甬道或墓室带有壁龛的墓葬形制和随葬陶俑的葬俗可以看出晚唐墓葬形制的遗风。

该期墓葬中基本都有仿木构砖雕建筑，有斗拱、立柱、棺床。彭庄一号辽墓、青云店M1、青云店M2及王泽墓中，壁面多为砖雕假门、假窗，以及由一桌一椅或一桌二椅构成的陈列组合，宋墓特征的一些元素开始出现。

若从壁画题材内容来分析，仍然较为明显地体现了上述特征，试举以下几例加以说明。

韩佚墓墓室四周以立柱作界格将壁画分幅绘出，共计七幅，北壁一幅，东西两壁各三幅。正对室门的北壁正中绘梁枋，梁枋下绘帷幔，帷幔下绘三扇花鸟围屏一座，围屏两侧各绘一名侍女。东壁三幅分别为：一名持钵侍女，身侧置一灯檠；一名捧物侍女，前侧置一方桌；一名持乐侍女，双鬓垂髻，着圆领长袍，头微向北侧，手抱琵琶，伫立桌旁，身前绘有翠鸟。西壁三幅为：一名衣巾侍女，高髻，脸向南，身微侧，正裸露出右臂向后拢发，左手持红花包袱，身后置衣箱、衣架等；一名持物侍女，身侧置一桌；第三幅仅能辨认出一侍女轮廓，细部均已漫漶不清。墓室穹隆顶中间绘莲花，四周用八条红色弧形宽垂带分成八个格，每格内绘白色

---

①　（宋）薛居正等：《旧五代史》卷九十八《列传第十三》，中华书局，1976年，第1311页。

飞鹤一只，间以流云装饰。穹隆顶下部绘头顶生肖的人物像十二个①。

考察韩佚墓壁画题材，其中，侍女和内侍图像、屏风图像，以及墓顶的飞鹤、流云、十二生肖都是中晚唐壁画墓中的典型题材。韩佚墓墓室的七幅壁画共同构成了一个内宅侍奉、家居生活的场景。据李星明研究："唐代壁画墓中的内宅侍奉图像均画在象征内宅的墓室、甬道和靠近甬道的天井过洞之中。包括侍女或宫女、内侍、乐舞、屏风等形象，这些图像均以象征主人卧榻的棺床或石椁为中心展开布局，构成一个反映贵族日常家居生活中比较典型的安乐享受的片段情景。"②在盛唐和中晚唐壁画墓中，花鸟屏风画非常流行，基本上取代了人物屏风画。根据四神、十二生肖的天文学含义和数术思想，研究认为，它们与天象图一同构成相互联系的宇宙图像系统，在墓室中组构宇宙模式，与灵魂观念和升仙意识密切相关。实际上，十二生肖在北朝时期就以壁画、陶塑和墓志线刻的形式出现在墓葬之中，而在盛唐至晚唐时期这种做法更为流行。例如，在山西太原北齐娄叡墓中就出现了十二生肖图像与天象图匹配出现于墓室顶部的做法。

据此，我们可以考察一下北京地区晚唐时期墓葬壁画的情况。1991年，北京市海淀区文物管理所在海淀区八里庄清理的王公淑及夫人吴氏墓，是北京唐墓壁画中最重要的发现。墓葬为弧方形单室砖墓，由墓道、甬道、墓室三部分组成。墓门两翼有角柱、棂窗、斗拱，甬道东、西两壁各有一马蹄形壁龛。墓室靠北壁有一棺床。墓室北壁存有一独扇屏风芦雁牡丹图，从东壁和南壁残存的图像来看描绘了内宅侍奉的场景③。

无论从墓葬形制、结构特点还是壁画题材来看，韩佚墓显然与王公淑墓一脉相承，第二期的7座墓葬在墓葬形制方面紧承唐制的做法显而易见。而西翠路辽墓中的花、鸟、小鹅也可看作是晚唐流行花鸟画的简化。

青云店M1、青云店M2、王泽墓保留了内宅侍奉、家居生活的图像，而具有典型唐墓壁画风格的屏风画在此阶段消失，壁画题材方面出现了侍宴图、理财图和影作桌椅等具有宋墓特征的新鲜元素。据学者研究，北宋

① 北京市文物工作队：《辽韩佚墓发掘报告》，《考古学报》1984年第3期。

② 李星明：《唐代墓室壁画研究》，陕西人民美术出版社，2005年。

③ 北京市海淀区文物管理所：《北京市海淀区八里庄唐墓》，《文物》1995年第11期。

中原北方地区仿木构砖室墓的典型特征体现为：仿木结构砖砌建筑更为复杂，以仿木构件分割墓室空间。墓室一般坐北朝南，南壁墓门，北壁假门假窗，左右壁由桌椅、衣架、灯檠等基本图像构成。壁画题材主要有散乐图、夫妻对坐宴饮图、妇人启门图、梳妆图、行孝图等①。

由此，我们可以看出，圣宗之后，北京地区辽墓壁画中的唐代风格减弱，普遍出现了宋墓壁画中的一些元素。总之，本阶段是上承唐制，下启宋制的阶段，圣宗时期之后宋文化因素逐渐加强，唐文化因素式微，壁画呈现出延续旧制，并趋于出现新内容的特征。

3. 第三期　道宗至天祚帝时期（1055～1125年）

特征可概括为交流与融合。

该期壁画墓有刘六符墓、百万庄1号辽墓、陈庄辽墓、廊坊西永丰辽墓。

从墓葬形制和结构来看，本期出现八角形墓，单室墓与多室墓并存，斜坡墓道、甬道壁龛消失，墓门、甬道开始流行装饰。刘六符墓有仿木构砖砌墓门，墓门上彩绘，甬道绘有门吏、凤鸟、流云图案。百万庄1号辽墓墓门用砖砌成拱券，拱券东西两壁绘有人物像，门框为正方形，上部有雕砖门簪两块，两侧绘牡丹花图案，甬道两侧绘有门吏图。廊坊西永丰辽墓墓门拱形券顶，墓门上为倒梯形仿木结构门墙。该期墓葬形制已普遍具有北宋时期墓葬的特征②。

从随葬器物特征来看，盏托、唾盂、熨斗、簸箕等新的器类在本期内出现，陶罐中出现了筒状罐和单柄罐。随葬器物种类更为丰富，铜器、铁器、木器在本期墓例中出现最多。

在壁画题材方面，仍以内宅侍奉、家居生活为主，墓门为砖雕彩绘，

① 赵明星：《中国北方地区仿木构墓葬建筑形制研究》，中国人民大学博士学位论文，2012年。

② 徐苹芳先生在《中国大百科全书·考古学》中将中原北方地区宋墓，以北宋神宗熙宁元年（1068年）为界，划分为前后两期，后期的一个显著特点即是仿木结构砖室墓墓室呈现八角形、六角形的变化。八角形仿木结构砖室墓成为北宋中晚期北方地区民间墓葬具有时代特征的墓室形式。

甬道出现门吏图，墓室内壁画以第八类动植物祥瑞图案为主流，内容更加多样化。

总之，本阶段墓葬形制变得与宋墓形制更为接近，随葬器物和壁画题材都出现多样化特征，多种文化元素同时并存。

三、西京道分期及各期特点

西京道地区发现辽代壁画墓共计29座，主要分布于归化州、奉圣州及西京地区。其中，有出土墓志记载，能确定年代的墓葬有：戚知进墓（969年）、许从赟墓（982年）、姜承义墓（994年）、卧虎湾M6（1093年）、张世本墓（1093年）、张文藻墓（1093年）、张匡正墓（1093年）、卧虎湾M3（1107年）、韩师训墓（1111年）、张世卿墓（1116年）、张恭诱墓（1117年）、张世古墓（1117年）、新添堡M29（1119年）。其他墓葬的年代参考发掘报告所推测的大致时期，或按照形制、内容等与纪年墓的比照来推定。同样，为使研究更为方便、直观，首先将这批墓葬的墓葬形制（表3-3），以及壁画布局、题材内容（表3-4）列表如下。

表3-3　西京道地区辽代壁画墓墓葬形制统计表

墓葬名称	时期	墓葬形制								
		圆单	圆双	圆多	方单	方双	方多	多单	多双	多多
戚知进墓	保宁元年（969年）	√								
许从赟墓	乾亨四年（982年）	√								
机车厂辽墓	辽代早期	√								
周家店辽墓	辽代早期	√								
五法村辽墓	辽代早期偏晚	√								
张家屯辽墓	辽代早期偏晚	√								
姜承义墓	统和十二年（994年）							√		
南关M2	辽代中期	√								
卧虎湾M5	与卧虎湾M6接近	√								
卧虎湾M6	大安九年（1093年）	√								
张世本墓	大安九年（1093年）	√								

续表

墓葬名称	时期	墓葬形制								
		圆单	圆双	圆多	方单	方双	方多	多单	多双	多多
张文藻墓	大安九年（1093年）		√							
张匡正墓	大安九年（1093年）		√							
卧虎湾M3	乾统七年（1107年）	√								
卧虎湾M4	与卧虎湾M3接近	√								
十里堡M27	早于天庆九年	√								
卧虎湾M1	早于天庆九年	√								
卧虎湾M2	早于天庆九年	√								
韩师训墓	天庆元年（1111年）								√	
张世卿墓	天庆六年（1116年）					√				
张恭诱墓	天庆七年（1117年）							√		
张世古墓	天庆七年（1117年）								√	
新添堡M29	天庆九年（1119年）	√								
马家堡辽墓	辽代晚期	√								
朔州辽墓	辽代晚期				√					
东风里M1	辽代晚期	√								
涿鹿酒厂辽墓	辽代晚期	√								
宣化辽墓M6	辽代晚期								√	
宣化辽墓M9	辽代晚期		√							

表3-4　西京道地区辽代壁画墓壁画题材分类一览表

墓葬名称	时期	壁画题材内容分类									
		第一类	第二类	第三类	第四类	第五类	第六类	第七类	第八类	第九类	第十类
咸知进墓	保宁元年（969年）										√
许从赟墓	乾亨四年（982年）		2			√	√	√		√	
机车厂辽墓	辽代早期	√						√		√	

续表

墓葬名称	时期	壁画题材内容分类									
		第一类	第二类	第三类	第四类	第五类	第六类	第七类	第八类	第九类	第十类
周家店辽墓	辽代早期		1 2				√	√		√	
五法村辽墓	辽代早期偏晚	√						√			√
张家屯辽墓	辽代早期偏晚										√
姜承义墓	统和十二年（994年）										√
南关M2	辽代中期		1			√			√	√	
卧虎湾M5	与卧虎湾M6接近	√	2			√		√	√		√
卧虎湾M6	大安九年（1093年）	√	2			√		√	√		√
张世本墓	大安九年（1093年）		4			√	√	√	√	√	
张文藻墓	大安九年（1093年）				√	√	√		√	√	
张匡正墓	大安九年（1093年）		3		√		√	√	√	√	
卧虎湾M3	乾统七年（1107年）										
卧虎湾M4	与卧虎湾M3接近		2	√		√		√	√		
十里堡M27	早于天庆九年	√	2					√			√
卧虎湾M1	早于天庆九年	√	2	√				√			√
卧虎湾M2	早于天庆九年	√	2	√	√			√			
韩师训墓	天庆元年（1111年）	√		√	√	√	√	√		√	
张世卿墓	天庆六年（1116年）	√	4		√	√	√	√	√	√	
张恭诱墓	天庆七年（1117年）		3 4					√	√	√	
张世古墓	天庆七年（1117年）	√			√	√	√		√	√	
新添堡M29	天庆九年（1119年）	√							√		
马家堡辽墓	辽代晚期										
朔州辽墓	辽代晚期	√	1		√						
东风里M1	辽代晚期	√	1 2					√	√	√	
涿鹿酒厂辽墓	辽代晚期	√		√	√			√	√		

续表

墓葬名称	时期	壁画题材内容分类									
		第一类	第二类	第三类	第四类	第五类	第六类	第七类	第八类	第九类	第十类
宣化辽墓M6	辽代晚期		3 4		√	√	√	√		√	√
宣化辽墓M9	辽代晚期		3		√			√			

注：第二类中的数字分别表示1. 备食图、备宴图或侍宴图；2. 侍寝图；3. 备茶图或茶道图；4. 备经图。

分析表3-3、表3-4可得出如下结论：首先，西京道地区辽代早期和晚期壁画墓较多，中期壁画墓很少。虽然考古发掘报告中推断的“辽代早期”“辽代晚期”并不能确定具体的年代，但从统计表中至少可以确定994～1093年的墓葬非常少，仅有山西大同南关M2一座，即从圣宗后期至道宗前期这一阶段壁画墓非常之少。其次，综合两表的分类统计，姜承义墓和南关M2之间是一个重要的界限点，姜承义墓之前墓葬形制统一为圆形单室墓；南关M2之后墓葬形制开始多样化，墓室平面呈六角形或八角形的墓葬增多，双室墓增多。从壁画题材分类表来看，南关M2之后壁画题材明显较之前丰富很多。综合以上两点，可以将西京道地区辽代墓葬壁画以兴宗朝为界分为前后两期，第一期为辽初至兴宗时期（916～1054年），第二期为道宗至天祚帝时期（1055～1125年）。

1. 第一期　辽初至兴宗时期（916～1054年）

属于本期的墓葬有8座：臧知进墓、许从赟墓、机车厂辽墓、周家店辽墓、五法村辽墓、张家屯辽墓、姜承义墓、南关M2。

从墓葬形制来看，8座墓葬除姜承义墓之外全部为圆形单室墓，除去破坏和未清理情况之外都有斜坡台阶式墓道，并且都为3米以上。墓门为圆拱形，砖砌仿木构建筑，墓门用砖封闭，甬道壁龛有逐渐消失之趋势，墓室为砖雕影作仿木结构。

从随葬器物来看，以陶器为主，并出土有较为特殊的器型，如喇叭口型器、将军罐、长颈枭首壶、塔型器等。除张家屯墓和许从赟墓有铜铁器出土外，其他墓葬并无更多种类的随葬品。

从壁画题材分类来看，第七类门吏图、第九类墓顶的星宿图、第十类家居陈设出现比率最高。结合考古发掘报告，本期的壁画题材及分布规律可概括为如下几点：

第一，墓室内均有砖雕影作或彩绘门窗的设计，门多数位于墓门正对的墓室北壁，门两侧的壁面一般装饰有直棂窗，并且随着时间的推进，门的设计由砖雕影作变为砖雕与彩绘结合，到南关M2所处的时期变为直接彩绘。虽然门的繁简程度不一，大小等级各异，却体现了同一个意境表达，那就是门后还有另外一个空间。时间偏早的威知进墓和张家屯墓均为砖雕影作门窗。威知进墓墓室北壁的大门砖砌而成，由左右两扇组成，中间留缝，门上宽76、下宽74、高97厘米。门两侧以竖砖作门颊，门上部以平砖作门额，额上方有近似方形横框，门下方有地袱。张家屯墓砖砌大门，上宽48、下宽50、高82厘米。门的上部中央用砖琢磨锁一把，门表面有三行圆钉，门的左右两侧及门额与威知进墓大门相似。周家店墓和姜承义墓为砖雕与彩绘结合，周家店墓的北壁正中砖雕影作大门一座，大门及抱框涂红色，门簪涂成白色，板门上雕有四路共32枚黑色门钉，大门紧闭，两门扇正中绘一把黑色长锁，门上方两角绘黑色大门包叶。姜承义墓北壁砌门一扇，表面涂红彩，外缘用黑彩勾画轮廓。南关M2彩绘红漆大门，不见有砖雕影作。

第二，本期壁画多分布于墓门、墓顶和墓室周壁，甬道装饰不多，题材以侍女、门窗等家居陈设为主，画面人物稀少，情节简单，由多人组成的宴饮图、散乐图等画面尚未出现。墓室一般绘有六根或八根立柱，将壁画分隔成几个部分，墓室顶部绘星宿图，星宿图主要为圆点代表星辰、短线相连的形式，个别墓葬墓顶为头顶十二生肖的人物像。立壁上端与拱券处绘建筑斗拱等梁架结构，下层为壁画主要内容。

2. 第二期　道宗至天祚帝时期（1055～1125年）

属于本期的墓葬有21座：卧虎湾M1～M6、张世本墓、张文藻墓、张匡正墓、十里堡M27、韩师训墓、张世卿墓、张恭诱墓、张世古墓、新添堡M29、马家堡辽墓、朔州辽墓、东风里M1、涿鹿酒厂辽墓、宣化辽墓M6、宣化辽墓M9。

墓葬形制方面，如前所述，本期墓葬不再是单一的圆形单室墓，墓室平面呈六角形或八角形的墓葬开始流行，双室墓数量增加。墓道除斜坡台阶式之外，出现有土坑竖穴式；墓门均为拱形，仿木结构门楼的形式增加；第一期甬道设有壁龛的形式消失，并开始出现装饰。

随葬器物方面，本期比第一期丰富很多，出土瓷器数量增加，多为三彩器、黄釉瓷器、白釉瓷器；铜器、铁器、木器数量也较第一期增加；第一期陶器中的特殊器型在本期中消失。从功用来讲，以注壶、盏托、鸡腿瓶为代表的茶酒器和以唾盂、龙柄洗为代表的盥洗器显著增加。日常生活用品中的熨斗、剪刀、簸箕在第一期并不多见，而在本期较为常见。除了日常生活用品之外的随葬器物，如桌椅、衣架、盆架等家具类，骨梳、玉饰等配饰类，以及铜镜、铜钱等也更为丰富。本期墓葬中还多出土有和佛教相关的器物或出现和佛教相关的葬俗，如出土净法界真言碑、念珠，佛教“西天荼毗礼”葬制的石雕真容偶像、木棺前后壁墨书梵、汉文经咒等。

从壁画题材来看，十个种类壁画均有涉及，呈现出多样化的特点。根据壁画题材分类一览表来统计，出现第一类出行归来图壁画的墓葬有12座，出现第二类备侍图壁画的墓葬有14座，出现第三类宴饮图壁画的墓葬有5座，出现第四类散乐图壁画的墓葬有10座，出现第五类启门图壁画的墓葬有9座，出现第六类劳作侍女图壁画的墓葬有7座，出现第七类门吏武士图壁画的墓葬有15座，出现第八类升天祥瑞图壁画的墓葬有12座，出现第九类星宿图壁画的墓葬有9座，出现第十类室内家居陈设壁画的墓葬有5座。其中，出现了10次以上的壁画有出行归来图、备食图、散乐图、门吏武士图、升天祥瑞图。结合考古发掘报告，本期壁画题材及分布规律可概括为以下四个方面。

第一，墓门、甬道、墓顶装饰变得丰富，题材增多。山西地区墓门一般绘有门吏、男女守门侍者，河北地区在此基础上还会增添一些花卉、卷云等装饰图案。此外，河北地区还出现双头人、五鬼图、三老对弈图等较为稀少的题材。典型墓例有张恭诱墓门额东侧绘一白色螺身双头人，西侧绘一鱼身双头人，门楣西部绘一老者，头戴黑色帽，身穿白色团领长袍，腰束两重黑色革带，右手拄杖，躬身而立，身后立一鸡，东部绘一侍童，身着宽袖长袍，拱手而立，身后蹲一狗。张世古墓拱门上方正中画一武士，武士两旁各画一横卧的双头人，拱门左侧绘一妇女，身穿浅绿色长裙，双手置胸前，其下绘一只公鸡，拱门右侧绘一老者，左手拿树枝，腰稍弯，旁边有一条蹲坐的白狗。张文藻墓前室拱门顶部绘“五鬼图”，其中一鬼头戴乌纱帽，似为判官，三鬼持刑具，一鬼被牵索，似描绘冥府缉鬼的情形。出行归来图由第一期分布于甬道变为分布于墓室，并多分布于墓前室西壁，在山西大同地区较为多见。墓顶装饰的星宿图变得更为复杂、神秘，内容上以黄道十二宫、二十八星宿、十二生肖，以及太阳、太阴、其他散星的多种不同组合形式出现。

第二，第一期墓室北壁设置大门的做法出现两种演变：一是变为围屏、帷幔，典型墓例有十里堡M27、山西大同新添堡M29及卧虎湾6座辽墓；二是大门变为砖雕影作门楼，更为高大、精美，典型墓例有宣化辽墓M6、张文藻墓、张匡正墓。墓室窗户由上一期的直棂窗变为破子棂窗。

第三，本期新增几种题材壁画，内容更为丰富，画面人物更多，更具有情节性，如备茶图、备经图、散乐图、宴饮图等。启门图、劳作侍女图等题材有了大幅度增加。

第四，本期壁画中出现大量契丹人物形象及驼车出行等具有契丹生活风貌的画面，甚至还出现有既非汉族，也非契丹族人物形象，体现出民族融合的特点。这些人物形象通常出现在备茶、司炉、煮水、守门、捧箱、歌舞、童嬉、牵引驼车等活动中。典型的墓例有三处。山西大同东风里辽墓北壁侍寝图中有两位髡发男侍，发式为前额两绺头发从鬓下流于耳后，正顶留一小辫，身着圆领窄袖浅灰色长袍，腰系软带，脚穿黑靴。河北宣化张文藻墓前室东壁绘有童嬉图，画中手撑双腿跪于地面的男童、用衣兜接桃子的男童皆为髡发契丹人形象。河北宣化张匡正墓前室东壁绘一幅茶道图，画面由五个不同装束、不同性别年龄的人物组成。其中有两人为契丹装束：其一是契丹装束男童，髡发，前额两绺头发从鬓角下流，脑后留一周散发，正顶留一发辫，作用力向炉口吹火状；其二是吹火男童之后为一契丹装束男子，躬身，右手扬起，指向碾茶之幼童。张匡正墓拱门两侧的门吏形象更为特殊，小髭须、衣襟掖于腰间，赤裸左臂，颌下戴项圈，据简报分析可能为回鹘人。

第四章　北京及周边地区与契丹腹地的壁画墓比较

通过第二、三章对幽云地区辽代壁画墓的墓葬形制、随葬器物、壁画特征的分析，我们可以得出这样的结论：幽云地区辽代壁画墓墓主人族属均为汉人，墓主人身份既有赵德钧、韩佚、许从赟等节度使一级的高级官员，也有丁文逌、张世卿等中下级官员，还有宣化张氏家族、韩氏家族等中小地主、地方商贾甚至是平民，而以中下级官员及无官富户为多数。横向来看，在长城以北的契丹腹地同样也有汉人壁画墓集中的区域，位于辽代中京道的武安州、降圣州、霸州（辽兴宗重熙十年升霸州为兴中府），也就是今天的内蒙古敖汉旗一带及辽宁朝阳地区。本章试图从契丹腹地汉人壁画墓的区域特点入手，进而比较这两处汉人壁画墓的异同，以期对幽云地区辽代壁画墓及两地的墓葬壁画有更为深刻的认识。

由于身处契丹腹地，汉人与契丹人杂居相处，在这一区域的辽代壁画墓研究中，墓主人族属是个关键问题，为使幽云地区辽代壁画墓与契丹腹地辽代壁画墓更具可比性，本章选取内蒙古敖汉旗和辽宁朝阳两地能确切证明或推断为汉人墓的墓葬作为比较对象。

第一节　契丹腹地汉人壁画墓的特点

一、墓葬概况

（一）内蒙古敖汉旗辽墓

内蒙古敖汉旗的辽代壁画墓集中发现于20世纪70年代和90年代，发现于70年代的有北三家辽墓①和白塔子辽墓②；发现于90年代的有下湾子辽墓M1、M2、M5③，喇嘛沟辽墓④、七家辽墓M1、M2、M3、M5⑤，羊山辽墓M1、M2、M3⑥等。根据考古发掘报告分析，这几处墓地中，比较明显能确定为汉人墓的有下湾子和羊山两处墓地。下湾子辽墓根据出土文物、葬式和壁画风格能够确切推断墓主人为汉人一般贵族。羊山墓地出土有纪年墓志，记载羊山M1～M3为汉族官僚刘祜的家族墓地。北三家1、3号墓在整理时被认为是契丹人墓，但羊山墓地发现之后，邵国田又对以往壁画墓族属的判断提出异议，认为北三家辽墓是汉人的家族墓地⑦，而刘未认为这一问题仍有继续讨论的必要⑧，因此，这类尚存有异议的辽墓不作为本章比较的对象。羊山辽墓和下湾子辽墓的发现情况如下：

羊山M1为圆形单室砖墓，由主室、甬道、墓门、天井和斜坡墓道组成。墓室直径在3米以上，为砖雕仿木结构，墓室内有砖砌半浮雕式假门及彩绘竖棂假窗。四个立柱将周壁分隔为五部分，每部分为一幅或一组画。北壁牡丹图，西壁契丹人奏乐图，西南壁茶道图、东壁墓主人宴饮图、东南壁绘备饮图（图4-1）。甬道两侧各绘一门吏，天井西壁绘烹饪备宴图，东壁及南壁东侧绘鼓乐图。墓道西壁壁画分前后两个部分，前为旗鼓图，后为出行图。墓道东壁绘出行图，共9人，分前后三组，第一组4人为掌伞者，第二组2人为侍奉者，第三组3人为侍卫。

---

① 敖汉旗文物管理所：《内蒙古昭乌达盟敖汉旗北三家辽墓》，《考古》1984年第11期。

② 敖汉旗文化馆：《敖汉旗白塔子辽墓》，《考古》1978年第2期。

③ 敖汉旗博物馆：《敖汉旗下湾子辽墓清理简报》，《内蒙古文物考古》1999年第1期。

④ 敖汉旗博物馆：《敖汉旗喇嘛沟辽代壁画墓》，《内蒙古文物考古》1999年第1期。

⑤ 敖汉旗博物馆：《敖汉旗七家辽墓》，《内蒙古文物考古》1999年第1期。

⑥ 敖汉旗博物馆：《敖汉旗羊山1—3号辽墓清理简报》，《内蒙古文物考古》1999年第1期。

⑦ 敖汉旗博物馆：《关于羊山等五处辽墓壁画综合分析》，《内蒙古文物考古》1999年第1期。

⑧ 刘未：《辽代汉人墓葬研究》，《汉学研究》2006年第24卷第1期。

图4-1　敖汉旗羊山1号墓壁画[①]

1. 契丹人奏乐图（西侧）　2. 牡丹图（西北侧）　3. 茶道图（西南壁）

4. 备饮图（东南壁）

羊山M2为八角形单室砖墓，由主室、甬道、墓门、天井、斜坡墓道五部分组成。墓室内有木椁，墓门砖雕仿木构，两侧砌出半浮雕竖棂假窗，天井平面呈梯形。出土有瓷器、石经幢和墓志一合。墓门两侧绘门吏图，天井西壁绘烹饪图，东壁与南壁绘散乐图，墓道绘出行图。

羊山M3为方形单室砖墓，由主室、甬道、天井、斜坡墓道组成。墓室前为甬道和门影作，天井平面呈梯形。出土有瓷罐1件、八棱刻花白瓷

① 图片采自敖汉旗博物馆：《敖汉旗羊山1—3号辽墓清理简报》，《内蒙古文物考古》1999年第1期。

执壶2件、白釉瓷碗2件、瓷盒盖1件、影青瓷碟1件、六瓣花口瓷碟4件、白瓷盘2件、三彩器3件、石壶1件、骨梳1件，此外还出土有陶盆口沿、石经幢底座残块、粗瓷碗残片及几枚宋代铜钱。墓门两侧各绘一契丹门吏，天井西壁绘烹饪图，南壁东西两侧各画2个吹管乐和击鼓的乐工，东壁绘备食图（图4-2）。墓道壁画多已脱落，推测为引马出行场面。墓室壁画脱落。

敖汉旗下湾子辽墓群清理了7座墓葬，均为砖室墓。其中，八角形墓2座：M1由主室、甬道和斜坡墓道三部分组成；M2由墓室、甬道、墓门、天井、斜坡墓道五部分组成。六角形墓1座：M5由墓室、墓门、天井组成。圆形墓1座：M4由墓室、甬道、墓门和斜坡墓道组成。方形墓3座：M3为长方形墓室，M7为梯形墓室，M6破坏严重。7座墓中只有M3和M7出土了随葬品，计有白釉瓷碗2件、白釉瓷碟1件、绿釉刻花瓷碗1件、绿釉瓷盘1件、残碗底1件。3座墓葬有壁画装饰。M1八个壁面上均画有壁画，每面一幅，幅与幅之间画墨线隔开，北壁启门图，东北壁和西北壁屏风图，东壁墓主人宴饮图，西壁备饮图，西南、东南壁至南壁门两侧各画一身披铠甲的门神（图4-3）。甬道西壁绘双犬图，东壁绘双鸡图。M5墓顶绘四神图，北、东北、西北壁各画一条牡丹、荷花条幅，东南壁备饮图，西南壁进饮图（图4-4），门外两壁门吏图。M2壁画仅存墓门正面东侧壁上的两个仙人图像。

（二）辽宁朝阳辽墓

20世纪70年代，辽宁朝阳地区亦集中发现了一批辽代汉人家族墓。1975年发现的辽宁朝阳姑营子M1耿知新墓，1976年发现的辽宁朝阳姑营子M2耿延毅夫妻合葬墓[①]，壁画内容丰富，保存良好。M1为方形仿木构建筑双室墓，由墓道、天井、墓门、前后甬道、前室和后室七部分组成，后室后半部分有砖砌棺床，上置木棺。天井东西壁各画一守门武士，墓门绘缠枝牡丹、凤鸟、乐舞人。随葬器物可分为陶瓷器、铜铁器、佩饰品、货币、石刻。M2为大型砖筑双室墓，由墓道、天井、墓门、额墙、前甬

① 朝阳地区博物馆：《辽宁朝阳姑营子辽耿氏墓发掘报告》，《考古学集刊》（第3集），中国社会科学出版社，1983年。

图4-2　敖汉旗羊山3号墓壁画①

1. 门吏（墓门西侧壁）　2. 击鼓者（天井南壁东侧）　3. 吹奏者（天井南壁东侧）
4. 烹饪图（天井西壁）　5. 备饮图（天井东壁）

① 图片采自敖汉旗博物馆：《敖汉旗羊山1—3号辽墓清理简报》，《内蒙古文物考古》1999年第1期。

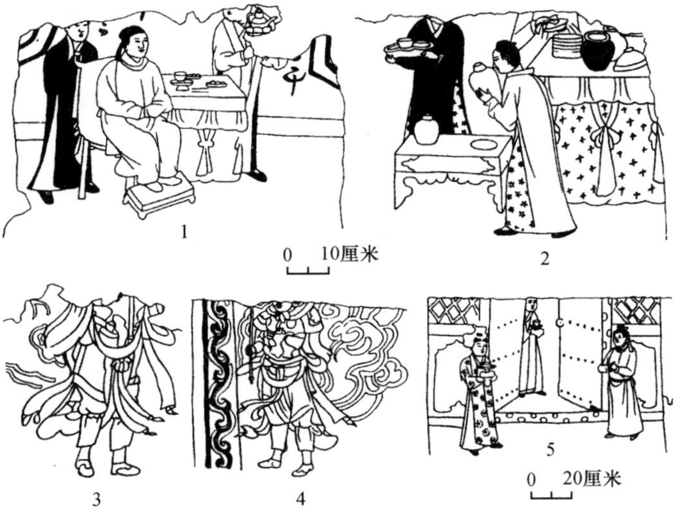

图4-3　敖汉旗下湾子1号墓壁画①

1. 墓主人宴饮图（东壁）　2. 备饮图（西壁）　3. 门神（东南、南壁）
4. 门神（南、西南壁）　5. 门启图（北壁）

图4-4　敖汉旗下湾子5号墓壁画②

1. 备饮图（东南壁）　2. 煮茶进饮图（西南壁）

① 图片采自敖汉旗博物馆：《敖汉旗下湾子辽墓清理简报》，《内蒙古文物考古》1999年第1期。

② 图片采自敖汉旗博物馆：《敖汉旗下湾子辽墓清理简报》，《内蒙古文物考古》1999年第1期。

道、后甬道、前室、后室八个部分组成。墓道呈阶梯形，前、后室平面呈方形，葬具包括方形木构棺室、石椁和木椁三个部分，均置于后室棺床之上。墓门两侧各绘一契丹装束的守门武士，前室两壁壁画内容是一派众多的家奴为主人大摆宴席而奔走忙碌的景象，后室壁画绘有捧盒侍女、捧唾盂侍女、持骨朵侍女，墓门和前后室券门周边均绘有缠枝牡丹、喜鹊等。随葬器物非常丰富，分为陶瓷器、玻璃器、铜锡器、金银器、漆器、货币、石刻、墓志、木俑、佩饰品等。

1972～1979年，先后发现3座辽代赵氏墓葬，即商家沟1号墓、赵匡禹墓、赵为干墓。这3座辽墓均有墓志出土，年代明确。其中，商家沟1号墓墓室中间有方形木制棺帐，棺帐前立板的中间钉木门，门两侧彩绘立侍图，左、右两面以墨线勾画十二生肖像。赵匡禹墓墓顶和墓壁绘有壁画，但发现时已经破坏，内容不详。赵为干墓图像较前两座丰富，绘于石棺之上，内容为四神图、侍者图①。

此外，辽宁朝阳刘承嗣族墓虽未发现壁画和石棺画，但该处墓地6座墓葬中有3座出土有墓志，分别为M1刘承嗣墓、M2刘日泳墓、M4刘宇杰墓，但M1和M2未作清理②。赵氏族墓和刘氏族墓或并未发现壁画，或图像绘于石棺之上，但它们几乎都有墓志出土，能明确墓主人族属和身份地位，是研究汉人壁画墓的重要参考。因此，为使本章的研究对象更为丰富，研究结果更为全面、客观，也将这两处墓葬纳入比较对象之中。

1997年和2002年，耿氏家族墓地又发现了两座墓葬，分别编号为3、4号墓。3号墓为砖筑单室墓，由墓道、天井、墓门、甬道、墓室五部分组成。墓道呈阶梯状，墓门为仿木结构门楼式建筑，墓门两侧各有一髡发男性门吏。甬道两壁残存人物形象，推测为牵马图。墓室平面近方形，墓室顶部绘有象征太阳、月亮的天空图。墓室北壁砌棺床，推测棺床之上应有木棺及制作简单的帐架。出土遗物包括：陶瓷器，分为釉陶器、白瓷器、影青瓷器及青瓷器；铁器有火盆、三足桶、执壶、长柄壶、三足锅等；铜器有缨罩、带扣、双鱼形饰件等；银饰件、玛瑙饰件等。

4号墓即耿崇美墓，为砖砌仿木结构双室墓。前室平面呈方形，后室

① 邓宝学、孙国平、李宇峰：《辽宁朝阳辽赵氏族墓》，《文物》1983年第9期。

② 王成生：《辽宁朝阳市辽刘承嗣族墓》，《考古》1987年第2期。

近方形，后室后半部分有砖砌棺床，棺床上置石棺室，棺室石板上有彩绘石棺画，内容为契丹男子奏乐图以及山水、花鸟、树木、阁楼、人物等。由于墓葬被盗，仅出土有陶砚1件、墓志1合①。这两座墓葬与70年代发现的耿知新墓、耿延毅墓共同组成的耿氏家族墓是辽宁朝阳地区壁画最为丰富的汉人墓葬，是本章研究的重点。

2008年，在朝阳市区东北发现了林四家子辽墓，据出土墓志推测为刘宇一家族墓地。目前已清理、发掘了9座，按时间顺序编号为M1～M9②。虽然发现的墓志并不能确定出于哪座墓葬，但这9座墓当属辽代汉人墓无疑。其中，M1、M2和M4规模较大，随葬器物丰富，并发现有石棺和壁画。

M1为圆形单室砖墓，由墓道、天井、墓门、甬道和墓室五部分组成。墓道为台阶式，墓门为砖雕仿木结构，穹隆顶下部与立壁相交处，均匀分布12个梯形小壁龛，推测原放置十二生肖俑。墓室后半部有一砖筑半圆形棺床，棺床上放置长方形石棺。墓室周壁东、西、北三面各绘一组壁画。东壁绘两名侍女，北侧侍女双手捧物于胸前，南侧侍女双手捧一圆盘；西壁绘两名侍童，北侧侍童双手抱一串黑色念珠，置于胸前，南侧侍童双手抱仪煌杖于胸前；北壁绘一围三扇式花鸟屏风，三扇屏风内容均为牡丹花，中间一扇花丛中有一只喜鹊。出土遗物有白瓷碗2件、白瓷盘2件、黑陶钵1件、黑陶碗1件、黑陶瓶1件、褐陶双耳罐1件、长案1件、方案2件、木杖1件、真容偶像1件、骨簪1件。

M2为圆形单室砖墓，由墓道、天井、墓门、墓室四部分组成。墓道为斜坡式，墓门为砖雕仿木结构，绘有门吏图壁画，但大部分已脱落。穹隆顶下部与立壁相交处，均匀分布12个梯形小壁龛，龛内放置木雕十二生肖俑。墓室北壁有一半圆形棺床，棺床上放置木匣。出土遗物有大口陶罐1件、长颈陶瓶1件、泥俑多件、铜钱15枚。

M3为圆形单室砖墓，早年被破坏，形制不清。墓室北部有砖筑棺

① 朝阳博物馆、朝阳市城区博物馆：《辽宁朝阳市姑营子辽代耿氏家族3、4号墓发掘简报》，《考古》2011年第8期。

② 辽宁省文物考古研究所：《朝阳市林四家子辽墓发掘简报》，《北方文物》2013年第2期。

床，棺床上放置一长方形石函。

M4为圆形单室砖墓，由墓道、天井、墓门、甬道、墓室五部分组成。墓道为斜坡式，墓门为砖雕仿木结构，穹隆顶用墨汁涂黑，其间点缀石灰点，象征星辰。穹隆顶下部与立壁相交处，均匀分布12个梯形小壁龛，龛内放置木雕十二生肖俑。墓室北壁有一半圆形棺床，棺床上放置木棺和黑陶明器。出土有盆、盘、罐等陶明器，铜带扣、铜铃等铜铁器，彩绘马、牵马俑等泥俑。

M5～M9规模较小，均为土坑石函墓或砖函墓，除M5出土1件陶罐外未发现其他随葬品。

综上所述，纳入本章研究范围的契丹腹地汉人壁画墓有如下18座：敖汉旗羊山M1、M2、M3，敖汉旗下湾子M1、M2、M3、M5，辽宁朝阳姑营子耿氏家族墓M1～M4（耿知新墓、耿延毅墓、3号墓、耿崇美墓），辽宁朝阳赵氏族墓M1～M3（商家沟1号墓、赵匡禹墓、赵为干墓），辽宁朝阳刘承嗣族墓M4，辽宁朝阳林四家子辽墓M1、M2、M4。

二、墓葬特点

下文拟从墓葬形制、葬具葬式、随葬器物、壁画布局及题材内容四个方面归纳总结辽代契丹腹地汉人壁画墓的特点。为了更直观地反映墓葬信息，首先将纳入研究范围的18座壁画墓墓葬形制做一统计，如表4-1所示。

表4-1　辽代契丹腹地汉人壁画墓墓葬形制统计表

墓葬名称	时期	墓主人	墓葬形制						葬具	葬式
			类型	墓道	天井	墓门	甬道	墓室		
朝阳耿氏家族墓M4	949年	耿崇美	方形双室砖墓				前、后	前、后	棺床、石棺	不详
朝阳林四家子辽墓M4	早于990年		圆形单室砖墓	斜坡式	√	√	√	√	棺床、木棺	火葬
朝阳林四家子辽墓M2	早于998年		圆形单室砖墓	斜坡式	√	√		√	棺床、木匣	火葬
朝阳刘氏家族墓M4	1000年	刘宇杰	圆形单室砖墓			√	√	√	棺床、石棺	不详

续表

墓葬名称	时期	墓主人	墓葬形制						葬具	葬式
			类型	墓道	天井	墓门	甬道	墓室		
朝阳林四家子辽墓M1	1000年左右	刘宇一	圆形单室砖墓	台阶式	√	√	√	√	棺床、石棺	木雕真容偶像
朝阳赵氏家族墓M1	1002年		圆形单室砖墓						棺帐、石棺	火葬
敖汉旗下湾子M3	辽中期偏早		方形单室砖墓	斜坡式				√	棺台	火葬
朝阳耿氏家族墓M2	1019年	耿延毅	方形双室砖墓	阶梯形	√	√	前、后	前、后	木构棺室小帐、石椁、棺床	骨架2具
朝阳赵氏家族墓M2	1019年	赵匡禹	圆形单室砖墓			√	√	√	棺床	火葬
敖汉旗下湾子M5	辽中期		六角形单室砖墓		√	√		√		火葬
敖汉旗羊山M1	1026年	刘匡善	圆形单室砖墓	斜坡式	√	√	√	√		火葬
朝阳耿氏家族墓M1	1026年	耿知新	方形双室砖墓	阶梯形	√	√	前、后	前、后	棺床、木帐架	火葬
朝阳耿氏家族墓M3	1010～1030年		方形单室砖墓	阶梯形	√	√	√	√	棺床、木帐架	不详
朝阳赵氏家族墓M3	1039年	赵为干	圆形单室石墓			√		√	石棺	火葬
敖汉旗下湾子M2	辽中期偏晚		八角形单室砖墓	斜坡式	√	√	√	√	棺床	火葬
敖汉旗下湾子M1	辽中期偏晚		八角形单室砖墓	斜坡式			√	√		火葬
敖汉旗羊山M2	1099年	刘祜	八角形单室砖墓	斜坡式	√	√	√	√		火葬
敖汉旗羊山M3	晚于1101年	刘祜子侄	方形单室砖墓	斜坡式	√		√	√		火葬

（一）墓葬形制

从墓葬材质来看，契丹腹地汉人壁画墓以砖室墓为主，少数为石室墓、土坑石函墓或砖函墓等。墓室的平面形制主要有圆形墓或近圆形墓、方形墓、六角形墓、八角形墓。其中，圆形或近圆形墓有8座，直径均在2.5米以上，主要出现于辽代早期、中期；八角形墓有3座，主要出现于辽代晚期；方形墓有6座，早、中、晚期均有出现。据考古发掘资料，辽西地区的唐代墓葬以圆形较为普遍，辽代圆形墓室的流行当是受到唐代墓制的影响。除耿氏家族耿知新墓、耿延毅墓、耿崇美墓三座为双室墓之外，其余均为单室墓。多数墓葬墓道、天井、墓门、甬道、墓室的结构完整。从表4-1可以看出，该地区墓葬的墓道以长斜坡式为主，长度均为6米以上，部分为阶梯式墓道，除去未清理完全的情况，水平长度均为8米以上，耿延毅墓墓道的水平长度更是达到13米以上。天井和甬道的设置比较普遍，18座墓葬中有11座设有天井，13座设有甬道，耿氏家族三座墓设置有双甬道。墓门均为砖雕仿木结构，早期部分墓葬穹隆顶下部与立壁相交处，均匀分布12个梯形小壁龛，龛内放置木雕十二生肖俑，也当是受到唐代墓制的影响。除敖汉旗羊山三座墓均未设棺床等葬具外，多数墓葬后室北壁均有砖砌棺床，或为方形，或为半圆形，与墓壁相接，棺床上放置石棺或木棺以及灰陶明器，石棺或木棺中盛放火葬骨灰。其中，耿知新墓、耿延毅墓、耿氏家族墓M3及赵氏家族墓M1还设有棺床小帐。耿延毅墓的葬具包括方形木构棺室、石椁和木棺三个部分，均置于后室棺床之上。《新唐书·礼乐制》中有关于唐代上层阶级“以帐张于柩”的记载，可见，这种墓内设置木构棺室小帐的制度也是沿袭于唐代。该地区普遍流行火葬，墓室内或发现火化骨灰，或有残存的遗骨，刘宇一墓还出土有木雕真容偶像。

（二）随葬器物

契丹腹地汉人壁画墓中的随葬器物主要可以分为陶瓷器、金属器、木器、石器和其他杂项五类。随葬品有明器和实用器之分，明器体形小，素面，不具有使用价值，主要出现于陶瓷器中。实用器则与日常生活用具大小相近，制造相对精致，包括陶瓷器、金属器及其他。

陶瓷器中的实用器，包括釉陶器、白瓷器、影青瓷器和青瓷器，不但有辽统治区域内烧造的，也有宋朝各名窑的产品。出土数量最多的是各式的瓷盘、瓷碗、瓷碟，其次为罐、瓶、盏等。耿延毅墓出土白瓷划花大盘1件、白瓷花式盘2件、白瓷小罐1件、白瓷雕花碗3件、白瓷花式盘5件、白瓷雕花盖罐1件、“官”字款白瓷雕花罐1件、影青瓷瓶1对、影青雕花小罐1件、影青釉花式口盘2件、影青釉花式口大碗2件、青瓷花式口小碗5件、青瓷小碗1件。耿知新墓出土黄釉大碗1件、白瓷印花盏托1件、白瓷带把盏1件、白瓷划团凤大碗1件、白瓷划花盘1件、白瓷划花碟4件、白瓷碗2件、白瓷盘1件、白瓷小罐3件、青瓷小碟4件。耿氏家族M3出土白瓷碗1件、影青瓷碗4件、影青瓷盘2件、青瓷花式口碗1件。赵氏家族M1出土白瓷温碗1件、白瓷罐1件、白瓷大碗1件、白瓷碗2件、白瓷盘4件。赵匡禹墓出土白瓷小碗1件、白瓷小盘1件。刘宇杰墓出土陶碗1件、陶壶1件、陶罐1件、陶瓶1件。林四家子辽墓M1出土白瓷碗2件、白瓷盘2件。羊山M1出土白釉瓷碗3件，M2出土菊花粉定小瓷碗2件、白釉刻花瓷碗1件、白釉刻花瓷盘2件，M3出土瓷罐1件、白釉瓷碗2件、影青瓷碟1件、白瓷碟4件、白瓷盘2件。下湾子M3出土白釉瓷碗1件、白釉瓷碟1件。

陶瓷器中的明器，主要包括黑陶、褐陶饮食器皿和泥陶制俑类。如林四家子辽墓M1出土黑陶钵1件、黑陶碗1件、黑陶瓶1件、褐陶双耳罐1件；M2出土灰黑陶大口罐1件、灰黑陶长颈瓶1件、泥俑多件，均残断，残存3件俑头；M4出土黑陶盆2件、黑陶盘2件、鼓肩罐3件、黑陶瓶2件、黑陶钵1件、大口罐1件、黑陶碟1件，以及残断的泥俑数件。从器物功能来看，陶制明器一般为碗、瓶、罐、碟等日常饮食器。

耿氏家族墓和赵氏家族墓出土器物丰富，器类多样，除了常见的盘、碗、碟、罐等器型之外，还有一些特殊的器型出现。例如：鸡冠壶，耿知新墓出土2件，耿延毅墓出土2件，耿氏家族M3出土2件，赵氏家族M1出土2件；注壶，耿知新墓出土1件，耿延毅墓出土1件，耿氏家族M3出土1件，赵氏家族M1出土1件，赵匡禹墓出土1件。

第二类为铜、铁、金银等金属器，包括铁剑、铁镞、铁骨朵、马镫等兵马器，火盆、铁壶、铁锅、铁桶、烤炉（箅）等生活用具，铁斧、铁锯、铁凿、铁铲、铁叉等生产工具，铜镜、带扣、带饰、金银饰品等梳妆用具，以及铜钱等。

其他种类的随葬器物出土数量不多，有木制家具类的如桌、椅、几、案，梳妆佩饰类的如琥珀饰品、水晶石饰、玉饰等，文房用具类的如砚、洗、围棋等，以及石墓志、石经幢。

（三）墓葬壁画

契丹腹地所发现的辽墓壁画通常既有汉族民族特点的图像，也有契丹族民族特点的图像。如果没有出土墓志的佐证，墓葬的族属问题往往很难确认，因此，有必要进一步归纳出这一区域汉人墓葬壁画的风格特点。下面将18座壁画墓的壁画题材与空间分布进行统计列表（表4-2），以供分析。

表4-2　辽代契丹腹地汉人壁画墓壁画布局统计表

墓葬名称	时期	墓主人	墓道	墓门	天井	甬道	墓室东壁	墓室北壁	墓室西壁	墓顶
朝阳耿氏家族墓M4	949年	耿崇美								
朝阳林四家子辽墓M4	早于990年									夜幕、星辰
朝阳林四家子辽墓M2	早于998年			门吏						
朝阳刘氏家族墓M4	1000年	刘宇杰								
朝阳林四家子辽墓M1	1000年左右	刘宇一					侍女	屏风	侍童	夜幕、繁星、月亮
朝阳赵氏家族墓M1	1002年									
敖汉旗下湾子M3	辽中期偏早									

续表

墓葬名称	时期	墓主人	墓道	墓门	天井	甬道	墓室东壁	墓室北壁	墓室西壁	墓顶
朝阳耿氏家族墓M2	1019年	耿延毅		花鸟、武士		缠枝牡丹、力士	男仆、侍女		侍女、男童	天空、太阳、月亮
朝阳赵氏家族墓M2	1019年	赵匡禹								
敖汉旗下湾子M5	辽中期						备酒、屏风	屏风	屏风、备茶	
敖汉旗羊山M1	1026年	刘匡善	备马、旗鼓、仪仗、侍吏		奏乐、庖厨	门吏	屏风、墓主、备酒	假门	备茶、奏乐	
朝阳耿氏家族墓M1	1026年	耿知新		缠枝牡丹、凤鸟、乐舞人	武士					
朝阳耿氏家族墓M3	1010～1030年			门吏		牵马图				天空、太阳、月亮
朝阳赵氏家族墓M3	1039年	赵为干								
敖汉旗下湾子M2	辽中期偏晚			云朵、仙人						
敖汉旗下湾子M1	辽中期偏晚					鸡、犬	门神、墓主、屏风	启门	屏风、备酒、门神	
敖汉旗羊山M2	1099年	刘祜	备马、驼车	门吏	庖厨、奏乐					
敖汉旗羊山M3	晚于1101年	刘祜子侄	备马、驼车	门吏	庖厨、奏乐、备饮					

从壁画题材来看，可分为七类：第一类门吏图，主要表现为契丹人形象的侍卫，出现于墓门或甬道两侧壁；第二类出行图，主要表现为备马、牵马、驼车、旗鼓、仪仗、侍卫等出行场景，出现于墓道两侧；第三类备侍图，包括烹饪备食、奉酒奉茶等场景，出现于天井或墓室之中；第四类散乐图，主要表现为击鼓、奏乐的场景，分布于天井或墓室之中，与备宴、宴饮场景相对出现；第五类星宿图，包括夜幕、天空、太阳、月亮、星辰等图像，出现于墓顶；第六类居室陈设图，包括门窗、屏风等，主要出现于墓室北壁；第七类为有象征意义的装饰图案，包括花鸟、云朵、鸡犬、门神、仙人等，出现于墓门、甬道、墓室壁画的装饰部分。

从壁画空间分布来看，各类题材的壁画有较为固定的分布空间，并讲究东西对称关系和内容的一致性，如墓室内表现日常起居生活的场景，墓门及甬道两侧通常为门吏、武士或门神，墓道两壁表现出行的场景，天井四壁为烹饪备食、宴饮奏乐的场面。同一幅画面中可表现出某一活动的不同程序或阶段。

从壁画内容来看，本区域的壁画特点可归纳为如下五点。第一，壁画所表现的场景不局限于室内，既有表现居家宅内侍奉的画面，也有墓主人引马出行、在室外宴饮的画面。如羊山M1天井西壁的宴饮图，图中绘有三足铁锅、长桌小案及带盖的食盒，看起来都是方便携带，可以随时随地搬动的物品，当为表现室外野炊宴饮的场景。第二，墓室北壁通常设假门或屏风，墓室壁画以此为中心对称铺开，屏风和假门起到了空间分隔的作用，似乎其后还有一个无限空间。第三，奉酒奉茶场景中均有一个正襟危坐，由奴仆们毕恭毕敬侍奉的墓主人形象出现。例如，羊山M1墓室东壁绘有三男子向墓主人奉酒的场景，墓主人为一头戴幞头的汉人官吏形象，半侧身向右端坐于砖砌半浮雕的黑色椅子之上，右臂肘枕于椅背上，左手放在左膝上。羊山M3天井西壁的烹饪图中，墓主人半侧身向内端坐于圆凳上，袖手，头戴黑色毡帽，身着圆领窄袖长袍，足蹬黑色靴，为契丹男子装束。第四，壁画中体现出汉族文化与契丹族文化杂糅相间的特点。宴饮、烹饪图中往往表现有煮肉、喝酒、蒸面食等饮食习俗，具有强烈的草原民族特色，而湖石、牡丹、门神、鸡犬等图像却是汉人绘画中的常见题材，反映农业定居民族的特点。第五，壁画中多有出现契丹装束的仆人、仪仗和乐工，虽然不能排除有汉人改易服饰，着契丹装的可能，但这也从一个侧面反映了汉人契丹化的趋势，是文化交流与融合的结果。

第二节　南北两处汉人聚集区辽代壁画墓的对比

辽朝建国之初，一方面将归附的汉人分散于头下军州并委以官职，故武安州、降圣州在辽代开发较早，有大批汉人定居。另一方面，将部分来自于幽燕、后唐、后晋的汉族官僚集中安置于唐代营州所在的朝阳地区。因此，敖汉旗和朝阳一带成为长城以北地区辽境内最为重要的汉人聚居区，也是发现辽代汉人壁画墓的又一个重要区域。与幽云地区同为汉人壁画墓集中出现的区域，两地之间的壁画墓存在怎样的异同？对于这一问题的探讨有助于加深对幽云地区辽代壁画墓特征的理解。以下将从墓葬形制与葬具、墓主人身份地位（表4-3）、随葬器物、墓葬壁画四个方面对两地的壁画墓进行对比。

表4-3　辽代汉人壁画墓墓主人身份对照表

区域	墓葬名称	墓主	官职
幽云地区	北京南郊辽赵德钧墓	赵德钧	卢龙军节度使、太师中书令、北平王
	北京八宝山韩佚墓	韩佚	辽兴军节度副使，银青崇禄大夫，检校国子祭酒兼监察御史、武骑尉
	北京西郊百万庄1号辽墓	丁文逌	景州龙池冶监、左卫率府率、潞县商铁都监
	北京丰台路口南李继成墓	李继成	朝议郎、秘书省著作郎、监都盐院
	北京丰台王泽墓	王泽	奉陵军节度、怀州管内观察处置等使、金紫崇禄大夫、检校太尉、史持节怀州诸军事、怀州刺史兼御史大夫
	北京丰台云岗刘六符墓	刘六符	翰林学士、同中书门下平章事
	山西大同许从赟墓	许从赟	大同军节度使、检校司徒、上将军兼御史大夫
	河北宣化姜承义墓	姜承义	平民
	河北涿鹿戚知进墓	戚知进	奉圣州别马□□
	河北宣化下八里M1	张世卿	右班殿直，累覃至银青崇禄大夫、检校国子祭酒、兼监察御史、云骑尉

续表

区域	墓葬名称	墓主	官职
幽云地区	河北宣化下八里M2	张恭诱	中小地主
	河北宣化下八里M3	张世本	中小地主
	河北宣化下八里M4	韩师训	无官富商
	河北宣化下八里M5	张世古	中小地主
	河北宣化下八里M7	张文藻	中小地主
	河北宣化下八里M10	张匡正	中小地主
契丹腹地	敖汉旗羊山M1	刘匡善	内寄班祗候
	敖汉旗羊山M2	刘祜	诸道商权官、内府杂支使、督权盐院、营州军州事、奉陵军节度使
	辽宁朝阳耿氏家族墓M1	耿知新	昭德军节度衙内都指挥使
	辽宁朝阳耿氏家族墓M2	耿延毅	武平军节度、澧朗等州观察处置等使、朗州刺史、户部使
	辽宁朝阳耿氏家族墓M4	耿崇美	昭义军节度使
	辽宁朝阳赵氏家族墓M2	赵匡禹	临海军节度使
	辽宁朝阳赵氏家族墓M3	赵为干	监永济盐院
	辽宁朝阳刘氏家族墓M1	刘承嗣	平州刺史
	辽宁朝阳刘氏家族墓M2	刘日泳	宿州刺史
	辽宁朝阳刘氏家族墓M4	刘宇杰	左千牛卫将军
	辽宁朝阳林四家子辽墓M1	刘宇一	彰武军节度、管内观察处置等使、特进、检校太傅、霸州刺史

一、墓葬形制与葬具

从墓葬材质来看，两地都流行砖室墓，有少数石室墓出现，契丹腹地还出现有土坑石函墓或砖函墓。从墓室形状和数量来看，幽云地区小型圆形单室墓占绝大多数，墓室直径均为1.5米左右，辽代晚期出现六角形、八角形墓和双室墓。契丹腹地类型多样，圆形墓、方形墓、六角形墓和八角形墓均有出现，双室墓只出现于耿氏家族墓，圆形墓较幽云地区面积大，墓室直径均在2.5米以上。在契丹腹地，只有耿氏家族这样的高级官僚才使用双室墓，而处于幽云地区西京道的宣化辽墓墓主人只是中小地主却同样使用了等级较高的双室墓，反映了辽代晚期丧葬制度相对宽松，时有僭越现象发生。两地均流行仿木结构门楼，契丹腹地较幽云地区仿木结构建筑更为高大、复杂。而契丹腹地长斜坡墓道、天井、甬道的设置在幽云地区则比较少见，这与契丹腹地汉人接受了契丹葬制，以及墓主人身份地位相关。因辽代佛教盛行，两地都流行火葬，采用佛教"西天荼毗礼"葬俗。个别墓葬中出土有木雕真容偶像。墓室北壁砌棺床，所不同的是契丹腹地墓葬在棺床之上放置石棺，而幽云地区墓葬多数将火化骨灰直接置于棺床之上。契丹腹地早期汉人贵族墓葬受契丹贵族葬制的影响，出现有木构棺室小帐，而幽云地区未出现过。墓室内设棺床小帐是契丹族特有的葬俗，取法隋唐以来的中原制度，见于契丹皇帝和大贵族墓葬之中，如辽驸马赠卫国王墓，棺床上外罩以小木帐；法库叶茂台契丹老妇墓石棺放置于小帐之内等。耿氏家族墓采用契丹高级贵族葬制，如出土银丝手套，墓室内设棺床小帐，可见其地位的非同寻常和契丹文化对其影响之深。

二、墓主人身份地位

如前所述，内蒙古敖汉旗和辽宁朝阳所在的辽西地区是辽代长城以北重要的汉人聚居区，归辽汉族高级官僚均被安置于此。辽朝为了巩固和稳定自己的政权，以优厚的政策和待遇来拉拢汉族精英群体，归辽汉官不仅自己位居高位，其子孙也大多可以荫补得官，归辽汉官之间又常常依门第高低相互联姻，由此形成一个强大的汉族官僚集团，如出土有墓志的耿氏家族、刘氏家族和赵氏家族便属于这一群体。汉族士家大族，如所谓韩、刘、马、赵四大家族，基本上都是靠荫补而世代为官。

整体来看，幽云地区的辽代壁画墓墓主人身份等级无法与契丹腹地的相比，除了有几位节度使级的人物之外，均为中下级普通官吏或地主富豪。幽云地区不少汉人官员是通过科举进入了官僚群体，入仕后官职不高，属于新兴官僚群体。契丹腹地的汉人群体则不同，他们进入辽境时间长，又受到特别的优待，家族后代依靠前辈的政治地位荫补为官，形成强大的家族势力。

三、随葬品特征

从随葬品材质来看，幽云地区汉人壁画墓随葬器物以陶瓷器为主，金银玉器几乎没有，而契丹腹地汉人壁画墓随葬器物种类丰富，陶瓷器、铜铁器、金银器、木器、骨器、玉器等均有发现。除陶瓷器之外，金属类器物也占有非常大的比例。铁壶、铁桶、铁锅等铁质生活用具与游牧生活方式有密切关系，铁器的大量出现反映了契丹腹地汉人久居辽地，长期与游牧为主的契丹人杂居共处，在生活习俗上受到了契丹人影响。契丹腹地的陶瓷器包括釉陶器、白瓷器、影青瓷器和青瓷器，而幽云地区陶瓷器主要包括釉陶器、青瓷、黄釉瓷、绿釉瓷和酱釉瓷，以釉陶器所占比重为多。鸡冠壶、鸡腿瓶、长颈瓶等具有契丹风格的器物在契丹腹地出现的比例较幽云地区高。

从随葬品功用来看，幽云地区以饮食类的日常生活器皿为主，茶酒器流行，而契丹腹地除日常生活必需品之外还随葬有兵马器、梳妆佩饰、文房用具等。

相对于幽云地区而言，契丹腹地的随葬器物种类更丰富，更精美，富有契丹民族特色的器物更多，这既与两地的墓葬规模、墓主人身份地位相关，也与两地汉人对契丹文化的接受程度有关。

四、墓葬壁画

契丹腹地和幽云地区的墓葬壁画虽然同为汉人墓葬壁画，但各自受到不同地域特点和社会文化的影响，对契丹文化的接受程度不一，因而，两地的墓葬壁画既有相同之处，也有不同之处，表现在以下几个方面：

壁画空间分布的异同。两地墓葬壁画均以墓室北壁的假门或屏风为中心两侧铺开，但幽云地区的墓葬壁画集中分布于墓室之内，契丹腹地的墓葬壁画除分布于墓室之外，也分布于墓道、甬道、天井等处。在契丹腹地绘于墓道的出行图，在幽云地区则一般绘于墓室西壁；契丹腹地绘于天井的庖厨图、散乐图，在幽云地区绘于墓前室的两壁。

墓室均有砖雕影作仿木结构建筑，但壁画自上而下分为三层，以立柱间隔分作多幅的做法则是幽云地区独有。

壁画题材的异同。两地的壁画内容均以家居生活、内宅侍奉为主题，均有湖石、牡丹、门神等汉族绘画流行的装饰。但在各个题材的壁画上也存在着明显的不同。例如，出行图，幽云地区侍从稀少，契丹腹地出现旗鼓仪仗的多人出行队伍；门吏图，幽云地区为汉人形象，契丹腹地为契丹人形象；散乐图，幽云地区较契丹腹地画面人数为多，可分为舞者、伎乐和歌者，均为汉人装束，而契丹腹地只有奏乐者和击鼓者，均为契丹人装束；宴饮图，幽云地区只出现桌椅，不出现墓主人形象，而契丹腹地均有墓主人正襟危坐的形象；备食图，幽云地区的食品中只出现过面食，而契丹腹地出现过的食物有肉类、面食、西瓜、大枣；星宿图，幽云地区构图复杂，内容上以黄道十二宫、二十八星宿、十二生肖，以及太阳、太阴、其他散星的多种不同组合形式出现，契丹腹地构图简单，以彩绘圆点表示太阳、月亮、星辰。部分在幽云地区流行的题材如启门图、备经图在契丹腹地没有出现或只出现于个别墓葬中。

总之，两地的墓葬壁画都在辽代中晚期之后发展成熟，形成各自的风格和特点。通过对比可以看出，契丹腹地的汉人墓葬壁画较幽云地区契丹文化元素更多，身份地位高的汉族官僚墓葬较普通官员和平民的墓葬契丹文化元素更多。根据这一结论可以做出这样一个推测：契丹腹地的汉人与契丹人长期杂居相处，更容易受契丹文化影响，契丹化程度更高；身居高位的汉人官僚为赢得契丹统治者的信任和支持，不得不放弃本民族的部分文化传统，使自身融入进契丹社会之中，身份地位越高的官僚，契丹化的程度越高。

第五章　社会背景与文化渊源探讨

第一节　区域环境影响

辽代汉人壁画墓集中出现于幽云地区并非偶然，正是这一地区区域环境特殊，政治、经济、文化发达的体现。幽云地区地理位置险要，历来为中原王朝防御北方游牧民族南下侵扰的军事据点和防御屏障，为兵家必争之地。许亢宗在《宣和乙巳奉使金国行程录》中评价："幽州之地，沃野千里，北限大山，重峦复岭，中有五关。居庸可以行大车，通运粮饷；松亭、金坡、古北口只通人马，不可行车，外有十八小路，尽兔径鸟道，止能通人，不可走马。……夷狄自古为寇，则多自云中雁门，未尝有自渔阳、上谷而至。昔自石晋割弃，契丹以此控制我朝……愚谓天下视燕为北门，失幽、蓟五州之地，则天下常不安。"①《辽史纪事本末》中也有过类似的评价，"自燕、云诸州言，则曰山前、后，实今古之大防。自晋失十六州，为中原之祸者数百年"②"雁门以北诸州，弃之犹有关隘可守……若割燕、蓟、顺等州，则为失地险"③"雁门以北，幽州管内十六州，其地东北有卢龙塞，西北有居庸关，中国恃此以界限北狄。自十六州既割，山阴皆为敌有，而河北尽在平地，无险可据守矣"④。

辽代在幽云地区设立南京和西京，占辽代的五京之二，可见辽代政权对这一区域的重视。本节将分述辽墓壁画集中出现的南京、西京、归化州

---

① 赵永春辑注：《奉使辽金行程录（增订本）》，商务印书馆，2017年，第214～215页。

② （清）李有棠撰，崔文印、孟默闻整理：《辽史纪事本末》卷九《太宗嗣立》，中华书局，2018年，第249页。

③ （清）李有棠撰，崔文印、孟默闻整理：《辽史纪事本末》卷九《太宗嗣立》，中华书局，2018年，第249页。

④ （清）李有棠撰，崔文印、孟默闻整理：《辽史纪事本末》卷九《太宗嗣立》，中华书局，2018年，第249页。

三地的区域地理环境和政治、经济、文化特征，以探讨地域环境对于壁画产生的潜在影响。

一、从幽州到南京

唐代的幽州作为辽南京的前身，是中原王朝在东北方的军事重镇，它背枕燕山，西凭太行，东临渤海。《辽史》记载："其外，有居庸、松亭、榆林之关，古北之口，桑干河、高粱河、石子河、大安山、燕山——中有瑶屿[①]。"无论是交通上还是军事上，其地理位置都是十分重要的。

辽初，幽州属中原五代政权所辖。辽太宗天显十一年（936年），后唐河东节度使石敬瑭为谋取政权在晋阳发动叛乱，失败后向辽国求救，辽太宗耶律德光亲率大军南下，大败后唐军，解了晋阳之围。石敬瑭考虑到自身的实力无法与后唐匹敌，希望争取到契丹更大的帮助，以达到彻底推翻后唐政权，重新建立自己政权的目的，便与耶律德光达成协议，自愿称臣称子，承诺于事成之后将幽云十六州割让给辽朝，并且每年献帛绢三十万匹。达到目的后，会同元年（938年），石敬瑭如约将幽云十六州割让给辽。契丹在得到幽云十六州之后，将幽州升为南京，又称燕京，为辽代五京之一，府名幽都，开泰元年（1012年）改称析津府，军号卢龙，统檀、顺、涿、易等六州和析津、宛平等十一县[②]。

自太宗获得幽云十六州之后，辽朝境内汉人数量大大增加，加之该地原有的州县建制还在，为巩固其统治，辽朝采用了"一国两制"的方针，"至于太宗，兼制中国，官分南、北，以国制治契丹，以汉制待汉人。……辽国官至，分北、南院。北面治宫帐、部族、属国之政，南面治汉人州县、租赋、军马之事。因俗而治，得其宜矣"[③]。在这样的"胡汉分治"思想的指导下，南京地区延续了前代的封建经济文化和农耕定居生活方式，保留了较多中原传统。经济文化继续向前发展而未受到战争的影响，南京城因而成为辽代最大的都城，同时也是交通枢纽、经济贸易中心

① （元）脱脱等：《辽史》卷四十《地理志四》，中华书局，1974年，第494页。

② （元）脱脱等：《辽史》卷四十《地理志四》，中华书局，1974年，第494页。

③ （元）脱脱等：《辽史》卷四十五《百官志一》，中华书局，1974年，第685页。

和文化交流中心。

南京作为五京中最大的、汉人最集中的都城，可谓是辽朝统治的政治重心。在辽朝统治的历史时期中，历代帝王频繁巡幸于此。自圣宗开始，冬夏捺钵，以及与南北臣僚讨论国家大事都选择在辽南京地区。

辽南京政治地位的重要还表现在辽政府在该地历代留守的设置上。据吉林大学杨军统计，辽代担任南京留守共计25人，其中，耶律氏和萧氏共计16人，汉人仅为9人，契丹人占据绝对优势①。从发展历程来看，圣宗之后契丹人几乎垄断了南京留守一职。辽南京作为辽宋交往的门户，辽朝政府选派契丹大臣，甚至是皇子、皇孙来充当留守，目的是加强对这一地区汉人的统治，也由此反映出辽政府对这一区域的重视。

辽南京历经了周代燕国的都城、秦代的广阳郡和隋唐五代的幽州发展而来，前代为其经济发展打下了良好的基础，再加上位于南北交通要道的地理位置优势，辽南京成为五京中最为繁华的都城。《契丹国志》记载南京析津府："户口三十万。大内壮丽，城北有市，陆海百货，聚于其中；僧居佛寺，冠于北方。锦绣组绮，精绝天下。膏腴蔬蓏、果实、稻粱之类，靡不毕出，而桑、柘、麻、麦、羊、豕、雉、兔，不问可知。水甘土厚，人多兹艺，秀者学读书，次则习骑射，耐劳苦。"②由此可见，当时的辽南京不仅政治地位重要，经济地位更是不容忽视。据史料记载，当时南京城有六条繁华的街道，或为通往城外各地的干线，或为商业、手工业集中的商业区，或为达官贵人的府邸，各类市肆云集，车辆、驼马络绎不绝。南京城商贸之繁盛终辽之世而不衰，辽末金初，宋人许亢宗所见之南京城，虽然饱经战火，仍然"人物繁庶""壮丽琼绝"③。

辽南京的经济繁荣还体现在它是商税征收的重要来源地。据《辽史·食货志》记载："征商之法，则自太祖置羊城于炭山北，起榷务以通诸道市易。太宗得燕，置南京，城北有市，百物山集，命有司治其征；余

① 杨军、王旭东：《辽代南京留守的选任与转迁研究》，《求索》2013年第4期。

② （宋）叶隆礼撰，贾敬颜、林荣贵点校：《契丹国志》卷二十二，中华书局，2014年，第241～242页。

③ 赵永春辑注：《奉使辽金行程录（增订本）》，商务印书馆，2017年，第211页。

四京及它州县货产懋迁之地，置亦如之。”[①]可见辽南京在商业税收方面的重要作用。

辽南京是汉族官僚世家大族的聚居地，最有代表性的是韩、刘、马、赵四大世家。幽云十六州入辽后，他们纷纷投靠契丹统治者，是辽朝政府为统治汉地需要依靠和笼络的对象。加之幽云地区位于中原以北，长期以农业生产为主，汉族占人口的绝大多数，入辽后，辽朝施行的优待政策吸引了一批从中原移迁而来的汉士。

二、从云州到西京

根据《辽史·地理志》和《中国历史地图集》可推知，辽代西京道北部和东北部接上京道，东部为东京道，东南与南京道毗邻，南部与宋相接，西南与西夏交界，这一地区大致为今北太行山以西，蒙古高原东南部，以及河套平原东北部这一区域范围。辽朝在西京道大同地区设立西京，为辽代五京之一，府名大同府。

西京地处黄土高原与内蒙古高原的交界地带，自古为军事重镇和战略重地，为兵家必争之地。秦统一中国以来，大同分属边防重镇雁门郡、代郡。西汉置平城县，为代国都城。北魏时期，鲜卑政权迁都于此，大同成为当时北方的政治、经济、军事、文化、佛教中心。北齐、北周时期称为恒安镇。隋朝在此设云内县。唐代设云州，后改为云中县。五代时为后唐所占，复称云州，设大同军节度使。辽代改云州为西京，并设立西京道大同府。西京地处辽、宋、西夏的交界地带，不仅是阻止北方游牧民族南下中原的屏障，也是控制西域的交通要塞。重熙十三年（1044年）十二月，设立西京后不久，辽兴宗就赴西京，巡视边境防务，可见辽朝政府对其的重视程度。

西京大同府除了军事战略地位重要之外，也是漠北草原与中原联系的交通枢纽。这里经济发达，物产丰富，是周边地区的商品集散中心。早在后唐时期，这里就是契丹与中原王朝互市交易的场所，幽云十六州割让入辽之后，这里更是辽与中原、西夏、中亚及北方草原部族贸易的重要区

---

① （元）脱脱等：《辽史》卷六十《食货志下》，中华书局，1974年，第929页。

域，使辽代的经济实力大为增强。

由于西京地区在归辽之前就已拥有雄厚的农业经济基础，在其割让入辽之后，辽朝采用“因俗而治”的政策，保留这一地区原有的经济制度不变，使这一区域的农业继续向前发展，成为辽代的重要粮食产地和税收来源。《辽史》中有多处关于西京地区赈济灾民的记录，“圣宗统和初，燕京留守司言，民艰食，请驰居庸关税，以通山西易”[①]。“冬十月（开泰六年十月）丁卯，南京路饥，挽云、应、朔、弘等州粟振之。”[②]由此可见，辽朝中后期，山西地区的粮食储量非常丰富，不仅可以满足当地居民需要，还可以输送到外地，赈济灾区。

西京地区南面与北宋毗邻，西面与西夏接壤，商业繁荣，对内对外贸易发达。辽在西京设置了都商税院，并设有专门的官职来主持征收商税和市场管理。开泰三年又于“南京、奉圣、平、蔚、云、应、朔等州置转运使”[③]，用来管理通商、贸易等事宜。西京南部的朔州地区设有互市交易的榷场，西京地区的物产通过榷场运往北宋，中原地区生产的手工业品及先进的技术通过西京传到辽朝各地。

三、小　结

幽云地区辽代壁画墓集中分布于南京、西京地区是与当地的政治、经济、人文环境密切相关的。从政治军事地位来讲，南京和西京地区自古以来都是军事要塞，历史悠久，成为辽代五京之后政治地位进一步上升，辽朝政府给予高度的关注与重视，因此，两地云集了大量的汉人官吏。尤其是辽南京地区身份地位显赫的汉人世家大族和新兴官僚不在少数，从北京地区辽代壁画墓出土的墓志中可以窥见一斑，比较典型的有丁文逌、韩佚、王泽等，这也是辽南京地区辽代壁画墓墓主人身份等级普遍较西京地区要高的原因所在。

经济上，幽云地区处于东西两大区域，以及南方农耕和北方游牧两大

---

① （元）脱脱等：《辽史》卷六十《食货志下》，中华书局，1974年，第929页。

② （元）脱脱等：《辽史》卷十五《圣宗本纪六》，中华书局，1974年，第180页。

③ （元）脱脱等：《辽史》卷十五《圣宗本纪六》，中华书局，1974年，第175页。

区域的交界地带，亦农亦牧，具有居间贸易的地理优势。南京和西京地区在辽代都是农耕经济和手工业发达、人口密集、商贸繁荣的经济发达区。自幽云十六州割让入辽后，辽朝政府采用"以国制治契丹，以汉制待汉人"的治国方略，使幽云地区保持了原有的封建体制和经济制度不变，人民生活并未受到战争的侵扰，社会保持了长期的安定，经济继续稳定发展，这是壁画墓能够在当地营建的前提和先决条件。

文化上，南京和西京地区汉族文化传统悠久。入辽前，幽云地区的文化传承于千百年来的中原文化，特别是继承了晚唐五代文化；归辽后，这种文化的传承并没有被打断，政策的延续性和稳定性对文化的传承和发展起到了保护和促进作用。同时，辽朝又在此推行科举制度，设立太学，后又设立州学、县学等地方官学，建立起一整套较为完整的文化教育系统，使得当地的文化教育氛围浓厚，涌现出一大批宿儒名臣，南京地区的如张俭、杨晳、杨佶、王泽、赵徽、刘伸、王观、王棠、王鼎等，西京地区的如邢抱朴、陈昭衮、边贯道、宁鉴等，极大地推动了辽代文化的发展。根据《辽史·列传》的记载，幽云地区还有大批文人志士，他们也是文化的传承与推动者，较为著名的有宛平人张俭"举进士第一"①，应州人邢抱朴"性颖悟，好学博古"②，南京人马得臣"好学博古，善属文，尤长于诗"③，良乡人杨绩"太平十一年进士及第，累迁南院枢密副使"④，南京人王观"博学有才辩。重熙七年，中进士乙科"⑤，析津人耶律俨"本姓李氏……俨仪观秀整，好学，有诗名，登咸雍进士第"⑥，宛平人刘伸

① （元）脱脱等：《辽史》卷八十《列传第十》，中华书局，1974年，第1277页。

② （元）脱脱等：《辽史》卷八十《列传第十》，中华书局，1974年，第1278页。

③ （元）脱脱等：《辽史》卷八十《列传第十》，中华书局，1974年，第1279页。

④ （元）脱脱等：《辽史》卷九十七《列传第二十七》，中华书局，1974年，第1410页。

⑤ （元）脱脱等：《辽史》卷九十七《列传第二十七》，中华书局，1974年，第1411页。

⑥ （元）脱脱等：《辽史》卷九十八《列传第二十八》，中华书局，1974年，第1415页。

“少颖悟，长以辞翰闻。重熙五年，登进士第”①，涿州人王鼎“幼好学，居太宁山数年，博通经史”②。

正如贺西林、李清泉所言：“墓室壁画作为一种历史遗迹，它既是现实社会生活的反映，同时又是由观念、信仰、知识、教养等各种文化因素混合而成的人们的思想世界和精神世界的反映。墓葬壁画的大量发现，正为我们提供了不同时代和不同地域的物质文化和精神文化方面的直观材料，这些材料形象地再现了中国历史的许多方面。”③同样，作为具有特定功能的墓葬艺术，辽墓壁画在形成和发展过程中也必然会受到现实社会生活、人们思想观念和信仰的影响，亦与当时幽云地区的自然和文化环境有着密切的关系。幽云地区深厚的文化积淀和浓厚的人文氛围，最终构成了辽代汉人墓葬壁画题材和内容的思想源泉。

第二节　入辽汉人境遇

通过第三章对幽云地区辽墓壁画的特点分析，我们可以发现，虽然北京、大同、宣化三地辽墓同为汉人墓葬，壁画内容都以表现家居室内生活为主，壁画与砖雕结合，但在具体细节方面，以及壁画氛围和风格基调上却有着明显的异同。为了更好地说明这一问题，我们将北京地区辽墓壁画与宣化辽墓壁画作一个对比。

首先，以备宴或备食图为例，这一题材在北京赵德钧墓和宣化辽墓张世卿墓中都有出现。赵德钧墓备食图有两幅，每幅中画一侍女，一位正坐在长条案桌前揉面，一位手托圆盘，盘内放有食物。张世卿墓后室南壁也绘有备宴图一幅，画面人物以墓门为中心分为两组，西侧一组为两个温酒侍吏，一位持盘侧身，似有所语；另一位手捧温酒大钵内置注壶。前面有

---

① （元）脱脱等：《辽史》卷九十八《列传第二十八》，中华书局，1974年，第1416页。

② （元）脱脱等：《辽史》卷一百四《列传第三十四》，中华书局，1974年，第1453页。

③ 贺西林、李清泉：《〈永生之维——中国墓室壁画史〉导言》，《美术学报》2008年第3期。

朱色四脚方桌，桌面放有各种饮具，桌前为放鸡腿瓶的矮脚桌，桌侧为雁足灯。东侧一组为持箱侍吏和持钵侍吏，一位双手捧一黑色皮箱，可能是双陆一类棋具；另一位持钵人为杂役装束，钵内似为骰子。

比较这两组备宴图，北京辽墓自始至终只出现一位侍女，画面呈现出单调寂寥之感。而宣化辽墓从备宴到宴后娱乐共有侍吏四人，四人分工协作，各司其职，并且还有交流对话，画面气氛热闹而欢愉。

其次，北京辽墓往往只表现中心人物和情节，画面四周没有任何装饰图案。而宣化辽墓在中心人物图像之外还常常有装饰性图案，既包括僧道等人物形象，也包括金鸡、玉犬、仙鹤、莲花、牡丹、卷云、山石等动植物装饰图案。

再次，北京辽墓壁画题材比宣化辽墓要单调很多，情节内容也更为简略。宣化辽墓中出现热闹喧嚣场面的散乐图、出行图，以及着装不同、年龄各异的侍从热火朝天劳作的备茶图、童嬉图等，在北京辽墓中均不曾出现。以散乐图为例，北京地区韩佚墓墓室东壁画有一侍女，怀抱琵琶，站立于方桌旁边，勉强可以算作为散乐图。而宣化辽墓中的散乐图演奏者至少有五人以上，画面紧凑，场面宏大，气氛喧嚣。

壁画题材内容和风格基调在一定程度上能够折射出墓主人的社会心理和生活理念，比较而言，宣化辽墓活泼欢快，更具生活气息，而北京地区则显得单调而寂寥，很容易让人体会到墓主人追求内心与生活的安宁与平静的心理，而这一心理的形成应与入辽汉人的生活境遇息息相关。若要找出这一问题的答案，首先应该探明壁画墓的墓主人身份及这一群体的特点，以便进一步分析这一群体在当时所处的社会背景之下较容易出现的心理状态。

正如第二章中的统计与分析所显示的，辽代幽云地区壁画墓墓主人中虽不乏赵德钧、韩佚、王泽、许从赟这类官职较高、社会地位较高、知名度较高的人士，但与长城以北契丹腹地的汉人世家大族相比，幽云地区壁画墓墓主人大多是中下级官吏及地方富豪。例如，北京地区百万庄一号辽墓的墓主人墓志记载，丁文逌先荫补为内供奉班祗侯，但因“生于大家，动足快意，视冠带拘束，颇非其好。因退居乡里，谯适自纵，周给乐施，不治财计。二十年间，钜产殆尽……故复诣朝廷，得齿旧缀。

旋出为景州龙池冶监，复更征商榷酒务等……天庆二年冬，授左卫率府潞县商鞠铁都监”[①]。宣化地区的张世卿墓墓志则称：“他在辽为官，曾特授右班殿直，累覃（迁）至银青崇禄大夫、检校国子祭酒兼监察御史云骑尉。”“大安中，民谷不登，饿死者众”，张世卿为讨好契丹统治集团“进粟二千五百斛”而得到所谓“皇帝喜其忠赤”，混了一个“右班殿直”[②]。

这一汉人群体的特征有二：其一，通过科举或捐官等途径入仕。辽朝汉族官僚群体的入仕途径大概有两种，一种是恩荫制度，家族后代成员依靠前辈的官位、功绩和勋业而蒙荫得补为官，如韩、刘、马、赵等世家大族，一般居住在长城以北的上京、中京、东京三道之内。辽代前期，契丹统治者为了获取优秀的汉人精英为自己的政权服务，以优厚的政策和待遇来笼络汉族上层人士，而这部分人也在稳定辽朝初期政权、安置和加强对汉人的统治等方面发挥了重要作用。如韩延徽，被视为“谋主”“举动访焉”，《契丹国志》称赞其为“契丹威服诸国，延徽有助焉”[③]；赵延寿，《辽史》记载，太宗高兴之余“赐延寿龙凤赭袍”，后来世宗也对其“以翊戴功，授枢密使”[④]；赵思温，太祖“亲为调药”，迄其死后，其子也在辽朝“官至使相”[⑤]。另一种就是科举制度。随着幽云十六州的割让入辽，汉人人数在辽朝范围内显著增加，为了拉拢汉人，获取更多的人才，设开科取士制度。幽云地区汉人入仕途径以此为主流，如张俭、王泽、杨皙、杨佶、王师儒等便是通过科举之路走上仕途的。而宣化地区张氏和韩氏家族虽然只是以农业生产和经商活动致富的中小地主，但他们发家致富之后，通过捐官、热衷于公益事业等途径积累人脉，获取社会地位，并试图通过科举的途径使家族以富求贵，晋升为仕宦阶层。其二，与世家大族子弟相比，这些汉官出身贫寒，官职普遍不高。

---

① 向南：《辽代石刻文编》，河北教育出版社，1995年，第639页。

② 河北省文物管理处、河北省博物馆：《河北宣化辽壁画墓发掘简报》，《文物》1975年第8期。

③ （宋）叶隆礼撰，贾敬颜、林荣贵点校：《契丹国志》卷十六，中华书局，2014年，第181～182页。

④ （元）脱脱等：《辽史》卷七十六《列传第六》，中华书局，1974年，第1248页。

⑤ （元）脱脱等：《辽史》卷七十六《列传第六》，中华书局，1974年，第1251页。

那么，通过科举入仕的幽云地区汉人官僚群体在辽所处的地位和蒙受的待遇是怎样的呢？首先，辽代初期汉族官员并未取得与契丹官员均等的参政机会，汉族官员群体的政治地位不高。据蒋金玲统计，在辽朝前期（太祖—穆宗时期），中央宰执41人次中，汉人为8人次，契丹人为33人次，汉人宰执与契丹人宰执的比例为1∶4.1。尤其在穆宗时期，汉人宰执与契丹人宰执的比例最为悬殊，为1∶12。这个时期内，汉人担任北面宰执的只有1人（韩延徽曾任南府宰相），契丹人担任南面宰执却多达12人次。这表明在辽代前期，对国家大事持有决策权的汉官寥寥[①]。正如《契丹国志》所记载："契丹之兴，当朝柄国，率其种人，名曰番汉杂用，然汉人无几矣"[②]。

其次，幽云地区汉人官僚与长城以北汉人官僚在政治待遇上也存在着差异。如前所述，长城以北汉人官僚为世家大族群体，是辽代初期政权所笼络和依靠的对象，他们或为辽朝统治者的智囊团，官至枢密院副使、参知政事，或为屡立战功的武将，官为镇守一方的节度使。再加上他们入辽境较早，长期与契丹杂居相处，契丹化倾向明显，因而，辽朝统治者往往对他们委以重任，礼遇有加。而幽云地区汉人官僚出身贫寒，以科举入仕，只是满足了辽朝统治者为拉拢人心的需要，并非真正需要依靠的群体。与长城以北借助家族势力荫补为官的汉人相比，幽云地区汉人无疑与契丹人在心理上更为疏远，而像韩、刘、马、赵等世家大族所处的政治地位和所受的待遇，也非幽云地区汉人所能望其项背。总之，以科举入仕的幽云地区汉人官僚受重视程度和所处的政治地位、政治前景都只能是低人一等。

由此可见，在辽代初期，汉族官员始终未获得与契丹官员平起平坐的机会，而幽云地区汉族官员相比较长城以北汉人世家大族，地位和待遇更为不及。然而，北宋汉人政权非但没有让幽云地区汉人获得民族认同感和归属感，反而对他们持不信任态度，并一次次让他们心生失望。入辽初期，汉人多数心系中原，希望有朝一日能够重回汉地，再续正统。然而北宋伐

---

① 蒋金玲：《辽代汉族士人研究》，吉林大学博士学位论文，2010年。

② （宋）叶隆礼撰，贾敬颜、林荣贵点校：《契丹国志》卷十六，中华书局，2014年，第187页。

辽之役屡屡受挫，收复燕云的雄心也日渐淡漠，统和二十二年（1004年），宋辽两国之间达成“澶渊之盟”，被视为华夏正统的大宋王朝与“夷狄”之国约为兄弟，宋每年送给辽岁币银10万两，绢20万匹。至此，幽云地区汉人南归的梦想彻底破灭，对汉人政权彻底失望。

幽云地区汉人身处如此动荡飘摇的社会现实之中，身份地位得不到认同和尊重，一方面契丹政权并未给予他们平等的待遇，另一方面汉人政权又让他们失望至极，在这样的夹缝之中，郁郁不得志的幽云汉人心理长期受到压抑和束缚，心态逐渐变得内敛而寂寥，回避成为他们唯一的选择。这样的心态反映在精神追求方面，呈现出壁画内容更为关注室内家居生活，似乎可以看出墓主人希望避开世事纷争的骚扰，追求心灵和精神的超脱，唯愿过着简单的居家生活，从而寻求内心的安宁与平静。

第三节　饮茶之风盛行

第二章中笔者对幽云地区壁画的题材和内容进行了分类统计，可以看出，备茶或饮茶类题材占有很大比例，并以河北宣化地区辽墓最为典型，似乎可以想象出一个茶酒飘香的世界。

在宣化辽墓中，发现有茶类题材壁画的墓葬共计有8座，分别为张世卿墓、张恭诱墓、韩师训墓、张世古墓、M6、张文藻墓、M9、张匡正墓。这些茶类题材壁画可分为两类，一类是表现点茶、煮汤等备茶的步骤和过程的场景。如张恭诱墓，该墓西南壁绘有一幅点茶前的煮汤图，画面左侧绘有一张红木桌，桌上有6个白色盏碗、3个盏托、2个花口盘和一个里红外黑的四层波罗子。桌前置一个三足火盆，火盆中炭火燃烧得正旺，正在给一个瓜棱执壶加热煮汤，旁边有一个侍童，双手拿团扇，躬身作扇火状。桌子后面有男女侍各一人，男侍左手拿一个白色平底大盘，盘中有两个白色茶杯，右手抬起，似与女侍低语，女侍双手拱于胸前而立，侧耳恭听，二人似乎是在等待执壶中的水烧沸[1]。

---

① 张家口市文物事业管理所、张家口市宣化区文物保管所：《河北宣化下八里辽金壁画墓》，《文物》1990年第10期。

M6前室东壁绘有碾茶、煮茶的工序图，画面由三男二女和一些家具、器皿组成。左右两侧各绘一长方形桌，左边的桌上有夹子、提梁壶、刷子、刀锯、勺、筷、盖罐、方箱等，桌后一髡发男子，怀抱白色执壶，右手握柄，左手托底，半侧身而立，桌前一童，半侧身而坐，身前放一茶碾子，右手推碾。碾前绘一漆盘，盘内置一白色小碗。桌子右前方绘火炉，炉上置白色瓜棱壶，一髡发男童跪于炉前，左手扶膝，右手执团扇扇火。右桌深灰色，桌上放有花口盘、壶等。桌前绘盝式盖箱子，桌左后角立一妇人，双手托盘，半转身回首。妇人身后一髡发男子，双膝着地，双肘压着茶罗子，手背托下巴，合着眼，作睡觉状①。整个画面生动传神，描绘了碾茶、煮茶、筛选等一系列备茶工序。

张文藻墓茶类题材壁画位于前室东壁，由八个人物和有关茶道的道具组成，画面中取桃、接桃、碾茶、煮茶等情节妙趣横生，极为生动。

张匡正墓前室东壁的茶道图也非常典型，画面描绘了五个不同装束、不同性别年龄的人物正在为主人备茶的全过程。画中五人各司其职，相互联系，不可分割，将茶道程序上的各种活动从碾茶、吹炉、点茶到送茶都真实地表现出来。画面描绘细致入微，包括茶道上所用的各种茶桌、茶具和器皿，以及画面人物热火朝天劳动的场景，如用力推拉茶碾的碾茶童、跪卧吹茶炉的契丹幼童、准备取汤瓶的契丹男子，接送茶水的侍女等②。

另一类则表现为茶已备好，正在捧持荐献的进茶和奉茶的场景。以张世古墓为例，该墓后室西南壁绘有进茶图，画面由三人和一些用具、器皿组成。画面中间置一赭色方桌，桌上有红色盝式盖箱子、4个红色盏托、4个白色小碗、1件白色深腹盆，桌前放有灰色五兽足火炉，炉内有炭火，上置一白色瓜棱壶。桌子后边站立一妇人，双手捧盏托，目视盏内，小心翼翼的样子可推测盏内应该已经有茶汤。桌子右侧妇人双手捧一白色唾盂，置于胸前，目视火盆，准备走过来加水的样子。桌子左侧一人左手拿

① 河北省文物研究所、张家口市文物管理处、宣化区文物管理所：《宣化辽代壁画墓群》，《文物春秋》1995年第2期。

② 河北省文物研究所、张家口市文物管理处、宣化区文物管理所：《宣化辽代壁画墓群》，《文物春秋》1995年第2期。

团扇，右手抬起，翘食指，躬身而立，与桌后妇人交谈[①]。

类似的墓例不再赘述，它们为研究辽代饮茶方式和饮茶器具提供了图像资料，同时也反映了辽代幽云地区人们对茶的热衷和饮茶风俗的流行。然而，辽境内并不产茶，缘何辽代饮茶之风如此盛行？本节将从三个方面来阐明这一问题。

一、宋代茶道的兴起

茶起源于中国南方，历史悠久，广受喜爱。《神农本草经》中就有关于茶可以解毒的传说，历史上关于茶的明确记载始于西汉末年王褒的《僮约》，“脍鱼包鳖，烹荼尽具”“武都买荼，杨氏担荷”[②]。这一记载反映了西汉时期饮茶已成风尚，并且在地主富豪家中出现了专门的饮茶器具，成都附近还出现了茶叶的消费和贸易市场。西晋张载的《成都楼》中有“芳荼冠六清，溢味播九区”的诗句，说明饮茶之风开始由巴蜀地区向其他地区传播。唐代，饮茶之风在王公贵族、文人雅士中广泛盛行，逐渐变为日常生活中的一种习俗。唐代陆羽的《茶经》对茶道之学进行了全面的研究和总结，介绍了唐代的茶叶制造需要历经七道工序，说明此时对饮茶的要求已经开始提高了。并且唐代交通运输的发展为茶叶普及至北方提供了重要条件，饮茶的人数逐渐增多，茶叶开始大范围发展。宋代，茶文化进一步兴盛，茶不仅仅是一种饮品，饮茶甚至成为一种文化形式和文化活动。北宋黄儒《品茶要录》中曰：“自国初以来，士大夫沐浴膏泽，咏歌升平之日久矣。夫体势洒落，神观冲淡，惟兹茗饮为可喜。……然士大夫间为珍藏精试之具，非会雅好真，未尝辄出。其好事者，又尝论其采制之出入，器用之宜否，较试之汤火，图于缣素……”[③]可见，文人士大夫

① 河北省文物研究所、张家口市文物管理处、宣化区文物管理所：《宣化辽代壁画墓群》，《文物春秋》1995年第2期。

② 孙机：《中国圣火：中国古文物与东西文化交流中的若干问题》，辽宁教育出版社，1996年，第295页。

③ （宋）黄儒：《品茶要录》，《文渊阁四库全书·子部·谱录类·第844册》（影印本），上海古籍出版社，2001年，第631页。

阶层已非常讲究饮茶的器具，以及采茶、制茶、烹茶等饮茶方式，甚至还对茶事理论进行总结和研究。饮茶已脱离了解渴这一基本需求的范畴，变成了一种艺术享受和精神追求。在社会上层的倡导之下，民间百姓的日常饮茶之风并不比宫廷淡漠，饮茶习俗深入到普通百姓阶层，茶成为整个社会普遍接受的饮品。北宋画家张择端所绘的《清明上河图》中的茶馆，南宋画家刘松年所绘的《碾茶图》《斗茶图》等绘画作品也从一个侧面反映出宋代民间饮茶风俗的兴盛。

在空前浓厚的饮茶氛围中，宋代的茶艺也达到了前所未有的水平。相比唐代以煎茶为主流的特点，宋代的茶艺呈现出以点茶为主流的时代特征。点茶是将茶末置于盏中，用沸水注入加以冲点，同时手执调茶工具适时搅拌，以制成茶汤。点茶工序繁杂，包括炙茶、碾茶、罗茶、烘盏、候汤、击拂、烹试等一整套程序。其中，候汤和击拂最见功力，候汤是指掌握煎水的适度性，而击拂则是搅拌技法，讲究搅拌与冲点的配合。点茶的这些程序，以及各道工序所需要的工具在宣化辽墓茶道图中均有所体现，已有学者撰文对此问题进行了专门研究①。

澶渊之盟后，辽宋之间的局势趋于缓和，在边境设置榷场进行茶马贸易，为茶叶传入辽朝统治区域提供了便利条件。幽云地区本就是汉人属地，在割让入辽之前，当地人已有深厚的饮茶传统，在入辽之后继续保持了这种生活习俗和传统，并很快为契丹人所接受和吸收。对于契丹人来说，茶不仅是有助于消化肉类、乳类食物的极佳饮品，而且在各种重大仪式或宗教祭祀场合都是不可或缺的。《辽史·本纪》和《辽史·礼志》中都有对茶事活动的记载，除了日常饮用，祭祀、朝贺和外交活动亦需要用茶，茶礼成为各项仪式活动中的必要环节。

二、辽宋之间的茶马贸易

辽境内不产茶，却对其需求量大，故辽地的茶叶都需要从南边宋地输入。实际上，辽宋之间的贸易往来由来已久，早在五代十国时期，契丹

---

① 刘海文：《试述河北宣化下八里辽代壁画墓中的茶道图及茶具》，《农业考古》1996年第2期。

就与中原地区有了茶叶的贸易往来。五代十国时期，北方藩镇割据，战乱频繁，而南方偏安一隅，社会相对稳定，客观上提供了经济快速发展的条件，在南唐、吴越、楚、后蜀等茶叶生产地区，茶叶产量非常可观。对于契丹人而言，茶叶传入辽境内之后，以肉、乳类饮食为主的契丹人逐渐认识到茶是一种极佳的饮品，可以解油腻、助消化，于是，茶叶逐渐成为契丹人日常生活中必不可少的消费品，需求量极大，中原地区盛产的茶叶正好满足了他们的需要，这样，辽宋之间的茶叶贸易便产生了。

及至宋辽对峙时期，饮茶成为普遍的社会风尚。为了满足自身对茶叶的需求，契丹人需要与盛产茶叶的北宋进行贸易换取茶叶，他们主要通过设立榷场与宋朝进行贸易。宋朝在与契丹人的交易中获得了大宗的税收，以及大批作为战略物资的马匹，而契丹人则获得茶叶等生活必需品。1004年，宋辽两国签订了澶渊之盟，双方就在宋辽边境设立榷场、开展互市贸易等事宜上达成协议。澶渊之盟签订后，两国之间结束了长期以来战事不断的局面，辽宋边境出现了和平稳定发展的新局面，宋朝在北方正式设立了雄州、霸州、安肃军、广信军四大榷场。此后，为了增强与北宋的贸易往来，辽代也增加了榷场的数量，先后在涿州、镇武军、朔州南增设榷场，与北宋进行贸易，契丹人在此以羊、马、骆驼换取北宋的茶叶、香药等。

澶渊之盟签订之后，幽云地区社会稳定，经济繁荣，辽与北宋之间的茶叶贸易日渐兴盛，而幽云地区不仅是汉人聚居区，也是辽宋之间贸易的集散地，与饮茶相关的产业发达，进而促进了饮茶之风的风靡。

三、佛事活动的需要

茶与佛教的渊源由来已久，早在魏晋时期，茶已成为僧人修行修炼时常用的饮品。佛教要求坐禅修行，排除所有杂念，专注于一境，而茶正好有提神醒脑之功用，再加上佛教戒酒，因而，茶成为寺院中唯一自饮和待客的饮料。唐宋时期，寺院僧人尚茶极为普遍，出现了寺必有茶，禅必有茶的嗜茶风尚。宋代苏东坡曾写过一首茶联“茶笋尽禅味，松杉真法音”，形象地描绘了茶与佛的关系，以茶伴禅、以禅入茶，品茶和参禅相互交融，共同追求精神境界的提升与超脱。

品茶与参禅之所以能够完美结合，在于茶道所追求的至清至纯与佛家的清静无为思想契合一致，佛事活动借助茶的提神醒脑之功效而得以静心修为、怡情养性，达到物我两忘的精神境界。

禅茶一味，佛教活动往往与茶事活动联系在一起，佛教活动的盛行进一步推动了饮茶之风在辽代的广泛传播。宣化下八里辽代壁画墓群中出现大量备茶图、备经图，以及与佛教相关的随葬品和葬式，是辽墓中茶文化与佛文化相互交融的完美体现。例如，宣化辽墓墓顶绘制的莲花图像，以及在周围布置的黄道十二宫和二十八星宿图，便是佛教文化中的典型题材；随葬品方面有张文藻墓出土的三彩洗底心，绘有黄、绿、白三色的十二瓣莲花。这些墓葬资料表明佛教文化在辽代有着强大的影响力和普及度，佛教的兴盛与繁荣程度可见一斑。此外，宣化辽墓壁画中与茶相关的题材与反映佛教文化的题材常常同时出现，联系紧密，无疑是墓主人生前饮茶习俗与诵经念佛相结合的宗教生活的反映，亦是希望在墓室中营造宗教信仰空间氛围的表现所在。

第四节　佛教广泛传播

有辽一代，佛教极其盛行，尤其是幽云地区，佛教在前代发展的基础上呈现出前所未有的繁荣景象，成为辽代佛教传播基地，民众中崇佛信教者人数之多、范围之广前所未有。张国庆在《辽代燕云地区佛教文化探论》一文中，总结辽代燕云地区崇佛信教呈现出普及性与大众化趋势，表现为：崇佛信教者打破了民族的界限、阶级与阶层的界限以及性别的差异，不仅有世世代代长久居住于此的土著汉人，也有从塞外草原南下迁居的契丹人；既有身居高位、掌握军政大权、家道富庶的官僚贵族，也有务农经商、畋渔放牧的平民百姓；既有男性信徒，也有女性信徒[①]。盛行佛教的幽云地区入辽之后，汉文化的传播和佛教的流布随之在辽境内迅速推广，据《辽史·地理志》载：“上京西楼，有邑屋市肆，交易无钱而用布。有绫锦诸工作、宦者、翰林、伎术、教坊、角觝、儒、僧尼、道士。

① 张国庆：《辽代燕云地区佛教文化探论》，《民族研究》2001年第2期。

中国人并、汾、幽、蓟为多。”[①]加之辽太宗时期统治者的大力推崇与提倡，使佛教在辽境内的传播日益昌盛。自圣宗之后，辽朝上至帝后，下至臣民，几乎全民信佛。至兴宗、道宗两朝，佛教在辽朝的发展达到鼎盛。辽朝历代皇帝的信佛、崇佛，甚至佞佛，以及对佛教的大加倡导，使社会各阶层跟风效尤。佛教对辽朝社会的影响，不仅涉及政治领域，而且深入到社会生活的各个方面，以致元人发出“辽以释废，金以儒亡”[②]的感喟。

本书前面章节已对幽云地区辽代壁画墓的墓葬形制、随葬器物及壁画题材进行过统计与分析，本节拟利用已统计与分析的资料并结合文献史料，对辽墓中所反映的佛教文化因素进行论述，以期进一步论证辽代佛教盛行的情况，从而对壁画中的佛教文化渊源加深理解。

一、墓葬形制

辽代幽云地区墓葬早期以圆形墓为主，中晚期开始流行六角形墓和八角形墓。根据前面章节的统计，六角形墓有河北宣化姜承义墓、张恭诱墓、韩师训墓、张世古墓，八角形墓有北京刘六符墓、河北廊坊西永丰辽墓、河北宣化下八里M6。

对于八角形墓葬形制的流行，学界有两种观点：

其一，认为八角形墓葬受八角形塔影响。夏南悉（Nancy Shatzman Steinhardt）在《辽代建筑》（*Liao Architecture*）一书中认为，辽代八角形塔，是汲取了佛教不同宗派信仰的艺术形式（方形塔、印度窣堵波及曼陀罗），而又为这些艺术形式赋予了新的意义的典型例子。它是一个中介物，辽代社会通过这样一个中介物，贯彻表达了他们从外部吸收而来的宗教图像学。正如佛堂和帝陵那样，在亚洲，塔是契丹王权的一种象征。通过佛堂中的佛像、通过一个八角形的丧葬空间、通过塔身和塔身上的雕刻，契丹统治者可以把自己比作佛教的神。契丹王朝之所以重视这种永久

① （元）脱脱等：《辽史》卷三十七《地理志一》，中华书局，1974年，第441页。

② （明）宋濂等：《元史》卷一百六十三《列传第五十》，中华书局，1974年，第3823页。

性纪念物是不足为怪的，应县木塔、蓟县楼阁式塔和白塔，乃至每座墓葬，都与死亡密切相关①。持类似观点的还有霍杰娜，她认为，八角形墓室与当时的密教信仰有关，密教的内容除了延续唐代的金刚乘，还新传入了无上瑜伽密教，瑜伽密教中的“八大菩萨”和“八大灵塔”崇拜，首先影响了作为佛教象征建筑的塔，而后这种八角形佛塔，又影响到墓葬建筑形制②。

其二，认为八角形墓葬受墓幢和坟塔影响，墓室模仿佛塔地宫。李清泉认为，辽代于墓上建造陀罗尼经幢，一度成为僧俗社会的一种风气。而且，随着墓上经幢逐步墓塔化，地下墓室也开始出现模仿佛塔地宫的倾向，以致墓室平面呈现出与墓上经幢相对应的八角形或六角形形制，成为一种坟塔化的墓葬样式③。易晴认为，八角形墓葬形制，其形象直接的来源是经幢至瘗埋佛僧舍利的地宫和墓塔至民间丧葬墓室，但其精神内核则是《周易》的后天八卦方位，是经由民间堪舆思想，在佛教的融合过程中，重新诠释后的再创造④。

无论哪种观点，八角形墓葬与佛教关系密切，反映了佛教文化因素这一点是无疑的。

二、葬俗与随葬器物

根据第二章的统计，火葬墓在幽云地区占有非常大的比例。火葬本与儒家“死必归土”的思想背道而驰，但随着佛教的广泛传播，在僧侣中流行的火葬习俗也逐渐影响到世俗汉人。如北京韩佚墓墓顶正中绘制莲花，四周还有12个砖雕莲瓣影作，而莲花是佛教装饰艺术的常见题材；赵德钧墓出土有铜制迦陵频伽，也极具佛教色彩。可见，辽代火葬习俗深受佛教影响。据杨晶分析：“辽代汉人实行火葬者，上至朝廷佐命功臣下至普通

① Nancy Shatzman Steinhardt. *Liao Architecture*. University of Hawaii Press , 1997.

② 霍杰娜：《辽墓中所见佛教因素》，《文物世界》2002年第3期。

③ 李清泉：《宣化辽墓：墓葬艺术与辽代社会》，文物出版社，2008年，第316页。

④ 易晴：《试析河南北宋砖雕壁画墓八角形墓室形制来源及其象征意义》，《中原文物》2008年第1期。

百姓，范围之广、人数之众，乃前所未有。究其原因，一方面应归结为受佛教影响的结果，另一方面当同辽地汉人的心境不无关系，辽地汉人，特别是汉族官僚、地主与契丹贵族联合起来共同维护辽朝的统治，以中原王朝为正统的观念而言，其行为本身就有悖于儒教纲常的理念，因此他们比较容易摆脱传统观念的束缚，而佛教的某些思想，恰好成为解脱人世间烦恼与痛苦的精神依托。”①

这一火葬葬俗的具体表现为墓室内普遍设有棺床，用陶罐、瓷罐、木盒、石棺、壁龛等盛殓或放置骨灰，或者将散尸骨直接置于棺床之上。而这种葬俗的进一步发展则是将骨灰放置于真容偶相之内，在墓壁、墓门或棺床葬具上书写陀罗尼真言。

北京韩佚墓棺床前沿正中及靠近北壁部位各砌出小砖台一个，小砖台上各放置魂瓶1件，旁边发现少量骨灰，并有木盒和铁钉朽迹，推测砖台旁边原放置有骨灰木盒；北京陈庄辽墓墓室北壁下的壁龛内发现了人体骨灰；山西大同东风里辽墓未见骨灰，但出土有模拟墓主人形象的石雕真容偶像；山西大同马家堡辽墓棺床上放置内装骨灰的釉陶棺；山西大同卧虎湾M1、M2及南关辽墓等则是将骨灰置于石棺之内；河北宣化张世卿墓出土木雕真容偶像；河北宣化张世古墓、张文藻墓均出土有木棺箱，箱内盛有骨灰，棺箱上墨书梵、汉两种文字；河北宣化张匡正墓出土木棺，周身墨书“陀罗尼经咒”。以上墓例均为墓主人“依西天荼毗礼”火化后在墓葬中的葬式，从中可以看出墓主人佛教信仰的虔诚。

随着佛教日益深入人们的日常生活，墓葬中的随葬器物也带有佛教的印迹。主要表现为出土有记述墓主人诵经礼佛等佛事活动的墓志，如河北宣化张恭诱墓墓志提到他自幼便悟于空门，“以观音、行愿为常课，以满愿、准提为常持……常诵金光明经五百余部”②；张匡正墓墓志提到“不食荤茹心（辛），不乐歌酒，好读法华、金刚经”③；张世古“自幼及

① 杨晶：《辽代汉人墓葬概述》，《文物春秋》1995年第2期。

② 向南、张国庆、李宇峰辑注：《辽代石刻文续编》，辽宁人民出版社，2010年，第296页。

③ 向南、张国庆、李宇峰辑注：《辽代石刻文续编》，辽宁人民出版社，2010年，第214页。

耄，志崇佛教，常诵金刚、行愿等经，神咒密言，口未尝掇”[①]。或者出土带有莲花纹饰的瓷碗、瓷盘、瓷瓶等，如河北宣化姜承义墓出土塔形器3件，塔形盖，喇叭形器身，出檐三层，檐上设莲叶，以及飞天和跪、立式人像。

三、壁画题材与内容

有辽一代，全社会崇信佛教的风尚不仅涉及政治领域，而且深入到普通百姓的日常生活之中，笃信佛教的墓主人在其死后通常会以表现日常佛事活动的壁画来装饰墓室，希望死后能够延续生前同样的生活状态。

念佛与诵经是居家佛教徒每日必做的功课，当然诵经前的备经和备茶活动也必不可少，这一场景在墓主人皆为佛教徒的宣化下八里辽墓壁画中有非常形象的描绘。

河北宣化张世卿墓的备经图描绘有两个侍吏为墓主人诵读佛经做准备工作的画面。南面一人头戴卷脚幞头，着圆领紫色长袍，朱色蹀躞带，白裤，躬身而立，毕恭毕敬，双手捧白净瓶，似与前面一人低语；另一人位于桌后，装束略同，右手指墓内方向，左手拳于胸前，前面朱色长方桌上放着《金刚般若经》和《常清静经》。桌下放一炭盆，身后为破子棂窗[②]。

河北宣化张世本墓备经图中绘有黄色折叠木桌，上置经卷等物。桌侧立一妇人，头束髻，上身着交领褐色衫，下身穿蓝色长裙，左手端碗，右手执簪，躬身面对台灯，作挑灯状[③]。

河北宣化六号墓的备经图描绘的是一幅书桌、经卷皆准备到位，只等墓主人出现的场景。此外，在宣化张氏家族墓的张恭诱墓、张世古墓、张

① 向南、张国庆、李宇峰辑注：《辽代石刻文续编》，辽宁人民出版社，2010年，第294页。

② 河北省文物管理处、河北省博物馆：《河北宣化辽壁画墓发掘简报》，《文物》1975年第8期。

③ 张家口市文物事业管理所、张家口市宣化区文物保管所：《河北宣化下八里辽金壁画墓》，《文物》1990年第10期。

文藻墓、张匡正墓等墓葬的壁画中均有备经、备茶的场景出现。

河北宣化韩师训墓后室东北壁亦有一幅备经图，画面左端绘一妇女，头束高髻，上身多已脱落，肩围黄色披帛，下着绿色长裙，身略右侧而立。此人与右绘三妇女围一桌。桌黄色，方形，上置香炉和碗，并置一小几。几上置经卷、佛珠等物。桌右一妇人，头包髻，上着黄地黑花窄袖短服，绿色披帛，下穿黄地黑花长裙，身左侧，袖手而立。桌左后方一妇人，头包髻，身着绿地黑花交领窄袖服，内系杏黄色长裙，肩围黄色披帛，怀抱一长方形小箱，内有烟气飘出，头略左侧而立。桌左一妇人，头包髻，上着绿色窄袖短服，下穿黄地黑花长裙，肩围白色披帛，身右侧而立，仰首，双手合十①。

与佛教题材相关的壁画还表现为莲花纹饰的运用，墓室穹隆顶正中绘重瓣莲花，周围布置的黄道十二宫、二十八星宿和十二生肖或太阳、月亮、北斗七星等图案是河北宣化张氏、韩氏家族墓最为常见的题材。以宣化张世古墓为例，墓室顶部中心绘重瓣莲花，用墨线勾勒出轮廓，内敷绿、红、白三色，莲花外正北方绘红色北斗星，环绕莲花有黄道十二宫，黄道十二宫外是二十八星宿，用赭色点缀星座，正东方绘一颗红色太阳，直径5厘米。最外层是十二生肖图，在淡淡渲染的绿色彩带上绘出十二个人物，均头戴帽，留胡须，身穿广袖长袍，红色鞋，双手持笏于胸前而立②。古人于墓室穹隆顶中央绘制莲花最早起源于木构建筑的藻井装饰，故又有“莲花藻井”之称。于墓室内设置莲花藻井的目的本来是为了防火，佛教传入之后又增添了宗教上的象征意义，于是，穹隆顶中央绘莲花的设置便在石窟、寺庙等佛教建筑及墓葬中大量流行③。

不管是墓主人佛事活动的壁画还是与佛教相关的纹饰图案，都从一个侧面反映出佛教在辽代的流行情况。

---

① 张家口市宣化区文物保管所：《河北宣化下八里辽韩师训墓》，《文物》1992年第6期。

② 张家口市宣化区文物保管所：《河北宣化辽代壁画墓》，《文物》1995年第2期。

③ 冯恩学：《河北省宣化辽墓壁画特点》，《北方文物》2001年第1期。

第六章　结　　语

本书对北京及周边地区辽代壁画墓进行了较为全面的梳理和系统的分析与研究，主要有以下几点认识与收获：

第一，幽云地区辽代壁画墓除了河北涿鹿酒厂辽墓为石室墓之外，其他都是砖室墓。按照正室数量的不同可分为单室墓、双室墓和多室墓三类，以小型圆形单室墓居多，但三个区域略有不同。北京地区以圆形单室墓为主；山西大同地区墓葬形制单一，均为圆形单室墓；河北地区墓葬形制较北京和山西更为多样，圆形墓、方形墓、多角形墓均有发现。从阶段特征来看，墓葬形制由单一走向多元，辽代早期普遍流行圆形墓，辽代中晚期出现多角形墓。

第二，幽云地区随葬器物在材质上以陶瓷器为主，功用上以日常生活用品为主，诸如梳妆用具、文房用具出土很少，而金银玉器几乎没有。三个区域中，河北张家口地区出土器物的种类和数量明显多于其他两地。北京及周边地区除赵德钧墓、韩佚墓这两座等级较高的墓葬随葬器物种类丰富外，其他墓葬以陶器为主，饮食器居多，形制丰富，但实用器较少，明器较多。山西大同地区随葬器物最为简单质朴，以最基本的陶瓷饮食器为主要随葬品，器类单调，形制以碗、碟为主，铜铁器、木器等几乎不见。随葬器物的类型和材质特点反映出幽云地区虽然不乏地位显赫、位高权重的汉族官吏，但为数更多的是毫无特权、位卑权轻的中小官吏、中小地主或地方精英，辽代的政治中心仍然在长城以北的契丹腹地。

第三，幽云地区辽墓壁画以表现室内的家居生活为主，明显体现出汉族风格和传统文化。题材可分为出行归来、备侍、宴饮、散乐、启门、劳作侍女、门吏武士、升天祥瑞、星宿、家居室内陈设十类。三个区域中墓葬壁画呈现出不同的区域特征。

第四，幽云地区是辽代境内的汉人聚居区，考古发现的汉人壁画墓主要集中在以归化州（今河北宣化地区）、奉圣州（今河北涿鹿地区）、西京（今山西大同地区）、南京（今北京大部分地区、天津及河北部分）

为中心的三个地域。其中，宣化、涿鹿、大同地区属辽代山后的西京道地区，北京、天津及河北部分地区属辽代山前的南京道地区，因此，在对辽代墓葬壁画分类研究的基础上，可将其分为南京道和西京道两个大区。两个大区辽墓均有斗拱、立柱、棺床、仿木构砖雕建筑，葬式多数为火化骨灰葬。但相对而言，南京道地区壁画构图较为简略，画面人物稀少，环境冷清，涵盖的题材种类较少；西京道地区壁画涵盖的种类较多，内容更为丰富多样。

第五，在对墓葬形制、壁画布局和题材内容综合考察的基础上，本书对幽云地区辽代壁画墓进行了分期研究。

南京道地区发现辽代壁画墓共计12座，分为三期：第一期为辽太祖至景宗时期（916～982年），这一时期发现的辽代壁画墓很少，仅有赵德钧墓一例，壁画模仿唐末五代风格明显；第二期为圣宗至兴宗时期（983～1054年），本阶段是上承唐制，下启宋制的阶段，从圣宗时期之后宋文化因素开始逐渐加强，唐文化因素式微，壁画呈现出延续旧制，并趋于出现新内容的特征；第三期为道宗至天祚帝时期（1055～1125年），本阶段墓葬形制转变为与宋墓形制更为接近，随葬器物和壁画题材都出现多样化特征，多种文化元素同时并存。

西京道地区发现辽代壁画墓共计29座，以兴宗朝为界分为前后两期：第一期为辽初至兴宗时期（916～1054年）；第二期为道宗至天祚帝时期（1055～1125年）。第二期与第一期相比，墓门、甬道、墓顶装饰变得丰富，题材增多；墓室北壁设置大门的做法出现两种演变，一是变为围屏、帷幔，二是大门变为砖雕影作门楼，更为高大、精美；壁画题材增多，内容更为丰富，画面人物更多，更具有情节性；壁画中出现大量契丹人物形象及驼车出行等具有契丹生活风貌的画面，体现出民族融合的特点。

第六，选取契丹腹地内蒙古敖汉旗地区和辽宁朝阳地区能确切证明或推断为汉人壁画墓的18座墓葬与幽云地区进行对比，关于墓葬形制，幽云地区流行小型圆形单室墓，而契丹腹地圆形墓、方形墓、六角形墓和八角形墓均有出现，并且圆形墓较幽云地区面积大。契丹腹地长斜坡墓道、天井、甬道的配置在幽云地区比较少见。墓室内设置棺床小帐，棺床上放置石棺的做法也属于契丹腹地所独有。关于墓主人身份，契丹腹地多数为进入辽境较早的汉人世家大族，幽云地区除了有几位节度使级的人物之外，均为中下级普通官吏及地主富豪。幽云地区壁画墓随葬器物以陶瓷器为主，而契丹腹地汉人壁画墓随葬器物种类丰富，陶瓷器、铜铁器、金银器、木器、骨器、玉器等均有发现。幽云地区以饮食类的日常生活器皿为主，而契丹腹地除日常生活必需品之外还随葬有兵马器、梳妆佩饰、文房用具等。关于墓葬壁画，幽云地区集中分布于墓室之内，契丹腹地除分布于墓室之外，也分布于墓道、甬道、天井等处。在题材内容方面，两地的壁画内容均以家居生活、内宅侍奉为主题，均有湖石、牡丹、门神等汉族绘画流行的装饰，但在各个题材的壁画上也存在着明显的不同。通过对比可以看出，契丹腹地的汉人墓葬壁画较幽云地区契丹文化元素更多，身份地位高的汉族官僚墓葬较普通官员和平民的墓葬契丹文化元素更多。

第七，壁画作为一种生动形象的图像资料，客观上反映了当时的社会背景和时代风貌，体现了人们的精神信仰和思想观念。

辽代汉人壁画墓集中出现于幽云地区并非偶然，正是这一地区区域环境特殊，政治、经济、文化发达的体现。从政治军事地位来讲，南京和西京地区自古以来都是军事要塞，历史悠久，成为辽代都城之后政治地位进一步上升，受到辽朝政府的高度关注与重视。经济上，幽云地区处于东西两大区域、南方农耕和北方游牧两大区域的交界地带，亦农亦牧，具有居间贸易的地理优势，南京和西京地区在辽代都是农耕经济和手工业发达、人口密集、商贸繁荣的经济发达区。文化上，南京和西京地区具有悠久的汉族文化传统，入辽前，幽云地区的文化传承于千百年来的中原文化，特别是继承了晚唐五代文化；归辽后，并没有打断这种文化的传承，政策的延续性和稳定性对文化的传承和发展起到了保护和促进作用。

壁画题材内容和风格基调在一定程度上能够折射出墓主人的社会心理和生活理念。幽云地区汉人身处动荡飘摇的社会现实之中，身份地位得不到认同和尊重。一方面契丹政权并未给予他们平等的待遇，另一方面汉人政权又让他们失望至极。在这样的夹缝之中，郁郁不得志的幽云汉人心理长期受到压抑和束缚，心态逐渐变得内敛而寂寥，回避成为他们唯一的选择。这样的心态反映在精神追求方面，呈现出壁画内容更为关注室内家居生活，似乎可以看出墓主人希望避开世事纷争的骚扰，追求心灵和精神的超脱，唯愿过着简单的居家生活，从而寻求内心的安宁与平静。

河北宣化辽墓壁画中，备茶或饮茶类题材占有很大比例，反映当时社会饮茶之风盛行。宋代茶道兴起、宋辽之间的茶马贸易频繁、佛教兴盛等因素推动了饮茶之风在辽代幽云地区的传播与发展。

幽云地区辽代壁画墓反映出辽代佛教盛行的情况，主要表现为：八角形墓葬流行；墓室内普遍设有棺床，用陶罐、瓷罐、木盒、石棺、壁龛等盛殓或放置骨灰，或者将骨灰放置于真容偶像之内，在墓壁、墓门或棺床葬具上书写陀罗尼真言；随葬具有佛教特征的器物；壁画内容为表现墓主人的佛事活动或是与佛教相关的纹饰图案。

参考书目

一、古籍

1. （宋）欧阳修撰，徐无党注：《新五代史》，中华书局，1974年。
2. （宋）薛居正等：《旧五代史》，中华书局，1976年。
3. （宋）叶隆礼撰，贾敬颜、林荣贵点校：《契丹国志》，中华书局，2014年。
4. （宋）李焘：《续资治通鉴长编》，中华书局，1979年。
5. （宋）许亢宗：《宣和乙巳奉使金国行程录》，中华书局，2004年。
6. （元）脱脱等：《宋史》，中华书局，1977年。
7. （元）脱脱等：《辽史》，中华书局，1974年。
8. （清）李有棠撰，崔文印、孟默闻整理：《辽史纪事本末》，中华书局，2018年。
9. （清）徐松辑：《宋会要辑稿》，中华书局，1957年。

二、考古发掘报告与简报

1. 苏天钧：《北京郊区辽墓发掘简报》，《考古》1959年第2期。
2. 北京市文物工作队：《北京南郊辽赵德钧墓》，《考古》1962年第5期。
3. 北京市文物工作队：《北京西郊百万庄辽墓发掘简报》，《考古》1963年第3期。
4. 北京市文物管理处：《近年来北京发现的几座辽墓》，《考古》1972年第3期。
5. 北京市文物工作队：《辽韩佚墓发掘报告》，《考古学报》1984年第3期。
6. 昌平县文物管理所：《北京昌平陈庄辽墓清理简报》，《文物》1993年第3期。

7. 王清林、王朱、周宇：《丰台路口南出土辽墓清理简报》，《北京文博》（2002·2），北京燕山出版社，2002年。
8. 周宇：《丰台云岗辽墓07FHM1发掘简报》，《北京考古》（第一辑），北京燕山出版社，2008年。
9. 北京市文物研究所：《北京大兴区青云店辽墓》，《考古》2004年第2期。
10. 北京市文物工作队：《北京天坛公园内发现古墓》，《考古》1963年第3期。
11. 北京市文物管理处：《北京先农坛辽墓》，《文物》1977年第11期。
12. 北京市文物事业管理局、门头沟区文化办公室发掘小组：《北京市斋堂辽壁画墓发掘简报》，《文物》1980年第7期。
13. 北京市文物工作队、张先得：《北京市大兴县辽代马直温夫妻合葬墓》，《文物》1980年第12期。
14. 北京市文物研究所、顺义县文物管理所：《北京顺义安辛庄辽墓发掘简报》，《文物》1992年第6期。
15. 刘义全：《门头沟新桥街辽墓》，《北京考古信息》1990年第1期。
16. 王有泉：《丰台区永定路发现辽墓》，《北京考古信息》1991年第1期。
17. 刘连成、李达：《海淀区羊坊店辽墓》，《中国考古学年鉴·1992》，文物出版社，1994年。
18. 朱志刚：《海淀中国工运学院辽墓及其墓志》，《北京文物与考古》（第6辑），民族出版社，2004年。
19. 范学新：《北京延庆发现辽金时期壁画墓》，《中国文物报》2005年5月20日第1版。
20. 北京市海淀区文物管理所：《北京市海淀区八里庄唐墓》，《文物》1995年第11期。
21. 河北省文物研究所、保定市文物管理处：《五代王处直墓》，文物出版社，1998年。
22. 廊坊市文物管理处、安次区文物保管所：《廊坊市安次区西永丰村辽代壁画墓》，《文物春秋》2001年第4期。

23. 廊坊市文物管理所、安次区文保所：《廊坊安次区翟各庄、南尖塔辽墓》，《文物春秋》1996年第4期。
24. 天津历史博物馆考古队、蓟县文物保护管理所：《天津蓟县弥勒院村辽墓》，《文物春秋》2001年第6期。
25. 山西省文物管理委员会：《山西大同郊区五座辽壁画墓》，《考古》1960年第10期。
26. 大同市文物陈列馆：《山西大同卧虎湾四座辽代壁画墓》，《考古》1963年第8期。
27. 大同市博物馆、曹臣明：《山西大同市东郊马家堡辽墓》，《考古》2005年第11期。
28. 王银田、解廷琦、周雪松：《山西大同市辽墓的发掘》，《考古》2007年第8期。
29. 王银田、解廷琦、周雪松：《山西大同市辽代军节度使许从赟夫妇壁画墓》，《考古》2005年第8期。
30. 山西省考古研究所平朔考古队：《朔州辽代壁画墓发掘简报》，《文物季刊》1995年第2期。
31. 大同市考古研究所：《山西大同机车厂辽代壁画墓》，《文物》2006年第10期。
32. 大同市考古研究所：《山西大同东风里辽代壁画墓发掘简报》，《文物》2013年第10期。
33. 河北省博物馆文物管理处：《河北迁安上芦村辽韩相墓》，《考古》1973年第5期。
34. 张家口地区博物馆：《河北涿鹿县辽代壁画墓发掘简报》，《考古》1987年第3期。
35. 张家口地区文管所、怀安县文管所：《河北怀安县张家屯辽墓》，《考古》1991年第1期。
36. 张家口市文管所、宣化县文管所：《河北宣化辽姜承义墓》，《北方文物》1991年第4期。
37. 张家口地区文管所、涿鹿县文管所：《河北涿鹿谭庄辽臧知进墓》，《文物春秋》1990年第3期。

38. 张家口地区文化局：《河北张北县清理一座辽代壁画墓》，《考古》1987年第1期。
39. 河北省文物管理处、河北省博物馆：《河北宣化辽壁画墓发掘简报》，《文物》1975年第8期。
40. 张家口市文物事业管理所、张家口市宣化区文物保管所：《河北宣化下八里辽金壁画墓》，《文物》1990年第10期。
41. 张家口市宣化区文物保管所：《河北宣化下八里辽韩师训墓》，《文物》1992年第6期。
42. 河北省文物研究所、张家口市文物管理处、宣化区文物管理所：《宣化辽代壁画墓群》，《文物春秋》1995年第2期。
43. 河北省文物研究所、张家口市文物管理处、宣化区文物管理所：《河北宣化辽张文藻壁画墓发掘简报》，《文物》1996年第9期。
44. 张平一：《平泉县发现辽代壁画墓》，《文物参考资料》1956年第10期。
45. 李逸友：《阿鲁科尔沁旗水泉沟的辽代壁画墓》，《文物参考资料》1958年第4期。
46. 项春松：《上烧锅辽墓群》，《内蒙古文物考古》1982年第2期。
47. 内蒙古文物工作队：《内蒙古哲里木盟奈林稿辽代壁画墓》，《考古学集刊》（第1集），中国社会科学出版社，1981年。
48. 项春松：《克什克腾旗二八地一、二号辽墓》，《内蒙古文物考古》1984年第3期。
49. 项春松：《解放营子辽壁画墓发掘报告》，《松州学刊》1987年第4—5期合刊。
50. 吉林省博物馆、哲里木盟文化局：《吉林哲里木盟库伦旗一号辽墓发掘简报》，《文物》1973年第8期。
51. 王健群：《库伦旗二号辽墓发掘散记》，《社会科学战线》1978年第1期。
52. 哲里木盟博物馆、内蒙古文物工作队：《库伦旗第五、六号辽墓》，《内蒙古文物考古》1982年第2期。
53. 内蒙古文物考古研究所、哲里木盟博物馆：《内蒙古库伦旗七、八号辽墓》，《文物》1987年第7期。

54. 敖汉旗文物管理所：《内蒙古昭乌达盟敖汉旗北三家辽墓》，《考古》1984年第11期。
55. 敖汉旗文化馆：《敖汉旗白塔子辽墓》，《考古》1978年第2期。
56. 敖汉旗博物馆：《敖汉旗下湾子辽墓清理简报》，《内蒙古文物考古》1999年第1期。
57. 内蒙古文物考古研究所：《辽陈国公主驸马合葬墓发掘简报》，《文物》1987年第11期。
58. 内蒙古文物考古研究所、赤峰市博物馆、阿鲁科尔沁旗文物管理所：《辽耶律羽之墓发掘简报》，《文物》1996年第1期。
59. 内蒙古文物考古研究所、阿鲁科尔沁旗文物管理所：《内蒙古赤峰宝山辽壁画墓发掘简报》，《文物》1998年第1期。
60. 内蒙古赤峰市敖汉旗博物馆：《内蒙古敖汉旗皮匠沟1、2号辽墓》，《文物》1998年第9期。
61. 邵国田：《敖汉旗娘娘庙辽代壁画墓》，《内蒙古文物考古》1994年第1期。
62. 中国社会科学院考古研究所内蒙古工作队、内蒙古文物考古研究所：《内蒙古扎鲁特旗浩特花辽代壁画墓》，《考古》2003年第1期。
63. 辽上京博物馆：《内蒙古巴林左旗哈拉海场辽代壁画墓清理简报》，《文物》2014年第4期。
64. 李文信：《义县清河门辽墓发掘报告》，《考古学报》1954年总第8期。
65. 韩宝兴：《北票季杖子辽代壁画墓》，《辽海文物学刊》1995年第1期。
66. 朝阳地区博物馆：《辽宁朝阳姑营子辽耿氏墓发掘报告》，《考古学集刊》（第3集），中国社会科学出版社，1983年。
67. 辽宁省博物馆、辽宁铁岭地区文物组发掘小组：《法库叶茂台辽墓记略》，《文物》1975年第12期。
68. 温丽和：《辽宁法库县叶茂台辽肖义墓》，《考古》1989年第4期。
69. 朝阳市博物馆、朝阳市龙城区博物馆：《辽宁朝阳召都巴辽壁画墓》，《北方文物》2004年第2期。

70. 辽宁省文物考古研究所：《阜新辽萧和墓发掘简报》，《文物》2005年第1期。
71. 靳枫毅：《辽宁朝阳前窗户村辽墓》，《文物》1980年第12期。
72. 邓宝学、孙国平、李宇峰：《辽宁朝阳辽赵氏族墓》，《文物》1983年第9期。
73. 孙国平、杜守昌、张丽丹：《辽宁朝阳孙家湾辽墓》，《文物》1992年第6期。
74. 辽宁朝阳地区文物组：《北票扣卜营子辽墓发掘简报》，《文物资料丛刊》（2），文物出版社，1987年。
75. 刘谦：《辽宁锦州市张扛村辽墓发掘报告》，《考古》1984年第11期。
76. 辽宁省博物馆文物队：《辽宁北票水泉一号辽墓发掘简报》，《文物》1977年第12期。
77. 冯永谦：《辽宁法库前山辽萧袍鲁墓》，《考古》1983年第7期。
78. 王成生：《辽宁朝阳市辽刘承嗣族墓》，《考古》1987年第2期。
79. 阜新县文化局文物组：《辽宁阜新县辽许王墓清理简报》，《文物资料丛刊》（1），文物出版社，1977年。
80. 敖汉旗博物馆：《敖汉旗七家辽墓》，《内蒙古文物考古》1999年第1期。
81. 敖汉旗博物馆：《敖汉旗羊山1—3号辽墓清理简报》，《内蒙古文物考古》1999年第1期。
82. 朝阳博物馆、朝阳市城区博物馆：《辽宁朝阳市姑营子辽代耿氏家族3、4号墓发掘简报》，《考古》2011年第8期。
83. 辽宁省文物考古研究所：《朝阳市林四家子辽墓发掘简报》，《北方文物》2013年第2期。

三、研究专著

1. 舒焚：《辽史稿》，湖北人民出版社，1984年。
2. 陈述辑校：《全辽文》，中华书局，1982年。
3. 杨树森：《辽史简编》，辽宁人民出版社，1984年。

4. 陈述：《契丹社会经济史稿》，生活·读书·新知三联书店，1963年。
5. 陈述：《辽代史话》，河南人民出版社，1981年。
6. 陈述：《契丹政治史稿》，人民出版社，1986年。
7. 李桂芝：《辽金简史》，福建人民出版社，1996年。
8. 刘浦江：《辽金史论》，辽宁大学出版社，1999年。
9. 蔡美彪：《辽金元史十五讲》，中华书局，2011年。
10. 陶玉坤：《北方游牧民族历史文化研究》，内蒙古教育出版社，2007年。
11. 朱瑞熙、张邦炜、刘复生，等：《宋辽西夏金社会生活史》，中国社会科学出版社，1998年。
12. 韩世明：《辽金生活掠影》，沈阳出版社，2002年。
13. 张国庆：《辽代社会史研究》，中国社会科学出版社，2006年。
14. 冯继钦、孟古托力、黄凤岐：《契丹族文化史》，黑龙江人民出版社，1994年。
15. 项春松：《辽代历史与考古》，内蒙古人民出版社，1996年。
16. 徐吉军、方建新、方健、吕凤棠：《中国风俗通史·宋代卷》，上海文艺出版社，2001年。
17. 漆侠主编：《辽宋西夏金代通史·宗教风俗卷》，人民出版社，2010年。
18. 谭其骧主编：《中国历史地图集》（第六册），地图出版社，1982年。
19. 张国庆、朴忠国：《辽代契丹习俗史》，辽宁民族出版社，1997年。
20. 金维诺：《中国美术史论集》，人民美术出版社，1981年。
21. 中国美术全集编辑委员会编：《中国美术全集·绘画编12·墓室壁画》，文物出版社，1989年。
22. 《中国墓室壁画全集》编辑委员会编 ：《中国墓室壁画全集·宋辽金元》，河北教育出版社，2011年。
23. 北京市文物考古研究所编：《北京考古四十年》，北京燕山出版社，1990年。

24. 杨泓：《美术考古半世纪——中国美术考古发现史》，文物出版社，1997年。
25. 罗世平、廖旸：《古代壁画墓》，文物出版社，2005年。
26. 张鹏：《辽墓壁画研究》，天津人民美术出版社，2008年。
27. 李清泉：《宣化辽墓：墓葬艺术与辽代社会》，文物出版社，2008年。
28. 内蒙古自治区文物考古研究所、孙建华：《内蒙古辽代壁画》，文物出版社，2009年。
29. 河北省文物研究所编：《河北古代墓葬壁画》，文物出版社，2000年。
30. 河北省文物研究所编：《宣化辽墓壁画》，文物出版社，2001年。
31. 北京市文物研究所：《北京地区辽金墓葬壁画保护研究》，科学出版社，2008年。
32. 宋大川主编：《北京考古发现与研究（1949～2009）》，科学出版社，2009年。
33. 于璞：《北京考古史·辽代卷》，上海古籍出版社，2012年。
34. 黄佩贤：《汉代墓室壁画研究》，文物出版社，2008年。
35. 李星明：《唐代墓室壁画研究》，陕西人民美术出版社，2005年。
36. 郑岩：《魏晋南北朝壁画墓研究》，文物出版社，2002年。
37. 贺西林：《古墓丹青——汉代墓室壁画的发现与研究》，陕西人民美术出版社，2001年。
38. 北京市文物研究所：《北京市文物研究所藏墓志拓片》，北京燕山出版社，2003年。
39. 巫鸿、李清泉：《宝山辽墓：材料与释读》，上海书画出版社，2013年。
40. 向南：《辽代石刻文编》，河北教育出版社，1995年。
41. 河北省文物研究所：《宣化辽墓：1974～1993年考古发掘报告》（上），文物出版社，2001年。
42. 董新林：《幽冥色彩——中国古代墓葬壁饰》，四川人民出版社，2004年。
43. 巫鸿、郑岩主编：《古代墓葬美术研究》（第一辑），文物出版社，2011年。

四、研究论文

1. 王秋华：《辽代墓葬分区与分期的初探》，《辽宁大学学报》（哲学社会科学版）1982年第3期。
2. 杨晶：《辽墓初探》，《北方文物》1985年第4期。
3. 杨晶：《辽代汉人墓葬概述》，《文物春秋》1995年第2期。
4. 李逸友：《略论辽代契丹与汉人墓葬的特征和分期》，《中国考古学会第六次年会论文集（1987）》，文物出版社，1990年。
5. 李逸友：《论辽墓壁画的题材和内容》，《内蒙古文物考古》1982年第2期。
6. 董新林：《辽代墓葬形制与分期略论》，《考古》2004年第8期。
7. 彭善国：《辽代契丹贵族丧葬习俗的考古学观察》，《边疆考古研究》（第2辑），科学出版社，2004年。
8. 彭善国：《二十世纪辽代考古的发现与研究》，《内蒙古文物考古》2006年第1期。
9. 张帆：《试谈辽代墓葬的研究和对契丹文化的再认识》，《内蒙古文物考古》2009年第1期。
10. 郑绍宗：《辽代绘画艺术和辽墓壁画的发现与研究》，《文物春秋》1995年第2期。
11. 罗世平：《埋藏的绘画史——中国墓室壁画的发现和研究综述》，《美术研究》2004年第4期。
12. 罗世平：《地下画卷：中国古代墓室壁画》，《美术史研究》2009年第3期。
13. 金维诺：《墓室壁画在美术史上的重要地位》，《美术研究》1997年第2期。
14. 韩小囡：《墓葬壁画研究的方法论探讨——从美术考古的角度出发》，《济宁学院学报》2010年第4期。
15. 许宝哲：《中国墓室壁画发展脉络浅见》，《文物世界》2005年第3期。
16. 杨星宇、郑承燕：《道法自然 兼收并蓄——兼论内蒙古地区辽代墓葬壁画特点》，《中国博物馆》2010年第3期。

17. 刘鲴、刘谦：《辽墓分期试论》，《辽宁工程技术大学学报》（社会科学版），1999年第3期。
18. 刘未：《辽代契丹墓葬研究》，《考古学报》2009年第4期。
19. 何晓东：《阜新辽墓壁画的特点与艺术价值》，《美术大观》2007年第5期。
20. 冯恩学：《河北省宣化辽墓壁画特点》，《北方文物》2001年第1期。
21. 冯恩学：《内蒙（古）库伦六、七号辽墓壁画的人物身份》，《北方文物》1999年第3期。
22. 李清泉：《宣化辽代壁画墓设计中的时间与空间观念》，《美术学刊》2005年第2期。
23. 王银田：《大同辽代壁画墓刍议》，《北方文物》1994年第2期。
24. 孙勐：《浅谈北京辽代墓室壁画的特征》，《文物世界》2011年第1期。
25. 杨军、王旭东：《辽代南京留守的选任与转迁研究》，《求索》2013年第4期。
26. 韩生存、马志强：《论西京大同在辽宋贸易中的地位》，《大同高等专科学校学报》1994年第4期。
27. 王坤：《从辽朝统治下的汉人来源与分布看辽朝对入辽汉人政策》，《商业文化》（学术版）2010年第12期。
28. 王德朋：《辽代汉族士人心态探析》，《史学集刊》2003年第2期。
29. 姚雯雯：《论辽朝汉族官僚群体的地位及其影响》，《东北史地》2009年第1期。
30. 王成国：《略论辽朝统治下的汉人》，《社会科学辑刊》1997年第5期。
31. 王善军：《由富求贵：从归化州张氏看辽金燕云豪族的发展路径》，《河北大学学报》（哲学社会科学版）2009年第6期。
32. 李清泉：《绘画题材中意义和内涵的演变——以宣化辽墓壁画中的车马出行图为例》，《中山大学学报》（社会科学版）2003年第2期。
33. 李清泉：《宣化辽墓壁画散乐图与备茶图的礼仪功能》，《故宫博物院院刊》2005年第3期。

34. 郑绍宗：《河北宣化辽墓壁画茶道图的研究》，《农业考古》1994年第2期。
35. 张景明、杨晨霞：《契丹饮食文化在墓葬壁画中的反映》，《大连大学学报》2007年第1期。
36. 袁泉：《宣化辽墓“备茶题材”考》，《华夏考古》2006年第1期。
37. 陶宗冶、刘海文：《从宣化辽墓到草原茶叶之路》，《农业考古》2012年第5期。
38. 彭善国：《辽代的茶叶与饮茶风俗》，《北方文物》1998年第2期。
39. 刘海文：《试述河北宣化下八里辽代壁画墓中的茶道图及茶具》，《农业考古》1996年第2期。
40. 关剑平：《以宣化辽墓壁画为中心的分茶研究》，《上海交通大学学报》（哲学社会科学版）2004年第1期。
41. 张春旭、马德龙：《辽墓壁画出行归来图探索》，《美苑》2009年第4期。
42. 张鹏：《妇人启门图试探——以宣化辽墓壁画为中心》，《民族艺术》2006年第3期。
43. 李清泉：《空间逻辑与视觉意味——宋辽金墓“妇人启门”图新论》，《美术学报》2012年第2期。
44. 冯恩学：《辽墓启门图之探讨》，《北方文物》2005年第4期。
45. 郑岩：《论“半启门”》，《故宫博物院院刊》2012年第3期。
46. 刘素侠：《从辽墓壁画看契丹人的社会生活》，《社会科学辑刊》1997年第3期。
47. 李萃萃：《从辽墓壁画论契丹社会生活中的居住与出行文化》，《大连大学学报》2010年第4期。
48. 梁万龙：《宝山辽代皇族壁画墓初考》，《昭乌达蒙族师专学报》（汉文哲学社会科学版）2000年第4期。
49. 郑绍宗：《宣化辽壁画墓彩绘星图之研究》，《辽海文物学刊》1996年第2期。
50. 张国庆：《辽代燕云地区佛教文化探论》，《民族研究》2001年第2期。

51. 张国庆：《辽代佛教题材壁画考论》，《东北史地》2010年第1期。
52. 张国庆：《论辽代家庭生活中佛教文化的影响》，《北京师范大学学报》（社会科学版）2004年第6期。
53. 顾国荣：《佛教在辽朝的流布及其影响》，《昭乌达蒙族师专学报》（哲学社会科学版）1989年第1期。
54. 易晴：《试析河南北宋砖雕壁画墓八角形墓室形制来源及其象征意义》，《中原文物》2008年第1期。
55. 李伟敏：《北京地区辽代火葬墓及相关问题试析》，《文物春秋》2014年第3期。
56. 颜诚：《辽代真容偶像葬俗刍议》，《文物春秋》2004年第3期。
57. 敖汉旗博物馆：《关于羊山等五处辽墓壁画综合分析》，《内蒙古文物考古》1999年第1期。

五、外文文献

1. 〔日〕岛田正郎著，何天明译：《大契丹国：辽代社会史研究》，内蒙古人民出版社，2007年。
2. Robert Albrght Rorex. Some Liao Tomb Murals and Images of Nomads in Chinese Paintings of the Wen-Chi Story. *Artibus Asiae*, 1984, 45(2).
3. Hsingyuan Tsao. *From Appropriation to Possession: A Study of the Cultural Identity of the Liao through Their Pictorial Art*. UMI Company, 1997.
4. Hsueh-Man Shen. Body matters: Manikin burials in the Liao tomb of Xuanhua, Hebei province. *Artibus Asiae,* 2005, 65(1).
5. Nancy Shatzman Steinhardt. *Liao Architecture*. University of Hawaii Press, 1997.

六、学位论文

1. 冯恩学：《辽墓初探》，吉林大学博士学位论文，1995年。
2. 韩小囡：《宋代墓葬装饰研究》，山东大学博士学位论文，2006年。
3. 赵明星：《中国北方地区仿木构墓葬建筑形制研究》，中国人民大学博士学位论文，2012年。

4. 蒋金玲：《辽代汉族士人研究》，吉林大学博士学位论文，2010年。
5. 刘未：《辽代墓葬研究》，北京大学考古文博学院硕士学位论文，2004年。
6. 何京：《北京地区辽金墓葬壁画研究》，中国人民大学硕士学位论文，2010年。
7. 乔微：《宣化辽墓壁画特征及其文化成因探究》，东北师范大学硕士学位论文，2007年。
8. 杨星宇：《辽墓壁画的分期研究》，内蒙古大学硕士学位论文，2009年。
9. 王靖宇：《论幽云地区在辽朝的重要地位和作用》，吉林大学硕士学位论文，2007年。
10. 纪楠楠：《论辽代幽云十六州的汉人问题》，东北师范大学硕士学位论文，2006年。

附　　录

附表1　北京地区辽代壁画墓详细统计表

墓葬名称	时期	墓葬形制	壁画布局				备注
			墓道	墓门	甬道	墓室	
赵德钧墓	958年	圆形多室墓				烹饪备食、闲暇赏玩	有斗拱、立柱
韩佚墓	995年	圆形单室墓	东西壁各绘一官吏	仿木构砖建筑	官吏	花鸟围屏、侍女、墓顶有莲花、飞鹤、流云、十二生肖	有斗拱、棺床
西翠路辽墓	不晚于圣宗时期	圆形单室墓			对称的壁龛	花、鸟、小鹅	有仿木构砖雕建筑，东西立壁设假门各一座，有斗拱，随葬陶俑，唐代钱币
彭庄一号辽墓	不早于圣宗时期	圆形单室墓		已塌陷		砖雕桌椅，墓壁壁画模糊不清	有棺床，一桌二椅
青云店M1	早于1043年	圆形单室墓		仿木构砖雕		持壶侍女、点灯侍女、晾布料场景、髡发男童、侍宴图、理财图	有斗拱、立柱、棺床、一桌一椅、破子棂窗

续表

墓葬名称	时期	墓葬形制	壁画布局				备注
			墓道	墓门	甬道	墓室	
青云店M2	早于1043年	圆形单室墓				写字男童、点灯侍女、侍宴图	有斗拱、立柱、棺床、一桌二椅、破子棂窗
李继成墓	1043年	圆形单室墓		仿木砖雕	西侧有小龛、壁画脱落	壁画脱落	有棺床
王泽墓	1053年	圆形单室墓		青砖封堵	东壁有小龛	壁画脱落	有棺床、影作桌椅
刘六符墓	1057年	八角形多室墓	阶梯式	仿木构砖砌、彩绘	门吏、凤鸟、流云		有斗拱
百万庄1号辽墓	1113年	圆形两室墓	斜坡	砖雕	门吏	牡丹花、花草、武士、烹饪女仆、洗涤女仆	有斗拱、棺床、立柱
陈庄辽墓	辽代晚期	圆形单室墓				壁画脱落，有壁龛盛骨灰	有立柱
廊坊西永丰辽墓	辽代晚期	八角形单室墓		拱形券顶，仿木结构门墙		水草、鹤、人物、牡丹花	有棺床

附表2　山西地区辽代壁画墓详细统计表

墓葬名称	时期	墓葬形制	壁画布局							备注
			墓道	墓门	甬道	墓顶	墓室东壁	墓室北壁	墓室西壁	
许从赟墓	乾亨四年（982年）	圆形单室墓	多级不规则台阶	砖砌圆拱形，仿木构门楼，灯檠侍女图，男侍官图	拱形顶，有壁龛	星宿图	东壁砖雕影作板门，守门侍婢及侍者图，东北角直棂窗、侍女、猫捉绣球	影作砖雕板门，守门侍官	西壁砖雕朱绘影作门楼，守门侍女，西北角砖雕朱绘大衣架，侍女	墓室仿木结构，设影作立柱六根，将画面分为六幅，自上而下分为三层，有石棺，骨灰葬
机车厂辽墓	辽代早期	圆形单室墓	斜坡墓道，3.2米	砖砌仿木构建筑，条砖封门	平面长方形，用砖砌筑，拱券顶	天象图	东北壁侍卫图、东壁画墓门半启、东南壁人物模糊	墓主侍从，题记“韩郎”	西南壁二侍者、西壁画门、西北壁出行准备图	有棺床、石棺
周家店辽墓	辽代早期	圆形单室墓	土阶八级	圆拱形，砖雕仿木构，东侧灯檠侍女图，西侧收财帛图	拱形顶，有壁龛，门神	头顶十二生肖的人物	东壁正中守门侍婢图，东北角备膳图	守门侍官图	西壁正中侍女、衣架，西北角待客图	墓室砖雕影作，用影作立柱六根，间成七幅画面，自上而下分为三层
五法村辽墓	辽代早期偏晚	圆形单室墓		门吏	砖券		牵马、衣架、牧群、门窗		鸡腿坛、钵、动物	立柱将壁画间作十幅

续表

墓葬名称	时期	墓葬形制	壁画布局							备注
			墓道	墓门	甬道	墓顶	墓室东壁	墓室北壁	墓室西壁	
南关M2	辽代中期	圆形单室墓	长方形台阶四级，4.5米	涂白灰层并绘制彩色壁画（云气纹），残砖石块封门	涂白灰	星宿图	二男一女仆人，火盆、注壶、方格纹墩，妇人启门	红漆大门	二侍女、高桌	墨绘斗拱、立柱，墓室壁画自上而下分为三层，墨线绘八根立柱将壁画分为八幅
十里堡M27	早于天庆九年	圆形单室墓	阶梯墓道七级，2.8米	砖砌拱形墓门，方砖封闭；绘门吏			老翁、衣架、家庭生活用具、隔扇门	围屏、帷幔、男女侍者	车马出行、脸盆、盆架、隔扇门	有棺床，火化骨灰葬；彩绘影作木建筑
新添堡M29	天庆九年（1119年）	圆形单室墓		用砖封闭		星球、云气、人物画	牵马、宴饮	围屏	架驼、宴饮	有棺床，石棺骨灰葬
卧虎湾M1	早于天庆九年	圆形单室墓		圆拱形，绘门吏			脱落	围屏、帷幔、捧盏托女侍、捧唾盂童侍	车马出行、宴饮、女侍、巾架、镜台	有棺床，石棺骨灰葬，彩绘影作木建筑
卧虎湾M2	早于天庆九年	圆形单室墓		圆拱形，绘门吏			散乐、衣架、侍者	围屏、帷幔、捧盏托女侍、捧唾盂童侍	车马出行、宴饮	有棺床，石棺骨灰葬，彩绘影作木建筑
卧虎湾M3	乾统七年（1107年）	圆形单室墓		青石封闭		模糊	模糊	模糊	模糊	石棺骨灰葬，彩绘影作木建筑

续表

墓葬名称	时期	墓葬形制	壁画布局							备注
			墓道	墓门	甬道	墓顶	墓室东壁	墓室北壁	墓室西壁	
卧虎湾M4		圆形单室墓		沟纹砖封闭，绘门吏		天空、星球、鸡、犬、花、兔	宴饮、启门	围屏、桌子、拱手男侍、拱手女侍	宴饮、童侍	有棺床，火化骨灰葬；彩绘影作木建筑
卧虎湾M5		圆形单室墓		圆拱形，沟纹砖封闭，绘门吏		日月、星球、云气	与M6同	帷幕画一幅、帷幔、围屏、侍者	车马出行，与M6同	有棺床，火化骨灰葬；彩绘影作木建筑
卧虎湾M6	大安九年（1093年）	圆形单室墓	土阶八级，3.1米	圆拱形，沟纹砖封闭，绘门吏		日月、星球、云气	衣架、侍者、启门、老翁	围屏、帷幔、二女侍	车马出行、隔扇门、盆架、脸盆、喂马木槽	有棺床，火化骨灰葬；彩绘影作木建筑
马家堡辽墓	辽代晚期	圆形单室墓	斜坡	砖雕	长方形沟纹砖砌筑	剥落	剥落	剥落	剥落	有棺床、釉陶棺、骨灰葬
朔州辽墓	辽代晚期	正方形单室墓	竖井式	拱券形，大青石板封闭			墓门、墓门两侧绘骑马出行、驼车归来	侍奉饮食、散乐	供奉图	南壁备宴图
东风里M1	辽代晚期	近圆形单室墓	阶梯状	单砖横砌封闭，男女门侍图	拱形顶	星宿图	侍酒、动物、植物、器具、墨书题诗	起居图	农耕图、出行图	出土石雕真容偶像，壁画自上而下分为三层，立柱分为四幅

附表3 河北地区辽代壁画墓详细统计表

墓葬名称	时期	墓葬形制	壁画布局							备注
			墓道	墓门	甬道	墓顶	墓室东壁	墓室北壁	墓室西壁	
张家屯辽墓	辽代早期偏晚	近圆形单室墓	斜坡台阶式，长6.36米	拱券形，用双道砖墙封闭，仿木结构建筑			砖雕马球杖、小门、椅子		砖雕灯架、大门	有尸床，置两具散尸骨
姜承义墓	统和十二年（994年）	六边形单室墓		拱形			东南壁木桌1张，木椅1把，窗1扇	北壁门1扇，西北壁、东北壁各砌窗1扇	西南壁木桌1张，灯架1座	火葬，有斗拱、立柱，土砌棺台
戚知进墓	保宁元年（969年）	近圆形单室墓	梯形斜坡式，长4.82米	拱形，青砖封闭，仿木结构，有云气纹			东北壁直棂窗，东南壁小门	砖砌大门	西南壁小门、西北壁桌子	有工字式棺床，石棺，火葬，南壁灯架1个
涿鹿酒厂辽墓	辽代晚期	近圆形单室墓	长方形土坑竖穴式	拱形，底部有砖砌门槛，柏木板封闭，车马出行、武士		太阳、金乌、云气纹	散乐、宴饮			火葬，有梵文木块，壁画自上而下分三层，中层壁画为迎接宾客和欢庆的场面

续表

墓葬名称	时期	墓葬形制	壁画布局							备注
			墓道	墓门	甬道	墓顶	墓室东壁	墓室北壁	墓室西壁	
张世卿墓	天庆六年（1116年）	方形双室墓	阶梯状，11层，长11.5米	仿木结构，持杖文官门吏二人，后室二龙戏珠图、温酒侍吏、持箱侍吏、持钵侍吏		彩绘星图	前室：散乐。后室：黑衣侍吏、备经图、持扇持巾侍吏、启箱侍女	前室：持杖门吏。后室：彩绘双凤门、持杖门吏	前室：出行。后室：妇人启门、温酒、持盂、拂尘侍吏、启箱侍女	有木棺，内葬木雕偶像，火葬，写有经文的木棺板
张恭诱墓	天庆七年（1117年）	六边形单室墓		拱形，有门楼、武士、持棍门吏、螺身双头人、鱼身双头人、老者、鸡、侍童、狗		铜镜、莲花、黄道十二宫、二十八星宿、十二生肖像	东南壁备经图	东北壁、北壁、西北壁均绘屏风	西南壁备茶图	有木棺和棺床，墓壁与顶部彩绘影作木结构，壁角共绘立柱6根，火葬
张世本墓	大安九年（1093年）	圆形单室墓		拱形，花卉、卷云、门吏		莲花、二十八星宿	木桌、文房四宝、妇人、狗	妇人作开门状、仙鹤花卉图	备经图	壁画以立柱相隔

续表

墓葬名称	时期	墓葬形制	壁画布局							备注
			墓道	墓门	甬道	墓顶	墓室东壁	墓室北壁	墓室西壁	
韩师训墓	天庆元年（1111年）	六角形双室墓		仿木结构门楼，拱形门洞，墓门两侧绘门吏，后室甬道两侧绘门吏	长1.1米，原装木门已毁，以灰砖铺地	星图	前室：散乐图。后室东北壁：四名妇女、桌（上置香炉和碗）、几（上置经卷和佛珠）。东南壁：四名妇女，桌（内置壶、碗、盏托），高檠灯，黑花狗	北壁甬道两侧各绘一门神，后室北壁朱色门，两侧各绘一男子	前室：出行图。后室西南壁：饮酒听曲图。后室西北壁：备装图	有长方形束腰棺台，火葬，前室方形，后室六角形
张世古墓	天庆七年（1117年）	六角形双室墓	斜坡式阶梯16级，长13米	砖筑仿木结构，拱券式，护法金刚、拄杖老者、双人连体像、鸡、狗		彩绘星图	前室：散乐图。后室东北壁：丹顶鹤、山石、蜻蜓。东南壁：一老者和一青少年备茶，二侍女在朱门内外送函盒	两幅并列的仙鹤图	前室：出行图。后室西南壁：三侍女备茶点。西北壁：丹顶鹤、山石、花	前室长方形，后室六角形，有小型柏木棺一具，棺身有梵文墨书

续表

墓葬名称	时期	墓葬形制	壁画布局							备注
			墓道	墓门	甬道	墓顶	墓室东壁	墓室北壁	墓室西壁	
宣化辽墓M6	辽代晚期	八角形双室墓	土坑式，未清理	拱形，仿木建筑门楼，	拱形，绘门吏	前室：莲花、折枝花卉。后室：莲花、星图、花卉	前室东壁：茶道图。东南壁：妇人托唾盂。东壁：妇人启门图。东北壁：桌上置书、砚、墨、笔、笔架	砖雕影作大门	前室：散乐图。后室西北壁：十字交叉式桌子，桌上有书和经卷。西壁：一妇人，立于门前，作闭门状。西南壁：妇人挑灯图	前室近方形，南壁为拱门，后室南壁为甬道拱门
张文藻墓	大安九年（1093年）	圆形双室墓	拐把式，有阶梯11层，长6.8米	仿木建筑门楼，拱券式，前室南壁门楣“五鬼图”	拱形，中部置一墓门，门扉两扇，中以铁锁加固，壁画为契丹装束侍者，三老对弈图	太阳、二十八宿、莲花藻井、铜镜	破子棂窗，前室童嬉图，后室捧茶侍女、文房四宝、仙鹤	砖雕门楼	朱色假门，前室散乐图，后室挑灯、启门、仙鹤	前室长方形，后室圆形，后室南壁门吏，后室北壁门楼之前为长方形砖砌棺床，上置盝顶式木棺，四面和盖顶墨书佛经，以草为骨的荼毗礼葬制

续表

墓葬名称	时期	墓葬形制	壁画布局							备注
			墓道	墓门	甬道	墓顶	墓室东壁	墓室北壁	墓室西壁	
宣化辽墓M9	辽代晚期	圆形双室墓	斜坡式阶梯	仿木建筑门楼，拱券式，拱门内两侧门吏			茶道图		散乐图	前室正方形，后室圆形，后室壁画全部被毁
张匡正墓	大安九年（1093年）	圆形双室墓	斜坡式，长6.5米	仿木结构门楼，拱券门，彩绘	侍者	铜镜、莲花藻井、二十八星宿、十二生肖像	前室：茶道图。后室：破子棂窗，持镜、持钵侍女，文房四宝，仙鹤图	砖雕门楼	前室：散乐图。后室：破子棂窗、燃灯侍者、经桌、仙鹤图	前室长方形，后室圆形，后室南壁门吏，有棺床，放有木棺，墨书陀罗尼经咒

附表4　北京地区辽代壁画墓统计表

墓葬名称	发现地点	时期	墓向/墓主	材质/形制	规模/面积（米）	壁画位置/内容	随葬器物	资料来源
北京西翠路辽墓	沙沟村西翠路	不晚于辽圣宗	正南向/汉人	圆形券顶砖室墓	墓室用绳纹砖砌成，完全仿木结构。甬道两壁有对称的圭形壁龛，墓室四角各有柱头，柱头上有斗拱，拱上绘有彩画，类似牡丹。东西立壁设有假门各一座	北面墙壁全是彩绘壁画，因漫漶过甚，只能看出一部分内容。画壁上绘有类似圆形鼓凳一个，还有花、水鸟、小鹅等写生图画	被盗，随葬器物保留无几。墓底中央有唐开元钱六枚、乾元钱一枚，大小玉带扣两个，薄银片一块，定窑白色葵花大碗一个，陶俑一个	苏天钧：《北京郊区辽墓发掘简报》，《考古》1959年第2期
北京彭庄一号辽墓	永定门西城墙豁口外西南	不早于辽圣宗	正南向/汉人	圆形券顶砖室墓	墓室为圆形，墓门已塌陷，墓壁北侧中央砌有尸床一座，四周皆用朱色绘成龛门	墓壁皆用白地朱、黑色绘成各种壁画，因水浸模糊不清	铜钱1枚、瓷器2件、陶器34件	苏天钧：《北京郊区辽墓发掘简报》，《考古》1959年第2期
北京南郊辽赵德钧墓	北京南郊西马场洋桥村养鸭厂内	辽代早期（937-958年）	向东/北平王赵德钧	大型砖砌多室墓	此墓规模较大，分前、中、后三进，每进主室两侧又各筑一耳室，共九室。九个墓室的平面皆为圆形，据推测墓葬顶部均作复盆式。各室的柱头斗拱形制都一样，墓底铺砖，系用方砖交错平铺	墓中壁画多已残毁，仅存三幅。左中室一幅，上绘九个人像，左三人正在欣赏一幅画，右六人为僮仆。右前室保留了两幅画，东侧壁画绘一女仆，正在用手揉面。西侧也绘一女仆，手托一圆盘，盘上置面食两个	右前室：铁锅、残粗石锅、汉白玉大碗、铜勺。中室：双兽雕砖、残陶罐。左中室：150余片陶瓷残片，看出的器形有注子、碗、梅瓶和盒等。右中室：残陶盆。左后室：铜钱两堆。右后室：陶片、铜门饰、霉烂绿色有机物。墓志一方，出土于此墓南约10米处	苏天钧：《北京南郊辽赵德钧墓》，《考古》1962年第5期

续表

墓葬名称	发现地点	时期	墓向/墓主	材质/形制	规模/面积（米）	壁画位置/内容	随葬器物	资料来源
北京西郊百万庄1号辽墓	西郊百万庄	天庆三年（1113年）	丁文道	砖砌圆形穹隆顶墓	墓室全部用沟纹砖砌成，斗拱及门窗部分是用特制砖和磨砖镶在墓壁上的，墓葬分前后二室，二室之间有甬道。室内中央设一棺床，上置木制骨灰盒一个，已腐朽	除前室外，其他全部脱落，墓室门框上两侧绘对称牡丹图案花两株，下有对称不知名花草图案两株。甬道两侧分绘守门卒。室内四壁有壁画四幅，前两幅绘武士像，分设东西两壁前半部，其他两幅壁画大部分脱落，由残存的痕迹可以看出一幅为一女仆，在灶前作烹饪状，另一幅亦为一女仆，两手在木盆前作洗涤状，头和身躯已大部脱落	三节陶罐、三足灯架、铁灯碗、残金叶、残木盒、定瓷和越瓷片，墓志一块和残碎的陶片	苏天钧：《北京西郊百万庄辽墓发掘简报》，《考古》1963年第3期
丰台区丰台镇王泽夫妇合葬墓	丰台区丰台镇桥南	重熙二十二年（1053年）	王泽夫妇	砖券圆形单室墓	墓门设在南面，用砖封堵，甬道东壁上有一小龛，墓底铺有木炭和柏木条	墓壁壁画脱落严重	出土陶器、瓷器、端石插手砚、铜钱、石墓志	苏天钧：《近年来北京发现的几座辽墓》，《考古》1972年第3期

续表

墓葬名称	发现地点	时期	墓向/墓主	材质/形制	规模/面积（米）	壁画位置/内容	随葬器物	资料来源
八宝山韩佚墓	八宝山革命公墓院墙内	辽统和十三年（995年）	187度/汉族官吏	圆形穹隆顶砖室墓	由墓道、墓门、甬道和墓室四部分组成。墓门南向，为仿木构的砖建筑，门券顶，墓门用砖封堵，屋顶用长方砖雕成板瓦形铺砌而成，檐椽下作斗拱三朵。墓室全部用青灰色单面绳纹砖砌成，平面圆形，穹隆顶，墓室周壁用两卧一立砖砌，壁与顶起券处加砖砌雕莲瓣影作12个	甬道壁画剥落严重，东西壁似各绘一官吏。墓室壁画布局匀称，上部斗拱，下承立柱。壁画以立柱作界隔，分幅绘出，共7幅。北壁正中绘梁枋，梁枋下绘帷幔，帷幔下绘三扇花鸟围屏一座，围屏两侧各绘一名侍女。东壁北侧绘一持乐侍女，中间绘捧物侍女，南侧绘一持钵侍女。西壁北侧绘一衣巾侍女，中幅侍女面向南，不知手持何物，身侧置一桌，南幅仅能辨认出一侍女轮廓。墓室穹隆顶正中绘莲花，四周用红色弧线分成八格，每格内绘白色飞鹤一只，间以流云。穹顶下部四周分绘头顶生肖的人物像12个	出土文物近60件。以瓷器最多，其次是陶器、铜器、银器。陶器有罐、盆、勺、执壶、釜、三足炉、火圈等仿制生活用品。漆器和木器腐朽太甚，只看出盒、盘。另有墓主墓志一方，无盖，其妻墓志一合	黄秀纯、傅公钺：《辽韩佚墓发掘报告》，《考古学报》，1984年第3期

续表

墓葬名称	发现地点	时期	墓向/墓主	材质/形制	规模/面积（米）	壁画位置/内容	随葬器物	资料来源
昌平陈庄辽墓	昌平南口镇东	辽末金初	200度/契丹平民	圆形穹隆顶砖石墓	墓室下部围壁用花岗石砌成，上部用单面沟纹砖垒砌。墓室围壁对称砌四个砖立柱。紧靠墓室北壁有一个砖砌的方形龛，立面为须弥座式，龛内盛人体骨灰，墓室未铺地砖	墓室原有壁画，已脱落	墓内出土陶器、瓷器共49件，钱币7枚	周景城、王殿华、邢军：《北京昌平陈庄辽墓清理简报》，《文物》1993年第3期
丰台路口南李继成夫妇合葬墓	丰台路口南	重熙十二年（1043年）	李继成及夫人马氏	圆形穹隆顶单室墓	由墓门、甬道、墓室三部分组成，墓门南向，有仿木砖雕，甬道西侧有一小龛	甬道及墓室皆有壁画，已脱落	出土陶器、瓷器、铜器、石器等共43件，墓志1方	王清林、王朱、周宇：《丰台路口南出土辽墓清理简报》，《北京文博》（2002·2），北京燕山出版社，2002年

续表

墓葬名称	发现地点	时期	墓向/墓主	材质/形制	规模/面积（米）	壁画位置/内容	随葬器物	资料来源
丰台云岗刘六符墓	丰台区云岗街道东王佐北部	辽代晚期	205度/汉族官僚（刘六符及夫人）	八角形穹隆顶砖结构多室墓	由墓道、天井、前室、东西耳室、后室组成，残长20.2米。墓道有两条，皆阶梯式，墓道2打破墓道1。天井平面呈不规则长方形，东西侧壁和东南侧壁外倾，西南侧壁被墓道2打破。墓门砖砌，门洞两侧彩绘立颊，上方彩绘门额，门额上方彩绘阑额。阑额上承3朵砖雕斗拱。前甬道连接墓门、前室，平面长方形，券顶，底铺长方形青砖。前室平面长方形，东西耳室位于前室两侧，平面圆形，券门，穹隆顶。后甬道平面长方形，后室平面八角形，穹隆顶，底铺长方形青砖	壁画分布于墓门、前甬道、前室、耳室，砖壁表面抹白灰，在白灰面上绘画。壁画内容主要有凤鸟、缠枝莲、流云、人物等。前甬道东壁门吏，前甬道西壁门吏	各墓室均被盗，随葬品主要集中在前室墓底淤泥中，出土铜、铁、瓷器等138件，墓志5盒	周宇：《丰台云岗辽墓07FHM1发掘简报》，《北京考古》（第一辑），北京燕山出版社，2008年

续表

墓葬名称	发现地点	时期	墓向/墓主	材质/形制	规模/面积（米）	壁画位置/内容	随葬器物	资料来源
大兴区青云店辽墓M1	大兴区青云店镇西杭子村	辽代早期	170度	青砖砌成的圆形穹隆顶单室墓	由墓道、墓门、门墙、甬道、墓室四部分组成。门墙上部有三个斗拱，墓室顶部是青砖白灰粘合砌制，墓底无砖。墓室北半部有一棺床，墓壁绘有4根立柱，8个斗拱	壁画以4根立柱相隔，分成四部分。第一部分位于墓室南壁，1号柱到2号柱之间，中部是墓门，墓门东侧绘一持长颈凤首壶的侍女，墓门西侧绘一点灯侍女。第二部分位于墓室西壁，红衣、白衣侍女，晾布料场景。第三部分位于墓室北壁，门窗，托举食物侍者，红边木箱，鼓腹容器，内盛满方孔圆形钱币，浅色衣侍女坐于椅子上，门东侧绘二侍女。第四部分位于墓室东壁，正面妇人，双手于胸前持白色巾状物，右边一男童以右手牵该妇人左臂。中部上方有一破子棂窗，和西壁对称，窗下有砖砌的一张桌子和一把椅子，桌面上绘黑色圈足碗、黑色盏托和白色盏、带花纹水注，碗内盛放石榴，椅子后立一红衣侍女	被盗，残存器物计14件，有陶罐5件，陶碗1件，陶盆2件，陶灶1件，陶锅1件，陶甑1件，陶剪1件，白瓷碗1件，铜钱1枚	王清林：《大兴区青云店辽墓发掘简报》，《考古》2004年第2期

续表

墓葬名称	发现地点	时期	墓向/墓主	材质/形制	规模/面积（米）	壁画位置/内容	随葬器物	资料来源
大兴区青云店辽墓M2	大兴区青云店镇西杭子村	辽代早期	178度	砖砌圆形单室壁画墓	由墓道、墓门、门墙、甬道、墓室四部分组成。墓门居门墙中部，门墙东部残存一斗拱，甬道以单层砖砌券而成，棺床在墓室中部，底座上部有4个壶门，墓室有4根立柱，刷成红色	壁画以立柱作间隔分为四部分。第一部分绘一男童作写字状，一女子手拿一杖。第二部分影作桌椅，桌上摆着酒壶、酒碗、酒盅。南边椅子上坐一红衣女子，后边有一侍者。桌子上方有一长方形破子棂窗。第三部分人物不清，正中有一门向壁内凹陷，门内有人向外探头。第四部分绘点灯侍女	墓内出土有瓷器、陶器两类，共计26件。器形有碗、罐、盆、锅、甑等	王清林：《大兴区青云店辽墓发掘简报》，《考古》2004年第2期
廊坊市安次区西永丰村辽墓	廊坊市安次区西永丰村		190度	砖砌八角形单室墓	由砖砌照壁、墓门和门墙、甬道、八角形墓室组成	壁画内容有水草、鹤、人物、牡丹花等，相间分布，墓顶以黑、红彩绘出牡丹	泥质灰陶仓罐、灯、釜、盏、注子、盂、盏托等冥器31件，木桌1件，椅2件，白瓷碗、盘、杯7件，铜镜1件	廊坊市文物管理处、安次区文物保管所：《廊坊市安次区西永丰村辽代壁画墓》，《文物春秋》2001年第4期

附表5　北京地区辽代壁画墓随葬器物统计表

墓葬名称	时期	墓主人身份	随葬器物					
			陶器	瓷器	铜器	铁器	木器	其他
赵德钧墓	958年	汉人官吏	罐、盆	注子、碗、盒、莲瓣器物盖、梅瓶	勺	锅		铜钱、石锅、汉白玉大碗、墓志
韩佚墓	995年	汉人官吏	罐、执壶、釜、鏊子、钵、三足炉、盆、勺、火圈、砚	水注、注碗、盏托、碟、碗、罐、渣斗、浑瓶		铁架	木桌	银镯、银钗、铜镜、铜钱、漆盒、墓志
西翠路辽墓	不晚于圣宗时期			碗				铜钱、银片、玉带扣、陶俑
彭庄一号辽墓	不早于圣宗时期		盆、罐、鼎、碗、注子、灶、锅、剪、勺、多孔器、兽足罐、三耳器	碗、盏托				
青云店M1	早于1043年		罐、碗、盆、灶、锅、甑、剪	碗				铜钱
青云店M2	早于1043年		灶、锅、六鋬锅、甑、盆、罐、碗、三足罐、三足盆、勺、铛、执壶、剪	碗				

续表

墓葬名称	时期	墓主人身份	随葬器物					
			陶器	瓷器	铜器	铁器	木器	其他
李继成墓	1043年	汉人官吏	执壶、六錾锅、鼎、鏊子、甑、罐、铛、勺、剪	注壶、碗、盘、盏托、罐				墓志
王泽墓	1053年	汉人官吏	盆、罐、碗	灯、盂、盒、净水瓶、莲瓣碗、碟、盘、罐				铜钱、端石插手砚、墓志
刘六符墓	推测1057年	汉人官吏		盏、盒、碗	洗、碗、帽钉、铜镜			墓志
百万庄1号辽墓	1113年	汉人官吏	三节罐			灯架、灯碗	木盒	金叶、墓志
陈庄辽墓	辽末金初		筒形罐、盏托、唾盂、鏊子、花口钵	盘、碗				铜钱、男俑、女俑
廊坊西永丰辽墓	辽代晚期		仓罐、罐、双系罐、杯、盆、盘、匜、碗、盏、注子、熨斗、釜、盏托、灯、簸箕、唾盂	盏、碗、盅、钵、盘			木桌、木椅	铜镜

附表6　山西地区辽代壁画墓统计表

墓葬名称	发现地点	时期	墓向/墓主	材质/形制	规模/面积（米）	壁画位置/内容	随葬器物	资料来源
卧虎湾辽墓M1	大同城北郊约三四千米	辽代晚期	正南北	砖砌圆形墓	与2号墓相似	仅残留西壁和北壁。西壁绘车马出行图，北壁绘花卉围屏五条，有梵文墨迹两行，围屏西侧立一女侍，东侧绘一童侍。墓门西侧立一门卫	遭到破坏，只留下白瓷碎片	山西省文物管理委员会：《山西大同郊区五座辽壁画墓》，《考古》1960年第10期
卧虎湾辽墓M2	大同城北郊约三四千米	辽代晚期	正南北	砖砌圆形墓	墓室底直径2.3米，由底至顶全高2.1米。室后倚壁砖砌半圆形棺床，墓门圆拱形。火葬，有石棺一具，内有骨灰	墓门东西内侧壁各绘一门卫。西壁绘车马出行图。东壁绘散乐图。北壁绘花卉山石围屏五条，两侧各立一女侍，西侧为一女侍，东侧为一童侍。棺床上为朱绘莲花毯	白瓷莲瓣小碟、白瓷小碗、注子、白瓷大盆、双耳小口白瓷罐、黄白釉瓷罐、高足陶器、砂陶印纹长方形盘、陶水斗、陶簸箕	山西省文物管理委员会：《山西大同郊区五座辽壁画墓》，《考古》1960年第10期
卧虎湾辽墓M3	大同城北郊约三四千米		坐北朝南	砖砌圆形券顶墓	墓室平面呈圆形，顶作迭涩圆锥状。墓室用全长37、宽18.5、厚5.5厘米的素面沟纹砖错缝砌成。以白砂石制的石棺为葬具，系火葬，骨灰置于棺内	壁画只残留部分，分内外两层，恐经重修	白瓷碗、碟、龟形座小碑	大同市文物陈列馆：《山西大同卧虎湾四座辽代壁画墓》，《考古》1963年第8期

续表

墓葬名称	发现地点	时期	墓向/墓主	材质/形制	规模/面积（米）	壁画位置/内容	随葬器物	资料来源
卧虎湾辽墓M4	大同城北郊约三四千米		南偏东6度	砖砌圆形券顶墓	墓室底用单面沟纹青色条砖错缝平砌，并用白灰勾缝。室底后部倚壁砌平面作半圆形棺床。火葬，将骨灰装入罐内，置于棺床中间	室壁四隅以朱色绘木构建筑，四隅画四柱，柱与柱之间隔成四幅画面。室顶绘天空，东侧用墨笔画鸡犬各一，两侧绘花与兔。墓门两侧绘二门卫，北壁二侍者，东壁、西壁各绘宴饮一组七人	长方形小木桌、长方形衣架、圆形小木盒、小木杵、白砂石石臼	大同市文物陈列馆：《山西大同卧虎湾四座辽代壁画墓》，《考古》1963年第8期
卧虎湾辽墓M5	大同城北郊约三四千米		正南北	砖砌圆形单室墓	墓室平面呈圆形，用沟纹青色条砖砌成。室后倚壁砌半圆形棺床。系火葬，有墨釉瓷罐一件，置于棺床中间，内置骨灰，并放铜钱17枚	壁画部分脱落，布局与M4相同，内容以人物为主题，墓室顶部绘有东日西月及星球、云气。墓门内东西侧各一门卫；北壁中间绘花石围屏三条，围屏两旁绘二侍；西壁绘车马出行图；东壁绘家庭生活图	灰陶盆一件、棺床上西壁下置买地券，券文用朱砂行书竖写	大同市文物陈列馆：《山西大同卧虎湾四座辽代壁画墓》，《考古》1963年第8期

续表

墓葬名称	发现地点	时期	墓向/墓主	材质/形制	规模/面积（米）	壁画位置/内容	随葬器物	资料来源
卧虎湾辽墓M6	大同城北郊约三四千米		正南北	砖砌圆形单室墓	墓室平面呈圆形，用沟纹青色条砖砌成。室后倚壁砌半圆形棺床。系火葬，有墨釉瓷罐一件，置于棺床中间，内置骨灰，并放铜钱17枚	墓门内东西侧各一门卫；北壁中间绘花石围屏三条，围屏两旁绘二侍；西壁绘车马出行图；东壁绘家庭生活图	灰陶盆碎片，棺床上下有铜钱二枚	大同市文物陈列馆：《山西大同卧虎湾四座辽代壁画墓》，《考古》1963年第8期
十里堡村东M27辽墓	大同市西南5千米十里堡		17度	砖砌圆形单室墓	墓室平面呈圆形，顶作迭涩圆锥状。墓室底用单面沟纹青色条砖错缝平砌，并用红褐色粘泥勾缝。室底后部倚壁砌平面作半圆形棺床。火葬，将骨灰装入黄白釉刻花瓷罐内，置于棺床中间，罐内骨灰中放有铜钱8枚	室顶绘天空，东侧金鸡，西侧桂树与玉兔。墓门东西内侧壁绘二门卫，墓室正中绘花石围屏三条，围屏两旁绘二侍，东壁绘一老翁，俯首沉思立于衣架前。左角下绘有家庭生活用具，西壁画车马出行图	随葬器物都陈列在棺床上，骨灰罐前陈列有涂白地朱绘莲花图案砖三块，乳白釉瓷碗、碟各一件，碟上放竹筷一双	山西省文物管理委员会：《山西大同郊区五座辽壁画墓》，《考古》1960年第10期

续表

墓葬名称	发现地点	时期	墓向/墓主	材质/形制	规模/面积（米）	壁画位置/内容	随葬器物	资料来源
新添堡村M29辽墓	大同市西南6千米	天庆九年	偏东17度	砖砌圆形单室墓	与M27相同	内外两层，恐经过重修。外层分上下两个部分，下部画在室壁，上部画在室顶。下部壁画共五幅：墓门西侧壁画驼驾轿车，车旁立一女侍，轿车后画宴饮图；墓门内东侧壁前一幅绘一人牵马前行，后一幅绘宴饮图；北壁绘栏杆，栏杆内画木石围屏6条。上部壁画：室壁与室顶衔接处绘蓝色帷幔一圈，室顶中间绘星球，下绘云气一圈，云气内原有人物画八幅，现残留四幅	大小白瓷碗4件，白瓷小钵1件，砂陶八角印纹盘1件，砂陶长方形印纹盘1件，陶水斗1件，高足陶器1件，小陶壶1件，大小砂锅2件，瓷瓶2件，河卵石4块，墓志1块	山西省文物管理委员会：《山西大同郊区五座辽壁画墓》，《考古》1960年第10期
山西大同马家堡辽墓	大同市东郊马家堡村	辽代晚期	170度	圆形砖室墓	墓室平面呈圆形，穹隆顶，带甬道，墓室后半部砖砌棺床，棺床上南北向放置1具釉陶棺，内装骨灰	墓室四壁及顶部有壁画痕，由于剥落严重及泥水浸蚀，仅隐约可见人物形象	釉陶三联壶1件，瓷碗1件，瓷注壶1件，磁碟2件	大同市博物馆、曹臣明：《山西大同市东郊马家堡辽墓》，《考古》2005年第11期

续表

墓葬名称	发现地点	时期	墓向/墓主	材质/形制	规模/面积（米）	壁画位置/内容	随葬器物	资料来源
山西大同周家店辽墓	大同城区纸箱厂	辽代早期	172度	圆形砖券单室墓	由墓道、甬道、墓室组成。墓道位于墓室南侧，有八级不规则台阶。墓门为砖砌，圆拱形顶，砖砌立柱、包框等，砖雕斗拱。甬道以灰色条砖错缝平砌，墓室平面呈圆形，穹隆顶，周壁用青灰色单面勾纹条砖砌成，墓室地面用灰色素面条砖错缝平铺。墓室为砖雕影作仿木结构，用影作立柱六根，间成七幅画面	墓室内的壁画自上而下分为三层：上层绘人形十二生肖图，中层为仿木结构建筑的梁架部分，下层是以人物为主的画面。甬道两侧壁面绘门神图两幅；墓门西侧绘“收财帛图”一幅；墓门东侧绘“灯檠侍女图”一幅；东壁正中绘“守门侍婢图”一幅；东北角绘“备膳图”一幅；北壁正中绘“守门侍官图”一幅；北壁西北角绘“待客图”一幅；西壁正中绘“侍女图”一幅	遭到破坏，未见随葬品	王银田、解廷琦、周雪松：《山西大同市辽墓的发掘》，《考古》2007年第8期

续表

墓葬名称	发现地点	时期	墓向/墓主	材质/形制	规模/面积（米）	壁画位置/内容	随葬器物	资料来源
山西大同许从赟墓	大同市西南郊新添堡村南	辽代早期	188度/许从赟夫妇	砖砌单室墓	由墓道、高大的墓门楼、甬道和墓室四部分组成。墓道坡度较大，设有多级不规则台阶，墓门为砖砌，圆拱形，门上筑门楼，门楼正面筑仿木结构的雕砖斗拱及其他建筑构件，墓门内有用条砖砌成的人字形封门墙。甬道为拱形顶，甬道两侧用顺砖错缝平砌，直至墓顶。墓室在甬道北面，平面呈圆形，穹隆顶。周壁用条砖相间砌成，墓室地面用沟纹青色条砖错缝平铺。墓室为仿木结构，设影作立柱6根，将画面分成6幅。墓室后部原东西向放置1件木棺罩，早已糟朽散落于地，木棺罩下面有石棺1个，棺内盛有大量骨灰，未见铜钱	壁画分为三层，上层绘星宿图，中层为仿木结构的梁架，斗拱及屋檐部分设影作立柱6根。下层以人物为主。主要有以下内容：墓门西侧灯檠侍女图1幅；墓门东侧男侍官图1幅；东壁守门侍婢及侍者图1幅；东北角侍女图1幅；北壁正面守门侍官图1幅；西北角仕女图1幅；西壁守门侍女图1幅	陶器共3件(套)：彩绘堆花喇叭口形器，彩绘将军罐，长颈枭首壶。铁器15件：有釜、臼、碾、鏊盘、锁、铃、灯盏和钩等。铜镜1件。残木俑1件。瓦当1件。墓志1合	王银田、解廷琦、周雪松：《山西大同市辽代军节度使许从赟夫妇壁画墓》，《考古》2005年第8期

续表

墓葬名称	发现地点	时期	墓向/墓主	材质/形制	规模/面积（米）	壁画位置/内容	随葬器物	资料来源
山西大同南关辽墓M2	大同市南关经济管理干部学校院内	辽代早期向晚期过渡形制，距晚期不远	187度/中小地主	圆形砖券单室墓	由墓道、甬道和墓室组成，墓室平面呈圆形，墓壁从1.1米处起券，穹隆顶，墓底铺地砖已扰乱	墓道与墓门墙壁画：用墨绘出立柱两根，将其分为墓道两壁与墓门墙等三部分，柱头上有斗拱，墓门墙正中有类似云气纹之类的纹饰。墓室壁画：由上而下分为三层，第一层即顶部的星宿图，第二层是斗拱，上有象征屋檐的纹饰，第三层用墨线绘八根立柱将壁画分为八幅。墓门对面的北壁正中绘两扇红漆大门，东西两侧的两幅均为长方形直棂窗，西壁正中一幅亦为两扇大门，门柱两侧的两幅均为方格纹，东壁正中的一幅绘两扇大门，但有一扇门半开，门缝中绘一少女侧身半出。甬道口东西两侧绘有人物，为仆人、侍女，作侍奉主人状	未见随葬品	王银田、解廷琦、周雪松：《山西大同市辽墓的发掘》，《考古》2007年第8期

续表

墓葬名称	发现地点	时期	墓向/墓主	材质/形制	规模/面积（米）	壁画位置/内容	随葬器物	资料来源
山西大同五法村辽墓	大同市南郊区西万庄乡五法村	辽代早期偏晚	192度/中小地主	圆形砖券单室墓	由墓道、甬道、墓室组成，墓室平面呈圆形，穹隆顶已坍塌，墓底中央偏北有一方形供桌，已被扰乱。铺地砖用素面青砖南北平砌一层	墓室周壁用土红色立柱将壁画间作十幅，除墓门占一幅外，其余九幅大部分已被破坏。墓门西第一幅为门吏一人，第二幅为牵马图，第三幅为牧群，第四幅及后面的画面残损严重，大约是门窗之类的图案。墓门东第一幅为门吏一人，第二幅绘鸡腿坛3件，钵1件。第三幅为一头牛	单把灰陶罐1件，黑釉注壶1件，石臼杵1套2件	王银田、解廷琦、周雪松：《山西大同市辽墓的发掘》，《考古》2007年第8期
朔州辽代壁画墓	朔州城区新修市府街工地	辽代晚期	向东，95度/汉族地主阶级	正方形砖砌单室墓	由墓室、墓门、墓道三部分组成。砖室砌在竖穴土圹内，皆用素面长条砖砌建，墓室规模不大，墓顶早年已塌落，据残存情况为叠涩攒尖顶。墓底西端筑棺床，墓门呈拱券形。墓门以东连接墓道，墓道为竖井式	东壁，墓门北侧绘骑马出行图，南侧绘驼车归来图。西壁，供奉图。南壁，备宴图。北壁，备宴图和散乐图	白瓷碗1件，铜钱2枚	山西省考古研究所平朔考古队：《朔州辽代壁画墓发掘简报》，《文物季刊》1995年第2期

续表

墓葬名称	发现地点	时期	墓向/墓主	材质/形制	规模/面积（米）	壁画位置/内容	随葬器物	资料来源
山西大同机车厂辽墓	大同市西南隅机车厂厂区南	辽代早期	170度	圆形砖砌单室墓	由墓道、墓门和墓室三部分组成，墓室平面圆形，采用灰色勾纹条砖一平一立砌筑，周壁垒砌起券，层层错缝内收叠砌成穹隆顶，铺地砖错缝平铺。墓室后部砌棺床	墓室四壁壁画分为三层，顶部绘天象图，中间绘柱础和檐柱，下部壁画绘于墓室立壁，采用立柱将画面分为八幅，南壁正面为墓门，西南壁绘二侍者，西壁正面画门，西北壁为两人一组的出行准备图，北壁正面壁画仅存半个人物头像，题记“韩郎”幸存，东北壁为两人一组的侍卫图，东壁正面画墓门半启。东南壁人物较模糊，题记已脱落	喇叭形器1件，青釉碗1件，石棺1具，碑座1件	大同市考古研究所：《山西大同机车厂辽代壁画墓》，《文物》2006年第10期

续表

墓葬名称	发现地点	时期	墓向/墓主	材质/形制	规模/面积（米）	壁画位置/内容	随葬器物	资料来源
山西大同东风里辽代壁画墓M1	大同市东风里东街北侧	辽代晚期	坐北朝南，183度/具有一定的等级身份及宗教信仰的汉人	圆形素面沟纹砖砌筑的单室砖墓	由墓道、甬道和墓室三部分组成	壁画布局从上至下分为三层，顶部彩绘星宿图，中层为影作仿木构建筑，下层画面以人物为主，用立柱将其分为四幅，南壁男女门侍图，西壁农耕图和出行图，北壁起居图，东壁侍酒散乐图和吉祥图	有铜、石、骨、瓷器等共14件。石雕真容偶像1躯，石供桌1件，影青小碗1件，影青高足碗2件，白釉小碟2件，鎏金铜押印1枚，铜镊1件，骨耳勺1件，琥珀童子1件，玉串饰2件，蜡烛1根	大同市考古研究所：《山西大同东风里辽代壁画墓发掘简报》，《文物》2013年第10期

附表7　山西地区辽代壁画墓随葬器物统计表

墓葬名称	时期	墓主人身份	随葬器物					
			陶器	瓷器	铜器	铁器	木器	其他
许从赟墓	乾亨四年（982年）	汉人官吏	喇叭口形器、将军罐、长颈枭首壶			釜、臼、碾、錾子、锁、铃、灯盏、钩		铜镜、残木俑、瓦当、墓志
机车厂辽墓	辽代早期		喇叭形器、碗					碑座
周家店辽墓	辽代早期		不详	不详	不详	不详	不详	不详
五法村辽墓	辽代早期偏晚		罐、注壶					石臼杵
南关M2	辽代中期	汉人中小地主	不详	不详	不详	不详	不详	不详
十里堡M27	早于天庆九年			碗、碟				
新添堡M29	天庆九年（1119年）		八角印纹盘、长方形印纹盘、陶水斗、高足器、陶壶、砂锅	碗、小钵、瓶				河卵石、墓志
卧虎湾M1	早于天庆九年		不详	不详	不详	不详	不详	不详
卧虎湾M2	早于天庆九年		高足器、长方形盘、水斗、簸箕	碗、碟、注子、盆、罐				
卧虎湾M3	乾统七年（1107年）			碗、碟				净法界真言碑

续表

墓葬名称	时期	墓主人身份	随葬器物					
			陶器	瓷器	铜器	铁器	木器	其他
卧虎湾M4							木桌、衣架、木杵	石臼
卧虎湾M5			盆	罐				铜钱
卧虎湾M6	大安九年（1093年）		盆	罐				铜钱
马家堡辽墓	辽代晚期		三联壶	碗、注壶、碟				
朔州辽墓	辽代晚期	汉人地主		碗				铜钱
东风里M1	辽代晚期	汉人地主		碗、高足碗、碟	押印、镊			石雕真容偶像、石供桌、骨耳勺、琥珀童子、玉串饰、蜡烛

附表8　河北地区辽代壁画墓统计表

墓葬名称	发现地点	时期	墓向/墓主	材质/形制	规模/面积（米）	壁画位置/内容	随葬器物	资料来源
河北涿鹿县酒厂辽墓	涿鹿县酒厂	辽代晚期	正南北/和尚	圆形石砌砖券顶单室墓	墓室用青灰色素面砖，错缝层层内收叠砌成穹隆顶，墓室底用两种规格的单面沟纹青灰色砖横竖平铺砌成。墓门用柏木板插入凹槽借以封闭墓室，但因封板已朽，故塌落于门槛内侧，已收集到封门柏木板六块，均书梵文。墓室直径1.5米	彩绘壁画分布于墓室的周壁、顶部和墓门两侧。从墓室顶部到底部绘有三层。上层：墓室的穹隆顶，绘有星图。中层：画面内容似为迎接宾客和欢庆的场面。下层：占据整个墓室的大部周壁，内容分为二组，一组为散乐图，一组为宴饮图。墓门两侧是车马出行图，墓门内侧左上方绘一武士	白釉罐、白釉碗、白釉碟、铜匕、铜筷	张家口地区博物馆：《河北涿鹿县辽代壁画墓发掘简报》，《考古》1987年第3期
河北怀安县张家屯辽墓	河北怀安县张家屯乡	辽代早期偏晚	135度/品级较高的贵族夫妇	砖结构圆形穹隆顶单室墓	由墓门、墓道、墓室三部分组成	西南壁砖砌大门，西壁砖雕灯架，东壁砖雕马球杖，小门、椅子	陶器、铁器、铜器、漆器、铜钱	张家口地区文管所、怀安县文管所：《河北怀安县张家屯辽墓》，《考古》1991年第1期
河北宣化姜承义墓	河北宣化	统和十二年（994年）	南/姜承义	砖砌六边形仿木构穹隆顶单室墓	墓室平面略呈六边形，墓壁六角各砌立柱一根，墓门外壁与墓道未做清理	西南壁砌木桌1张，灯架1座，表面均涂红彩，东南壁砌木桌1张，木椅1把，窗1扇，木桌黑彩，余皆红彩，西北壁、东北壁各砌窗1扇，北壁砌门1扇	陶器、瓷器、铜钱，墓志1合	张家口市文管所、宣化县文管所：《河北宣化辽姜承义墓》，《北方文物》1991年第4期

续表

墓葬名称	发现地点	时期	墓向/墓主	材质/形制	规模/面积（米）	壁画位置/内容	随葬器物	资料来源
河北涿鹿戚知进墓	河北涿鹿县西二堡乡谭庄村	保宁元年（969年）	南偏西17度/戚知进	圆形穹隆顶单室墓	由墓门、墓道、墓室三部分组成。墓室周壁用彩绘和砖雕体现出仿木结构，共有檐柱6个	南壁灯架，西南壁小门，西北壁桌子，北壁大门，东南壁小门，东北壁直棂窗，表面均用红色涂抹	陶三足炉2件，陶盆2件，陶釜、陶碗、陶器盖各1件，墓志1合	张家口地区文管所、涿鹿县文管所：《河北涿鹿谭庄辽戚知进墓》，《文物春秋》1990年第3期
河北宣化张世卿墓	宣化下八里村	天庆六年（1116年）	南偏西27度/张世卿	砖砌方形双室墓	由墓道、墓门、前后双室组成	前室南壁持杖文官门吏二人，前室西壁出行图，前室东壁散乐图，前室北壁持杖门吏，后室南壁温酒侍吏、持箱侍吏、持钵侍吏，后室东壁黑衣侍吏、备经图、持扇持巾侍吏、启箱侍女，后室西壁妇人启门、温酒、持盂、拂尘侍吏、启箱侍女，后室北壁彩绘双凤门，持杖门吏。墓顶彩绘星图	铜器、瓷器、陶器、铁器、木器、石雕刻、墓志	河北省文物管理处、河北省博物馆：《河北宣化辽壁画墓发掘简报》，《文物》1975年第8期

续表

墓葬名称	发现地点	时期	墓向/墓主	材质/形制	规模/面积（米）	壁画位置/内容	随葬器物	资料来源
河北宣化张恭诱墓	宣化下八里村	天庆七年（1117年）	南向/张恭诱	砖砌仿木构穹隆顶单室墓	由墓道、墓门、墓室组成。墓壁与顶部彩绘影作木结构，壁角共绘立柱6根	墓门门拱上方绘一武士，墓门内东西两侧各绘一持棍门吏，门额东侧螺身双头人，门额西侧鱼身双头人，门楣东部绘一侍童，身后蹲一狗，西部绘一老者，身后立一鸡。东南壁备经图，东北壁、北壁、西北壁均绘屏风，西南壁备茶图。墓顶星宿图	陶器、瓷器、铜器	张家口市文物事业管理所、张家口市宣化区文物保管所：《河北宣化下八里辽金壁画墓》，《文物》1990年第10期
河北宣化张世本夫妇合葬墓	宣化下八里村	大安九年（1093年）	南向/张世本夫妇	砖砌仿木构穹隆顶单室墓	墓室平面呈圆形，直径2.64米	南壁门吏，东壁黄色木桌，上置文房四宝，桌旁立一妇人，旁边有一狗，北壁妇人作开门状，西壁黄色木桌上置经卷物，桌侧妇人作点灯状，墓顶星宿图	陶器、骨簪、骨梳、铜镜、铜钱、墓志1合	张家口市文物事业管理所、张家口市宣化区文物保管所：《河北宣化下八里辽金壁画墓》，《文物》1990年第10期

续表

墓葬名称	发现地点	时期	墓向/墓主	材质/形制	规模/面积（米）	壁画位置/内容	随葬器物	资料来源
河北宣化韩师训墓	宣化下八里村	天庆元年（1111年）	188度/韩师训	砖砌仿木结构双室墓	由墓道、墓门、前室、甬道、后室五部分组成	前室南壁墓门两侧各绘一门吏，西壁绘出行图，北壁甬道口两侧各绘一门神，墓顶星图，后室南壁甬道口两侧各绘一门吏，西南壁饮酒听曲图，西北壁备装图，北壁朱色门，两侧各一男子，东北壁四名妇女，桌，几，东南壁四名妇女，高檠灯，黑花狗	陶器、骨簪、骨梳、铜镜、铜钱、墓志1合	张家口市宣化区文物保管所：《河北宣化下八里辽韩师训墓》，《文物》1992年第6期
河北宣化张世古墓	宣化下八里村	天庆七年（1117年）	北偏东25度/张世古	砖砌仿木结构双室墓	由墓道、竖穴式天井、墓门门楼、前室和后室组成	前室南壁拱门上绘护法金刚、拄杖老者、连体双人像、狗、鸡，前室东壁散乐图，西壁出行图，后室西南壁三女侍准备茶点，东南壁一老者和一青少年为主人吃茶作准备，二女侍在朱门内外作送函盒、衣物之类的动作，西北壁为丹顶鹤、山石、菊花，东北壁丹顶鹤、蜻蜓，北壁两幅并列的仙鹤图	陶器、木器、墓志1合	河北省文物研究所、张家口市文物管理处、宣化区文物管理所：《宣化辽代壁画墓群》，《文物春秋》1995年第2期

续表

墓葬名称	发现地点	时期	墓向/墓主	材质/形制	规模/面积（米）	壁画位置/内容	随葬器物	资料来源
宣化辽墓M6	宣化下八里村	辽代晚期	203度	砖砌仿木结构双室墓	由墓道、墓门、前室、甬道、后室五部分组成	前室南壁拱门，东壁茶道图，西壁散乐图，顶部重瓣莲花；甬道门吏图；后室南壁拱门，东南壁妇人托唾盂，东壁妇人启门图。东北壁：长方形桌，上置书、砚、笔、墨、笔架，北壁砖雕影作结合，两扇朱门。西壁：十字交叉桌，桌上置书和经卷。西壁：妇人作闭门状。西南壁：妇人挑灯图。顶部：莲花、星图、花卉	被盗	张家口市宣化区文物保管所：《河北宣化辽代壁画墓》，《文物》1995年第2期
河北宣化张文藻墓	宣化下八里村	大安九年（1093年）	张文藻	砖砌仿木结构双室墓	由拐把形斜坡墓道、门楼、前室、甬道和后室组成	前室拱门五鬼图，东壁童嬉图，西壁散乐图，甬道木门上三老对弈图，后室南壁门吏，后室西壁挑灯、启门、仙鹤图，后室东壁捧茶侍女、文房四宝、仙鹤图，后室顶部彩绘星宿	三彩器、黄釉器、陶器、瓷器、木器、铜器、铜钱、铁器、墓志1合	河北省文物研究所、张家口市文物管理处、宣化区文物管理所：《河北宣化辽张文藻壁画墓发掘简报》，《文物》1996年第9期

续表

墓葬名称	发现地点	时期	墓向/墓主	材质/形制	规模/面积（米）	壁画位置/内容	随葬器物	资料来源
宣化辽墓M9	宣化下八里村	辽代晚期	北偏东18度/推测是张文震	砖砌仿木结构双室墓	由墓道、墓门、天井、门楼、前室和后室组成	前室门吏，东壁茶道图，西壁散乐图，后室壁画全部被毁	被盗，出土白瓷碗残片2件，残陶执壶1件，陶灯碗1件	河北省文物研究所、张家口市文物管理处、宣化区文物管理所：《宣化辽代壁画墓群》，《文物春秋》1995年第2期
河北宣化张匡正墓	宣化下八里村	大安九年（1093年）	北偏东20度	砖砌仿木结构双室墓	由墓道、墓门、甬道、前室和后室组成	前室东壁茶道图，西壁散乐图，前后室之间的甬道两侧绘侍者，后室南壁为门吏，西壁为燃灯侍者、经桌、仙鹤图，后室东壁为持镜、持钵侍女，文房四宝，仙鹤图等	瓷器、陶器、铜器、铁器、骨木器、墓志1合	河北省文物研究所、张家口市文物管理处、宣化区文物管理所：《宣化辽代壁画墓群》，《文物春秋》1995年第2期

附表9　河北地区辽代壁画墓随葬器物统计表

墓葬名称	时期	墓主人身份	随葬器物					
			陶器	瓷器	铜器	铁器	木器	其他
张家屯辽墓	辽代早期偏晚	贵族	桃、盆		鎏金铜带銙、鎏金铜小扣、带钩、带环	灯碗、锁、钉		漆盘、铜钱
姜承义墓	统和十二年（994年）		锅（六鋬锅）、簸箕、盆形鼎、仓、盏托、杯、提斗、鐎斗、碗、罐、研磨钵、盆、塔形器、鏊子、壶	壶（注壶）、壶套（注碗）、碗、碟、唾盂、盏托、盏				铜镜、铜钱、墓志
臧知进墓	保宁元年（969年）	汉人官吏	罐、罐形鼎、注子、炉、盆、盘、釜（六鋬锅）、匜、灯碗、托杯、器盖、剪刀					墓志
涿鹿酒厂辽墓	辽代晚期			罐、碗、碟	铜匕、铜筷			
张世卿墓	天庆六年（1116年）	汉人官吏	执壶、碗、三足双耳釜、三足铛、尖底器、炭盆、熨斗、筒形器、簸箕、单柄罐、盆、水斗、砚	三彩瓷盘、黄釉执壶、黄釉唾盂、黄釉柄碗、黄釉碗、黄釉托盏	铜碗、铜镜、铜剑	洗子	人俑	石狮、墓志
张恭诱墓	天庆七年（1117年）		执壶、鋬耳锅、熨斗、碗、罐、盆、双耳锅（三足鼎）、鐎斗、唾盂、杯、盏托、灯、甑、鏊子、钵、盘、簸箕、剪刀	壶、碟、碗、鸡腿瓶	洗、勺、筷、镜、铜钱			

续表

墓葬名称	时期	墓主人身份	随葬器物					
			陶器	瓷器	铜器	铁器	木器	其他
张世本墓	大安九年（1093年）		鏊耳锅、双耳锅、盘、鏊子、甑、碗、杯、钵、罐、盆、熨斗、碗、罐、盆、器座、灯、釜形鼎、盆形鼎、罐形鼎、鐎斗、盘、簸箕、砚、盏托、灶、瓶、熨斗、熏炉、烤架	执壶、碟、碗、单耳杯、鸡腿瓶、盏托、洗、唾盂	铜锁、铜镜、铜钱		木椅、木盒、木架、木盆架、木桌	漆勺、漆筷、玉饰、骨梳、墓志
韩师训墓	天庆元年（1111年）		钵（柳斗）、盆、双耳锅（三足鼎）、鏊子、箅、簸箕、器盖、熨斗、灯、镜、斧、球		铜镜、铜钱			骨簪、骨梳、墓志
张世古墓	天庆七年（1117年）		罐、盏托、灯、簸箕、熨斗、方盘、柳斗、镜、盂、执壶、杯、盆、鏊子、剪、三足炉、鋬耳罐（五鋬锅）、鼎、鐎斗、器盖					墓志、木棺箱、木饰件
宣化辽墓M6	辽代晚期		不详	不详	不详	不详	不详	不详
张文藻墓	大安九年（1093年）		执壶、盂、三足鼎、三足釜、盆、仓、匜、熨斗、灯碗、剪、甑	三彩洗、黄釉瓜棱壶、黄釉唾盂、黄釉碗、黄釉盏托、黄釉魁（单耳杯）、白釉瓷瓶、白瓷碗、盘、碟、绿釉鸡腿瓶	铜镜、耳坠、铜钱	雁足灯、铁锁	木桌、木椅、盆架、镜架、衣架	墓志、木梳、漆盘、漆匕、漆筷、木念珠、木素珠、水晶珠

续表

墓葬名称	时期	墓主人身份	随葬器物					
			陶器	瓷器	铜器	铁器	木器	其他
宣化辽墓M9	辽代晚期		执壶、灯碗	不详	不详	不详	不详	不详
张匡正墓	大安九年（1093年）		执壶、罐、仓、匜、鏊子、熨斗、鐎斗、盆、甑、釜、鼎、三足盘、盂、剪、冥币	黄釉瓜棱壶、三彩洗、黄釉唾盂、黄釉碗、黄釉盏托、黄釉龙柄碗、白釉瓷碟、白瓷碗、绿釉鸡腿瓶	铜镜、铜钱	铁灯、铁锁、铁钥匙	木桌、木椅、盆架、镜架、衣架、木俑、木棺	骨梳、竹编小匣

后　记

2012年，我参与了首都博物馆“千年宝藏 盛世重光——北京古代佛塔文物展”的筹备工作，期间，在北京考察了一些辽代的佛教遗迹，如西城区（当时为宣武区）天宁寺塔、房山区云居寺塔、通州区燃灯塔等，并获得了与辽代文物近距离接触的机会。展览中，我们利用一面墙的空间创作了一幅大型佛教题材壁画，就是这幅精美的壁画为我打开了一扇窗，我常常站在壁画前琢磨壁画里的人物和故事，进而试着去了解壁画的发展始末和研究现状。在此过程中，我发现辽墓壁画是辽代文化中极富特色的艺术。它饱含丰富的社会文化生活内涵，承载着浓郁的丧葬观念和生死观念。它题材广泛、内容丰富，既有户外山水游猎的宏大场景，也有室内夫妻宴饮的静谧画面；既有车马仪仗出行的奢华隆重，又有内宅家居侍奉的简约自在；既有神瑞图像的神秘莫测，又有典故题材的意境深远。那一幅幅五彩斑斓的画面仿佛带着我们重新回到了那个远去的王朝。翻开辽墓壁画的图录，面对一张张承载着历史记忆的图片时，我不禁感慨，艺术有如此神奇的力量，将思想观念、文化意识定格在一幅幅的画面之中，虽然这个族群和民族早已消失于历史的洪流中，留下的壁画却重现了他们当年的辉煌。

这次展览激发了我对辽金历史、壁画题材解读等研究主题的兴趣。在攻读博士学位期间，我以辽代壁画墓为主题完成了毕业论文，虽然已经取得了一定的研究基础和成果，但回顾后发现，很多结论停留于表面，在横向和纵向上仍然有很多未深入研究的问题还有可继续做下去的空间。

2016年，我侥幸申请上了“北京市优秀人才培养资助青年拔尖个人项目”，在项目经费的资助下，了却了当年实地考察的夙愿，弥补了既往研究局限于文献的不足。在课题研究期间，我实地考察了辽代五京地区现存的遗址遗迹，以及内蒙古博物院、山西博物院、辽宁省博物馆、赤峰市博物馆、张家口市文物考古研究所、张家口市宣化区文物保管所等博物馆和考古所的辽金壁画及辽金时期的藏品。尤其是在内蒙古巴林左旗考察辽上京遗址时，我们有幸得到了中国社会科学院董新林老师的现场指导和讲解，实地参观了辽上京城遗址发掘工地、祖州城址遗址、祖州石房子遗址、辽祖陵遗址等。时值炎炎夏日，我们翻山越岭，日行千里，却是一次极好的近距离接触遗址和出土文物的机会，让我们对辽代五京制度、民族起源、四时捺钵、契汉分治、佛教信仰等辽代历史文化中最具特点的部分有了感官上的认知和理解，进而启发了对壁画的题材和内容研究的继续深入。

此外，因工作中的种种机缘，我参与了首都博物馆辽代主题和金代主题系列展览的策划和实施，每一次的展览都是一次学习和提升，也让我受益匪浅。

本书既是几年来课题研究的成果，也是既往研究和工作的积累。一路走来，看似有运气和机遇的垂青，实则背后都是师长、同事的提携和相助。在此感谢研究过程中给予我启发、帮助和指导的老师、同事、同学，感谢在调研过程中给我们提供过帮助的同行、朋友。

转眼间，我已经在首都博物馆工作了十年，毕业时“终于可以不用做田野了”“终于可以不用去工地了”，这些当年不想发生的事情的确没有再发生。京城里，我也同样迈入了房子、车子、孩子的生活窠臼。但值得庆幸的是，正是博物馆里的这样一份工作，让我在离别学校多年之后，仍然保持对知识的渴求和对美的感悟。

谨以此书，致敬鼓励、支持和帮助我的同事、师友、家人。感谢科学出版社的张亚娜、周赒编辑在该书出版过程中所付出的心血和努力。

黄小钰

2021年9月23日于首都博物馆

当代科学技术哲学论丛

卷3

主编　成素梅

科学的哲学基础

周昌忠／著

科学出版社

北京

内 容 简 介

本书通过把一般西方科学层面上科学的哲学基础问题放到科学哲学层面放大，作精细考量，力图揭示科学产生和发展的哲学原理，勾勒科学的哲学面貌。运用一般西方哲学的思想资源在科学层面探讨问题，以“形而上学—认识论—方法论—生存论”为经，以“发现脉络—辩护脉络”为纬，试图使所有科学的哲学基础问题都在这个架构中得到精准定位。同时，一般西方哲学和科学哲学的诸多学派和学说也都就科学的哲学基础在此架构中进行定位。坚持“论从史出”和“以论观史”相结合，把问题和相关学说放到历史现场去审察，发掘深意，并把它们安放到上述架构的相应位置进行重构。

本书适合科学哲学及相关专业的研究者和学生阅读。

图书在版编目(CIP)数据

科学的哲学基础／周昌忠著．—北京：科学出版社，2013.6

(当代科学技术哲学论丛)

ISBN 978-7-03-037736-4

Ⅰ.①科… Ⅱ.①周… Ⅲ.①科学哲学-研究 Ⅳ.①N02

中国版本图书馆 CIP 数据核字（2013）第 120747 号

丛书策划：胡升华

责任编辑：郭勇斌 卜 新／责任校对：邹慧卿

责任印制：徐晓晨／封面设计：黄华斌

编辑部电话：010-64035853

E-mail：houjunlin@ mail. sciencep. com

科学出版社出版

北京东黄城根北街 16 号

邮政编码：100717

http://www.sciencep.com

北京市金木堂数码科技有限公司印刷

科学出版社发行 各地新华书店经销

*

2013 年 7 月第 一 版 开本：B5（720×1000）

2024 年 8 月第十五次印刷 印张：15

字数：285 000

定价：75.00 元

（如有印装质量问题，我社负责调换）

总　　序

梅森在他的《自然科学史》一书的导言中指出："科学有两个历史根源。首先是技术传统，它将实际经验与技能一代代传下来，使之不断发展。其次是精神传统，它把人类的理想与思想传下来并发扬光大……这两种传统在文明以前就存在了……在青铜时代的文明中，这两种传统大体上好像是各自分开的。一种传统由工匠保持下去，另一种传统由祭司、书吏集团保持下去，虽则后者也有他们自己一些重要的实用技术……在往后的文明中，这两种传统是分开的，不过这两种传统本身分化了，哲学家从祭司和书吏中分化出来，不同行业的工匠也各自分开……但总的说来，一直要到中古晚期和近代初期，这两种传统的各个成分才开始靠拢和汇合起来，从而产生一种新的传统，即科学传统。从此科学的发展比较独立了。科学的传统中由于包含有实践和理论的两个部分，它取得的成果也就具有技术和哲学两方面的意义。"①

显然，从梅森的观点看，科学在起源上是技术传统与哲学传统交汇的产物。然而，科学一旦产生并形成自己的独特传统之后，不仅反过来极大地影响了其根源，而且实质性地影响了远离这两个根源的其他领域。特别是，近几十年以来，当科学技术的发展由原初只是单纯地认识世界与改造世界，变成了当前的发展更需要考虑保护世界，同时日益接近于日常生活，越来越成为一项社会事业，乃至整个社会很有可能会变成一个巨大的社会实验室时，当以辩护科学为目标的英美哲学传统与以批判科学为宗旨的大陆哲学传统双双陷入困境时，当另辟蹊径、来势凶猛的关于科学技术的人文社会科学研究明显地给人留下反科学技术之嫌时，当整个哲学界对依靠科学技术发展推动社会进步的现代模式褒贬不一的讨论愈加激烈时……作为一门学科的"科学技术哲学"（philosophy of science and technology）也许会应运而生。

就当代哲学的发展而言，心灵哲学越来越与心理学的经验研究、神经科学、人工智能的发展内在地联系在一起；关于实在的本体论研究离不开以量子理论为

---

① 梅森．自然科学史．上海外国自然科学哲学著作编译组译．上海：上海人民出版社，1977.6，7

基础的微观物理学的最新发展，也离不开对不可观察的心理结构和过程的假设与实验测试；与高新技术发展密切相关的网络伦理、环境伦理、干细胞伦理等已经成为伦理学关注的重要主题；关于社会心理、社会诚信等问题的哲学研究以及关于人性的哲学思考离不开围绕科学技术异化问题展开的一系列讨论。从这个意义上看，科学技术哲学恰好能提供架起抽象的哲学研究与前沿的科学技术研究之间的桥梁。

与传统的哲学研究相比，科学技术哲学研究不是通过先验的概念反思、日常语言的逻辑辨析以及提出概念真理的思想实验来获得知识并认知包括心灵在内的世界，也不是空洞地谈论规范人类行为的道德法则，而是通过综合考虑科学理论的基本假设、思想体系以及技术发展中的具体案例等复杂因素来研究哲学问题。在哲学框架内可能提出的关于科学技术的问题主要包括本体论、认识论和方法论问题（如实在论问题、证据对理论的非充分决定性问题、技术设计问题等），还有与科学技术的内容或方法直接相关的伦理问题或社会问题（如价值在科学技术中的作用问题、克隆技术和生化技术的合法应用问题等）。概念反思、语言分析和思想实验有助于提出假设，但不能用来评价假设。因此，必须把科学技术哲学与忽略科学技术发展的哲学明确地区分开来。

然而，强调科学技术哲学研究的经验性与实践性，并不意味着主张把哲学研究还原为经验研究，而是主张基于科学技术的当前发展，重新审视与回答传统的哲学问题。一方面，承认关于知识、实在、方法和伦理的哲学问题比经验科学与技术中的问题更具有普遍性和规范性；另一方面，主张对这些哲学问题的讨论要以科学技术的发展为基础。特别是，当科学的发展进入人类无法直接或间接观察的微观世界时，当人类的文明进入信息化时代时，技术已经不再只是单纯延伸人类感官的工具和充当人类认识世界、改造世界的手段，而是成为人类认识世界的一个必不可少的中介和人类生存、生活的基本条件，甚至正在成为人类超越自身感知阈限的有效手段（如在体内植入芯片）。在这种背景下，科学、技术、哲学事实上已经不可避免地在许多基本问题上相互纠缠在一起，很难彼此分离。如果说，科学的产生源于技术传统与哲学传统的交汇，那么，科学技术哲学的产生则是科学、技术、哲学三种传统汇集与衍生的结果，如关于量子测量解释的认识论争论、关于数字生命的实在性问题的争论、关于人类基因组序列带来的伦理问题的争论、关于体内植入芯片的工具平等问题的争论等。这些争论本身内在地蕴涵科学共同体在确立、维护与传播自己的学术见解时社会因素与修辞因素所起的作用。科学、技术、哲学三者之间的关系大致如下图所示。

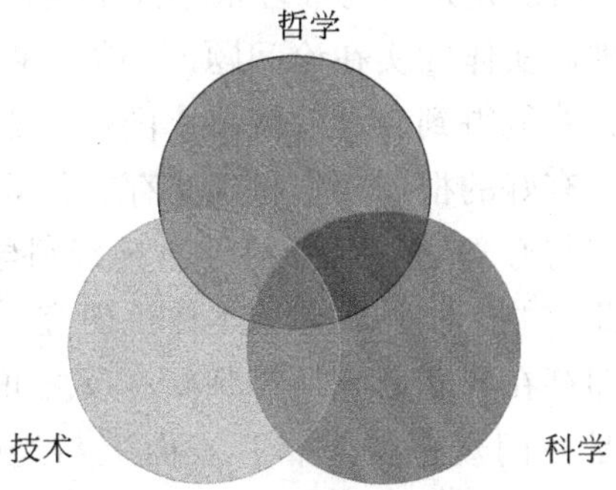

在上图中，哲学和科学、技术的两两相交之处，分别形成了科学哲学和技术哲学；科学与技术相交的区域表现了科学的技术化与技术的科学化，即技术趋向的科学研究（如量子计算）和科学趋向的技术研究（如生物技术、智能技术）；三者相交之处，形成了科学技术哲学。因此，在非常狭义的学理意义上，科学技术哲学不是科学哲学与技术哲学的简单综合，因为科学哲学主要是基于对科学理论的形成逻辑、与世界的关系、与证据的关系、与实验的关系、理论的变化等问题的剖析来讨论哲学问题，技术哲学主要是基于对技术设计、技术发明、技术评价、技术制品（即人工物）和技术应用等问题的研究来探讨相关的哲学问题。从上图可以看出，科学技术哲学是基于技术趋向的科学研究和科学趋向的技术研究来回答哲学问题，是科学、技术与哲学的问题重叠与互补研究。在科学技术哲学的研究中，哲学的认识论、本体论、方法论和伦理学问题是彼此关联的。

首先，在科学技术哲学中，两个重要的认识论问题是以技术为前提的科学研究是否能获得真理性知识的问题和如何合理评价理论的问题。从方法论的角度看，从经验到理论的归纳主义进路和从假说到证实的假设—演绎主义进路都过分简单。科学理论的形成是在基于假设的理论化、技术为主的实验和逻辑推理之间不断进行调整，最终达到反思平衡的一个动态负反馈过程。在这个过程中，理论与实验结果之间的关系不是单纯的归纳关系或演绎关系，而是一种说明关系。但是，说明关系预设了对说明本性的理解。例如，把说明理解为是语句之间的演绎关系、理论与数据之间的符合关系、机制与现象之间的本体论关系等。因此，关于说明的本性问题，既是一个认识论问题，也是一个本体论问题。

其次，在科学技术哲学中，最一般的本体论问题是，我们是否能够对不可能被直接观察的、只能通过技术手段间接地看到其效应的理论实体的存在性做出合理的辩护。例如，在量子理论中，我们是否应该相信量子物理学家用来解释物理现象的夸克、电子、光子等假定实体是真实存在的？或者，只是便于预言观察现象的谈话方式或工具？我们仅凭先验的推理根本无法解决围绕这个问题的实在论与反实在论之争。关于理论实体的实在论问题，必须与揭示量子力学的基本假设中的哲学基础联系起来，才能得到合理的解答。同样，心理学哲学中的实在论问题是，我们是否有或能够有好的根据相信，确实存在像规则和概念之类的心理表征。对于这个问题，只有与心理学、认知科学、神经科学的前沿研究结合起来，才能得到好的解答。因此，关于实在本性的本体论研究与关于知识的认识论研究之间存在着相互影响，即存在判断影响认知判断，反之亦然。

最后，伦理学虽然是一门规范的学科，表面上与经验性的科学技术相差甚远，但是当科学技术的研究触及人类的价值或道德判断问题时，伦理理论的研究就需要与人类的道德能力相一致。对人类道德能力的关注，不是以先验的概念构造为基础，而是以经验调查为基础。例如，如何解决当前心理学与神经科学实验中的知情同意问题。根据当前流行的人工智能研究进路，当把人的心理过程理解为受控于由生物物理机制建构的大脑过程，甚至把大脑过程理解为一种计算时，就很难把不道德的行为归属于意愿的失败，这显然对自由意志的概念提出了挑战。伦理学家在基于神经科学、人工智能等研究来讨论有没有自由意志的心灵本性和人们对自己的行动是否应该负有道德责任的问题时，伦理学就与本体论问题相互联系起来。

正是在这种意义上，我们可以说，“科学技术哲学”越来越成为当代哲学问题研究的核心。这是基于科学、技术、哲学发展的学理脉络对“科学技术哲学”存在的合法性与重要性的揭示。令人遗憾的是，到目前为止，这种意义上的科学技术哲学的形式体系还很不成熟，甚至没有引起学术界的关注。

我国的“科学技术哲学”这个概念最早是在 1987 年国务院学位委员会组织修改研究生学科目录时从素有“大口袋”之称的“自然辩证法”更名而来的。与自然辩证法的这种渊源关系，决定了我国的科学技术哲学，不同于前面描述的作为一门学科的科学技术哲学，而是具有学科群的特征。学术界通常把我国的科学技术哲学理解为对科学技术发展所提出的相关问题、基本要求和尖锐挑战的哲学回应，对整体的科学与技术及其各门分支学科所涉及的哲学问题进行批判式反思的一个学科群。

经过几十年的发展，我国的科学技术哲学研究在与国际接轨、关注我国现实问题的进程中，不断地发展与壮大，形成了以部门哲学、科学哲学、技术哲学、科学技术的人文社会科学研究以及社会科学哲学为基本方向的相对稳定的专业队伍，呈现出从抽象理论到生活实践，从单一到多元，从立足于部分到注重整体，从翻译到对话的发展特点。特别是自 21 世纪以来，我国的科学技术哲学在每个学科方向上都正在发生研究范式的转变、思维方式的转型和学术焦点与问题域的转移。那么，处于转变、转型和转移中的科学技术哲学将会“转”向何处？将会提出什么样的新问题？在不断地摒弃了小科学时代的科学观、技术观和哲学观之后，如何重建大科学时代的科学观、技术观和哲学观？作为学科群的科学技术哲学的不同分支领域，在深入研究的过程中，能否衍生出前面描述的作为一门学科的科学技术哲学？

陈昌曙先生在1995年发表的《科学技术哲学之我见》一文中，从学科名称的内涵与意义、学科分类及涵盖的学术交流活动三个方面，阐明了把“自然辩证法”更名为“科学技术哲学”所具有的必要性，然后指出：“在我们的学科目录中，可以把科学技术哲学与自然辩证法作为同一的东西看待，但从学科的内容、层次看，似乎这两者又不是完全同一的；如果把当今出版和习用的《自然辩证法讲义》、《自然辩证法概论》原样不动地变换成为《科学技术哲学讲义》、《科学技术哲学概论》则未必相宜。科学技术哲学总应该有更深的哲学思考和更多的哲学色彩，而不全等于科学观与技术观。”①他主张“科学技术哲学”可能需要写出诸如“从哲学的观点看……”之类的内容，如“从哲学的观点看基础科学与技术科学”、“从哲学的观点看科学技术化、技术科学化与科学技术一体化”等。他认为：“尽管科学与技术之间有着原则性的区别，尽管科学哲学与技术哲学有较多的差异，统一的科学技术哲学仍是可以设想的。”②

陈先生基于学科名称的内涵与意义提出探索统一的科学技术哲学的设想，与基于科学、技术、哲学发展的内在要求提出的探索科学技术哲学可能性的观点是相吻合的。如果“从哲学的观点看……”之类的内容是科学技术哲学研究的一条外在论的进路，那么从科学、技术、哲学研究的相交领域形成的科学技术哲学研究则是一条内在论的进路。在内在论者的进路中，哲学不再充当外在于科学技术研究的高高在上的指挥者，而是成为科学技术研究中离不开的参与者。这种哲学角色的转变，是当代大科学时代哲学研究的一个典型特征。例如，在认知科学的研究中，由科学家、工程师、医生、哲学家、企业家甚至政治家共同参与的会议并不少见。

在这里，哲学研究既不像逻辑经验主义者所说的那样，只是澄清科学命题的意义，更不像许多社会建构论者所追求的那样，已经被社会与文化研究取而代之，而是要求把思辨与先验的要素和实证与现实的问题结合起来，作为一种不同

---

① 陈昌曙．科学技术哲学之我见．科学技术与辩证法，1995，(3)：2

② 陈昌曙．科学技术哲学之我见．科学技术与辩证法，1995，(3)：3

的视角，参与科学技术研究。这是因为，当科学技术的发展离社会生活越来越近时，科学就不只是探索真理那么简单，技术也不只是作为改造世界的工具那么单纯。科学技术作为人类文明的成果，已经成为价值有涉的研究领域。在这种情况下，为了人类的和谐发展，凡是能够探索真理的科学研究都值得倡导吗？凡是能够用来按照人的意愿达到改造世界目标的技术都应该研制吗？专家提供的发展战略一定是完全合理的吗？人类究竟在为自己建构一个什么样的社会？作为社会的人在包括科学技术研究的一切社会活动中应该如何重建社会道德与社会信用？这些问题的提出就无疑为哲学家介入或参与科学技术的研究与发展提出了内在要求。

一言以蔽之，许多哲学问题需要深入科学技术的土壤，才能得到合理的解答。当代科学技术的发展在很大程度上需要嵌入哲学思考，才能达到更理性的发展。科学技术哲学既是从哲学视域把科学、技术、社会、政治、经济等因素整合起来思考问题的一门交叉的新型学科，也是把关于自然、社会与人的和谐发展作为研究核心的一门综合型学科。

《当代科学技术哲学论丛》的筹划与出版，正是试图为科学技术哲学的探索之路添砖加瓦，同时，也是上海社会科学院“科学技术哲学特色学科”多年来研究成果的展示。欢迎学界专家学者给予真诚的批评与指正。

成素梅

2011 年 8 月 10 日

序

我在拙著《先秦名辩学及其科学思想》的前言中说，要对长期专攻的科学哲学这项工作做个总结。寒暑六度，终于完成这部专著，也算是践诺了吧。

“科学哲学”作为研究领域，其前沿很广阔。如何得其要领，真是颇费思量。百思之下，“科学的哲学基础”赫然入目。说它是这门学科的“核心主题”，怕是虽不中，亦不远也。

就此一论题展开研讨，其不二法门，是背靠作为科学母体的一般西方哲学，面向科学哲学，以其直面科学而发覆的前沿形埒两相互动。惟其如此，才能使本工作收学理上深刻而又不失新颖之功。

所谓“前沿”，要在问题。前沿在某种意义上乃由问题组成。因此，本书把问题意识奉为圭臬，把科学的哲学基础所涉及的问题找准、找细、找全（就其主要者），这是作者的鹄的。

索解问题，关键在于把它们放到本然所属的架构中去考量。就它们本身孤立地言说，是没有意义的。这个架构以“形而上学—认识论—方法论—生存论”为经，以“发现脉络—辩护脉络”为纬。所有问题都纳入此坐标系中一一予以精准定位。

哲学为科学奠基，是历史地进行的。回溯到历史现场去寻找问题，觅见其解决之道，无疑是一良策。这是“以史观之”。然而，这是为了从中引出“科学的哲学基础”之学理，此即所谓“论从史出”。总之，本书在字里行间一路走进历史深处，又随处折返理论高地。

最后，不免抒发感触，却不知从何说起，就说最深的吧。这就是，很享受这个撰著过程。为此，要感谢哲学，也要感谢妻子刘惠珍等家人的理解和支持。

周昌忠
辛卯中秋于沪上梧桐书屋

目　录

导言　研究纲领

西方哲学质言之自始便在很大程度上致力于为科学的产生和发展创造条件，揭示原理。一句话，为之奠基。正是在古希腊的自然哲学、概念形而上学、形式逻辑以及近代之初笛卡儿和培根的认识论和实验哲学奠定的哲学基础之上，科学才得以在近代问世。科学后来的发展，一直到今天，都离不开哲学的支撑。无疑，全面深入地研究科学的哲学基础，具有重要的意义。这种研究把科学的哲学面貌呈现了出来。对科学的哲学认识，对于从所有其他层面和方面理解科学的努力，都起着指导性作用。反过来，对于科学有了精深的哲学认识，我们还可加深对西方哲学的认识。这里尤其可以明白，西方哲学根本上是广义的科学哲学或知识哲学。抓住这条基本线索，面对西方哲学，便能成竹在胸。需要强调指出，科学脱胎于母体西方哲学，但这并不妨碍科学的普世性。面对同一而又唯一的宇宙，西方哲学采取知识的态度，从而孕育科学。西方哲学的这种“一孔之见”，尤其其产儿——科学本身是客观的，放之四海而皆准。显然，科学也是唯一的，因为，它乃关于唯一的自然界。

20世纪20年代肇始、60年代勃兴的西方科学哲学迭经推进，今天已蔚为大潮。这个运动因直面科学而突显了科学的哲学问题，把科学的哲学基础研究引向全面广包而又精深入微。同时，科学哲学本身在学理上经过充分发展而走向独立，以至形成同一般西方哲学对峙之势。如果囿于这种局面，就很不利于科学的哲学基础问题的研究。实际上，既然科学是由一般西方哲学孕育的，科学哲学也脱胎于它，因此，应对之道，要打通一般西方哲学和科学哲学，确切地说，必须遵循为科学奠定哲学基础这条主线索来贯通两者。在一般西方哲学层面上提出和探究的科学哲学基础问题，可以降到科学哲学层面加以放大，继续作精细的考量。在科学哲学层面探讨问题，则应时时动用一般西方哲学的思想资源，把问题的研究往深处引向根本。尤其重要的是，应当把科学哲学的理论及其发展史放到一般西方哲学从形而上学到生存论的现代转向大背景中去审察，这样可以洞悉科学哲学诸多学派、学说的学理底蕴。反过来，也可察明这个重大哲学转向乃以替科学奠基为动因，这里科学哲学则居间起作用。

一般西方哲学在历史运演中形成了形而上学（存在论的传统阶段）、认识论、方法论和生存论（存在论的现代转型）诸元组成的架构。这个历史发展中还生发出“辩护”（justification）和“发现”（discovery）两大问题分野。这个规定在科学哲学的历史运演中成长为“辩护脉络（context）”和“发现脉络”二元组成的又一架构。这六个构元构成了一个统一架构，不妨说它以“形而上学—认识论—方法论—生存论”为经，以“发现脉络—辩护脉络”为纬。在这个架构中，形而上学、认识论和方法论坐落于辩护脉络，生存论坐落于发现脉络。科学的哲学基础所涉及的一切问题都被这个架构收纳。反过来说，所有问题皆是哲思在这个架构中运行而产生的。尤其重要的是，问题不特容纳进这个架构，而且一一得到精准定位，如果把它看做坐标系的话。必须强调，一个问题不放在这个架构之中，只是就其自身孤立地探讨，简直是没有意义的。不宁唯是，问题尚需在这个架构中放到准确的位置上；否则，问题就得不到正确的把握和理解，从而也得不到正确的探究、处置和解决。

随着不断从广度和精致度两方面拓展科学的哲学基础研究，科学哲学自身逐渐呈现学派、学说纷繁复杂的局面：从逻辑经验主义和批判理性主义到历史学派，再到科学知识社会学和认知科学以及绵延不断的当代知识论，这些学派内部大都学说林立。于是，对某个学说，如何正确地理解其本意，就成为一个重要的问题。这里，作为不二法门，同样是把这些学派、学说放到上述架构中，对它们一一甄别，确定其应处的位置。为此，关键是弄清楚各学说致力于解决什么问题。无疑，在这个架构中，一方面是科学的哲学基础问题的定位，另一方面是科学哲学学派、学说（当然也包括一般西方哲学的学派、学说）的定位，两者其实是同一件事情的两个方面。学派、学说所为何来，就是为了解决一定的问题。只有在正确的定位中，才可能对特定的问题诉诸相适合的学说，使问题可望得到合理处置和解决。与此同时，正确把握和理解科学哲学诸多学派、学说的由来和本意，即其历史和学理地位，这个问题也就迎刃而解了。清醒地认识到这一点，其重要意义怎么强调都不为过。

科学的哲学基础所发生的问题，是从历史中来的。科学产生之前，问题从哲学史中来；科学产生之后，问题除哲学史外，还从科学史中来；科学哲学兴起后，问题的历史来源又多了个科学哲学史。总之，问题是历史地产生的，必须以史观之。一般西方哲学和西方科学哲学提出、探究和解决问题，都是历史地进行的。科学的哲学基础作为理论是从历史中来的。这样，对它作为问题的研究就应当遵循“论从史出”的原则。这要求从哲学家的原典中去发见和提炼有关的思想、学说和原理，把它们放到历史脉络和场景中审察、反思。这里特别要重视诸多重大的历史发展关节点，也即所谓“转向”，着力抉摘其深意。另一方面，要秉承“以论观史”的原则。为此，列论的所有出诸历史的思想、学说和原理全都应在上述架构中，就其应对的问题一一予以定位，在这个问题的脉络中一一进行重构、展开和引申。“论从史出”和“以论观史”是同一件事情的两个方面。就著述而言，这样的路数颇似冯友兰所谓的“照着讲”和“接着讲”并举。

第一章　科学的形而上学基础：认识对象的建构

西方哲学自始便一直建基于对自然界采取认识的态度。正是这种文化心态决定了西方哲学始终围绕知识问题展开。只是到了晚近，尤其进入所谓的“后现代文化”时代之后，西方哲学才转向把人生问题也纳入自己的视野之中。

一言以蔽之，西方哲学一直在做着为科学奠基的事情。在这个意义上，一部西方哲学史就是知识哲学或者科学哲学（广义）的历史。

这种奠基工作，其历史上的第一步，且是最重要者，是以形而上学建构知识的对象。可以说，这是基础的基础。扼言之，作为关于存在者（beings）的存在论（ontology）①，形而上学在于把知识的主体即认识者和知识的对象即自然界从认识关系区隔开，使之相对峙，进一步把后者划分为现象和本质两界。形而上学把知识对象把捉为呈“本体-现象结构”的存在者。

第一节　不变性和存在者

知识问题萌发于古希腊哲学家面对千变万化的自然事物而激起的哲学运思。赫拉克利特（Heraclitus）关注这种变化性本身，提出“万物皆流变”的观点。“当神话给这种观点披上用寓言解释世界形成的外衣时，科学则追求万变之中不变的本原。”② 如此，哲学给科学做了最原始的奠基：知识在于对自然事物之不变性的把捉。

一、不变性系于存在者

哲学从不变性着眼把作为认识对象的自然事物把捉为“存在者”。这种把捉

---

① 形而上学作为存在论，区别于后来发展起来的关于存在者之存在（Being）本身的存在论（即生存论）。同时，第一至三章，主要从辩护的脉络观照存在者，也即存在者被从其现成方式去把捉，存在者被形而上学以形式逻辑建构。

② 文德尔班（W. Windelband）：《哲学史教程》上卷，罗达仁译，北京：商务印书馆，1989 年，第 49 页。

又从质料和形式两个向度去展开。

自然哲学做了前一方面的努力。泰勒斯（Thales）首倡把不变的存在物把捉为物质本原“始基”。他提出这是“水”。他以为：“存在着一种东西，是其余一切事物产生的始基，其他事物毁坏后又回到它之中，它在从属它的变化万端的各种性质底下，本身不变地潜在着，它是一切事物的元素或不灭的物质。”[①] 后来又有恩培多克勒（Empedocles），他提出“四根说”。他认为，“火、气、土、水”“四根或四种元素是基本而永恒的有形实体，它们在时间中的排列聚结为形形色色的复合物的不同部分，但它们本身却不臣服于任何变化。他不断地深入强调这一点：它们是唯一的真实存在，由于它们相互渗透，便在不同时间变成不同对象，然而它们自身却永远同一。（残篇 17. 34 ~5，参见 21. 13 ~4，26. 3 ~4）”。[②]

沿着这条路线深入发展，终于发生“形而上学飞跃”，即对不变性的把捉超越了停留于从质料方面努力的自然哲学。这就是以“存在”去把捉“自然事物”，也只是在这时，真正哲学意义上的作为知识对象的“存在者”——“存在”这种可从不变性去观照的自然事物——才脱颖而出。

巴门尼德（Parmenides）首先提出，“存在”才是认识所要把握的自然物之不变性。他强调，把握“存在”是达致认识的唯一道路。他说：“只剩下了对道路的一种描述：它存在。在这条［路］上，有许多标志：存在者不可能变成存在（come-to-be），也不可能停止存在（cease-to-be）；［它是］完整的，独一无二的，不动的和完满的——既非曾经存在，也非将要存在，因为它整个儿现在存在——单一，一致。（DK 28 B 8. 1 ~6）”[③]

必须强调指出，巴门尼德作为存在论（ontology）的开创者，他把握到的“存在”只是对自然存在物的超越建构即存在者而不是存在者的“存在”本身。后者是存在论的现代阶段即“生存论”所揭示的。在这个意义上，巴门尼德的存在论是形而上学。海德格尔（M. Heidegger）从哲学史脉络表明这一点。文德尔班更从巴门尼德学说本身昭示之。他说，对于巴门尼德来说：“‘存在’和‘充实着的空间’是同一的东西。对于一切‘存在着’的东西说来，这个‘存在’，这个充实着的空间的功能，恰恰是同一的东西；因此，只有一个没有内在

---

① 罗斑（L. Robin）：《希腊思想和科学精神的起源》，陈修斋译，桂林：广西师范大学出版社，2003 年，第 38 页。

② 泰勒（C. Taylor）主编：《劳特利奇哲学史》，第一卷，《从开端到柏拉图》，韩东晖等译，北京：中国人民大学出版社，2003 年，第 206 页。

③ 泰勒主编：《劳特利奇哲学史》，第一卷，《从开端到柏拉图》，韩东晖等译，北京：中国人民大学出版社，2003 年，第 158 页。

区分的单一的存在。”①

这样，巴门尼德确立了“不变性系于存在者”这条对于科学具有“第一块基石”意义的哲学原理。

巴门尼德还率先表明，与“存在”即“存在者”对接的是思想(“理性思维”)，由此达致知识，这同感觉之对接“变化”（“非存在”），只能得出“意见”形成对比。他把这个原理出之以“思想存在同一”这个著名命题。他这样写道：“思想和思想存在是一回事，因为离开存在你将找不到思想，思想是在存在中变得明晰的。因为在存在以外，没有任何别的东西存在或将要存在。既然它已经被命运注定是完整的和不变的，因此所有的可死灭者所确立的、信以为真的东西，诸如变成存在和消灭、存在和不存在、改变位置和变换鲜明的色彩，都将［只］是名称。（DK 28 B 8. 34 ~41）”② 无疑，在超越的存在者那里，现象尚没有地位，因为现象连同相对接的感觉都被排斥在“知识”范围之外。

不唯如此，如以上引文所示，巴门尼德将“存在”视为“充实着的空间的功能”，故在他那里“存在”尚不脱质料性。不妨说，作为存在论的发动者，巴门尼德是从自然哲学向形而上学的过渡，处于亦此亦彼之境。柏拉图（Plato）才是形而上学的奠基者，使“存在者”完全脱离自然哲学。

柏拉图把“存在者”规定为“实在”、“本质”、“形式”和“理念”。他的形而上学因而常被称为“形式论”或“理念论”。

像巴门尼德一样，柏拉图也把感性流变排斥在知识范围之外，把知识对象定位于超越的存在者即理念或形式。亚里士多德（Aristotle）指出了这一点：“在青年时代，柏拉图一开始就倾向于克拉底鲁（Cratylus）以及赫拉克利特派的学说：一切可感觉的东西都在不断流变，而关于它们，知识是不存在的。他在晚年仍然持这样的观点。然而，苏格拉底（Socrates）专注于伦理问题，置整个自然界于不顾。不过，他在这些问题中寻求共相，开始用心于定义。柏拉图接受了他的教导，但认为定义问题不适合于可感觉事物，而适合于另一类实体。这是因为，既然可感觉事物不断变化，所以不能有共同定义。他把这另一类东西称为理念。他还说，可感觉的东西全按照这些东西并缘于同它们结成关系来命名。”③ 总之，在柏拉图看来：“形式完全与可感世界中的可见者相反对，不存在于我们周围的世界之中，并远离这个世界。形式的影像存在于我们之内，而形式则存在于‘自

① 文德尔班：《哲学史教程》，上卷，罗达仁译，北京：商务印书馆，1989 年，第 57 页。

② 泰勒主编：《劳特利奇哲学史》，第一卷，《从开端到柏拉图》，韩东晖等译，北京：中国人民大学出版社，2003 年，第 166 页。

③ W. D. Ross ed.: The Works of Aristotle, Volume viii, Metaphysica, London: Oxford University Press, 1928, 987a 31-69.

身之内’，这意味着它们并不存在于我们之中或‘尘世中’的任何‘有形而可见的’地方。它们‘别有一番天地’，存在于‘理智的领域’。”①

“形式”作为存在者在柏拉图那里是超越感性的不变性。他的“形式论是在回答两个孪生假说的挑战，即万物皆变和无物存在。而这个回答就是：如果有什么要变化的话，那么必定存在着不变的形式。”② 作为存在者的形式包括“真，本质，永恒，不变，稳定和内在的可理解性”。③ 总之，不变性系于存在者。

二、质料层面不变性：原子论及还原原理

古希腊的自然哲学和形而上学为自然认识奠基，分别从质料和形式两个方面去把捉存在者的不变性。

首先，“质料-形式”区分本身是哲学对存在者进行建构的重要规定。亚里士多德曾强调由自然哲学和形而上学分别而又一致地对科学的哲学基础做的这个贡献：“自然有多义——形式和质料——那么，我们研究自然物就必须和研究什么是塌鼻子一样。那就是说，自然物的定义既不能脱离质料，也不能仅由质料组成。确实，这里还可以再提两个问题。既然有两个自然，那么自然哲学家研究的是哪一个自然呢？还是说，研究这两者的联合体呢？假如既要研究两者的联合体，又要分别地研究这两者，那么分别地对这两者进行的研究属于同一学科还是属于不同的学科呢？阅读古代学者的著作时使人感觉到，自然哲学家似乎只是同质料发生关系。例如，恩培多克勒和德谟克利特（Democritus）关于事物的形式亦即本质谈得少得可怜。但是，若技术模仿自然，认识形式和认识质料是同一个课题……那么看来自然学的课题应包括认识形式和质料这两种意义上的自然。”④“自然哲学家应该研究和质料不分离存在的（虽然在定义里是可分离的）形式。例如，人生于人，也生于太阳。至于确定分离的纯形式的存在方式及其本质，这是第一哲学的任务。”⑤

自然哲学从质料层面去把捉存在者之不变性，或者说以不变性去建构存在者，其最高成就——对科学的最重要的哲学奠基，是原子论。

沃克迈斯特（W. Werkmeister）表明了原子论的这个底蕴。他说：“我们必须

---

① 泰勒主编：《劳特利奇哲学史》，第一卷，《从开端到柏拉图》，韩东晖等译，北京：中国人民大学出版社，2003 年，第 419 页。

② 安·肯尼（A. Kenny）编：《牛津西方哲学史》，韩东晖译，北京：中国人民大学出版社，2006 年，第 27 页。

③ 泰勒主编：《劳特利奇哲学史》，第一卷，《从开端到柏拉图》，韩东晖等译，北京：中国人民大学出版社，2003 年，第 413 页。

④ 亚里士多德：《物理学》，张竹明译，北京：商务印书馆，1982 年，194a 13-27。

⑤ 亚里士多德：《物理学》，张竹明译，北京：商务印书馆，1982 年，194b 12-16。

继续探求所有变化中不变的基础。这样的一些考虑导致古代的‘原子论者’留基伯（Leucippus）和德谟克利特提出了‘只有原子和虚空是实在的’学说。”①

原子论的核心是“原子”，原子是什么呢？“据艾休斯（Aetius）记载，在留基伯和德谟克利特看来，‘有些东西是不可分的，它们没有部分，不能无限分割’，其实亚里士多德早就介绍过这个思想：‘诸始基在数量上是无限的，这些始基是原子，是不可分的，由于原子是密集的，因而不可入，没有空隙’。”② 原子的表征性在于“不可分”，这正与“不变性”相表里。严群剖明了这一点。他写道：“原子论者认为宇宙万物构成的元素不是四种或某几种的物质，是些极小而小到不可分的物质，这些物质叫做原子。英文的 atoms 由希腊文的区别字（adjective）ατομos 来的，α——指‘不’，τομ——原于动的，Τεμ——νειν 指‘分割’；所以 atoms 这个字最好译为莫破质点（严几道先生原译如此）。原子的数目是无限的，除了形状与大小以外，什么性质都没有；此外，它们既是莫破质点，‘莫破’（亦称‘坚性’或‘不可入性’—— solidity or impenetrability）是它们的涵义……原子既是莫破的，便是不变的，变在万物上头。”③

原子论从质料层面以由不变性表征的微粒构成建构存在者。知识在于把捉存在者的不变性，以便以之来理解和解释现象层面的千变万化。原子论旨在表明，原子构成决定事物现象层面的表现。这就是说，原子论把万物可感知的现象层面上的差异和变化归因于微观构成。于是，原子论衍生出对科学具有根本意义的还原原理这条形而上学原理。

其实，诚如亚里士多德所指出的，原子论首倡者就已提出这条原理。他说：“留基伯和他的同道德谟克利特说，充实和虚空都是元素，分别称为存在和非存在，也即充实和坚固是存在，而虚空是非存在。（因此他们说，存在并不甚于非存在，因为充实并不甚于虚空。）他们以它们作为事物质料的原因。有些哲学家把基质作为通过其自身变化而生成其他一切事物的东西，假设这种变化的根源就是紧密和稀疏。这两个哲学家以同样的方式说，元素的这些差异就是其他一切性质的原因。”④

原子论及其衍生的还原原理对科学的产生和发展起到了奠基性的作用。玻尔（N. Bohr）指出了这一点：“通过承认物质可分性有一种极限，古代的思想家们企图找到一种基础，来理解自然现象所显示的永久性的特征，而不管它们的多种

① 沃克迈斯特：《科学的哲学》，李德容等译，北京：商务印书馆，1996 年，第 222 页。

② 叶秀山：《前苏格拉底哲学研究》，北京：生活·读书·新知三联书店，1982 年，第 226 页。

③ 严群：《分析的批评的希腊哲学史·前苏格拉底》，北京：商务印书馆，1981 年，第 70-71 页。

④ W. D. Ross ed.：The Works of Aristotle，Volume viii，Metaphysica，London：Oxford University Press，1928，985b 5-16.

多样和千变万化……从文艺复兴以来原子概念曾对物理学及化学的发展越来越有贡献。"① 尽管科学的原子论直到 19 世纪才由化学家道尔顿（J. Dalton）提出，但是，原子和还原的思想在牛顿（I. Newton）那里就已起到重要作用。他力图把万有引力和其他自然力还原到自然物的微粒结构。他写道："物体的微粒是否具有某种能力、效能或力量呢？凭借这些它们能对远离它们的东西发生作用，不仅能作用于光线而使之反射、折射和弯射，而且也能彼此之间相互作用而引起为数不多的自然现象。众所周知，物体能通过重力、磁力和电力的吸引而互相发生作用；这些事例显示了自然界的一种意向和趋势。但是，除此之外还可能有更多种的吸引力。……这种吸引作用的规律和性质又是些什么？重力、磁力和电力的吸引可达到相当可观的距离，所以用肉眼就能观察到。但可能还存在着某些其他的吸引力，它们只能到达相当小的距离，以致迄今为止，还没有被我们观察到；或许电的吸引，在它还没有被摩擦所激起时，就只能达到这样小的距离。"② 牛顿关于电力的微粒机制和关于作用距离很小的其他自然力的预言，被后来产生的原子物理学和基本粒子物理学所证实。

科学史表明，以"还原原理"为依托，物理学和化学围绕原子论展开，两者又通过它相贯通，此外，还原乃按照微观尺度沿着分子、原子、亚原子、基本微粒子的梯级不断递进。同时，整个科学以化学尤其物理学为基础，以向微观粒子层次还原为目标。生物学把遗传物质还原到基因，是原子论作为还原原理对科学发展做出的又一重大贡献。在这个思想引领下，科学家在 20 世纪 50 年代初发现了基因"实体"DNA 分子的双螺旋结构。

三、形式层面不变性：类和自然类——存在者的个体-类格局

柏拉图从形式论出发建构存在者，即从形式层面把捉不变性，在于把存在者作为"类"去把握。文德尔班对柏拉图的有关思想做了精当扼述。他写道："柏拉图发现个别事物总是在某种程度上对应于类概念，而类概念是一种没有任何摹本能赶得上的逻辑理想。他用模仿这个概念表达了这种涵义。……理念按照物质的逻辑性质，作为类概念或种，代表着总的统一的范围或领域，而个别事物只不过是这总的统一的范围的一部分，这物质的逻辑性表现在分享这个词语中，意思就是：各种事物只不过分享这理念的普遍本质；这种分享的变化过程着重表现在出现这一概念中。只要事物具有寓于理念之中的性质，那种类概念或种便出现在

① 玻尔：《原子和人类知识》，载：《尼耳斯·玻尔哲学文选》，戈革译，北京：商务印书馆，1999 年，第 199-200 页。

② 塞耶（H. Sayer）编：《牛顿自然哲学著作选》，上海外国自然科学哲学著作编译组译，上海：上海人民出版社，1974 年，第 190-191 页。

这一事物中。"①"他对理念本质所发挥的普遍特征适用于所有类概念，因此，非物质世界充塞着整个经验世界的原型。有多少类概念，就有多少理念。对柏拉图来说，有数不清的'形式'。"② 显而易见，柏拉图从"不变的存在者在于形式即理念"这一思想出发去把捉"类"，把作为知识对象的存在者也建构为"类"，同时提出"形式"也就是"类"，从而强调"类"的超越性——对个体的超越性。在他看来，"类"不是个体的集合，个体似乎"游离"于所属的"类"，只是"模仿"地"分享"（分有）着作为"类"的本质即形式。这同他把现象排除在存在者之外相一致，个体联属于现象层面，理当照此处理。

然而，知识的对象不特离不开现象，而且还以之为前提。这就是说，存在者呈现"本体-现象"的结构。（这在本章第二节还要详加讨论。这一结构可从多向度去考量，这里先从"个体-类"的向度去探讨。）

亚里士多德最早建构存在者的"个体-类"格局。他在"类"的层面把"个体"接纳进作为知识对象的存在者中，为此，他倡言"自然类"（natural kind）即"自然实体"（natural entity）的类；这是科学的基本原理之一。其实，亚里士多德已经提出自然类是自然研究的原理。他说："于研究自然的学术，相同于其他学术，这必须立有某些典范（规准），俾学者（听众）于所闻的叙述，无论其为真为伪，都能凭这些典范予以判断。试举例以明吾意，我们（于动物这门学术）应该就近取材，各别地讨论一一实是（品种），有如人、狮、牛与类此的诸物，不问其他的诸品种，抑或毋宁先研究由它们的本体所从来的若干共通属性，并以此为基础而后进求它们各别的差异？"③ 不管循先异后同还是先同后异之途去研究，首先都必须从"自然类"这个原理出发。

亚里士多德以"自然类"建构存在者的"个体-类"格局。相对于柏拉图的"类"，这里的要点无疑在于引入了"个体"。众所周知，亚里士多德不特"捡回"个体，还赋予其本体乃至"第一本体"的地位。其意义显然在于由此给作为认识对象的存在者的"现象-本体"二元结构铸成了"现象"这一元。

不难看出，原本知识旨在把捉不变性，现在随着给存在者引入现象和个体，又要面对变化性。问题是，知识还在于以不变性去把握或者说明变化性，去掌握变化的规则性（齐一性）。（本章第二、三节将详加讨论。）显然，变化的规则性在某种意义上也是不变性。就此而言，知识归根结底还是同不变性相关联。

应当强调指出，柏拉图关于"类"是超越的形式的思想对于"自然类"原理仍是合理的并被吸收进去。"现代科学所采纳的自然类是本体的形式，而不是

---

① 文德尔班：《哲学史教程》，上卷，罗达仁译，北京：商务印书馆，1989 年，第 165 页。

② 文德尔班：《哲学史教程》，上卷，罗达仁译，北京：商务印书馆，1989 年，第 166 页。

③ 亚里士多德：《动物四篇·动物之构造》，吴寿彭译，北京：商务印书馆，1985 年，639a 15-20。

体现这形式的各别事例。例如，金是一自然类，而一块特定的金子就不是自然类；物种‘虎’也是一自然类，而一头虎或一群虎就都不是自然类。所以，一如科学就变化而言乃关涉定律，而非关定律之证例本身，科学就不变而言乃关涉自然类，而非关自然类之证例本身。”①

问题是在“自然类”的“个体-类”格局中，个体对类的关系不是那种“模仿”的关系。它们的关系亚里士多德乃以形式逻辑加以规定，这又是本章第四节所要详加讨论的。

自然类展现作为认识对象的存在者的“个体-类”格局，这里从认识对象的层面即形而上学层面来说，关键问题是个体和所属的类的联属关系问题。洛克（J. Locke）在此做出重要贡献。他用亚里士多德形而上学建起的存在者本体-现象结构和存在者本体-性质方式作为架构来审视这个问题。他由此引入“名义本质”（nominal essence）和“实在本质”（real essence）。他表明，自然类之个体所共有的诸性质构成各该自然类的“抽象观念”，这些个体也由之归入各该自然类，这就是“名义本质”。“实在本质”则指本体层面上决定各该自然类之“形式”的“实在组织”（real constitution）。实在本质决定着性质、抽象概念，决定着个体共属于各该自然类。他就此写道：“一定有一种实在的组织，然后共存的简单观念集合体才有所依托。不过我们分明看到，各种事物所以归在某某‘种名’下边，只是因为它们同那些种名所表示的抽象观念相契合。因此，事类或物种的本质，并不是别的，只是那些类名和种名所表示的那些抽象观念。普通所用的本质一词，多半指这种含义而言。这两种本质，我想一种正可以叫做实在的本质，另一种正可以叫做名义的本质。”② 这个理论表明，可以根据自然类的名义本质来确定个体对特定类的归属。而真正决定这种联属关系的是实在本质。

这种联属关系既定，个体和类在存在者之本体-现象结构和本体-性质方式架构下的关系则如上所述，乃由形式逻辑规定或刻画。当然，个体和类的联属问题也包括逻辑的向度。尤其是，当代哲学家还从语言层面重构和发展洛克的自然类理论。这在本章第四节研讨。

第二节　本体和必然因果性

现在可以明白，知识归根结底在于把握不变性，同时还可以从不变性去把捉变化性。认识对象的不变性乃系于存在者，确切说来是系于存在者的本体。这

---

① Craig Dilworth: The Metaphysics of Science, Dordrecht: Kluwer Academic Publishers, 1996, 149.

② 洛克：《人类理解论》，下册，关文运译，北京：商务印书馆，1981 年，第 399 页。

样，形而上学把存在者的建构继续推进。给存在者展现“个体–类”的格局、“本体–现象”的结构以及“本体–性质”的方式。

一、存在者的本体–现象结构

亚里士多德从“可感觉本体”(“第一本体”、“个体”) 来把握存在者的“本体–现象”结构中“现象”一元。他写道：“大家公认有些可感觉的东西是本体，应该首先来讨论这些东西。最好是前进到较易认识的东西。大众的学习过程就是这样：总是通过不易认识的东西前进到较易认识的东西。正如在操行中，我们的任务是从对每个人都是善的东西出发，把无条件的善变成对每个人的善，现在我们的任务也是从对自己较易认识的东西出发，把本性上可认识的东西变成对自己可认识的。对特定人群可认识的和原始的东西，往往是很小程度上可认识的，且少有甚至根本没有真实性。”①

然而，亚里士多德形而上学对存在者“本体–现象”结构的建构重心在于“本体”这一元。

亚里士多德提出，哲学研究“作为存在的存在”。他说：“有一种研究作为存在的存在以及因本性而属于它们的属性的科学。它不同于任何一种所谓的专门科学。因为，没有任何别的科学普遍地研究作为存在的存在。它们都是从存在截切一部分，研究这一部分的属性。”② 然而，他的存在论作为形而上学，并不把“存在”本身了解为存在者的“存在”。他认为，“存在”有十种“意义”，他出之以“十范畴”，而其中首要者为“本体”（ousia，substance）。他写道：“存在有多种意义。它或者表示‘一个东西是什么’或‘这个’，或者表示对它进行述谓的质或量或其他述谓之一。尽管存在的意义有这样多，但‘存在’的首先是‘什么’，它表示事物的本体。”③ 因此，亚里士多德提出，形而上学就是关于“本体”的学说。他强调了这一点：“研究作为存在而存在的东西，显然也属于一门科学的工作。但在一切场合，科学都主要地研究首要的、其他事物都依赖于它并由它得名的东西。假如这东西就是本体的话，那么，哲学家应做的事就是掌握本体的原理和原因。”④ 这样，亚里士多德把巴门尼德首倡的存在论

---

① W. D. Ross ed.：The Works of Aristotle，Volume viii，Metaphysica，London：Oxford University Press，1928，1029b 1-10.

② W. D. Ross ed.：The Works of Aristotle，Volume viii，Metaphysica，London：Oxford University Press，1928，1003a 20-25.

③ W. D. Ross ed.：The Works of Aristotle，Volume viii，Metaphysica，London：Oxford University Press，1928，1028a 10-15.

④ W. D. Ross ed.：The Works of Aristotle，Volume viii，Metaphysica，London：Oxford University Press，1928，1003b 16-19.

(ontology) 引向关于本体的学说。当然，这是关于存在者而非存在本身的学说，即形而上学。

然而，“本体”和“存在者”是不同的。存在者是“存在的”——作为源始现象显现，即存在者是自行作为对象向主体开显的。“本体”则不同，是对既已开显的现成存在者作反思的产物，是对存在者的现成方式的建构。作为反思产物，本体是纯概念的东西即范畴。它是对存在者那里原本浑然一体的本体和现象通过反思加以抽象割裂的产物，而存在者的形而上学“本体-现象”结构也就如此建起。

总之，在亚里士多德的形而上学中，“存在者”本身是缺席的，只有对“存在者”的形而上学建构，即通过概念反思建构起来的“本体-现象”结构。

在存在者的“本体-现象”结构中，重心和根本在“本体”。“本体”是形式、类和本质（本质放在后面研讨）。

“形式”是可离开自然物而独自存在的，因而是“本体”。亚里士多德指出：“‘本体’的意义是作为‘这个’，也是可分离的，且因这性质而成为每个事物的形状或形式。”① 他说：“形式作为本体，指那样一些部分，它们内在于这些东西之中，起限定作用并标明其为个体，它们消灭了，整体便随之消灭，如有些人所说，面之于体，线之于面；在一些人看来，数目一般说来，也是这样的东西；他们说，因为，如果数目消灭了，就没有什么东西还存在，数目限定一切东西。此外，它还指本质，其公式是定义，也称为每个事物的本体。”② 他强调，就形式和质料构成自然物而言：“形式和由两者构成的东西，而非质料，才是本体。”③

“本体”是“类”。亚里士多德说：“属被认为是每个事物的本体。”④他强调，个别事物的本体就是它所归属的最切近的类（属、种，如此以降）。这最切近的类，乃通过不断分解种差得出。“例如，‘有足’是‘动物’的种差，而在有足动物中就有足而言还必定有种差。所以，不应该说（如果正确地说），有足动物有的有羽毛，有的无羽毛（这样做是出于无能）；而应该把有足动物仅分成奇蹄的和偶蹄的。因为这才是足的种差，偶蹄是有足性的一种。就这样一步一步地下去，一直到没有种差的种。种差有多少种，足的种类也有多少种，所以有足动物种类也和种差一样多。如若事情果真这样，那么很清楚，最后的种差就是事

---

① W. D. Ross ed.: The Works of Aristotle, Volume viii, Metaphysica, London: Oxford University Press, 1928, 1017b 25-27.

② W. D. Ross ed.: The Works of Aristotle, Volume viii, Metaphysica, London: Oxford University Press, 1928, 1017b 18-23.

③ W. D. Ross ed.: The Works of Aristotle, Volume viii, Metaphysica, London: Oxford University Press, 1928, 1029a 31-32.

④ W. D. Ross ed.: The Works of Aristotle, Volume viii, Metaphysica, London: Oxford University Press, 1928, 1028b 34-35.

物的本体和定义。”① 总之，最后的种差决定着个体所归属的最切近的类，而这类也便是个体的本体。

二、存在者的本体-性质方式

存在者的形而上学建构的核心环节某种意义上在于确立存在者的本体-性质方式。亚里士多德表明，他出之以“十范畴”的十种存在中，“本体”居于首要的特殊地位，因为它是“存在者”的根本，它可以独立自在地存在，而“性质”等则不能独立存在，必须依附于“本体”，这种依存关系则是在于对本体作形容和刻画。若此，存在者的本体-性质方式便明确建起。亚里士多德对此做了详确说明。他写道：“本体是指那些简单的物体，例如土、火、水及诸如此类东西，以及一般说来物体和由它们所构成的东西，包括动物和神物，还有它们的各个部分。”② “当我们说一个东西是什么性质时，或者说它是好的，或者说是坏的，而不说它三腕尺长或是个人；我们说它是什么时，就不说是‘净的’，是‘热的’或‘三腕尺长’，而说是一个‘人’或是‘神’。所有其他东西被称为存在，是由于它们有些是这种原初意义上存在的东西的数量，它们有些是它的性质，有些是它的姿态，有些是它的某个其他规定。所以，有人甚至提出疑问，行走、康复、坐这些词是否意味着这些东西每一个都是存在的；任何其他类似情形里也是这样。它们中没有一个是自我存在的，也不能和本体分离。倒是在行走，在康复，在坐着的东西，是存在着的东西，这些东西之所以更显得是实在的，乃由于他们以某个特定的东西（即本体或个体）为基础，而这种东西由这种谓词所蕴涵。离开了这蕴涵，就不能用‘好’或‘坐’这种词。所以很显然，其他一切范畴都靠本体这范畴而存在。因此，原始意义上的，即不是某种意义上的而是无条件的存在必定只有本体。”③

就存在者的本质-性质方式而言，重要的是对“性质”区分开“固有属性”和“偶然属性”。

“固有属性”（essential attribute）乃为本体所必然地具有，亚里士多德也称之为“特性”（property）。他表明，特性专属于某事物，“而且它的逆命题也成立。例如，人的一个特性是能学习语法。如果A是一个人，那么他是能学习语法的，并且，如果A是能学习语法的，那么他就是一个人。没有人会把可能属于其

---

① W. D. Ross ed.: The Works of Aristotle, Volume viii, Metaphysica, London: Oxford University Press, 1928, 1038a 10-21.

② W. D. Ross ed.: The Works of Aristotle, Volume viii, Metaphysica, London: Oxford University Press, 1928, 1017b 10-13.

③ W. D. Ross ed.: The Works of Aristotle, Volume viii, Metaphysica, London: Oxford University Press, 1928, 1028a 15-30.

他事物的东西称为特性，例如‘睡眠’（就人而言），尽管在某个时候它碰巧专属于人。这就是说，假如真要把这样的东西称为特性，那么，也不是绝对地，而是暂时地或相对地叫它特性。‘在右手边’就是暂时的特性，而‘两足的’事实上只在某些关系上被说成是特性。例如，相对于马和狗而言，它是人的特性。显然，任何可能属于 A 以外的他物的东西，都不是 A 的可逆谓词，因为不能必然地推论，如果某个东西睡着，那么他就是人”①。

偶然属性则并非为事物所必然具有。它“也属于事物；并且，它可能属于，也可能不属于任何东西，同样的东西，如坐的姿势就可能属于也可能不属于同样的某物。白色性也是如此；因为没有什么东西，能妨碍同样的事物在此时为白色，在彼时为非白色。”②

作为认识对象之存在者的本体–性质方式的建起具有根本性的重要意义，这在于规定了科学乃通过研究本体的性质来把握本体。

亚里士多德就强调，不存在关于偶性的知识。他说：“我们把那些既非永远也非经常如此的东西称为偶性。”③“例如，一个苍白的人并不永远也不经常爱好音乐，而既然是有时成为这样，故它必定是偶然的。”④“很明显，不存在关于偶性的科学，因为一切科学都是关于长久或者经常存在的事物。”⑤反过来，他表明，知识是关于本体之固有属性的。他在下面的一段引文中指出，科学的知识区别于形而上学，它是关于本体的固有属性的。他写道：“一切科学都划出某个特定的存在——某个属，并对之进行探究，而不去探究单纯的或作为存在的存在，也不讨论所探讨事物的本质，而是由本质出发……然后相当令人信服地论证他们所研究的属的固有属性。”⑥

存在者的“本体–性质”方式还决定了科学是分门别类的，每一门特定科学和学科总是研究本体的某一类固有属性。这在第三章中还要详加研讨。

---

① W. D. Ross ed.: The Works of Aristotle, Volume i, Logic · Topica, London: Oxford University Press, 1928, 102a 18-30.

② W. D. Ross ed.: The Works of Aristotle, Volume i, Logic · Topica, London: Oxford University Press, 1928, 102b 5-10.

③ W. D. Ross ed.: The Works of Aristotle, Volume viii, Metaphysica, London: Oxford University Press, 1928, 1026b 31-32.

④ W. D. Ross ed.: The Works of Aristotle, Volume viii, Metaphysica, London: Oxford University Press, 1928, 1027a 10-12.

⑤ W. D. Ross ed.: The Works of Aristotle, Volume viii, Metaphysica, London: Oxford University Press, 1928, 1027a 1-2.

⑥ W. D. Ross ed.: The Works of Aristotle, Volume viii, Metaphysica, London: Oxford University Press, 1928, 1025b 9-13.

三、本体和本质

自然界作为科学认识的对象，被形而上学建构劈分成现象和本质两界。存在者的本质-现象结构正是对这幅世界图景的勾勒。可以说，本体构成了本质世界。那么，本体和本质是什么关系呢？本体和本质同一的。在某种意义上，本质是本体的内涵。类作为本体可说是与其本质相等。

本体和本质同一的原理正是亚里士多德的形而上学所倾力打造的。他表明，本体有四种意义：本质、普遍、属和基质。① 其中，“普遍”表达本体作为“共相”之维，“属”表达本体作为“类”之维，“基质”表达本体的“质料”之维，它们都不足以表示本体的全部和本身，而唯有“本质”才堪此任。所谓“本体和本质同一”，其意正在于此。

前面提到，在存在者的“本体-现象”结构中，“本体”是形式、类和本质。其中，“形式”就是“本质”，就“本体”和“本质”同一而言，“本质”可以说是对“本体”之“内涵”的把握，这样，“类”是对“本体”之外延的把握。那么，“本体”的“本质”是什么呢？“本质”是属和种差的统一体，也就是说，“本质”是对“本体”的“定义”。

这里的关键在于，本质不是“种差”和“属”相加而成的组合，而是“属的种”这个统一体。亚里士多德说：“除了属的种，任何东西都没有本质，而只有种才有本质。”② 例如，“人是两足的动物”这个定义中，“两足的动物”是人这个“本体”的本质，而它之为本质，在于它道出了人作为“两足动物”这个种是“动物”这个属的种，而并不是说，“动物”这个属分有“两足的”这个种差，也不是说，“两足的”这个种差是“动物”这个属的属性。后两种理解建基于把本质视为“属”和“种差”的组合，它们都是在表达本体的“特性”(固有属性)，因而如下所述是属于现象层面的。本质是“属的种”，是属和种差的统一体，如下所述是超越层面的。

亚里士多德强调指出，对于本体来说，其本质作为原理是属和种差构成的单一统一体。他说：“例如，人是‘两足的动物’。让我们把两足的动物当做人的公式。那么，为什么既然是‘动物’和‘两足’，却是一而不是多呢？在人和苍白的情形里，当一个项不属于另一个项时，就有多；当一个属于另一个，主项人有了某个属性时，就有一。于是，一生成了，我们有了‘苍白的人’。另一方

---

① 参见：W. D. Ross ed.：The Works of Aristotle，Volume viii，Metaphysica，London：Oxford University Press，1928，1028b 34-36.

② W. D. Ross ed.：The Works of Aristotle，Volume viii，Metaphysica，London：Oxford University Press，1928，1030a 12-13.

面，在这里，两者并不相互分有。看来属并不分有种差（这样，同一事物就会分有相反对的东西，而用来划分属的那些种差也是相反对的。）即使属分有了它们，道理还是同样，因为人那里的种差有很多，例如，有足的，两足的，没有羽毛的。为什么这些是一而不是多呢？并不是由于它们存在于一个事物中，而是因为，按这个原理，一可以由一个事物的所有属性构成。但是，在定义中的所有属性无疑必定为一；定义是本体的单一公式，故它必定是某一事物的公式。"① 这里的关键在于，在本质中，属和种差并不是相互"分有"，即不是外在地相互拥有，而是相互"依存"，即内在地一体化。

在这个统一体中，属和种差的相互依存关系在于，"属"作为质料是种差的载体，而种差则处于主导地位，决定着本体之本质所属于的本体的本质者。

"属""指质料，因为种差或性质均属于基质，我们称之为质料"。② "如'平面'是平面图形的属，'立体'是立体图形的属。这些图形的每一个或者是如此这般种类的平面，或者是如此这般种类的立体。属就是种差的基底。"③ "属的种"，作为属和种差的统一体，其一重含义在于"属"作为质料荷载种差，同时属不游离于种，如动物总不外是人、牛、马……总之，"在属包含种之外，属并不绝对地存在，如若存在，也是作为质料而存在。"④

显然，种差也就是使质料"属"存在的形式了，同时，它就决定着一个种区别于另一个种，当然，种差也须由属来荷载而得以存在。这是"属的种"的又一重含义。鉴于种差的这种主导地位，亚里士多德提出："定义显然就是由种差构成的公式。"⑤

如果种差本身还有次一级的种差，那么，最后的种差才是本体的形式、本质和定义。这一点在前面研讨"存在者的本体-现象结构"时，已经表明过。

应当强调指出，本体的本质属于超越层面，超越可感知的现象层面。各别固有属性，更不用说偶性，则处于现象层面。说认识对象是本体，其实正是指本体的本质。从柏拉图到亚里士多德，认识的对象从理念到本体之本质，其进步在于

---

① W. D. Ross ed.: The Works of Aristotle, Volume viii, Metaphysica, London: Oxford University Press, 1928, 1037b 13-26.

② W. D. Ross ed.: The Works of Aristotle, Volume viii, Metaphysica, London: Oxford University Press, 1928, 1024b 8-9.

③ W. D. Ross ed.: The Works of Aristotle, Volume viii, Metaphysica, London: Oxford University Press, 1928, 1024b 1-4.

④ W. D. Ross ed.: The Works of Aristotle, Volume viii, Metaphysica, London: Oxford University Press, 1928, 1038a 5-6.

⑤ W. D. Ross ed.: The Works of Aristotle, Volume viii, Metaphysica, London: Oxford University Press, 1928, 1038a 8.

精致化和具体化。

四、本质和必然因果性

从存在者本体层面的不变性到其现象层面的变化性，这中间是必然的因果联系。现在可以明白，说不变性系于存在者，确切说来乃系于存在者的本体，归根结底乃系于本质。因此，本质是必然因果联系中的原因，现象的变化性便是其结果。这样，认识也就在于从本体之本质去把握到现象层面上变化的原因，揭示其间的必然因果联系。

亚里士多德强调，各门科学就各别具体存在者探求原因，而形而上学（关于本体的科学）就存在者本身这样做。他说："如若关于原因有许多种科学，且对每一种不同的原理都有一种不同的科学，那么，应该把哪一种当做所寻求的科学呢？在诸多掌握科学的人中，哪一位对所研究的事物最有科学知识呢？同一事物可以有所有的四种原因。以房屋为例，它的动力因是工艺或营造师，它的目的因就是它履行的功能，质料因就是泥土和石块，形式因则是定义。从以前对哪种科学应该称为'智慧学'这问题的讨论来看，有理由这样命名每一门科学。因为关于目的和善的科学最成系统，也最有权威，其他科学甚至可能如女奴一般不能违反它，所以，这门科学具有智慧学的性质（因为其他东西都是目的）。但因为关于本体的科学被说成是探究最初原因和最高意义上的知识对象，所以，这门科学一定具有智慧学性质。"① 他进而表明，所谓达到了对自然事物的认识，就在于掌握了变化的原因。他表明："显然我们必须获致关于原初原因的知识（因为，只有当我们认为认识了最初原因的时候，才说是认识了一个事物）。"② "既然我们的目的是要得到认识，又，我们在明白了每一事物的'为什么'（就是说把握了它们的基本原因）之前是不会认为自己已经认识了一个事物的，所以很明显，在生与灭的问题以及每一种自然变化的问题上去把握它们的基本原因，以便我们可以用它们来解决我们的每一个问题。"③

牛顿作为科学的缔造者正是紧紧抓住科学（"自然科学"）在于掌握作为现象之原因的力这一点。他指出："推理力学是一门能准确提出并论证不论何种力所引起的运动，以及产生任何运动所需要的力的科学。……哲学的全部任务看来

---

① W. D. Ross ed.: The Works of Aristotle, Volume viii, Metaphysica, London: Oxford University Press, 1928, 996b 1-14.

② W. D. Ross ed.: The Works of Aristotle, Volume viii, Metaphysica, London: Oxford University Press, 1928, 983a 25-27.

③ 亚里士多德：《物理学》，张竹明译，北京：商务印书馆，1982 年，194b 17-23。

就在于从各种运动现象来研究各种自然之力，而后用这些力去论证其他的现象。”① “力” 正是宏观机械运动物体作为存在者的本体之本质，而运动即其现象。因此，科学便是“从复合物论证到它们的成份，从运动到产生运动的力，一般地说，从结果到原因，从特殊原因到普遍原因，一直论证到最普遍的原因为止”②。

重要的是，牛顿自觉到，科学从哲学怀抱产生出来，作为“实验哲学”必须区别于思辨的哲学本身，就此而言，科学不问自然存在者本体自身的原因，而只探究本体自身作为现象之原因，到此为止。他详细阐明这一点：组成运动物体的“这些粒子不仅有惯性力，并且为那些被看做这种力的自然结果的消极的运动规律所伴随，而且它们还在某些积极的本原，如重力本原，引起物体扰动本原和物体的黏聚本原的作用下运动。这些本原，我认为都不是一些隐蔽的、由事物的特殊形式而产生的性质的结果，而是自然界的普遍规律，并且由于它们而事物本身才得以形成。虽然这些规律的原因还没有找到，但是它们的真实性却以种种现象出现在我们面前。因为这些现象才是明显的性质，而它们的原因只是隐蔽着的。亚里士多德学派的人们不是用‘隐蔽的性质’这一名称来称呼明显的性质，而只是以这名称来称呼那些他们认为隐藏在事物后面而成为明显效果的未知原因的性质，如重力、电磁吸引和扰动等等的原因，如果我们把这些力或作用设想为来自我们所不知道的、不能发现的和使之变为明显的那些性质的话。这些隐蔽的性质将使自然哲学停止不前，没有进步，因此，近年来就被抛弃了。如果你告诉我们说，每一种事物都赋有一种隐蔽的性质，由于它的作用而产生明显的效果；那么，这实际上并没有说明什么问题。但是先从现象中得出两三条普遍运动的原理，而后告诉我们，所有有形物体的性质和作用是如何从这些明显的原理中得出来的；那么，虽然这些原理的原因还没有发现，在哲学上却迈进了一大步”③。

科学乃探究作为本体和本质的“本原”，把“本原”作为现象的原因。然而，就试图探究“本原”的原因即所谓“隐蔽的性质”而言，自然哲学实际上无助于科学进步。所以，牛顿强调，对于科学来说：“除那些真实而已足够说明其现象者外，不必去寻求自然界事物的其他原因。”④

---

① 塞耶编：《牛顿自然哲学著作选》，上海外国自然科学哲学著作编译组译，上海：上海人民出版社，1974 年，第 11 页。

② 塞耶编：《牛顿自然哲学著作选》，上海外国自然科学哲学著作编译组译，上海：上海人民出版社，1974 年，第 212 页。

③ 塞耶编：《牛顿自然哲学著作选》，上海外国自然科学哲学著作编译组译，上海：上海人民出版社，1974 年，第 209-210 页。

④ 塞耶编：《牛顿自然哲学著作选》，上海外国自然科学哲学著作编译组译，上海：上海人民出版社，1974 年，第 3 页。

第三节 现象和齐一性

科学旨在从存在者之本体的不变性去把捉其现象的变化性。就认识对象即存在者而言，这里有两个重要方面。其一，本体的不变性和现象的变化性之间存在必然因果联系，这里原因是作为本体的本质，结果则是现象的变化性。这就是说，科学认识的目标之一是把握这种必然因果性。其二，现象的变化具有齐一性（uniformity），这是指，现象变化是有规律的，是按照规律进行的。这样，科学认识的另一个目标是把握现象变化的齐一性，其知识形态是“经验定律”（empirical law）。

一、现象和质料

形而上学对存在者之“现象”这一构元的把捉和建构，是从事物的质料、个体（个别性）和性质这三个方面着手的。这是由现象作为事物之感性方面所决定的。

形而上学建构了存在者的“本体-现象”结构。然而，“现象”的建构乃始于自然哲学。因此，可以说，自然哲学对知识论做了开创性贡献，并且沿此路线发展而导致形而上学问世。

自然哲学以知识论旨趣面对变化的自然界，致力于从自然本身去把握之。文德尔班指出，这种努力甚至成为哲学运思降世的原始动因。他说：“经验中事物互相转化——这个事实激起了最早的哲学思考。最初，在一个像伊奥尼亚人那样迁徙不定、富有非常丰富多彩的自然界经验的民族中确实产生了对此事实的惊赞。这个事实提供了哲学思考的基本动力。”① 自然哲学家正是着眼于质料去这么做的。“他们的哲学按其所研究的主要对象被正确地叫做‘自然哲学’。他们首先提出作为万物基础的基质问题，对于‘这个问题’，三个米利都人做了不同的回答。从一种始终如一的基质这个假设出发，变化的问题，以及与这个问题连在一起的存在与非存在、生成与消逝、静止与运动的问题就作为一种逻辑的必然随之而来。”②

自然哲学的哲学贡献在于从变化把捉到自然事物的感性质料。问题是它还沿着质料新路线去把捉自然事物的“本原”。亚里士多德站在形而上学立场上指出

① 文德尔班：《哲学史教程》，上卷，罗达仁译，北京：商务印书馆，1989 年，第 49 页。
② 策勒尔（E. Zeller）：《古希腊哲学史纲》，翁绍军译，济南：山东人民出版社，1992 年，第 25 页。

了这一点。他说："最早哲学家大都认为，质料性的本原是万物的唯一本原。"① "显然，说宇宙为一，设定有一类事物是质料，是有空间大小的有形质料的那些人大错特错了。"②

形而上学把变化的感性质料纳入存在者的建构，建起"现象"这个构元，同时也就去除自然哲学赋予同现象相缔合的质料的"本原"地位。亚里士多德就已指出，自然哲学家各派共同地把质料视为万物的本原。③ 及至柏拉图，他的形而上学认为，感性事物不断流变，所以不能加以定义，因而不可能有关于它们的知识。

如果说柏拉图把"质料-现象"排除在"存在者"之外在先，那么，亚里士多德则继之把与质料缔合的现象确立为存在者的构元。首先，他表明，"本体"不可能脱离现象而单独存在。他说："共相不能在其个体之外分离存在。那些说形式存在的人，赋予形式分离的存在，这是对的，假如它们是本体的话；但他们又是错的，因为他们说，形式是多之上的一。他们这样做的原因在于，他们不能指明，离开个别的可感觉的本体而存在的这种不可消灭的本体到底是什么。他们把这种本体看做和可消灭的东西同类（我们知道这类本体）——'人自体'和'马自体'，把'自体'这个词加给感性事物。"④ 其次，亚里士多德把现象提高到具有与本体同等的形而上学地位，称之为"可感觉的本体"，从而使之与本体共同构成"存在者"。关于"可感觉的本体"，他说："……现在可以明白，可感觉本体以及它们如何存在。因为，一则它们是质料；再则是形状，亦即功能；三则是两者的合成。"⑤ 他还强调，离开形状或功能，质料亦是"可感觉本体"，只不过是"潜在的"而已。

二、现象和个体

形而上学建构"现象"，对于自然哲学而言，其进步在于从个体与性质去把捉"现象"。这方面的主要贡献者是亚里士多德。这里先讨论现象与个体的关系。

前面已表明，存在者呈"个体-类"之格局。与存在者的"本体-现象"结

---

① W. D. Ross ed.: The Works of Aristotle, Volume viii, Metaphysica, London: Oxford University Press, 1928, 983b 7-8.

② W. D. Ross ed.: The Works of Aristotle, Volume viii, Metaphysica, London: Oxford University Press, 1928, 988b 23-25.

③ 参见：W. D. Ross ed.: The Works of Aristotle, Volume viii, Metaphysica, London: Oxford University Press, 1928, 986b 14-987a 8.

④ W. D. Ross ed.: The Works of Aristotle, Volume viii, Metaphysica, London: Oxford University Press, 1928, 1040b 27-1041a 1.

⑤ W. D. Ross ed.: The Works of Aristotle, Volume viii, Metaphysica, London: Oxford University Press, 1928, 1043a 27-29.

构相联属，类与本体相应，个体则同现象相应。这便是个体和现象之关系的基本点。这种对应的底蕴在于个体是类作为本体和本质在现象层面的实现和体现。文德尔班指出："亚里士多德又把个别事物的本质定义为个别事物由之而隶属于它的种或类的东西。对他说来，个别事物隶属于类概念，并不是比较理智的任意行为，而是知识深入事物本性，反映其中的真实关系的行为。如果本体与其可感知的现象和属性相对比，本体表示共相；另一方面，类就是在个别实体中自我实现的共相。在此，重复了同样关系：类之存在只是由于类作为个别事物真正存在的本质而在个别事物中自我实现，而个别事物之存在只是由于类在个别事物中通过现象得到表现。"①

柏拉图只承认超越本质层面的类是本体，把现象层面的个体排除在存在者之外。亚里士多德建立起了存在者的"类-个体"格局和"本体-现象"结构，为了强调现象个体的存在论地位——存在者的必要构元，他甚至提出，个体是"第一本体"。尽管总体来说，在他的形而上学那里，类和形式在本体地位上高于个体和现象。

这里，亚里士多德表明，现象作为"本体"端赖于质料，获得"分离性"和"个别性"。他说："质料是本体。但这是不可能的，因为，分离性的'这个性'，看来主要属于本体。"② 亚里士多德强调，现象总是由个体感觉到的，而个人感觉到的也总是分立的离散个体（所谓"较易认识的东西"）。换言之，唯有质料还不行，尚必须成为个体，始能有现象，而认识只能从作为个体的现象出发，因为它是"较易认识的东西"，再由此进而去把握"不易认识的东西"。（前面研讨"存在者的本体-现象结构"时引用过的亚里士多德论述表明了这一点。）"不易认识的东西"，指"类"、"本体"和"本质"。这就把现象与个体联系了起来，也道明了存在者的"本体-现象"结构。这里还应注意到，亚里士多德把个体同作为认识者的个人联系起来，对个体现象的感觉总是个人的。此外，还可看出，亚里士多德已从认识论的视角探讨存在论的问题。诚然，这样做，至晚可以追溯到柏拉图。

亚里士多德还强调，个体作为单一而不可分的实体，是可感知的现象，就此而言，个体才是本体。第二本体则是类，是规定类及其成员的本质，因而是超越的东西，而就其作为属于性质的本质而言，就不能算做"实体"，充其量只能算做第二"本体"。他这样表达此一思想："所有的本体看起来都表示作为个体的

---

① 文德尔班：《哲学史教程》，上卷，罗达仁译，北京：商务印书馆，1989 年，第 193 页。

② W. D. Ross ed.：The Works of Aristotle，Volume viii，Metaphysica，London：Oxford University Press，1928，1029a 27-28.

东西。在第一本体那里，无可争辩地真是如此，因为所表示的是单一的东西。在第二本体那里，例如，当说到‘人’或‘动物’时，我们的言语方式让人们以为这里似乎也在指作为个体的东西，但严格说来并非真是这样，因为，第二本体不是个体，而是赋有某性质的类；因为第二本体不像第一本体那样是单一的，语词‘人’和‘动物’可以述谓一个以上主项。不过，种和属也不是如词项‘白色’那样单单表示性质而已，而是就本体规定其性质：表示性质上分化的本体。”①

三、现象和性质

存在者的“现象”这个构元很大程度上是依存于“性质”的。古希腊前行而上学自然哲学正是始于从性质感悟事物的“本原-现象”构成。亚里士多德表明了这一点。他就此写道：古希腊最早的哲学家大都认为，“一切存在着的东西都由质料构成，最初由它而来，最终又复归于它（本体则存留着，但改变其形态），他们说这就是事物的元素和本原。正是因为这个缘故，他们认为，既没有任何东西生成，也没有任何东西消灭，因为这种实体始终保存着。正如当苏格拉底变得华美或爱好音乐时，我们并不说他绝对在世，当他失掉这些品质时，也不说他去世了，因为基质即苏格拉底自身存留着。他们同样还说，没有任何东西生成或消灭，因为，必定有某个实体——一个或者多个——存在，其他东西都由它生成，而它保存着。”② “形态变化”的是“性质”，而“本原”、“本性”则不变。后来发展起来的形而上学把这原理把握为存在者的“本体-现象结构”。

确切说来，这里说的“性质”是亚里士多德所说的“特性”，因为“偶性”是无知识可言的。不难看出，“特性”构成“种差”，而作为种差，它同“属”一起构成存在者的作为统一体的本质即本体。本质是超越的，“特性”本身则处于“现象”层面。沃克迈斯特对此做了精当的说明：“诚然，‘客体’及其‘属性’不可分离地相处在一起。一旦我们把客体的一切属性都取消或撇开，这个客体本身就不可思议了；一旦我们考虑一个属性本身，它就变成我们经验的一个客体，虽然只是一种‘感觉资料’。然而，拥有若干属性的客体并不是性质的单纯总和。它们是具体地集成的统一体；作为这样的统一体，它们就不只是属性的总和。其实，各别属性的具体集成而不是另外什么东西才构成一个客体的本性。”③

---

① W. D. Ross ed.：The Works of Aristotle, Volume i, Logic · Categoriae, London：Oxford University Press, 1928, 3b 10-20.

② W. D. Ross ed.：The Works of Aristotle, Volume viii, Metaphysica, London：Oxford University Press, 1928, 983b 8-20.

③ 沃克迈斯特：《科学的哲学》，李德容等译，北京：商务印书馆，1996 年，第 92-93 页。

性质有两个重要特点，它们与现象的变化密切相关，这就是异同和程度。

性质可以有相同和相异。亚里士多德指出："我所提到过的特点没有一个是'性质'所独有的，但事实上只有'性质'可以用'相同'和'不同'去述谓，这一事实赋予范畴以示差特征。一事物和另一事物相同，只是就它藉之而如此这般的东西而言的。因此，这构成了性质的独特标志。"①

"性质可以有程度的变化。一个东西可以比另一个东西在更大的程度上被白色述谓。公正的情形亦复如此。并且，同一个事物可以比以前更大程度地显示一种性质：白的东西可以变得更白。尽管情形一般说来都是这样，但是也有例外。如若说公正有程度上的变化，那么就会发生困难。但无论如何无可置疑的事实是，凭借这些性质而被说成是什么的那些事物具有它们的程度是变化的。"②

四、现象和变化

现象如上所述乃由质料、个体性和性质三要素所规定，因此，现象之变化亦可寻迹于这三者。

质料这要素决定了现象之变化总是取事实这种可观察形态。休谟（D. Hume）称为"事实情态"（matters of fact）。他说："人类理性（或研究）的一切对象可以自然分为两种，就是观念关系和事实情态。"③ 他强调事实的变化，表明其反面亦是可能的。他写道："各种事实的反面总是可能的；因为它从不曾含着任何矛盾，而且人心在构想它时也很轻便，很清晰，正如那种反面的事实是很契合于实在情形那样。'太阳明天不出来'这个命题，和'太阳明天要出来'这个断言，是一样可以理解，一样不矛盾的。"④

个体性决定了作为现象的事实总是个别的。维特根斯坦描绘了个别事实即所谓事态所构成的现象世界的图景。他说："世界就是所有的事况。"⑤ "事况，即事实，就是事态的实存。"⑥ "事态是彼此独立的。"⑦ "所有实在的事态的总和就

---

① W. D. Ross ed.: The Works of Aristotle, Volume i, Logic · Categoriae, London: Oxford University Press, 1928, 11a 15-19.

② W. D. Ross ed.: The Works of Aristotle, Volume i, Logic · Categoriae. London: Oxford University Press, 1928, 10b 26-11a 4.

③ 休谟：《人类理解研究》，关文运译，北京：商务印书馆，1981 年，第 26 页。

④ 休谟：《人类理解研究》，关文运译，北京：商务印书馆，1981 年，第 26 页。

⑤ L. Wittgenstein: Tractatus Logico-Philosophicus, London: Routledge & Kegan Paul Ltd., 1981, T1.

⑥ L. Wittgenstein: Tractatus Logico-Philosophicus, London: Routledge & Kegan Paul Ltd., 1981, T2.

⑦ L. Wittgenstein: Tractatus Logico-Philosophicus, London: Routledge & Kegan Paul Ltd., 1981, T2. 061.

是世界。”[①] “对于事物来说，重要的是它们应是事态的可能构分。”[②] P. 斯特劳森的存在论更是“描述”世界，只承认个体的现象世界。他认为，世界存在的是特殊事物，其中尤其个别物体独立于我们而存在，而其他特殊事物都从属于个体。他说：“我们认为，世界包括特殊事物，其中有些独立于我们；我们认为，世界的历史由我们可能参与过或可能没参与过的特殊事件构成；我们认为，这些特殊事物和事件包含在我们日常话语的话题之中，它们是我们可以相互谈论的东西。这些就是关于我们思考世界的方式、关于我们的概念图式的见解。如用一种更被认为属于哲学性的、不甚明白的方式来表达这些见解，那大概是说：我们的存在论。”[③] 这种存在论把捉了存在者的作为现象的个别性事物和事实构元，“描述”了存在者之变化的现象层面。

存在者的“本体–性质”方式决定了作为现象变化的个别事实总是发生在个别事物的性质上面，或者说，总是个体性质的变化。如前所述，这也决定了科学乃通过研究性质来把握本体。这样，就可以明白，科学把握现象变化的齐一性，也就在于把握性质（当然是指固有属性或者说特性，而不包括偶性）变化的齐一性。

本章第二节引用的牛顿的话正是道出了这一原理。他表明，科学旨在获取两方面的知识。一方面，他说：“现象就是明显的性质。”科学便须把握现象层面的性质变化。另一方面，科学要探明“所有有形物体的性质”这现象背后作为原因起支配作用的原理，而原理与现象之间存在“导出”关系也即必然因果关系。

五、现象变化的齐一性

牛顿表明，现象变化是有规律的，科学的任务即以数学定律来把捉这种齐一性。他说：“自然哲学目的在于发现自然界的结构和作用，并且尽可能把它们归结为一些普遍的法则和一般的规律——用观察和实验来建立这些法则，从而导出事物的原因和结果，”[④] “自然哲学”对待自然事物，“舍弃其实体形状和隐蔽性

---

① L. Wittgenstein：Tractatus Logico-Philosophicus，London：Routledge & Kegan Paul Ltd.，1981，T2. 04.

② L. Wittgenstein：Tractatus Logico-Philosophicus，London：Routledge & Kegan Paul Ltd.，1981，T2. 011.

③ P. F. Strawson：Individuals，an Essay in Descriptive Metaphysics，London：Methwen & Co.，Ltd.，1979，15.

④ 塞耶编：《牛顿自然哲学著作选》，上海外国自然科学哲学著作编译组译，上海：上海人民出版社，1974 年，第 1 页。

质而力图以数学定律说明自然现象。”[①] 当然，这种现象齐一性又必须作为“结果”视之，它背后自有作为必然原因的本体在主导。牛顿表明，这本体即“自然之力”。

如前所述，现象变化总是个别事实层面上进行的。这决定了现象变化的齐一性总是蕴涵着“重复性”（replication）。存在者的作为现象的事态总是存在于时空中不同的点上。在时空中，一个点上事态变化的规则对于在其他点上的时态变化同样成立，这就是现象变化的齐一性之重复性向度。

转换到科学的层面来看，这种重复性表现为赖以获取实验事实的观察测量有不变的、可重复的标准。迪尔沃思表明了这一点。他说：这里首先在于“提供一种标准，它使得能够对各个不同情景至少就其共同性质之一进行比较，尽管这些情景在空间和时间上是隔离的。这种东西作为标准起作用，就必须是唯一的；同时，为了用于进行跨越不同时间和地点的测量，它又必须是不变的。然而，这两个对标准的要求给标准的运用带来了困难。因为，如果标准必须是唯一的，则似乎它就只能用于一时一地；再者，如果它是不变的，则不仅对于一个性质的变化和其不变间的比较，而且对于一个性质上的不同变化方式间的比较，它都可能成为尺度不当的标准。不过，这些困难是可以克服的，如果能够把标准本身予以重复的话。于是，这些复制的标准可以同时用于各个不同地点，而且，加以适当的配置之后，它们还可用于对一个性质的诸多不同变化方式做精细和粗疏的比较。这样的标准存在于经验科学之中，也一直在使用着。它们决定了现代科学的测量单位，它们的复制品就是测量仪器”[②]。

第四节　存在者的语言-逻辑建构

前面讨论了作为认识对象的存在者及其不变性的形而上学建构，这种不变性一方面指本体的确定性，另一方面也包括现象变化齐一性。然而，迄今为止，还一直限于从“内容”方面研讨这种建构。问题是存在者的形而上学建构还有其形态和方式的方面，这就是“语言-逻辑建构”。

一、形而上学的语言转向

前面已经提到，西方哲学始终以给知识（科学产生之前）和科学奠基、辩护作为核心问题，围绕它展开。揆诸史实，这个论断大致不差。准此，早在科学

---

① 塞耶编：《牛顿自然哲学著作选》，上海外国自然科学哲学著作编译组译，上海：上海人民出版社，1974 年，第 10 页。

② Craig Dilworth：The Metaphysics of Science，Dordrecht：Kluwer Academic Publishers，1996，75.

哲学从一般西方哲学分化出来而成为独立哲学运动——逻辑实证主义面世之前，广义说来，西方哲学作为“学说体”而言自始便可视为“科学（知识）哲学”。换言之，西方哲学史上一向存在“科学哲学”的传统。

无疑，科学哲学是在一般西方哲学历史发展的怀抱中演进的。作为这种演进的历史背景，西方哲学史包含诸多脉络。西方哲学，尤其科学哲学发展上所谓“转向”云云，今日几成老生常谈。追究起来，当初似乎公认肇始于弗雷格（G. Frege）的语言哲学铸成此说。沿着此一“语言转向”开启的路线，后来塞尔（J. Searle）又走出了“心智转向”。回望历史可以发现，现代的这种“语言转向-心智转向”轮替其来有自，在古希腊和近代可遇见其前世。这“前世今生”构成重要的哲学史脉络，供人依凭去观照科学哲学，从中引出种种启迪，特别是得以把握科学发展的大势和走向，认清各别学派学说的历史和学理定位。同时，这个哲学史脉络也为索解一般西方哲学的历史发展轨迹提供重要线索。当然，它也是循以考量科学的哲学基础的重要路径。

作为形而上学的创立者，柏拉图以其“理念”来建构存在者，确切说来是建构存在者的本体、本质和类之向度。“理念形成一个自在的世界，它是永恒的和不变的。”① 它是“更高级的现实，是思维认知的对象，是精神的、非物质的世界。”② 显然，柏拉图的形而上学运思乃从心智层面建构存在者。

从某种意义上说，柏拉图对于赫拉克利特做出了“心智转向”，当然，这是就弱的意义而言的。赫拉克利特已经把超越的本体把握为“逻各斯”。他指出：“万物根据这个逻各斯生成。”③ 他表明，逻各斯是语言的东西。他说：“对这个永恒存在的逻各斯，人们无论是在听到之前还是初次听到之时都不领会。”④ 这就是说，逻各斯是让人“听”而加以领会的。当然，就如柏拉图对本体的理念把握，其“心智”意味相当粗疏一样，赫拉克利特那里对本体的把握即逻各斯的“语言”意味也是原始的，且很大程度上是隐喻性的。

同时，赫拉克利特那里的逻各斯也只是“前形而上学的”。就形而上学而言，真正重要的是亚里士多德所完成的“语言转向”。亚里士多德除了前面所述完善了由柏拉图开创的对存在者的形而上学建构之外，尤为重要的，他还通过“语言转向”来完成此项工作。现在，存在者的建构在语言层面进行，从而它被

---

① 策勒尔：《古希腊哲学史纲》，翁绍军译，上海：上海人民出版社，2007年，第140页。

② 文德尔班：《哲学史教程》，上卷，罗达仁译，北京：商务印书馆，1993年，第151页。

③ 泰勒主编：《劳特利奇哲学史》，第一卷，《从开端到柏拉图》，韩东晖等译，北京：中国人民大学出版社，2003年，第109页。

④ 泰勒主编：《劳特利奇哲学史》，第一卷，《从开端到柏拉图》，韩东晖等译，北京：中国人民大学出版社，2003年，第109页。

赋予语言的形态。“本体”被这样规定：“所有这些东西之所以被称为本体，是因为它们不给其他主词①作述谓，而其他东西却全都给它们作述谓。”②“本体之为何物：它不述谓基质，而其他一切却都述谓它。”③“一切本体的共同特点是它们都不依存于主词。第一本体既不依存于主词，也不述谓主词。第二本体显然也不依存于任何主词。”④ 不过，“第二本体的名字和定义皆可运用于主词”⑤。

二、逻辑的哲学本质及其哲学史形态

本节标题所以取“存在者的语言-逻辑建构”，乃缘于语言建构和逻辑建构偕与俱来而本质相关之故。如果说语言赋予存在者以实存（existence）形态，那么，逻辑便是存在者的实存方式。显然，存在者的实存，其形态和方式是相互依存而一体的。实际上，上面援引的亚里士多德关于语言建构的话里所说的“主-谓”关系便是语句的逻辑结构，它是对存在者实存方式（“本体-性质方式”）的表达和刻画。语句是形态，其结构便是方式。就存在者而言，有语言的形态，必有其逻辑的方式，而离开这形态，逻辑方式便陷于“毛将焉附”之境。

这里有必要研讨逻辑的哲学本质。逻辑教科书一般都将逻辑规定为“关于思维的形式和规律的科学”。例如，金岳霖主编的《形式逻辑》开宗明义地写道：“形式逻辑是一门以思维形式及其规律为主要研究对象，同时也涉及一些简单的逻辑方法的科学。”这种对于逻辑的理解是偏狭的，严格说来是抽象的，因为它游离于逻辑的哲学本质。康德（I. Kant）把这样理解的逻辑称为“普通逻辑”（allgemeine Logic），说“它既不是一般知性的法规，也不是特殊科学的工具论，而只是日常知性的一种清泻剂。”⑥ 换句话说，这只是对逻辑的常识水平理解。所谓“逻辑的哲学本质”，则是指对于逻辑的哲学的和哲学史的理解。一句话，逻辑是哲学史上具体的东西。尤其是，每一种逻辑都同西方哲学史的重大转向本质相关，而这些转向又同哲学所关怀的科学、知识问题转变相表里。石里克

---

① 原文为 hypokeimenon，英译为 subject。亚氏的语言分析以句法为支点，此词应取义和译为“主词”或“主项”，而非“主体”。

② W. D. Ross ed.：The Works of Aristotle，Volume viii，Metaphysica，London：Oxford University Press，1928，1017b 12-15.

③ W. D. Ross ed.：The Works of Aristotle，Volume viii，Metaphysica，London：Oxford University Press，1928，1029a 6-7.

④ W. D. Ross ed.：The Works of Aristotle，Volume i，Logic · Categoriae，London：Oxford University Press，1928，3a 7-8.

⑤ W. D. Ross ed.：The Works of Aristotle，Volume i，Logic · Categoriae，London：Oxford University Press，1928，3a 17-19.

⑥ 康德：《纯粹理性批判》，邓晓芒译，杨祖陶校，北京：人民出版社，2004 年，B78，第 53 页。

（M. Schlick）就逻辑实证主义所引起的“哲学转变”表明了这一点。他说：“这个伟大的转变并不是依靠方法本身，而是依靠一件完全不同的事，即看清逻辑自身的本质。”[①]各种逻辑正是以固有之哲学本质相区别。

亚里士多德创立形式逻辑，是完成形而上学的主要一环，其意义在于建构存在者的实存方式。存在者取语言的形态，因而形式逻辑坐落在语言层面上。亚里士多德强调，命题首先是语句，同时是逻辑意义上的语句。他说：“一切语句皆有意义。不过，这并非缘于语句是实现身体某机能的天然工具，而如前所述，系约定俗成使然。但是，并非一切语句皆为命题；只有那些或真或假的语句才是命题。例如，祷词是个句子，但它既不真也不假。我们现在摒除所有其他类型语句，只涉及命题，因为它与我们的探究相关，而其他语句的研究不如说属于修辞学或诗学的范围。”[②] 同样，他也强调“三段论是议论”[③]，也即它是命题组成的语句系列。

康德创立的“先验逻辑”是逻辑的又一种历史形态。它是西方哲学史上近代发生的始于笛卡儿（R. Descartes）的“认识论转向–心智转向”的产物。形而上学从语言层面专注于客观存在者，认识论转向之下，哲思聚焦于作为心智的认识主体。这里的核心思想是，认识主体——心智不只是认识能力，更是知识的来源，而这个源泉作为知性乃遵从先验逻辑。心智依凭先验逻辑先天地关乎认识对象，以先天范畴对对象作纯粹思维，从而提供保证必然性的先天知识。

逻辑的第三种哲学史形态可称之为“知识的语言逻辑”。它是西方哲学史上现代发生的始于弗雷格的“方法论转向–语言转向”的产物。方法论哲思从语言层面围绕知识本身展开。知识的语言逻辑对科学语言做逻辑形式化重构，其核心思想是，“知识是语言的逻辑形式”。同时，这种逻辑贯通于科学语言的全部三个向度：语形、语义和语用。方法论正是以知识的语言逻辑为知识本身做了奠基和辩护。

三、形式逻辑的形而上学本质

形式逻辑是亚里士多德发展和完善形而上学时期所创立的。然而，它在后来的哲学发展历程中仍继续发展和完善。逻辑的另外两种历史形态亦复如此。

形式逻辑的形而上学本质包括两个密切相关而相表里的方面，即赋予存在者以语言形态，建构其实存方式。

---

① 洪谦主编：《逻辑经验主义》，上卷，北京：商务印书馆，1982 年，第 7 页。

② W. D. Ross ed.: The Works of Aristotle, Volume i, Logic · De Interpretatione, London: Oxford University Press, 1928, 17a 1-8.

③ W. D. Ross ed.: The Works of Aristotle, Volume i, Logic · Analytica, Priora, London: Oxford University Press, 1928, 4b 18.

这里的关键正在于形式逻辑把存在者的实存方式建构为“实存”此一范畴。存在论原本关乎存在者的“存在”。“存在”乃作为源始现象的存在者向纯粹意识开显的对象性行为。“实存”则是心智对既已开显的存在者做反思，把捉其现成方式所得。也正是这种反思把存在者作为现成东西“劈分”，建构出“本体-现象”结构、“类-个体”格局和“本体-性质”方式。实际上，作为源始现象的存在者是开显行为向纯粹意识呈现的事物本身，而经知性如此拿捏的“现成存在者”则是逻辑的东西。

作为形而上学，在亚里士多德的存在论那里，作为源始现象的存在者是缺席的，而现成存在者则被把握为“本体”（ousia，substance）。严格说来，在他那里，存在者的构元“个体”、“现象”在某种意义上皆被“缩入”“本体”之中。

ousia 正是蕴涵着“实存”这个范畴，其意为现成存在者“安处于本质之中，又显现于外观现象”①。ousia 既是亚里士多德的形而上学，也是他的形式逻辑的核心范畴。就后一方面而言，这正是建构起了现成存在者的实存方式“实存”：“安处于本质中又外显于现象。”②

不过，“实存”范畴不是亚里士多德，而是康德提出的。尽管如此，但亚氏尤其在《解释篇》中已就判断之模态问题，指出必然性对于现实性的在先性和源初性，进而表明具有必然性的东西就是现实的东西。ousia 就其本质性而言是必然的，因着这必然性也就必有现实性，后者即表现为现象界之个体。显然，此即“安处于本质之中又外显于现象”一说之命意。这就是说，由 ousia 的本质性必可推出“实存”。或者说，ousia 原本包括“本质”和“在场”（“外显于现象”）两个意涵，但作为范畴缩略为前者。康德正是从亚氏的判断模态“实然”推出存在论范畴“实存”。他表明，“实存”乃心智反思的产物，又被知性用于对对象作纯粹思维，这就把 ousia 原本所含的“在场”之意也明列为范畴了。

弗雷格对康德在心智层面制定的范畴“实存”做了语言层面的精制，使当初形式逻辑缺失的重要一环臻于完善。他首创逻辑量词理论，其关键正在于引入“特称量词”，以之作为“实存量词”。他表明了实存语句“有些 S 是 P”的逻辑结构。这里尤其突出了逻辑词项系词“是”的形而上学地位。在实存语句“有些 S 是 P”中，客体词（“有些 S”）和谓词（“P”）用系词“是”联结，“是”和谓词构成“概念词”，标示本体（本质）。这种句子表达，本体安处于本质“P”之中而又外显于现实事例“有些 S”，故称为“实存语句”。

---

① 参见：海德格尔：《形而上学导论》，熊伟、王庆节译，北京：商务印书馆，1996 年，第 60、63 页。

② 王宪钧：《数理逻辑引论》，北京：北京大学出版社，1982 年，第 121 页。

值得注意，作为实存量词的是特称量词而不是单称量词。这是因为，从逻辑层面来说，特称量词蕴涵着单称量词。王宪钧的论述说明了这一点：“在命题（3）‘有的事物是有新陈代谢的’里，‘有的’是存在量词。这命题等于‘至少有一事物，它是有新陈代谢的’。用个体变项表示，它可以被写作：‘至少有一X，X是有新陈代谢的。’我们用‘（∃X），（∃Y），…’表示：‘至少有一X，至少有一Y，…’，也就是：‘有X，有Y，…’。”① “至少有一事物”就表明实存量词“有些”（∃）蕴涵着单一个体。缘于此，数理逻辑中没有“单称量词”，只有全称量词和实存量词（特称量词）。再从形而上学来说，斯特劳森在《个体》中提出所谓“描述的形而上学”，强调个体的独立自在性。这个形而上学同样只包括“殊相”和“共相”两个范畴，个体也用“基本殊相”来运思，可以说还原到殊相。

四、本体的形式逻辑建构

存在者的语言-逻辑建构除了上述“实存”方式的建构之外，还包括本体的形式逻辑建构、现象的归纳逻辑建构以及本体-现象结构的演绎建构三个方面。

本体的形式逻辑建构，其基本点是以语句之逻辑主谓结构来规定本体。如上所述，亚里士多德指出，本体不给其他主词作述谓，而其他东西却给它们作述谓。这就是说，本体是语句中的逻辑主词。我们知道，就“心智-理念”层面而言，知识的对象根本上首先是“本体”，而就语言-逻辑层面来说，知识维系于语句的逻辑主词。亚里士多德就此写道：“若某人以其把握借以产生证明的定义的方式把握了不可能成为他者的真理，则他所拥有的就不是意见，而是知识。而另一方面如果他只知道某些属性是对象所固有的，而不是通过对象的本体和本质来理解它们，那么他所拥有的就不是真正的知识，而是意见。”② 这就是说，形而上学意义上形诸语句的逻辑命题才真正是知识。所谓“形而上学意义”乃指对存在者的建构，并且其本体构建为命题的主项。

存在者的本体是由“本体”（ousia）和“性质”等“十范畴”来建构的。其要旨是，“本体”充当主词，而“性质”等九范畴充当谓词，对作为主词的本体做述谓。于是，“十范畴”被划分成了主范畴“本体”和所谓“次范畴”“性质”等“九范畴”两大块。亚里士多德就此写道：“尽管说一个东西是最初的，有许多种意义，但本体在一切意义上都是最初的，不论在定义上，在知识阶次

① 王宪钧：《数理逻辑引论》，北京：北京大学出版社，1982年，第121页。

② W. D. Ross ed.: The Works of Aristotle, Volume i, Logic · Analytica Posteriora, London: Oxford University Press, 1928, 89a 17-21.

上，还是在时间上。其他范畴都不能独立存在，唯有本体能独立存在。"[①] 其他九种范畴作为谓词，"每一种若断言了它本身，或者断言了它所在的属，就都表明了本质。另一方面，当某种谓词被断言于另一种谓词时，就不是表明本质，而是表明数量、性质或另一种谓词。"[②]

本体在命题中做主词（主项）。谓词（谓项）是对作为主词的本体的述谓。谓词可以逻辑地建构为四类：定义、特性、属和偶性。实际上，这四种谓词在本章第二节中讨论"存在者的本体-性质方式"和"本体和本质"时都已一一论及。这里再从"语言-逻辑建构"层面予以补充。

首先是这四种谓词在语句（命题）中的逻辑表现。亚里士多德做了很好的概述："述谓主词的任何谓词与其主词都必然地要求是可换位的，要么是不可换位的。如若可以换位，谓词就是定义或特性，如果谓词表明本质，则它就是定义，否则便是特性。因为，特性之所以为特性，乃在于谓词可与主词换位而又不表明本质。如果谓词与主词不可以换位，则它或者是或者不是主词定义中的词项之一。如果它是这样的词项，则它就是属或种差，因为定义由属和种差构成；如果它不是这样的词项，则它显然就只能是偶性，因为如前所述，偶性不是主词的定义或属，也不是特性，但它作为属性又是属于主词的。"[③] 这就是说，谓词作为定义和特性，乃与主词结成"换位"这种逻辑关系，两者的区别在于是否指示本质。若无换位关系，则谓词便是属（若其进入定义之中）或者偶性（若其不进入定义）。

其次，这四种谓词乃由"本质"和"性质"等九范畴充当。这样，它们述谓主词即本体时，便或者指示本体的本质，或者指示本体的"性质"等九范畴之一种（其余八种范畴为数量、关系、地点、时间、状态、具有、活动和受动）。

五、现象的归纳逻辑建构

作为存在者的构元，现象同样需要做语言-逻辑的建构，不过这是作为归纳的建构。

比诸柏拉图，亚里士多德开始注意到并重视"现象"这个构元。但是，真正说来，现象的归纳构建这一工作是由培根（F. Bacon）进行的。康德对之做了崇高的评价，他甚至引用培根《伟大的复兴》"序"中的话作为《纯粹理性批

---

① W. D. Ross ed.: The Works of Aristotle, Volume viii, Metaphysica, London: Oxford University Press, 1928, 1028a 31-35.

② W. D. Ross ed.: The Works of Aristotle, Volume i, Logic · Topica, London: Oxford University Press, 1928, 103b 36-39.

③ W. D. Ross ed.: The Works of Aristotle, Volume i, Logic · Topica, London: Oxford University Press, 1928, 103b 7-19.

判》（第二版）的“题辞”，因为培根的贡献事关“在经验性的原则上”“建立”自然科学①。科学的重心固然在于把握存在者的“本体”这个构元。然而，若离开“现象”，则这种努力便非复知识活动，而将成为思辨。

然而，作为存在者的构元，现象乃同本体之间存在必然因果联系，因而就不是杂乱偶发的东西，而应当是经过归纳建构起来的东西。培根这样说到这种逻辑建构的必要性：“特殊的东西乃是数目极其庞大的一支军队，而且那支队伍又是如此星罗棋布，足以分散和惑乱我们的理解力，所以我们若只凭智力的一些小的接战、小的攻击以及一些间歇性的运动，那是没有多大希望的。要想有希望，必须借着那些适用的、排列很好的、也可以是富有生气的‘发现表’，把与探讨主题有关的一切特殊的东西都摆开而排起队来，并使我们的心就着那些‘发现表’所提供的、经过适当整理和编列的各种补助材料而动作起来。”② 总之，“真正的经验方法——首先点起蜡烛，然后借蜡烛为手段来照明道路；这就是说，它首先从适当地整列过和类编过的经验出发，而不是从随心硬凑的经验或者漫无定向的经验出发。”③

如前所述，存在者的现象构元乃同质料、个体性和性质（特性，固有属性）等本质有关，或者说由它们所规定。现象的归纳建构正是对这种相关和规定的落实。归纳总是从所谓“各别事例”也即一个个可观察事实或实验事实出发。同时，归纳作为“真正的经验方法”，不是以偶性，而是以特性为对象，所以，归纳从有限多事例出发引出的结论带有普遍性。其实，归纳建构以现象变化的齐一性为根据，或者说，是对齐一性的落实。牛顿对于归纳建构的原理，以物体的广延性、不可入性和惯性等物理属性为例予以说明。例如，关于广延性，牛顿说：“我们既不应由于自己的空想和虚构而抛弃实验证明；也不应取消自然界的相似性，因为自然界习惯于简单化，而且总是与其自身和谐一致的。除了通过感觉以外，我们没有其他办法可以知道物体的广延性，而我们的感觉又不能遍及所有的物体；但是由于在一切可感觉的物体中我们都觉察到广延性，所以我们也普遍地把它归属于其他一切物体。”④ 可以说，牛顿乃通过归纳建构，“整理”出这些物理属性，再去研究其原因，这正同培根的上述思想相契合。

---

① 参见：康德：《纯粹理性批判》，邓晓芒译，杨祖陶校，北京：人民出版社，2004 年，BX11，第 13 页。

② 培根：《新工具》，许宝骙译，北京：商务印书馆，1984 年，第 80 页。

③ 培根：《新工具》，许宝骙译，北京：商务印书馆，1984 年，第 60 页。

④ 塞耶编：《牛顿自然哲学著作选》，上海外国自然科学哲学著作编译组译，上海：上海人民出版社，1974 年，第 4 页。

六、本体-现象结构的演绎建构

“本体-现象”这结构质言之在于必然因果联系。这同样是一种形而上学建构。具体说来，这是由三段论演绎推理来作逻辑建构的。三段论把握和规定了本体和现象之间的必然因果联系，从而建构了“本体-现象”结构。

亚里士多德把三段论划分为三种：辩证的三段论、论辩的三段论和证明的三段论。辩证的三段论，是“从普遍接受的意见出发进行的推理”①。其前提是或然性的“意见”。论辩的三段论指破斥诡辩，辨认谬误，揭露逻辑错误的推理，它是“从仿佛被人们所接受而实际并没有被人们所接受的前提出发去推出结论，它是有争议的论辩。”② 证明的三段论乃处于形而上学水平，是对“本体-现象”结构的演绎建构。

亚里士多德强调，证明事关事物内在“心声”：“一切三段论，更不用说证明，所关涉的不是口头说辞，而是心灵的话语。”③ 这就是说，证明是对存在者本身的“本体-现象”这个内在结构的表达、规定和建构。

亚里士多德论述“证明”时首先表明这样一点：“当我们认为，我们知道某事实所依从的原因就是该事实而非别的事实的原因，又知道该事实不可能是其他样子时，我们就认为我们拥有了关于一个事物的绝对的科学知识，而不是像智者那样，只具有偶然的知识。显然，科学知识就是这样的。”④ 这就把对存在者（事物）的认识归结为对其本体（原因）和现象（事实）间的必然因果关系的把握，而这关系现在就表现为“证明”。“证明”包括两大环节：前提（本体、原因）是真实的以及前提（本体）和结论（事实）间有必然联系。

首先，证明把本体建构为原初的真实的前提（“基本真理”）。亚里士多德强调：“当着说证明知识的前提必须是原初的时，我是指，它们必须是‘适当的’基本真理，因为我把原初的前提和基本真理相等同。证明中的基本真理是直接命题。所谓直接命题是指在它之前没有其他命题。”⑤ “证明的知识的前提必须是真

---

① W. D. Ross ed.：The Works of Aristotle，Volume i，Logic · Topica，London：Oxford University Press，1928，100a 30-31.

② W. D. Ross ed.：The Works of Aristotle，Volume i，Logic · De Sophisticis Elenchis，London：Oxford University Press，1928，165b 7-9.

③ W. D. Ross ed.：The Works of Aristotle，Volume i，Logic · Analytica Posteriora，London：Oxford University Press，1928，76b 25-26.

④ W. D. Ross ed.：The Works of Aristotle，Volume i，Logic · Analytica Posteriora，London：Oxford University Press，1928，71b 8-13.

⑤ W. D. Ross ed.：The Works of Aristotle，Volume i，Logic · Analytica Posteriora，London：Oxford University Press，1928，72a 6-8.

实的、原初的、直接的、比结论更容易认识的，且先于结论，并且结论同前提的关系如同结果之于原因。只有满足了这些条件，基本真理才‘适合’于结论。”①

其次，证明把本体之作为原因建构为三段论的所谓“中项”，以中项的必然性来保证结论的必然性，从而建构起前提（本体）到结论（现象）之间的必然因果联系。亚里士多德说明了这条证明原理：“当中项是必然的，结论就必定是必然的，正如真实的前提总是给出真实的结论。例如，若 A 必然地述谓 B，B 必然地述谓 C，则 A 就必然地述谓 C。”② 这里 B 是中项，A 为“大项”，C 为“小项”。

第五节　本体的实在性

相信外在自然界独立于作为认识者的我们人类而存在，相信客观外在世界分成本质和现象两界。这种对于“主客相分”和“本质现象相分”的信念是科学的基础和前提。形而上学乃为这种信念提供辩护。转换到问题的层面，这落实为“存在者之本体的实在性”问题。这个问题可以说已然成为形而上学和一般存在论的核心问题和焦点问题。实在论和反实在论长期聚讼不已，正是反映了这一点。“本体实在性”问题蕴涵着“现象实在性”问题。这里先研讨本体实在性问题。

细究之下，本体的实在性包括客观性、建构性和此在性三个向度。大致说来，客观性是本体实在性之基础的、主导的向度，实际上，离开了客观性，本体实在性也就无从谈起。至于建构的向度，放到所谓“实在论-反实在论之争”的背景中来看，反实在论实质上是在张扬本体实在性的建构向度。由此观之，实在论则是在坚持客观向度。此在向度是在把本体实在性移置于生存论脉络中予以审视之下而呈现出来的。

一、本体实在性的客观向度

本体实在性的客观向度，或者说本体的客观存在，是科学最根本的哲学基石。爱因斯坦（A. Einstein）就表达了这种观念：“在我们之外有一个巨大世界，它离开我们人类而独立存在，它在我们面前就像一个伟大而永恒的谜，然而至少部分地是我们的观察和思维所能及的。对这个世界的凝视沉思，就像得到解放一

---

① W. D. Ross ed.: The Works of Aristotle, Volume i, Logic · Analytica Posteriora, London: Oxford University Press, 1928, 71b 20-22.

② W. D. Ross ed.: The Works of Aristotle, Volume i, Logic · Analytica Posteriora, London: Oxford University Press, 1928, 75a 6-7.

样吸引着我们，而且我不久就注意到，许多我所尊敬和钦佩的人，在专心从事这项事业中，找到了内心的自由和安宁。在向我们提供的一切可能范围里，从思想上掌握这个在个人以外的世界，总是作为一个最高目标而有意无意地浮现在我的心目中。"① 他说的"世界"指他所谓的"实在"。他说："世界是离开人的精神而独立的实在。"② 而"实在"正是同现象相对的本体。"'实在'决不是直接给予我们的。给予我们的只不过是我们的知觉材料。"③ 爱因斯坦坚持把对于本体客观实在的这种信念作为自己实际科学工作的哲学基础。他就此写道："我信仰客观存在的世界中的完备定律和秩序，而我正试图用放荡不羁的思辨方式去把握这个世界。我坚定地相信，但是我希望：有人会发现一种比我的命运所能找到的更加合乎实在论的办法，或者说得妥当点，会发现一种更加明确的基础。"④

哲学上，从巴门尼德到柏拉图，在最初建构作为本体的存在者时，一开始就确立起本体实在性的客观向度。

实际上，巴门尼德最早提出"实在"（aletheie）时就强调这是指事物本身的状态，也就是说，本体是客观的存在。在他那里，aletheie"所指的不是任何是或者构成一个正确判断的东西（词、语言、思想），它是正确判断所关涉的，并且由以被保证的：事物的基础性的实际状态——实在。"⑤柏拉图同样强调，理念作为存在者本体在于事物本身，也即是客观的。柏拉图写道："那么，每个理念⑥都是这些思想之一，然而却可以没有思想的对象吗？不，这是不可能的。那么它是关于某事物的思想？是的。它是对存在着的某事物的思想，还是对不存在的某事物的思想？它是对存在着的某事物的思想。作为思想对象的某一事物，实际上就是思想观察到的、能覆盖所有例证的一个性质，是吗？是的。那么这个被认为

---

① 爱因斯坦：《爱因斯坦文集》，第一卷，许良英、范岱年编译，北京：商务印书馆，1976 年，第 2 页。

② 爱因斯坦：《爱因斯坦文集》，第一卷，许良英、范岱年编译，北京：商务印书馆，1976 年，第 269 页。

③ 爱因斯坦：《爱因斯坦文集》，第一卷，许良英、范岱年编译，北京：商务印书馆，1976 年，第 512 页。

④ 爱因斯坦：《爱因斯坦文集》，第一卷，许良英、范岱年编译，北京：商务印书馆，1976 年，第 415 页。

⑤ 泰勒主编：《劳特利奇哲学史》，第一卷，《从开端到柏拉图》，韩东晖等译，北京：中国人民大学出版社，2003 年，第 149 页。

⑥ 原文为 ιδεα，英译为 idea，汉译通行为"理念"。作者以为，此译名最为贴切而受用。"理"传达"理性"之意，"念"指其为精神性东西，此皆深合柏拉图的本意。所谓一部西方哲学史皆在为柏拉图作注，准此，"理念"果真在康德、黑格尔和胡塞尔诸大哲手里一路传下来，金身不败。有译为"相"者，无端另起炉灶，实在失诸弄巧成拙。殊不知，汉语哲思语境之中，如熊十力所说："相者，即是性之生生、流动、诈现相状，余故说为功能。譬犹大海水变成众沤，比喻法相。大海水，比喻法性……"（《体用论》）"理念"却是"本体"对应于"性"。

是一，在各种情况下都保持相同的事物不就是一个理念吗？这也是可以推论得出来的。”①

本体的客观实在性在科学哲学产生伊始便成为其关注的焦点。意味深长的是，作为科学哲学的第一个哲学运动，逻辑实证主义（同时它又是一般西方哲学现代发展的重要运动）以“拒斥形而上学”为标榜。它否认本体的客观实在性，否认所谓“理论实体”的实在性。逻辑实证主义这样做，是出于彻底撇清科学和形而上学即哲学的关系，使之壁垒分明。这是站不住脚的。无怪乎，及至后期，卡尔纳普（R. Carnap）、克拉夫特（V. Kraft）和艾耶尔（A. Ayer）等主要逻辑实证主义者都转向实在论，承认本体的客观实在性。

爱丁顿（A. S. Eddington）以著名的“两张桌子”论述本体的客观实在性，受到科学哲学家广泛关注和援引。这里不妨将之录引如下：“其中一张桌子是我从小就熟悉的……它有广延，相对说来它是持久的，它有颜色，而首先它是实体性的……第二号桌子是我的科学之桌。它……大部分是虚空，在这虚空之中稀稀落落地分布着大量电荷，这些电荷以极大的速度穿来穿去，但它们加起来的总体积小于桌子本身体积的一万亿分之一。（虽然如此，这张桌子）像第一号桌子一样令人满意地支撑着我的稿纸，因为当我把纸张放在它上面时，那些微小的带电粒子以猛烈的速度不断地冲击纸的背面，从而使纸张像一只被踢打的毽子似地始终维持在一个近乎稳定的水平面上……我面前的这些纸究竟是像放在一群苍蝇的背上那样地在维持平衡呢……还是由于有实体在它们的下面，而实体的本性就是排斥其他实体而占据空间，从而使它们得到了支撑，这可是完全不同的两码事。……我用不着告诉你们，现代物理学通过精细的实验和不留情的逻辑使我坚信我的第二张科学之桌是真正放在那儿的唯一的桌子，……另一方面，我也不需要告诉你们，现代物理学永远也不可能成功地驱逐第一张桌子这个妖魔——这个外部自然、心理幻想与传统偏见的奇怪混合物——这个目所能见、手所能触的怪物。”② 这里，“科学桌子”便指代“本体”。正如这段话的引者亨佩尔（C. G. Hempel）所指出的，爱丁顿不恰当地否弃“常识桌子”之作为现象及其客观实在性。不过，也许同对待爱丁顿的此一观点的态度相关，亨佩尔作为重要的逻辑实证主义者也不得不承认“理论实体”的地位。他说：“自然科学正是由于深入到人所共知的经验现象这一层次之下而取得了它最深刻、最影响深远的见解。”③ 如果科学“把自己局限于研究可观察现象，那就根本不可能构写出任

---

① 柏拉图：《巴门尼德篇》，载：《柏拉图全集》，第二卷，王晓朝译，北京：人民出版社，2003 年，132B-C。

② 亨佩尔：《自然科学的哲学》，陈维杭译，上海：上海科学技术出版社，1986 年，第 87-88 页。

③ 亨佩尔：《自然科学的哲学》，陈维杭译，上海：上海科学技术出版社，1986 年，第 87 页。

何精确而普遍的说明性定律。……如果把理论上设定的实体一概斥之为虚构，那就未免显得过于轻率了。”①

二、本体实在性的建构向度

当着说“本体实在性的客观向度”时，那是从事物本身的方面来考量本体的实在性。现在研讨“本体实在性的建构向度”，则可以说把认识主体也牵扯进来去探讨本体的实在性。这里“主体”是作为认识者来看待的，或者说主体取其认识论向度。当把主体移至存在论层面时，本体实在性的此在向度便呈现出来，这是下一个论题。这里说的“建构”当然是“狭义的”或者说“强的”意义上的建构。

本体客观存在，但认识者同本体之间由现象隔开。这样，科学由理论和概念所通达和把握的本体实际上是认识者以心智建构的。爱因斯坦对此做了精辟解说。他表明，我们坚信本体（“实在”）客观存在，因而坚信必有理论是关于本体的。他说：“但是现在我听到你说：‘不错，可是实在世界的存在，同我们有没有一个关于它的理论这件事毫无关系。’在我看来，这样的说法只不过意味着：‘我相信存在着这样一种适当的理论，它所依据的是一种关于在空间-时间中扩延的假想客体及其有规律的关系的假定。’这种信仰在我们身上是根深蒂固的，因为它作为科学以前的一种思想基础，实际上是不可或缺的。科学接受了这一信仰。”② 然而，科学家同实在隔现象相望，于是便诉诸心智，去建构实在。他写道：“科学桌子”“这样的概念像其他一切概念一样，都是思辨-构造类型的概念。否则，人们就不可能正确对待那些在物理学上要求描述实在的概念，而且有被如下的幻觉引入歧途的危险，那就是以为我们日常经验的‘实在’是‘真正存在的’，而物理学的某些概念只是‘单纯的概念’，它们同‘实在’之间被一条不可逾越的鸿沟分隔开。但在事实上，断定‘实在’是独立于我的感觉而存在的，这是理智构造的结果。”③ 他强调，理智建构实在，其建构程度尤其表现在建构是“自由的和任意的”。他表明，“从知觉材料到达‘实在’，到达理智，只有一条途径，那就是有意识的或无意识的理智构造的途径，它完全是自由地和任意地进行的。”④ 他指出，牛顿力学中，空间、质点和运动等“实在元素”都

① 亨佩尔：《自然科学的哲学》，陈维杭译，上海：上海科学技术出版社，1986 年，第 91 页。

② 爱因斯坦：《爱因斯坦文集》，第一卷，许良英、范岱年编译，北京：商务印书馆，1976 年，第 514 页。

③ 爱因斯坦：《爱因斯坦文集》，第一卷，许良英、范岱年编译，北京：商务印书馆，1976 年，第 512-513 页。

④ 爱因斯坦：《爱因斯坦文集》，第一卷，许良英、范岱年编译，北京：商务印书馆，1976 年，第 512 页。

是这样建构起来的。[①] 当然，他说“自由和任意”，只是极言本体的建构性。事实上，他还是表明，这种建构乃受作为“知觉材料”的现象制约。[②]

这样，本体实在性的建构向度就包括两个方面。首先，本体是理论或概念的建构。其次，这种建构受现象或经验制约。上面的研讨只是从心智层面展开，现在更重要的从语言–逻辑层面展开。

就前一方面而言，建构向度被把捉为所谓“内实在性”。普特南作为实在论者就此提出“内在实论”。他把从事物本身对实在性的把握也即所谓“形而上学实在论”称为关于本体实在的“外实在论”。他说：“根据这种观点，世界是由不依赖于心灵之对象的某种确定的总和构成的。对‘世界的存在方式’，只有一个真实的、全面的描述。真理不外乎在语词或思想符号与外部事物和事物集之间的某种符合关系。这种观点我将称为‘外在论’观点。”[③] 显然，“外实在论”是对本体实在性之客观向度的把握和表达。而内实在论则认为，形诸语言的概念和理论不是对外部世界的镜式反映，它们形同作为“说话者”的认识主体的“环境”。这样，本体的居处被从外部世界“内移”到“环境”中。普特南写道：“不是语言像镜子那样反映世界，而是说话者像镜子那样反映世界——即他们的环境——就建构这环境的符号表示而言。”[④] “我将称这种观点为内在论观点，因为这种观点的特征在于，在它看来，构成世界的对象是什么这个问题，只有在某个理论或某种描述之内提出，才有意义。”[⑤] 说话者即认识主体面对的是他自己建构起来的环境，对这个“内部世界”——与我们认识者切近的世界——作镜式反映。

这里重要的是说话者的建构是以外部实在世界为对象的。普特南就这样写道：“一个反实在论者认为，我们的理论和阿基米德（Archimedes）的理论并不是对某个固定的独立于理论的实体的领域的两个近似正确的描述，他倾向于怀疑科学中的‘收敛’观念——他并不认为，我们的理论是对阿基米德曾描述过的同一客体的更好的描述。”[⑥] 而他认为，事实上，在成熟的科学中，科学成果是可以交流的，后来的理论更好地描述了以前理论所关涉的客体。所以，他说：“我认为，如果我们超理论地应用真理和外延概念（即认为这些概念是由用我们

---

① 爱因斯坦：《爱因斯坦文集》，第一卷，许良英、范岱年编译，北京：商务印书馆，1976 年，第 514 页。

② 爱因斯坦：《爱因斯坦文集》，第一卷，许良英、范岱年编译，北京：商务印书馆，1976 年，第 513 页。

③ 普特南：《理性、真理与历史》，童世骏、李光程译，上海：上海译文出版社，1997 年，第 55 页。

④ H. Putnam：Meaning and the Moral Sciences，Boston：Routledge and Kegan Paul Ltd.，1978，123.

⑤ 普特南：《理性、真理与历史》，童世骏、李光程译，上海：上海译文出版社，1997 年，第 55 页。

⑥ H. Putnam：Mind，Language and Reality，Cambridge：Cambridge University Press，1975，236.

自己以外的理论语言表述的陈述规定的)，那么，我们就应当接受它们所属的实在论观点。"①"超理论"的基础就在于客观外部世界中的共同客体。无疑，这里彰显了本体实在性中客观向度对于建构向度的奠基和主导地位。可见，实在论总是从本体的客观实在性出发去张扬其建构向度。

就后一方面而言，即理论和概念的建构受现象或经验制约而言，建构向度被把捉为，理论这个语言-逻辑系统，作为对"内环境"的"镜式反映"，其真理性尽管以超理论的客观本体为支撑，但也还是要依从于"证据"，后者由认识主体在现象层面建构起来。这方面的主要贡献者是达米特，他从反实在论立场出发，否认本体的客观实在性。问题是，"证据说"本身是合理的，是对本体实在性之建构向度的重要理论贡献。

达米特是从"实在论-反实在论之争"的脉络中提出他的"证据说"的。他说："我选择这样来表征实在论者和反实在论者的论争：把这论争表示为不是同实体类或词项类相关联，而是同陈述类相关联，这些陈述举例说来可以是关于物理世界的陈述、关于精神事件、过程或状态的陈述、数学陈述、过去时态的陈述、未来时态的陈述，等等。从现在起，我将称这个类为争论类（disputed class)。我把实在论表征为这样的信念：争论类陈述具有客观的真值，后者独立于我们用以认识它的手段：这类陈述因为独立于我们的实在而是真的或假的。反实在论者提出与之相对立的观点：争论类陈述应当仅仅参照这样的东西来理解，即被我们当做该类一个陈述的证据。这就是说，实在论者认为，争论类陈述的意义并不直接同我们可能占有的它们的那种证据相联结，而在于由事态确定它们真假的方式，而这些事态的存在并不取决于我们对它们的证据的占有。相反，反实在论者坚认，这些陈述的意义直接同我们所认为的它们的证据相联结，因此，如果争论类的一个陈述是真的，那么，它只能是因某个东西是真的，这个东西是我们能够认识的，而且应当把它当做这陈述为真的证据。可见，这争论乃关于对于争论类陈述为恰当的真理概念；这意味着，它是关于这些陈述具有的意义的论争。"② 所谓"争论类"陈述，是指实在论者和反实在论者就它们的真理性问题展开论争的陈述，显然主要指涉及本体实在性的那些陈述，也即所谓理论陈述。达米特说："一个理论陈述为真，凭借的是对它进行证实并且由它加以说明的观察结果。"③ 作为"证据"的观察陈述的建构性，一方面是前面已研讨过的"现象的归纳逻辑建构"，另一方面，而且更重要的，在于认识主体要在"内环境"

① H. Putnam：Mind，Language and Reality，Cambridge：Cambridge University Press，1975 ，236.

② M. Dummet：Truth and Other Enigmas，Cambridge：Harvard University Press，1978，146.

③ 达米特：《形而上学的逻辑基础》，任晓明、李国山译，北京：中国人民大学出版社，2004 年，第 303 页。

也即理论架构之内来建构观察陈述，而这是强意义上的“建构”。值得指出，这里从本体实在性之建构向度观照的“理论-证据”架构构成了将在第三章中研讨的“方法论”的形而上学基础。

三、本体实在性的此在向度

生存论展现了认识主体作为“此在”的存在论地位和本性，从而彰显了本体实在性的此在向度。第四章将专门讨论科学的生存论基础（作为“发现的哲学”），这里仅限于“本体实在性”问题论及生存论。

形而上学止于把捉现成存在者本身，把人把捉为认识主体而放逐于存在论局外。现象学存在论作为生存论，显现了人作为特殊存在者的存在论本质和地位。海德格尔指出：“如果人成了第一性的和真正的一般主体，那就意味着：人成为那种存在者，一切存在者以其存在方式和真理方式把自身建立在这种存在者之上。人成为存在者本身的关系中心。”① 这样，人作为“此在”与一般存在者“同宗”。显然，这种“同宗”关系乃缘于或者说根源于“存在”本身：人的存在和物的存在同一。这决定了人和一般存在者互为对象化存在。海德格尔强调了这种关系：“存在者乃是涌现者和自行开启者，它作为在场者遭遇到作为在场者的人，也即遭遇到由于觉知在场者而向在场者开启自身的人。存在者并不是通过人对存在者的直观——甚至是在一种具有主观感知特性的表象意义上的直观——才成为存在者的。毋宁说，人是被存在者所直观的东西，是被自行开启者向着在场而在它那里聚集起来的东西。”②

这种互为对象化决定了“此在”的客观性，尤其后者归根结底是一般存在者也即事物本体的客观性。这就是说，本体实在性的此在向度同样以客观向度为基础和主导。同时，因着存在论地位和本质，“此在”的建构又比对应“认识主体”的建构向度更为深广。

“此在”的“建构”之深广在于“此在”构成使存在者在其中彰显的“澄明之境域”。“在存在者状态上，用形象的语言说到在人之中的 Cumen naturale[自然之光]，指的无非是这种存在者的生存论存在论结构：它以是它的此的方式存在。它是‘已经照亮的’，这等于说：它作为在世的存在就其本身而言就是澄明的，不是由于其他存在者的澄明，而是：它本身就是澄明。惟对于从生存论上如此这般澄明了的存在者，现成的东西才可能在光明中通达，在晦暗中掩藏不

---

① 海德格尔：《林中路》，孙周兴译，上海：上海译文出版社，1997 年，第 84 页。
② 海德格尔：《林中路》，孙周兴译，上海：上海译文出版社，1997 年，第 87 页。

露。"[①]"此在"展现视域，成为存在者开显的境域。这有如"现场"，让存在者在其中显现，并且存在者整体在那里被表象为"世界图像"。海德格尔就此写道："人就把自身设置为现场（die Szene），在其中，存在者从此必然摆出自身（sich vor-stellen），必然呈现自身（sich präsentieren），亦即必然成为图像。人于是就成为对象意义上的存在者的表象者（der Repräsentant）。"[②] 在这关系中，存在者整体成为"世界图像"。"世界图像并非意指一副关于世界的图像，而是指世界被把捉为图像了。这时，存在者整体便以下述方式被看待，即仅就存在者被具有表象和制造作用的人摆置而言，存在者才是存在着的。"[③]

值得指出，库恩（T. Kuhn）的范式论正是从科学哲学层面对现象学生存论的落实。这个理论的核心是"范式"和"科学共同体"。"范式"（paradigm）这个源自希腊文的词原来蕴含"共同显示"的意思。科学共同体拥有"范式"，正是以"范式"作为自己的"此在"。"范式"作为"此在"正构成共同体的视域，也即存在者作为自然现象在其中开显的境域。一定的"范式"意味着一定的"视域/境域构成"，也意味着世界被把捉为一定的图像。

作为本体实在性的此在向度，"视域/境域"的建构包括两个"自由度"：时间和空间。

先讨论"此在与时间"。这事关生存论上"在场和不在场"的问题。

存在者存在，也就是存在作为在场状态。然而，存在作为现象"首先和通常"乃取不在场或者说遮蔽状态。"在现象学的现象'背后'，本质上就没有什么别的东西，但应得成为现象的东西仍可能隐藏不露。恰恰因为现象首先和通常是未给予的，所以才需要现象学。遮蔽状态是'现象'的对应概念。"[④] 从"存在作为在场"可以追索到存在与时间的关系。存在者在场，也就是留存着，留存也就是在时间中停留。这就是存在者作为物之具有"时间性"。这样，尽管存在本身不是物，没有时间性，但"存在仍然通过时间，通过时间性的东西，而被规定为在场"[⑤]，"还是被时间规定为在场状态"[⑥]。另一方面，时间本身不是物，因而没有时间性，但时间在流逝中存留着即在场，"因此，时间是被一个存在规定

---

① 海德格尔：《存在与时间》，陈嘉映、王庆节译，北京：生活·读书·新知三联书店．1987年，第163页。

② 海德格尔：《林中路》，孙周兴译，上海：上海译文出版社，1997年，第88页。

③ 海德格尔：《林中路》，孙周兴译，上海：上海译文出版社，1997年，第86页。

④ 海德格尔：《存在与时间》，陈嘉映、王庆节译，北京：生活·读书·新知三联书店，1987年，第45页。

⑤ 海德格尔：《面向思的事情》，陈小文、孙周兴译，北京：商务印书馆，1996年，第3页。

⑥ 海德格尔：《面向思的事情》，陈小文、孙周兴译，北京：商务印书馆，1996年，第3页。

的"[①]。总之，"存在与时间交互规定"[②]。存在与时间的这种根本关系在作为此在的人那里得到落实。存在作为在场乃对于此在的在场，这在场在时间的境域之中。"在未经明言地领会着和解释着存在这样的东西之际，此在所由出发之域就是时间。我们必须把时间摆明为对存在的一切领悟及对存在的每一解释的境域。必须这样本然地理解时间。"[③] 康德那里作为感性范畴的时间应当如此建基于生存论。准此，人作为此在，被时间规定为"被在场状态关涉的存在者"。"人就站在在场状态的关涉中，这种站法是这样的，即由于他能获知那在让在场中显现的东西，所以他把在场、有接受为赠礼。"[④] 否则，"存在就不仅是依然遮蔽着，也不仅是依然锁闭着，而是人被排斥在'有存在'的范围之外了，这样，人便不是人了。"[⑤] 这里，重要者还在于，"过去"、"当前"和"将来"都同"在场"、"不在场"和"此在"本质相关。"当前"同"在场"联属，"过去"和"将来"是"不在场"，而不是"不存在"。"过去"是"曾在"。"过去"的"东西不再以我们从在当前意义上的在场中所认识的方式存在并活动着。然而这种不再现在的东西仍然在其不在场中直接地存在并活动着，也就是说，按照与我们相关涉的曾在的方式活动着"[⑥]。"将来"亦复如此，这"不在场也在尚未当前的意义上按照走向我们这个意义上的在场的方式与我们相关涉。"[⑦] 这三者统一于"相互达到"。将来达到曾在，曾在达到将来，这种交替之中又达到当前。"当前"作为直接当下的在场，是敞开。"曾在"在向将来传递中被达到而作为当前予以拒绝，从而敞开。"将来"在向"曾在"传递中被达到而扣留，从而敞开。这三重敞开意味着"达到"乃通达作为此在的人本身。所以说，人作为以时间为视域的此在，作为被在场状态关涉的存在者，就在于"站在三维的达到之内"[⑧]。

生存论以"在场-不在场和存在者时间性"学说揭示，人作为此在而给本体实在性带来此在向度，这包括两个方面：本体实在性总是同特定的在场存在者相联属；本体实在性总是从属于特定的理论，并从属于不同理论之间的关系。

先讨论前一方面。此在在时间中建构让存在者向自己在场的境域。这决定了认识主体所面对的总是特定的当下在场存在者，而本体实在性总维系于这存在

---

① 海德格尔：《面向思的事情》，陈小文、孙周兴译，北京：商务印书馆，1996 年，第 3 页。

② 海德格尔：《面向思的事情》，陈小文、孙周兴译，北京：商务印书馆，1996 年，第 3 页。

③ 海德格尔：《存在与时间》，陈嘉映、王庆节译，北京：生活·读书·新知三联书店，1987 年，第 22-23 页。

④ 海德格尔：《面向思的事情》，陈小文、孙周兴译，北京：商务印书馆，1996 年，第 13 页。

⑤ 海德格尔：《面向思的事情》，陈小文、孙周兴译，北京：商务印书馆，1996 年，第 13 页。

⑥ 海德格尔：《面向思的事情》，陈小文、孙周兴译，北京：商务印书馆，1996 年，第 13 页。

⑦ 海德格尔：《面向思的事情》，陈小文、孙周兴译，北京：商务印书馆，1996 年，第 14 页。

⑧ 海德格尔：《面向思的事情》，陈小文、孙周兴译，北京：商务印书馆，1996 年，第 17 页。

者。形而上学承诺静态不变的本质世界，从而导致存在论普遍主义——存在者普同不变。古典科学二百多年的历史正是基于此形而上学而不懈努力的过程。科学革命孕育的量子力学和相对论在基本概念上迥异于古典物理学，呈现了另一幅“世界图像”，暴露了古典科学的对象只是“特定的当下在场者”。总之，本体实在性取决于存在者的在场状态，归根结底取决于此在对境域的建构。海森伯从现代科学的发展中洞见这条哲学原理。他说：“在每次面临一个完全新的认识的时候，我们应当每次都和哥伦布（C. Columbus）一样，勇气百倍地离开那已知的陆地，而差不多像发狂一样希望在大海彼岸会发现另一个新大陆。这样的认识，可以防止我们要犯过去难以避免的错误，那就是把新的经验领域强行塞进那陈旧而对它们不相称的概念框架中去。”① 这时要认识到：“物理学的进展创造了新的实在。”②

再讨论后一方面。此在建构视域，科学理论就是这样的视域。这样，存在者的在场便由这视域决定，而本体实在性的此在向度便在于这实在性依从于各别理论，尤其不同理论间的相互关系。显然，这里所说的“不同理论”不外乎过去已有的理论、现在的理论和将来的理论。它们对应的客体分别处于过去、现在和将来的在场状态。它们通达此在，又相互达到。这就决定了本体实在性依从于特定理论以及各理论间的相互关系。特别可以指出，由此可以明白，不同理论之间是可以相互通约的。

此在对“视域/境域”的建构，或者说本体实在性的此在向度还有空间的“自由度”。形而上学可以说仅仅关注本体实在性的空间性，却又是无意识的。生存论在揭示存在的时间性的同时又自觉到空间性。劳斯（J. Rouse）就是从科学哲学层面折射这种生存论状况。他提出，人作为认识者的同时又更以其行动（实践）建构（人这时是此在）同其特定科学活动相联属的特定客观自然界，即他所称的“实验微世界”，而微世界是对世界的地方性重构（local reconstruction）。微世界又构成认识者所处的“情境”（situation）或曰“世界布局”（configuration）。此在通过特定实践建构起特定的地方性“微世界”，并在实践中以之为情境和对象进行认识活动。这种“地方性”也就是本体实在性缘于此在而禀持的空间性。

第六节　现象的实在性

同本体实在性相对应，现象的实在性亦包括客观、建构和此在三个向度。性

---

① 海森堡：《严密自然科学基础近年来的变化》，《海森堡论文选》翻译组译，上海：上海译文出版社，1978 年，第 19 页。

② 爱因斯坦：《爱因斯坦文集》，第一卷，许良英、范岱年编译，北京：商务印书馆，1976 年，第 377 页。

质对于现象有着特殊重要的地位和意义，尤其就实在性问题而言。因此，首先讨论它。存在者包含本体和现象两构元。然而，如前所述，它也还有其“本体-现象”结构。所以，结构的实在性是存在者实在性的题中应有之义。

一、性质的实在性

对现象实在性的考量，往往始于对性质实在性的探讨。这正是性质实在性对于现象实在性的特殊重要意义所在。“哲人科学家”玻恩（M. Born）这样说到少年时对于性质实在性的好奇：“我有一个表兄，当我还在中学读书时，他已经是个大学生了。他除了听化学课外，还听哲学课，这种哲学课给了他深刻的印象。有一次他突然问我：‘当你把这片叶子叫做绿的，或者把那个天空叫做青的时候，你究竟指的是什么呢？’我认为提这个问题有些多余，于是回答说：‘我指的就是绿和青，因为，我看到的同你看到的完全一样。’但是，这个回答并没有使他满意。‘你怎么知道，我看到的绿同你看到的绿完全一样呢？’‘当然因为所有人都同样看到它是绿色的啰。’我的回答仍然没有使他满意。‘有些人是色盲，他们看到的颜色不同；例如，其中有些人不能区分红和绿。’因此，他把我问得无话可答，并使我明白，无法确定别人看到什么，甚至‘他看到的与我看到的一样’这个陈述也没有明确的意义。”① 显然，这里颇疑惑于因感觉而生的性质之主观性。

洛克正是出于对这一点的关注而提出“第一性质”和“第二性质”的著名区分。他把性质分为三类，前一类属第一性质，后两类属第二性质。他就此写道：“第一就是物体中各凝固部分底体积、形相、数目、位置、运动和静止。这些性质不论我们知觉它们与否，总是在物体中存在的。物体如果大到足以使我们把这些性质发现出来，则我们便可以由此得到事物本身底观念，就如许多人造的东西便是。这些性质我叫它们做第一性质。第二就是任何物体中一种特殊的能力，它可以借不可觉察的第一性质，在某种特殊形势下，在我们底感官上生起作用来，并且由此使我们生起不同的各种颜色、声音、气味、滋味等等观念。人们常叫这些性质为可感的性质。第三亦是任何物体中一种特殊的能力，它可以借第一性质底特殊组织，使别的物体底体积、形相、组织和运动，发生了变化，以异乎先前的另一个方式来影响我们底感官。就如太阳就有能力来使蜡变成白的，火就有能力来使铅变成流动的。这些性质，人都叫做能力。”② 总之，他认为，“第

---

① 玻恩：《我的一生和我的观点》，李宝恒译，北京：商务印书馆，1979 年，第 85 页。

② 洛克：《人类理解论》，上册，关文运译，北京：商务印书馆，1981 年，第 106-107 页。

一性质”“不论我们看到它们与否，它们总是在物体中存在的”①。“第二性质”则取决于我们的感觉，因而是主观的。至于它所包括的两类的区别在于，前一类是“直接知觉到的第二性质”②，后一类是“间接知觉到的第二性质”③。

实际上，在洛克之前，培根已经提出了大致相同的思想。培根认为，“为了理解物理现象，必须考虑三个方面，即它们的从感觉得到的性质、它们的固有的即物理的性质和构成它们的基础的形式。例如，热是一种由感觉得到的性质，即它是某些物质现象于一定条件下在生物中产生的一种感觉。这种热并不处于所谓的热的实体之中，而后者据认为是引起这感觉的原因、泉源或刺激。人们倒是应当说，这热实体具有在生物体中产生热的感觉（或者可能是增加气体的体积，等等）的能力。正是这种能力构成了这热的实体的固有性质即物理性质。培根把物质客体的这种或任何类似的物理性质或能力（如颜色或重量）称为‘本质’。按照培根的意见，每种‘本质’又依赖于某个看不见的即潜在的过程，他称之为‘形式’；而因为这种过程符合于规律，所以培根还用‘规律’这个术语代替‘形式’。”④ 显然，培根所说的“感觉得到的性质”和“本质”正对应于洛克的“第一性质”和“第二性质”，而“形式”或“规律”则相当于“本体”。

“第一性质”的客观性自无疑义。所以，“性质实在性”归根结底在于所谓“第二性质”的客观性问题。

“第二性质”在洛克看来只是在人身上引起感觉的能力，因而是主观的，非实在的。肯尼对此做了很好的反驳。他写道：“洛克说，第二性质只是在我们当中产生感觉的能力。姑且假定这是对的，但这并不意味着第二性质不是拥有这些性质的对象的真实属性，也不意味着它们仅仅是主观的性质。有毒的就是具有在动物中产生某种效果的能力，但这是客观的事情，事关可确定的事实，而无论某物是否是有毒的。”⑤ “洛克认为第二性质是在人身上产生感觉的能力，这是对的；他也有论证表明相同对象引起的感觉会随环境而变化（温水对冷的手会显得热，而对热的手显得冷；颜色在显微镜下看来是大不相同的）。第二性质是以人为中心的，是相对的，但从这一事实无法得出，它们是主观的或虚构的。罗伯特·玻义耳（Boyle）提出了一个令人印象深刻的形象比喻：第二性质有如钥匙，适合于特定的锁，这锁就是不同的人类感觉。”⑥

---

① 洛克：《人类理解论》，上册，关文运译，北京：商务印书馆，1981 年，第 107 页。

② 洛克：《人类理解论》，上册，关文运译，北京：商务印书馆，1981 年，第 109 页。

③ 洛克：《人类理解论》，上册，关文运译，北京：商务印书馆，1981 年，第 109 页。

④ 沃尔夫（A. Wolf）：《十六、十七世纪科学、技术和哲学史》，周昌忠等译，北京：商务印书馆，1985 年，第 712 页。

⑤ 肯尼编：《牛津西方哲学史》，韩东晖译，北京：中国人民大学出版社，2006 年，第 125 页。

⑥ 肯尼编：《牛津西方哲学史》，韩东晖译，北京：中国人民大学出版社，2006 年，第 126 页。

重要的是，肯尼表明，“第一性质”和“第二性质”的区分本身并不成立，“第二性质”也是事物所固有的，而“第一性质”也具有“感受性”。他说：洛克认为，“唯有第一性质是与其主体不可分的，这就是说，物体不可能没有形状或大小，却可以没有气味或味道。我们要从这一论证理解到什么呢？物体必须具有某种形状，这或许不错，但任何特定的形状都必定会丧失，例如蜡块可以不再是立方体而变成球体。至少某些第二性质也当然会这样，以热为例，一物体可以不再是热的，但它必然有一定的温度。我们或许会说，这个反驳包含着误解，因为洛克并不把热视为连续统上的一个点［即便胡克（R. Hooke）在1665年发明了温度计］，而是视为感受性。但洛克关于热的论述或许也适用于第一性质。运动是第一性质，但物体可以不运动。只有我们把运动和静止视为以‘可动性’（mobility）为单一轴心的一对可能取值，我们才能说这时我们得到了一种与物体不可分的性质。”①

二、现象的实在性

这里先研讨现象实在性的客观向度。

如前所述，存在者的现象构元涉及个别性、性质和质料三个方面。准此，现象的客观性亦可从这三个方面来考量。

无疑，现象就个别性而言的客观性在亚里士多德那里就已确立。如本章第三节所述，个体凭其自身作为“实体”即客体就已取得本体实在性，不若属和种即类须凭借“性质”即“本质”而成为“本体”。也正是因为这个缘故，个体被奉为“第一本体”，而类屈居“第二本体”。其实，这也是对柏拉图的反拨，在后者那里，现象根本没有形而上学地位，亚里士多德才赋予个体作为现象以实在性。

关于现象就性质而言的客观性，如上所述，洛克和培根都肯定了“第一性质”或“本质”的客观实在性，而所谓“第一性质”和“第二性质”的区分实际上并不成立，因而性质的客观性便一般地得到肯定。

至于质料方面，这是指可观察和可感觉性，因而可以视同一般而言的“现象”。就此而言，现象的实在性是由逻辑实证主义或逻辑经验主义予以肯定的。洪谦指出：“对于这个‘实在性问题’，实在论和实证论在原则上的不同点，就在于前者认为所谓‘真正的’实在是一种超出一切实际现象而独立存在的，至于后者则认为‘真正的’实在是在这个实际现象中而能感觉的一种实在。”② 马

① 肯尼编：《牛津西方哲学史》，韩东晖译，北京：中国人民大学出版社，2006年，第125页。

② 洪谦：《维也纳学派哲学》，北京：商务印书馆，1989年，第60页。

赫（E. Mach）的经验主义把事物现象只从“感觉的复合”去把握，仅仅肯定了它的主观方面，即从感觉经验上去分析。逻辑经验主义批评这种观点，称之为“内在实证主义”。“‘内在实证主义’（Immanenz Positivismus）这个用语是维也纳小组的创始人石里克企图用来刻画 E. 马赫和 R. 阿芬那留斯（Avenarius）的老实证主义的名称。在老实证主义那里曾提出这样的要求，即科学应该只限于对直接被给予者（das unmittelbar Gegebene）进行尽可能准确而经济的描述。但是，所谓被给予者，只是那些被称作感觉的诸如颜色、声音、气味等等的要素。我们称作物体的东西，只是这些要素的相对稳定的组合。”① 按照这种观点，除了经验中存在的“感觉的复合”之外，“像外部世界的实在性或意识彼岸的事物的存在这类问题就消失。在被给予的要素和这些要素的依赖性之外再也没有什么东西了。石里克认为这种观点是行不通的。”② 石里克认为，作为经验对象的现象是客观事物所有的，是实在的。他说：“原始的经验，一堆有秩序的感觉材料的单纯存在，并不需要事先假定一个‘主体’、‘自我’、‘我’或‘心灵’；即使没有任何导致形成这些概念的事实，这种经验也可以发生。它不是任何一个身体的经验。想象一个没有植物、没有动物和人的身体（包括身体 M）、没有上述心理现象的宇宙，是并不困难的；它确实是一个‘没有心灵的世界’（因为此外还有什么东西能够配得上这个名称呢?），但是，这个世界里的自然规律同我们现实世界里的完全一样，我们能够用我们的实际经验（只需删掉一切涉及人的身体和情感的字眼）来描述这个宇宙；这就足以把这个宇宙说成一个可能经验的世界。最后这段话可以作为真正的实证主义的一个主要论题的一个证例：对世界的朴素的表象，正如人们在大街上看到的那样，是完全正确的。”③ 总之，逻辑实证主义肯定现象的客观实在性，把它把握为“外在”的“直接被给予者”。

现象的客观实在性的把握在于揭示，现象为客观事物本身所有。对于现象实在性的建构向度的哲学洞见则在于在肯定这种客观性的同时，进而表明，现象尚有由认识主体加以建构的方面。

康德做了这样的工作。他首先表明，客体作为认识对象总是以其现象被给予认识主体的感性直观。他写道：“一种知识不论以何种方式和通过什么手段与对象发生关系，它借以和对象发生直接关系并且一切思维作为手段以之为目的的，还是直观。但直观只是在对象被给予我们时才发生，而这种事至少对我们人类来说又只是由于对象以某种方式刺激内心才是可能的。通过我们被对象所刺激的方

---

① 施太格缪勒（W. Stegmüller）：《当代哲学主流》，上卷，王炳文等译，北京：商务印书馆，1989年，第379页。

② 施太格缪勒：《当代哲学主流》，上卷，王炳文等译，北京：商务印书馆，1989年，第380页。

③ 洪谦主编：《逻辑经验主义》，上卷，北京：商务印书馆，1982年，第68页。

式来获得表象的这种能力（接受能力），就叫做感性。所以，借助于感性，对象被给予我们，且只有感性才给我们提供出直观；但这些直观通过知性而被思维，而从知性产生出概念。但一切思维必须无论是直截了当地（直接地）还是转弯抹角地（间接地）借助于某些标志最终与直观、因而对我们人类来说与感性发生关系，因为以别的方式不可能有任何对象给予我们。"①

康德进而表明，现象作为从外部直接给予感性的东西，以空间和时间作为其形式，作为自己的可能性条件和基础。他首先强调，空间和时间作为感性直观形式使得现象所具有的客观实在性成为"经验性的实在性"。他说："在现象中，客体、乃至于我们赋予这些客体的诸性状，任何时候都被看作某种现实被给予的东西。"② 同时，紧接着他又强调说："就这些性状在这被给予的对象与主体的关系中依赖于主体之直观方式这点而言，该对象作为现象是与它自身作为自在的客体有区别的。"③ 所谓"主体之直观方式"，是指空间和时间是主体感性对现象的"直观表象"。他表明，从这个意义上说，"一般现象在我们的表象之外就什么也不是，而这正是我们本来通过现象的先验的观念论所要说的。"④ 显然，康德说的"区别"正是对现象实在性的"建构"向度的把握。空间和时间作为感性的纯粹直观形式正是属于主体的建构能力。它们兼具"经验性的实在性"和"先验的观念性"，道出了现象的实在性秉持着"客观"和"建构"两向度。

现象之实在性在其客观和建构两向度之外，亦有其"此在"向度。沃克迈斯特对现象实在的此在性图景做了相当好的描绘。他写道："'经验'是一种两极的多重体或复合体，它的实在性集中在一个'认识者'和一个'被认识者'之中。然而，'认识者'和'被认识者'两者本身在称为'经验'的两极复合体之外都没有任何实在性。它们不是什么独立'存在'的形而上学的或其他种类的'实体'，而是在包含它们两者的一个实在中的关系，而这实在本身又只依赖于它们两者而存在。我们通常在经验的意义上视作为'主体'和'客体'的东西只是远远超越了原始经验关系的'认识者'和'被认识者'的复合的和扩张了的解释而已。"⑤ "认识者"以其"此在"地位铸成融主客双方于一体的客观实在现象。这样，就可以明白，现象作为"直接被给予者"原来不是绝对的、独

① 康德：《纯粹理性批判》，邓晓芒译，杨祖陶校，北京：人民出版社，2004 年，A19 = B33，第 25 页。

② 康德：《纯粹理性批判》，邓晓芒译，杨祖陶校，北京：人民出版社，2004 年，B69，第 48 页。

③ 康德：《纯粹理性批判》，邓晓芒译，杨祖陶校，北京：人民出版社，2004 年，B69，第 48 页。

④ 康德：《纯粹理性批判》，邓晓芒译，杨祖陶校，北京：人民出版社，2004 年，B535 = A507，第 415 页。

⑤ 沃克迈斯特：《科学的哲学》，李德容等译，北京：商务印书馆，1996 年，第 87 页。

立的、与主体相对峙的，而是依从于主题，与主体相纠缠。从形而上学出发，把“直接被给予者”视为绝对的基础，这种观点被称为基础主义和还原主义。在生存论时代背景下，爱因斯坦明确提出反对这种基础主义。“批判那个来源于恩斯特·马赫的观点，即那种认为感觉材料是唯一的实在的观点，或者更一般地说，任何一种预先认定某种东西是一切知识的绝对确定的基础的观点。”①

生存论揭示，现象实在性的此在向度彰显。现象一方面作为事物的现象而有其客观性，同时又经过主体的建构；另一方面，现象作为境域乃同作为此在的视域相融合而依从于视域。这样，现象作为“直接被给予者”乃相对于、依从于此在而言。所谓的“仪器实在论”便是科学哲学层面对这种生存论观点的一种表达。它表明，古典力学和量子力学没有共同作为“直接被给予者”的现象。

三、本体-现象结构的实在性

“本体-现象”结构是指本体和现象及其关系。这样，“本体-现象结构的实在性”问题便可归结为“本体和现象的关系的实在性”问题，而这个问题的症结在于表明，这种关系是事物本身所固有的。

首先，本体和现象的关系是必然因果联系。就此而言，本体作为原因处于主导地位。这在前面的研讨中已阐明。问题是这里还需从实在性视角探讨这种关系的客观实在性。

爱因斯坦表明了本体对于现象的这种主导关系。他说：“我相信，我们需要有一个概念世界来把我们的感觉变成可以为思想所利用的东西。以为我们知觉到这个世界，那是幻想。当我们说我们知觉到这个世界，我们就已经把我们的感觉转化成概念的东西了。我们的感觉所给予我们的东西，只有通过一种概念的构造，才能变成一种世界观。因此不能断言可观察世界的后面不存在一个（客观的实在）世界，因为这种可观察的世界本身并不存在——也就是说，世界并不是由我们感觉给予我们的。”② 这里，他否定“可观察世界”，意在强调本体世界是根本的、主导的，而前者可以还原到这个本体世界，并没有否定现象及其实在性。相反，他强调，只有在本体对于现象的客观逻辑支配关系中，本体世界才展示其客观实在性。“概念和理论只有在它们对感觉经验间的关系提供出逻辑表示的限

① 爱因斯坦：《爱因斯坦文集》，第三卷，许良英、赵中立、张宣三编译，北京：商务印书馆，1979年，第394页。

② 爱因斯坦：《爱因斯坦文集》，第三卷，许良英、赵中立、张宣三编译，北京：商务印书馆，1979年，第384页。

度内才站得住脚。”[1] 本体和现象之间有着客观的必然联系，因此，理论和概念必须把握住这种联系。

黑格尔（G. Hegel）更是把存在者的“本体-现象”出之以逻辑形态即“概念-判断”，把本体和现象的客观关系把捉为“概念”和“判断”之间的逻辑关系。他表明：“无论概念也好，判断也好，均不单纯是在我们脑子里找出来的，也不单纯是由我们造成的。概念是内蕴于事物本身之中的东西；事物之所以是事物，即由于其中包含概念，因此把握一个对象，即是意识着这对象的概念。当我们进行判断或评判一个对象时，那并不是根据我们的主观活动去加给对象以这个谓词或那个谓词。而是我们在观察由对象的概念自身所发挥出来的规定性。”[2] 作为判断的事物可观察现象是作为概念的事物本体之规定性的展现。他还特别用判断中的系词“是”去表达本体和现象的逻辑关系。“当我们说，‘这朵玫瑰花是红的’或者说‘这幅画是美的’时，我们这里所表达的，并不是说我们从外面去把红加给这朵玫瑰花，把美加给这幅画，而只是说红、美等是这些对象自身特有的诸规定。”[3]

其次，反向地，本体和现象间的关系在于可以从现象去推定本体。这同样是一种客观实在的关系。

玻恩从科学出发探究这个哲学问题。他把这个问题端了出来：“我们是从一个怀疑论的问题出发的：客观的外部世界的存在怎么能从主观的经验世界推论出来呢？事实上这种推断是与生俱来的，而且非常自然，以至于怀疑它似乎有点荒唐。”[4] “现象后面是否存在不依赖于观察者的客观世界，这个问题是无法逃避的。”[5] 他表明，理论物理学正是实现了从现象向其背后的本体的过渡。他就此写道：“过渡到实在是由理论物理学做的；理论物理学把符号同观察到的现象联系起来。能够做到这一点，隐藏的结构就同现象联系了起来；正是这些结构，物理学家看做是主观现象后面的客观实在。”[6]

康德从哲学上表明了这一点。“康德认为一种‘现象’的存在必须背后有一物的存在。所谓‘现象’者，就是表示它为某一物一定的‘现象’。”[7] 他认为，从现象可以推知其背后有相应的本体存在（尽管他以为本体不可知）。所以，他

---

① 爱因斯坦：《爱因斯坦文集》，第一卷，许良英、范岱年编译，北京：商务印书馆，1976 年，第 480 页。

② 黑格尔：《小逻辑》，贺麟译，北京：商务印书馆，1980 年，第 339 页。

③ 黑格尔：《小逻辑》，贺麟译，北京：商务印书馆，1980 年，第 339 页。

④ 玻恩：《我的一生和我的观点》，李宝恒译，北京：商务印书馆，1979 年，第 91 页。

⑤ 玻恩：《我的一生和我的观点》，李宝恒译，北京：商务印书馆，1979 年，第 98 页。

⑥ 玻恩：《我的一生和我的观点》，李宝恒译，北京：商务印书馆，1979 年，第 95 页。

⑦ 洪谦：《维也纳学派哲学》，北京：商务印书馆，1989 年，第 110 页。

说：“作为我们的感官对象而存在于我们之外的物是已有的，只是这些物本身可能是什么样子，我们一点也不知道，我们只知道它们的现象，也就是当它们作用于我们的感官时在我们之内所产生的表象。因此无论如何，我承认在我们之外有物体存在，也就是说，有这样的一些物存在，这些物本身可能是什么样子我们固然完全不知道，但是由于它们的影响作用于我们的感性而得到的表象使我们知道它们，我们把这些东西称之为‘物体’；这个名称所指的虽然仅仅是我们所不知道的东西的现象，然而无论如何，它意味着实在的对象的存在。”①

最后，“本体-现象结构”的实在性还在于本体和现象两者之间存在客观的“对应”关系。

爱因斯坦极其重视这种“对应”关系对于科学的重要意义。尤其是他强调，这种对应关系根源于本体和现象的客观对应关系。他写道：“我们对于那些有关实在的想法表示信赖或相信，仅仅根据于如下的事实：这些概念和关系同我们的感觉具有‘对应’的关系。我们所陈述的‘真理’内容就在这里建立起来。在日常生活中和在科学中就都是这样。如果现在在物理学中，我们的概念同感觉的这种对应或相关愈来愈间接，我们就没有权利可以责备这门科学是用幻想来代替实在。只有当我们能够指明某一特殊理论的概念不可能以适当的方式同我们的经验相关联的时候，上述的那种批评才能站得住脚。”②

同样，石里克从哲学上阐明这一点。石里克认为，对对象世界的认识提供了对康德的自在之物世界的认识，尽管有这样一个事实，即我们只能为自己直观地提供现象世界的对象，而绝不能提供自在之物，因此，我们也不能形成关于它的任何表象。”③ 本体处于超越世界，而我们所以能够通过认识现象而同时达致对本体的认识，在石里克看来，乃缘于“在现象世界和康德的自在之物世界之间有一种同型性（eine Isomorphie）（一种单义的符合），以使现象世界的事物与自在之物一一对应。因此，当我们用我们的概念和判断单义地标志现象世界的事物和事实时，由于上面提到的那种符合，我们也就以此单义地标志了自在世界的事物和事实。为了认识，我们无需要求更多的东西了”④。

---

① 康德：《任何一种能够作为科学出现的未来形而上学导论》，庞景仁译，北京：商务印书馆，1982年，第50-51页。

② 爱因斯坦：《爱因斯坦文集》，第一卷，许良英、范岱年编译，北京：商务印书馆，1976年，第513页。

③ 施太格缪勒：《当代哲学主流》，上卷，王炳文等译，北京：商务印书馆，1989年，第383页。

④ 施太格缪勒：《当代哲学主流》，上卷，王炳文等译，北京：商务印书馆，1989年，第383页。

第二章　科学的认识论基础：认识主体的建构

第一章研讨的形而上学建构起作为认识对象的存在者。这样建构起来的存在者对知识起到规定作用。它规定，知识必须符合于存在者。同时，显而易见，这里说的“知识”是指作为认识活动的成果的知识，即现成的知识。也就是说，形而上学是在所谓“辩护的脉络”中展开的。认识论和方法论同样如此。第四章的生存论则是在“发现的脉络”中展开，它所奠基的，不是现成的知识，而是致力于“发现”的科学认识活动。

认识论揭示，主体如何保证认识活动所获致的知识符合形而上学所建构的存在者。同时，认识论也就建构起认识主体，后者能确保给出关于存在者的知识。若此，认识论也就从认识主体方面为科学奠定了基础。

第一节　认识主体——知识的源泉

既然认识的主体只是保证知识符合于存在者，那么，又怎么说认识主体是知识的源泉呢？问题在于前面已表明的，存在者有其“建构向度”。这就是说，“存在者”固然是对客观自然事物的建构，但建构者恰恰是认识主体，而认识者又是从自身出发去建构的。从这个意义上说，与其说认识主体确保知识符合于存在者，还不如说认识主体规定了知识。如此说来，知识必须同时服从于存在者和认识主体的规定。因为存在者有由认识主体建构的方面，因此认识主体委实是知识的源泉。知识来源于认识主体，知识又符合于客观存在者。

一、认识主体是知识的源泉

科学是关于自然界的知识，又是人类创造的奇迹。西方哲学作为科学/知识哲学势必对“知识源泉”这个奥秘产生好奇心。同时，这又是哲学在以形而上学建构了存在者之后必然跨出的一步——转向建构认识主体。

哲学在为科学奠定认识论基础上面，首要的工作是确立认识主体作为知识之源泉的地位。这里首功应当归于笛卡儿。他正是以此在西方哲学史上占据重要里程碑的地位。古希腊的形而上学带有某种素朴性。“在胡塞尔看来，笛卡儿思想的无可争议的新颖之处就在于克服这种素朴性的那个必要步骤，该步骤改变了哲学本身的根本特征。笛卡儿的这个独特成就就是塑造了‘一种转向主体自身的哲学’，一种转向意识主体、转向‘自我’、转向‘我’的哲学。笛卡儿试图‘有史以来第一次揭开……必然回归自我的那种真正的意义，进而克服早期哲学探讨的潜藏的却已隐约感觉到的素朴性’。更确切地说，认识到主体、人自身的意识自我是无可争议的、绝然确定的存在，简言之，是著名的笛卡儿的‘我思’（cogito），这正是笛卡儿的历史功绩之所在。”①

笛卡儿立志要为作为知识理论的哲学找到“阿基米德点”。他要用怀疑的方法来找到这个绝然确实的知识基础。既然为着肯定某种东西而去怀疑，所以他只是采用怀疑方法，而不是从怀疑论出发。若此，他终于发现，只有作为认识主体的“我”才是真实存在的。他写道：“我怎么知道就没有另外一种东西，与我方才认为不确实的那些东西不同，对于它一点怀疑都不能有呢？就没有一位上帝或者某个别的［可以用任何名号来称呼它的］势力把这些思想放到我心里吗？这并不是必要的，因为也许我自己能够产生出这些思想来。那么我至少不就是一个东西吗？可是我已经否定了我有任何感官、任何形体；然而，我现在犹豫了，因为这样能得出什么结论来呢？我就是这样依赖形体和感官，以至于没有它们我就不能存在吗？可是我相信过世界上什么都没有，相信过没有天，没有地，没有心智，也没有形体；那么我不是也相信过我不存在吗？完全不是这样。如果我相信过某件事，［或者只要我思想过某件事］，我就无疑是存在的。可是有一个我不知道是什么的骗子，非常有力，又非常狡猾，总是用尽心机来骗我。如果他欺骗我的话，那我就毫无疑问是存在的；不管他怎样骗我，只要我一想到我是一个东西，他就决不能使我不存在。所以，对一切事物充分思想、仔细考虑过之后，就一定会得出结论，并坚持‘有我，我存在’这个命题，只要我一说出它来，或者我心里一设想到它，就必定是真实的。”②

那么，这个“我”又究竟是什么呢？他在科学求知生涯之后，乃从这个问题来开始哲学认识的探求。他说：“我花了好几年的功夫这样去研究世界这本书，并且力求获得一些经验之后，有一天我下定了决心，也要来研究我自己，并且把

① 史密斯（A. Smith）：《胡塞尔与〈笛卡尔式的沉思〉》，赵玉兰译，桂林：广西师范大学出版社，2007年，第14页。

② 笛卡儿：《形而上学的沉思》，载：《十六—十八世纪西欧各国哲学》，北京大学哲学系外国哲学史教研室编译，北京：商务印书馆，1975年，第160-161页。

我的心智的全部力量用来选择我们应当遵循的途径。”①

他终于发现，作为认识主体的“我”是“思想着的实体”。他就此写道：“我究竟是什么东西呢？一个在思想的东西。什么是一个在思想的东西呢？就是一个在怀疑、理解、[理会]、肯定、否定、愿意、不愿意、想像和感觉的东西。的确，如果这些东西都属于我的本性，那就不少了。可是为什么它们不属于我的本性呢？我岂不是那样一个东西，它现在几乎怀疑一切，然而又在理会和理解某些东西，它肯定只有这一些东西是真的，而否定其他的一切，它愿意对这些东西知道得更多，而不愿意受骗，它想像出许多东西，甚至于有时候竟违背自己的意志，而又感觉到许多东西，好像凭借着身体器官的媒介似的？虽然我总是要睡觉，虽然那个给予我存在的实体运用了它的全部心机来欺骗我，难道就没有一件东西同‘确实有我’、‘我确实存在’一样真实？在这些属性中有没有一种可以与我的思想分开，或者可以说与我自己分离呢？因为事情本身就十分明显，是我在怀疑，在理解，在愿意，在这里是并不需要加添任何东西来加以说明的。并且，我也确实有想像的能力；因为虽然我想像出的那些东西有可能（像我以前假设的那样）不是真的，可是这种想像的能力仍然不失为真实存在于我之中，构成我的思想的一部分。最后，我就是那个在感觉的东西，也就是说，是那个好像凭着感觉器官而知觉到某些事物的东西，因为事实上我看见光，听见声音，感觉到热。可是有人会向我说，那些现象是假的，我是在做梦。就算是这样，可是最低限度，我好像觉得我看见光、听见声音、感觉到热总是确实的；这总不能是假的，真正说来，这就是在我之中称为感觉的东西，严格地说，这不是别的，就是思想。从这个地方起，我才开始比以往更清楚明白一点认识到我是什么。”②

这样，笛卡儿确立了认识主体作为思维实体乃知识之源泉这条认识论首要原理。他说：“‘我思想，所以我存在’这条真理是这样确实，这样可靠，连怀疑派的任何一种最狂妄的假定都不能使它发生动摇，于是我就立刻断定，我可以毫无疑虑地接受这条真理，把它当作我所研求的哲学的第一条原理。”③

康德正是循此理路进一步建构作为知识源泉的认识主体。他表明：“我们的知识来自于内心的两个基本来源，其中第一个是感受表象的能力（对印象的接受性），第二个是通过这些表象来认识一个对象的能力（概念的自发性）；通过第一个来源，一个对象被给予我们，通过第二个来源，对象在与那个（作为内心的

---

① 笛卡儿：《方法谈》，载：《十六—十八世纪西欧各国哲学》，北京大学哲学系外国哲学史教研室编译，北京：商务印书馆，1975 年，第 141 页。

② 笛卡儿：《形而上学的沉思》，载：《十六—十八世纪西欧各国哲学》，北京大学哲学系外国哲学史教研室编译，北京：商务印书馆，1975 年，第 164 页。

③ 笛卡儿：《方法谈》，载：《十六—十八世纪西欧各国哲学》，北京大学哲学系外国哲学史教研室编译，北京：商务印书馆，1975 年，第 148 页。

单纯规定的）表象的关系中被思维。”[①]

二、认识主体的自主性

无疑，形而上学作为科学/知识哲学是围绕存在者这个中心展开的。认识论则让知识哲学转向以认识主体为中心，这就确立了认识主体作为知识源泉的自主性。

康德以其认识论强调了这一点，他把这种中心的转换比做“哥白尼（Copernicus）革命”。他表明：“向来人们都认为，我们的一切知识都必须依照对象；但是在这个假定下，想要通过概念先天地构成有关这些对象的东西以扩展我们的知识的一切尝试，都失败了。因此我们不妨试试，当我们假定对象必须依照我们的知识时，我们在形而上学的任务中是否会有更好的进展。这一假定也许将更好地与所要求的可能性，即对对象的先天知识的可能性相一致，这种知识应当在对象被给予我们之前就对对象有所断定。这里的情况与哥白尼的最初的观点是同样的，哥白尼在假定全部星体围绕观测者旋转时，对天体运动的解释已无法顺利进行下去了，于是他试着让观测者自己旋转，反倒让星体停留在静止之中，看看这样是否有可能取得更好的成绩。现在，在形而上学中，当涉及对象的直观时，我们也能够以类似的方式来试验一下。如果直观必须依照对象的性状，那么我就看不出，我们如何能先天地对对象有所认识；但如果对象（作为感官的客体）必须依照我们直观能力的性状，那么我倒是完全可以想像这种可能性。但由于要使直观成为知识我就不能老是停留于它们之上，而必须把它们作为表象与某个作为对象的东西相关联，并通过那些表象来规定这个对象，所以我可能要么假定，我用来做出这种规定的那些概念也是依照该对象的，这样一来，我如何能先天地对它知道些什么这样的问题就使我又陷入了同一个困境；要么，我就假定诸对象，或者这是一样的，诸对象（作为被给予的对象）惟一在其中得到认识的经验，是依照这些概念的，这样我马上就看到了一条更为简易的出路，因为经验本身就是知性所要求的一种认识方式，知性的规则则必须是我还在对象被给予我之前因而先天地就在我心中作为前提了，这个规则被表达在先天的概念中，所以一切经验对象都必须依照这些概念且必须与它们相一致。”[②] 这样，现在情形倒了过来，似乎存在者应当遵从认识主体的认识模式。其实，确切地说来，知识哲学上的“哥白尼革命”揭示了，知识不仅要关于或者说符合于存在者，而且同

---

① 康德：《纯粹理性批判》，邓晓芒译，杨祖陶校，北京：人民出版社，2004 年，A50 = B74，第 51 页。

② 康德：《纯粹理性批判》，邓晓芒译，杨祖陶校，北京：人民出版社，2004 年，BXVI-BXVIII，第 15-16 页。

时也要接受认识主体的认识模式的规定。问题是，眼下最切近的关怀是，它昭示了认识主体就其与认识对象即存在者的关系而言自有其自主性。

无疑，如上所述，认识主体作为思维主体是绝然存在的，并且是知识的源泉，这体现了认识主体对于存在者的自主性。

认识主体的自主性还表现在它的“先验性”上。这是康德所揭示的。他把“认识主体”称为“先验主体”。他这样说道它：“如同它自在地实存那样的真正的自己，或者说先验的主体。”① 他强调，我们不可能以经验性的方式获知它：“我为了某种可能的经验之故，通过我还把一切现实的经验抽调来思考我自己，并从中推论出我哪怕在经验及其经验性的诸条件之外也有可能意识到我的实存。这样一来我就把对我的经验性上确定的实存所做的可能的抽象和以为我的思维着的自己孤立地可能实存的这种意识混为一谈了，并且我相信我认识到我里面的实体性的东西就是先验的主体，因为我在思想中所拥有的只是为一切作为知识的单纯形式的规定奠定基础的意识的统一性。”② “只要我们在有可能是诸现象底下的原因的东西中遵守自然规则，那么我们就可以不去操心在我们通过经验性的方式所不知道的先验主体中会对这些现象及其关联设想出怎样一种根据来。这个理智的根据根本不去纠缠经验性的问题，而是只涉及例如纯粹知性中的思想。”③ 由以上引文可知，先验主体之为先验的，质言之在于认识主体具备先天的（康德亦称之为“纯粹的”）直观和思维（概念）的能力，而认识主体的认识模式正是建基于这种能力之上。

认识主体拥有先天能力而是先验的，因而有着对于存在者的自主性。也正是因着这种自主性，认识主体才成为知识的源泉。康德精当地表明了这一点：“但尽管我们的一切知识都是以经验开始的，它们却并不因此就都是从经验中发源的。因为很可能，甚至我们的经验知识，也是由我们通过印象所接受的东西和我们固有的知识能力（感官印象只是诱因）从自己本身中拿来的东西的一个复合物，对于我们的这个增添，直到长期的训练使我们注意到它并熟练地将它分离出来以前，我们是不会把它与那些基本材料区分开来的。”④ 正是康德把“这个增添”（即先天能力及其支撑的认识模式）分离出来，并表明它作为知识来源而具有自主性。

---

① 康德：《纯粹理性批判》，邓晓芒译，杨祖陶校，北京：人民出版社，2004 年，A492，第 405 页。

② 康德：《纯粹理性批判》，邓晓芒译，杨祖陶校，北京：人民出版社，2004 年，B426-B427，第 305-306 页。

③ 康德：《纯粹理性批判》，邓晓芒译，杨祖陶校，北京：人民出版社，2004 年，A545 = B573，第 441 页。

④ 康德：《纯粹理性批判》，邓晓芒译，杨祖陶校，北京：人民出版社，2004 年，B1，第 1 页。

三、认识主体的创造性

存在者以其现象呈现于人类面前。以把捉存在者之本体为根本的科学从无到有，它的降世实在是令人赞叹的人间奇迹。无疑，这个奇迹是人类自己的创造。科学是异数，是尤物，它的创生正是缘于认识主体的创造性。

认识主体作为知识的源泉具有自主性，同样，也因着此本性而拥有创造性。

知识是认识主体对于存在者的认识。所以，知识要受制于客观存在者，受其规定。然而，这只是事情的一个方面。事情的另一个方面是，知识的对象在被存在者规定的同时，还预先地或先天地即独立于存在者本身地受到认识主体的规定。这便是认识主体的创造性。这种创造性在于认识主体以概念先天地规定知识的对象。康德在上述引文中所说的“增添”即指这种创造性。康德指出了这一点，他说：“只要承认在这些科学中有理性，那么在其中就必须有某种东西先天地被认识，理性知识也就能以两种方式与其对象发生关系，即要么是仅仅规定这个对象及其概念（这对象必须从别的地方被给予），要么还要现实地把对象做出来，前者是理性的理论知识，后者是理性的实践知识。这两者的纯粹部分不管其内容是多是少，都必定是理性在其中完全先天地规定自己对象的、必须事先单独加以说明的部分，并且不能与那出自别的来源的东西相混淆。”① 他还分别就数学和自然科学表明这种情形。

这里，康德特别强调，正是由于施展了认识主体的这种创造性，数学和自然科学才真正成为科学。关于数学，他表明，几何学所以在古希腊成为科学，是起因于开创者的“心中升起了一道光明；因为他发现，他不必死盯住他在这图形中所看见的东西，也不必死扣这个图形的单纯概念，仿佛必须从这里面去学习三角的属性似的，相反，他必须凭借他自己根据概念先天地设想进去并（通过构造）加以体现的东西来产生出这些属性，并且为了先天可靠地知道什么，他必须不把任何东西、只把从他自己按照自己的概念放进事物里去的东西中所必然得出的结果加给事物”②。

同样，自然科学也是依靠科学家运用这种概念，作为法则、原则和原理施加于认识对象，才产生，才取得辉煌成就。他就此写道：“当伽利略（Galileo）把由他自己选定重量的球从斜面上滚下时，或者，当托里拆利（Torricelli）让空气去托住一个他预先设想为与他所知道的水柱的重量相等的重量时，抑或在更晚近

---

① 康德：《纯粹理性批判》，邓晓芒译，杨祖陶校，北京：人民出版社，2004 年，BIX-BX，第 11 页。

② 康德：《纯粹理性批判》，邓晓芒译，杨祖陶校，北京：人民出版社，2004 年，BXI-BXII，第 12-13 页。

的时候，当施塔尔（G. Stahl）通过在其中抽出和放回某种东西而把金属转变为石灰，又把石灰再转变为金属时，在所有这些科学家面前就升起了一道光明。他们理解到，理性只会看出它自己根据自己的策划所产生的东西，它必须带着自己按照不变的法则进行判断的原理走在前面，强迫自然回答它的问题，却决不只是仿佛让自然用襻带牵引而行；因为否则的话，那些偶然的、不根据任何先行拟定的计划而作出的观察就完全不会在一条必然法则中关联起来了，但这条法则却是理性所寻求且需要的。理性必须一手执着自己的原则（惟有按照这些原则，协调一致的现象才能被视为法则），另一手执着它按照这些原则设想出来的实验，而走向自然，虽然是为了受教于她，但不是以小学生的身份复述老师想要提供的一切教诲，而是以一个受任命的法官的身份迫使证人们回答他向他们提出的问题。这样，甚至物理学也必须把它的思维方式的这场带来如此丰富利益的革命仅仅归功于这个一闪念：依照理性自己放进自然中去的东西，到自然中去寻找（而不是替自然虚构出）它单由自己本来会一无所知、而是必须从自然中学到的东西。自然科学首先经由这里被带上了一门科学的可靠道路，因为它曾经许多个世纪一直都在来回摸索，而没有什么成就。"① 认识主体凭借自己的创造性，但又是从自然界中进行研究来发挥创造性，方成就科学这知识事业。

显然，认识主体的创造性在于以概念来规定和把握对象，也就是说，认识者创造概念，从规定和把握本体来认识存在者，从而给出关于存在者的知识。

爱因斯坦明确强调这一点。他说："事实上，我相信，甚至可以断言：在我们的思维和我们的语言表述中所出现的各种概念，从逻辑上来看，都是思维的自由创造，它们不能从感觉经验中归纳地得到。"②他表明，古典物理学的各个基本概念，如力、质量和惯性等，都是思维的创造，而不是如牛顿以为的那样是从经验中推导出来的。

卡尔·波普尔（K. Popper）表明，康德紧紧抓住认识主体的这种创造性来展开他的哲学。他说："那时我正一遍又一遍地阅读康德的第一部《批判》。我很快就断定，他的中心思想是，科学理论是人造的，我们试图把它们强加给世界：'我们的理智不是从自然引出它的规律，而是把规律强加给自然。'"③

---

① 康德：《纯粹理性批判》，邓晓芒译，杨祖陶校，北京：人民出版社，2004 年，BXII-BXIV，第 13-14 页。

② 爱因斯坦：《爱因斯坦文集》，第一卷，许良英、范岱年编译，北京：商务印书馆，1976 年，第 409 页。

③ 波普尔：《波普尔自传：无尽的探索》，赵月瑟译，北京：中央编译出版社，2009 年，第 64 页。

四、认识主体的此在性

认识主体所以成为知识的源泉，其根由端在于认识主体之具有此在性。如第一章中所述，生存论揭示，认识主体根本上是特殊的存在者即此在。尤其是，作为存在者的关系中心，此在把存在者整体把捉为“世界图像”。生存论进一步表明，认识主体作为此在，是心智即思维者和行动者的统一体。

作为思维者，生存论表明，笛卡儿赋予认识主体的“我思故我在”这条原理，以之把捉最高确定性，实际上触及了人作为对存在者的表象者所秉持的“基础确定性”。缘于此，此在才能把存在者把捉为“世界图像”，从而成为知识的源泉。海德格尔阐明了这一点：“与某物的任何关系，诸如意欲、采取立场、感知等等，自始就是表象，是被人们译为‘思想’的 cogitans。因此，笛卡儿才能用一个起初令人诧异的名称 cogtatio 来命名意志（voluntas）和情感（affectus）的一切方式，即全部行为（actiones）和感觉（passiones）。在‘我思故我在’（ego cogito sum）中，cogitare 就是在这一本质性的和新的意义上被理解的。一般主体，即基础确定性，是表象着的人的无论何时都得到确证的与被表象的人或非人的存在者（即对象）的共同被表象状态。基础确定性是无可置疑地无论何时都可表象的和被表象的 me cogitare = me esse（我思 = 我在）。这是自我确证的表象之一切计算活动的基本等式。这种基础确定性中，人确信：作为一切表象活动的表象者，从而作为一切被表象状态以及任何确定性和真理的领域，他得到确证了，现在也即说，他存在（ist）了。唯因为人以此方式在基础确定性——即‘我思 = 我在’（me cogitare = me esse）的绝对不可动摇的基础（fundamentum absolutum inconcussum）——中必然地被一道表象出来了，只是因为向自己解放自身的人必然地归属于这种自由的一般主体，唯因此，人才可能（而且必然是这种人本身）成为别具一格的存在者，成为一个一般主体（Subjectum），后者从原初真实的（即确定的）存在者方面来看在所有一般主体（Subjecta）中具有优先地位。在确定性之基本等式中，进而在真正的一般主体中道出了自我（ego）。”①

认识主体作为行动者，同样是知识的源泉。存在者作为“自然存在者”原本对于此在是遮蔽的。认识主体作为此在，以其行动让存在者开显，从而实现对存在者的认识，就此而言，认识主体端的是知识的源泉。

海德格尔缘着古希腊哲学来申明他关于这一点的生存论思想。他表明，存在者有一种 αρχη［起始占有］。在“自然存在者”那里，αρχη 居于其自身之中。当认识主体作为行动者作用于存在者时，它便操之于此在。这时，它实际上成为

---

① 海德格尔：《林中路》，孙周兴译，上海：上海译文出版社，1997 年，第 106-107 页。

为着认识的行动，而被认识的存在者犹如“制作物”。他就此写道：“制作物的αρχη乃是τεχνη；τεχνη的意思并不是制造和制造方式意义上的‘技术’（Technik），也不是更广义的制造能力意义上的‘艺术’（Kunst）；不如说，τεχνη乃是一个认识概念，表示对任何一种制作和制造之基础的精通；对一种制造（例如床的制造）必须在何处到来、结束和完成的精通。”① “可见，在制作物那里，它们的运动状态以及它们的完成状态和被制作状态的静止的αρχη并不在它们本身中，而是在另一个事物中，在αρχιτεκτων［建造者］中，在那个支配着作为αρχη的τεχνη的东西那里。借此就完成了与φυσει οντα［自然存在者］的区分；后者之所以被叫做φυσει οντα［自然存在者］，是因为它们的运动状态的αρχη并不在另一个存在者中，而是在它们本身所是的存在者中（并且是就它们是这种存在者而言）。”② “建造者”就是作为行动者的认识主体——此在。

第二节　认识主体心智的结构和能力

认识论揭示，认识主体是知识的源泉。所谓认识主体是“知识的源泉”，归根结底在于认识主体自身有其对知识的贡献。自然物乃自在之物，世间本无所谓“知识”。知识是智慧人类的创造。所以，缘于知识乃关乎自然存在者，因而包含客观存在者的贡献和规定之外，知识还包含着认识主体的相应贡献和规定。不妨说，认识论乃“搁置”存在者，单就认识主体探究其对知识的贡献和规定。康德谈论和强调“先验主体”，其命意端在于此。认识论就认识主体对知识的贡献和规定而揭示了认识主体的结构和能力，在此同时也就在形而上学主导下建构起了认识主体。这样建构起来的认识主体，它对知识的贡献和规定，都是关乎作为认识活动之成果的现成知识的，也就是说，认识论亦是在“辩护的脉络”中展开的。

一、认识论的心智转向

实际上，本章第一节已经表明，笛卡儿开启认识论传统，同时也对亚里士多德之从语言层面建构存在者即形而上学的语言转向实施了“心智③转向”，因为笛卡儿把认识主体把握为“思维者”，同时，从笛卡儿到康德和黑格尔，中间经

① 海德格尔：《路标》，孙周兴译，北京：商务印书馆，2000年，第290页。

② 海德格尔：《路标》，孙周兴译，北京：商务印书馆，2000年，第291页。

③ “心智”原文为“mind”，常也译为“心灵”。古希腊文化自始把“灵魂”和精神问题交给宗教，而让哲学去关注自然认识，哲学以其“爱理智”的品格当从“智”去把捉“心”。准此，“mind”宜译为“心智”，“心灵”则不妥。

过洛克、贝克莱（Berkeley）、莱布尼茨（G. Leibnitz）和休谟，始终一本以心智为本的认识论传统。

从整个西方哲学史来看，西方哲学作为科学/知识哲学为着给科学奠基，以形而上学、认识论和方法论以及生存论为架构展开，其运思着眼于认识对象（世界）、认识主体（人）和知识本身，同时又从语言和心智两个层面进行。

亚里士多德以语言转向从语言层面建构存在者，把形而上学认同于哲学。同样，笛卡儿把哲学视为认识论，而又把后者归结为就知识问题对人心的探究。他表明，哲学是关于智慧的学问，研究知识的作为"第一原因"的"原理"，这是最高的善。他就此写道："哲学一词表示关于智慧的研究，至于智慧，则不仅指处理事务的机智，也兼指一个人在立行、卫生和艺术的发现方面所应有的完备知识而言，至于达到这些目的知识一定是要由第一原因推演出的。因此，要研究获得知识的方法（正好称为哲学思考），则我们必须起始研究那些号称为原理的第一原因。"① "所谓最高的善，若但就自然的理性所指示的而论，而不就信仰的光亮所指导的而言，这种善正是我们借第一原因所知道的真理，也就是哲学所研究的那种学问。"② 他强调，哲学研究"第五级智慧"也即最高级的智慧，它比其余四级智慧（意念、感觉经验、学习、读书）"确定万倍，高妙万倍"③，它是"第一原因和真正原理"④。总之，"哲学的第一部分就是形而上学，其中包含各种知识。"⑤ "人类知识原理，可以叫做第一哲学或形而上学。"⑥ 关键在于，笛卡儿表明，"第一原理"就是认识主体作为人心的存在。他说："我们所谓人心或思想……我就把这种思想的存在认为是第一原理。"⑦ 这样，哲学研究"第一原理"，也就是从人心研究知识原理，一句话，哲学是从心智层面研究认识主体的认识论。

二、认识主体心智的感性-知性结构

认识论揭示，认识主体作为知识源泉，如何把捉认识对象，从而也规定了认识对象。所以，康德说：认识论的"主要问题仍然是：知性和理性脱离一切经验能够认识什么，认识多少？"⑧

---

① 笛卡尔：《哲学原理》，关文运译，北京：商务印书馆，1959 年，第 ix 页。
② 笛卡尔：《哲学原理》，关文运译，北京：商务印书馆，1959 年，第 xi 页。
③ 笛卡尔：《哲学原理》，关文运译，北京：商务印书馆，1959 年，第 xi 页。
④ 笛卡尔：《哲学原理》，关文运译，北京：商务印书馆，1959 年，第 xi 页。
⑤ 笛卡尔：《哲学原理》，关文运译，北京：商务印书馆，1959 年，第 xvii 页。
⑥ 笛卡尔：《哲学原理》，关文运译，北京：商务印书馆，1959 年，第 xviii 页 。
⑦ 笛卡尔：《哲学原理》，关文运译，北京：商务印书馆，1959 年，第 xiv 页 。
⑧ 康德：《纯粹理性批判》，邓晓芒译，杨祖陶校，北京：人民出版社，2004 年，AXVII，第 6 页。

认识主体，确切说来，认识主体作为思维者，或者说其心智呈现感性-知性结构。这里重要者有三点。其一，这个结构中排除掉了“理性”（心智之与感性、知性相对待的另一构元、形态和能力）。其二，感性和知性二构元结成相互依存和渗透的关系。其三，这个结构的形式性。

首先是知识只能以在经验中给予的东西即现象为对象，而这恰恰是认识主体的“感性-知性结构”，尤其是“感性”这个构元所决定和规定的。

康德表明，对同一个客观的“物”，必须区别出它对于思维主体呈两种不同的对象。一个是从经验中给予“感性-知性结构”的对象。另一个则是思辨理性思维的对象。前者是“现象”，后者是“显现着的东西”①。康德就此写道：“现在，在检验纯粹理性的诸原理时，尤其当它们冒险超出可能经验的一切界限时，就不可能（像在自然科学中那样）对理性的对象作出任何实验：因此对于我们先天假定的那些概念和原理所能做的只是，把它们如此这般地加以安排，使我们能从两个不同的方面来看待这些对象，即一方面看做对经验而言的感官和知性的对象，但另方面却又看做仅仅是我们思维的对象，它充其量是对于孤立的、推进到超出经验界限以外的理性而言的。既然现在的情况是，如果我们从这种双重的观点来考察事物，就会和纯粹理性的原则相一致，但从单方面的观点看就会产生理性与自身的不可避免的冲突，那么这个实验就判定了那种区分是正确的。”②只有对于现象的对象，认识主体才能以“感性-知性结构”去获致关于物的知识。康德如此强调这一点：“空间和时间只是感性直观的形式，因而只是作为现象的物实存的条件，此外如果不能有与知性概念相应的直观给予出来，我们就没有任何知性概念，因而也没有任何要素可达到物的知识，于是我们关于作为自在之物本身的任何对象不可能有什么知识，而只有当它是感性直观的对象，也就是作为现象时，才能有知识；由上述证明当然也就推出，理性的一切思辨的知识只要有可能，都是限制在仅仅经验的对象之上的。”③ 总之，一个“物”当从经验中被给予知性时，它为“感性-知性结构”所把捉，是知识的对象，而当它被从自在之物的意义上被看待时，则成为理性的思辨对象。

其次是感性和知性作为心智的两构元，它们的关系一方面既相互区别、互不代替，又是平等的；另一方面既相互依存、互补，又相互渗透、结合。康德对此作了简扼精当的阐述。他写道：“我们若愿意把我们的内心在以某种方式受到刺激时感受表象的这种接受性叫作感性的话，那么反过来，那种自己产生表象的能

---

① 康德：《纯粹理性批判》，邓晓芒译，杨祖陶校，北京：人民出版社，2004年，BXXVII，第20页。

② 康德：《纯粹理性批判》，邓晓芒译，杨祖陶校，北京：人民出版社，2004年，BXIX，第16页。

③ 康德：《纯粹理性批判》，邓晓芒译，杨祖陶校，北京：人民出版社，2004年，BXXVI，第20页。

力，或者说认识的自发性，就是知性。我们的本性导致了，直观永远只能是感性的，也就是只包含我们为对象所刺激的那种方式。相反，对感性直观对象进行思维的能力就是知性。这两种属性中任何一种都不能优先于另一种。无感性则不会有对象给予我们，无知性则没有对象被思维。思维无内容是空的，直观无概念是盲的。因此，使思维的概念成为感性的（即把直观中的对象加给概念），以及使对象的直观适于理解（即把它们置于概念之下），这两者同样都是必要的。这两种能力或本领也不能互换其功能。知性不能直观，感官不能思维。只有从它们的相互结合中才能产生出知识来。但我们却不可因此把它们应分的事混淆起来，而有很重要的理由把每一个与另一个小心地分离出来并区别开来。”①

最后是认识主体心智的感性-知性结构的形式性。认识主体心智作为知识源泉在于对知识作出自己的贡献，尤其是这种贡献还规定了知识的对象，因而也规定了知识。心智的这种贡献独立于知识的对象。所以，它提供的是先天的知识，作为认识对象的物则贡献经验性的知识，正如康德所说：我们“把先天的知识理解为并非不依赖于这个那个经验、而是完全不依赖于任何经验所发生的知识。与这些知识相反的是经验性的知识，或是那些只是后天地、即通过经验才可能的知识。”② 认识主体提供的知识的先天性决定了它的形式性，因为它无关乎知识的经验内容。问题是，如同存在者那里形式是决定性的，认识主体的形式性同样对于知识来说是决定性的。

先来看感性的形式性。认识主体作为先验心智，其感性是对对象的纯直观即不经过感觉的直观，它以形式对作为现象的对象的杂多质料予以整理。康德就此写道：“当我们被一个对象所刺激时，它在表象能力上所产生的结果就是感觉。那种经过感觉与对象相关的直观就叫做经验性的直观。一个经验性的直观的未被规定的对象叫作现象。在现象中，我把那与感觉相应的东西称之为现象的质料，而把那种使得现象的杂多能在某种关系中得到整理的东西称之为现象的形式。由于那只有在其中感觉才能得到整理、才能被置于某种形式中的东西本身不可能又是感觉，所以，虽然一切现象的质料只是后天被给予的，但其形式却必须是全都在内心中先天地为这些现象准备好的，因此可以将它与一切感觉分离开来加以考察。我把一切在其中找不到任何属于感觉的东西的表象称之为纯粹的（在先验的理解中）。因此，一般感性直观的纯粹形式将会先天地在内心中被找到，在这种纯粹形式中，现象的

① 康德：《纯粹理性批判》，邓晓芒译，杨祖陶校，北京：人民出版社，2004 年，B75 = A51，第 52 页。

② 康德：《纯粹理性批判》，邓晓芒译，杨祖陶校，北京：人民出版社，2004 年，B2-B3，第 2 页。

一切杂多通过某种关系而得到直观。感性的这种纯形式本身也叫做纯直观。”①

至于知性的形式性，那就更是显而易见的了。知性是对对象作先天纯粹思维的能力。所谓“先天纯粹”，是指它以直观、而且是纯直观中给予的东西为对象。如上所述，这对象是纯形式的，这就决定了知性也是纯形式的。实际上，知性正是以纯形式的纯粹概念即知性范畴去先天地思维纯直观中给予的对象。

既然感性和知性两构元是形式的，那么，整个结构无疑也是形式的了。准此，认识主体心智给知识注入的“自己的东西”便是形式的，从而从形式方面决定和规定了知识，同时也决定和规定了知识的对象。所谓认识论落在“辩护脉络”之中，其底蕴正在于此。

三、感性的纯粹直观能力

认识主体心智之感性具有纯粹直观的能力，所谓纯粹直观是指不经过感觉，它是感性之先天仅有的认识能力。康德说：就先验感性而言，“我们首先要通过排除知性在此凭它的概念所想到的一切来孤立感性，以便只留下经验性的直观。其次，我们从这直观中再把一切属于感觉的东西分开，以便只留下纯直观和现象的单纯形式，这就是感性所能先天地提供出来的唯一的东西了。”②“这样，假如我从一个物体的表象里把知性所想到的东西如实体、力、可分性等等都除开，同时又把属于感觉的东西如不可入性、硬度、颜色等等也除开，那么我从这个经验性的直观中还余留下某种东西，即广延和形状。这些东西属于纯粹直观，它是即使没有某种现实的感官对象或感觉对象，也先天地作为一个单纯的感性形式存在于内心中的。”③需要指出，所谓“先验感性”，是指它不可能如对经验性直观即感觉那样经验地通达，并且它先天地运用于直观对象。对“先验主体”，亦可相应地作如是观。

感性直观的纯形式，或者感性的纯粹直观有两种：空间和时间。

空间作为纯形式，决定了感性直观外在于认识者的对象，并且规定了对象在外在空间中，具有一定的形状、大小及其关系。空间是认识主体心智本身先天固有的纯直观形式。康德指出：“借助于外感官（我们内心的一种属性），我们把对象表象为在我们之外、并全都在空间之中的。在空间之中，对象的形状、大小以及相互之间的关系是确定的，或是可以被确定的。”④“空间绝不是关于一般事

---

① 康德：《纯粹理性批判》，邓晓芒译，杨祖陶校，北京：人民出版社，2004 年，B34 = A20，第 25-26 页。

② 康德：《纯粹理性批判》，邓晓芒译，杨祖陶校，北京：人民出版社，2004 年，A22，第 27 页。

③ 康德：《纯粹理性批判》，邓晓芒译，杨祖陶校，北京：人民出版社，2004 年，B35/A20-21，第 26 页。

④ 康德：《纯粹理性批判》，邓晓芒译，杨祖陶校，北京：人民出版社，2004 年，B37，第 27 页。

物的关系的推论的概念，或如人们所说，普遍的概念，而是一个纯直观。”① “空间的原始表象是先天直观，而不是概念。”② “它必须从本源上就是直观。”③ “但这种直观又必须是先天的、即先于对一个对象的一切知觉而在我们心里，因而必须是纯粹的而不是经验性的直观。”④

空间作为纯直观形式是对象能在直观中给予心智的先天条件，使现象成为可能，决定了现象以空间为形式。康德对此做了精当的说明：“空间无非只是外感官的一切现象的形式，亦即惟一使我们的外直观成为可能的主观感性条件。既然主体被对象刺激的接受性必然先行于对这个客体的一切直观，所以很好理解，一切现象的形式如何能够在一切现实的知觉之先、因而先天地在内心中被给予，这形式又如何能够作为一切对象都必然在其中被规定的纯真观，而在一切经验以前就包含着诸对象的关系的原则。这样，我们就只有从人的立场才能谈到空间、广延的存在物等等。如果我们脱离了惟一能使我们只要有可能为对象所刺激就能获得外部直观的那个主观条件，那么空间表象就失去了任何意义。这个谓词只有当事物对我们显现、亦即当它们是感性对象时才能赋予事物。我们称之为感性的这个接受性的固定形式，是诸对象借以被直观为在我们之外的那一切关系的必然条件，而如果我们抽掉这些对象，它就是带有空间之名的一个纯直观。”⑤

时间作为纯直观的形式，同空间一样，也是心智之感性所秉持的先天直观能力，亦成为现象之能在直观中给予认识主体的必要条件。

不过，时间又与空间有所不同。空间向外直观，规定外物的现象形式，时间则向主体内部直观，规定主体内部状态中表象间的前后相继和变化之关系。康德说：“时间不过是内部感官的形式，即我们自己的直观活动和我们内部状态的形式。”⑥ “时间是先天被给予的。”⑦ “在这一先天必然性的基础上，还建立起了时间关系的那些无可置疑的原理，或一般时间公理的可能性。时间只有一维，不同的时间不是同时的，而是前后相继的（正如不同空间不是前后相继的，而是同时的一样）。”⑧

尤其，时间比空间更基本，空间直观以时间直观为基础，时间形式为一切现

---

① 康德：《纯粹理性批判》，邓晓芒译，杨祖陶校，北京：人民出版社，2004 年，B39，第 29 页。

② 康德：《纯粹理性批判》，邓晓芒译，杨祖陶校，北京：人民出版社，2004 年，B40，第 30 页。

③ 康德：《纯粹理性批判》，邓晓芒译，杨祖陶校，北京：人民出版社，2004 年，B41，第 30 页。

④ 康德：《纯粹理性批判》，邓晓芒译，杨祖陶校，北京：人民出版社，2004 年，B41，第 30 页。

⑤ 康德：《纯粹理性批判》，邓晓芒译，杨祖陶校，北京：人民出版社，2004 年，A26 = B42 - B43 = A27，第 31-32 页。

⑥ 康德：《纯粹理性批判》，邓晓芒译，杨祖陶校，北京：人民出版社，2004 年，A33，第 36 页。

⑦ 康德：《纯粹理性批判》，邓晓芒译，杨祖陶校，北京：人民出版社，2004 年，A31，第 34 页。

⑧ 康德：《纯粹理性批判》，邓晓芒译，杨祖陶校，北京：人民出版社，2004 年，B47，第 34 页。

象形式包括空间形式提供了可能的条件。康德表明："时间是为一切直观奠定基础的一个必然的表象。"① "时间是所有一般现象的先天形式条件。空间是一切外部直观的纯形式，它作为先天条件只是限制在外部现象。相反，一切表象，不管它们是否有外物作为对象，毕竟本身是内心的规定，属于内部状态，而这个内部状态却隶属在内直观的形式条件之下，因而隶属在时间之下，因此时间是所有一般现象的先天条件，也就是说，是内部现象（我们的灵魂）的直接条件，正因此也间接地是外部现象的条件。如果我能先天地说：一切外部现象都在空间中并依空间的关系而先天地被规定，那么我也能出于内感官的原则而完全普遍地说：所有一般现象、亦即一切感官对象都在时间中，并必然地处于时间的关系之中。"②

总之，时间和空间作为感性纯直观的形式决定了认识主体知觉对象的方式：以时间和空间的形式先天地直观对象，使对象的现象以时间和空间为形式。在此规定之下，认识主体以感觉直观对象的质料即现象的内容。康德表明："空间和时间是这种方式的纯形式，一般感觉则是质料。只有这两种形式是我们可以先天地、即在一切现实知觉之前认识到的，它们因此被叫作纯直观；感觉则是我们知识中使得这知识被叫作后天知识、即经验性的直观的东西。"③

四、知性的纯粹思维能力

感性以其纯直观使外物在直观中作为现象而呈于主体，始成认识的对象。诚如柏拉图所表明的，面对存在者的现象，主体乃以思维去认识存在者的本体。思维是以概念去认识对象，所达致的知识展开而出之以判断（命题）。事实是，知识的判断是普遍必然的。可是，亚里士多德的形而上学未能为之做出辩护。休谟对知识的必然性提出诘难，其根由端在于此。康德醒悟道，这必然性的奥秘唯有沿着笛卡儿揭櫫的认识论之途方得索解。他表明，这缘于知识凭借其先天知识而能提供"先天综合判断"，这种判断既关涉可能的经验客体（纯直观对象），又有带必然性的统一性。于是，他提出，认识论的"真正课题"和"总课题"便是"先天综合判断是如何可能的"。解决了这个问题，也就为科学奠定了认识论的基础。

诚然，"先天综合判断"有着第一章所述的形而上学支撑。然而，它是认识主体作为知识源泉的根本所在。正如康德所揭示的，知性以概念思维认识直观对象，而作为认识主体自己的贡献，这里知性以纯粹思维的先天能力而能作"先天综合判断"，这决定了一般知性概念思维的形式，而正是这种形式性保证了关于

---

① 康德：《纯粹理性批判》，邓晓芒译，杨祖陶校，北京：人民出版社，2004 年，A31，第 34 页。

② 康德：《纯粹理性批判》，邓晓芒译，杨祖陶校，北京：人民出版社，2004 年，A34，第 37 页。

③ 康德：《纯粹理性批判》，邓晓芒译，杨祖陶校，北京：人民出版社，2004 年，B60，第 42 页。

经验客体的知识的客观必然性。

顺便指出，不难看出，认识论像形而上学一样，也着眼于作为现成结果的知识去探究认识主体，以便为科学奠定认识论基础，因而同样在“辩护脉络”中展开。实际上，认识论以“先天综合判断如何可能”为总课题，而“先天综合判断”正是现成知识的心智形态。

知识的纯粹思维能力，可从两个方面予以说明。

其一，知性的纯粹思维是“纯综合”的活动，由此形成关于直观对象的先天综合判断，提供关于对象的必然性知识。

先讨论经验性综合，或者说一般综合。知性通过运用概念思维进行综合而形成判断。知性能动地用一个较高的表象把不同表象统一起来而形成判断，从而提供知识，而那个更高的表象作为谓语出现在判断之中。康德表明：“一切判断都是我们诸表象中的统一性的机能，因为被运用于对象的知识的不是一个直接的表象，而是一个更高、包括这个直接表象和更多表象于自身内的表象，而许多可能的知识由此就被集合在一个知识里面了。但我们能够把知性的一切行动归结为判断，以至于知性一般来说可以被表现为一种作判断的能力。因为按照如上所说，知性是一种思维的能力。思维就是凭借概念的认识。而概念作为可能判断的谓词，是与关于一个尚未规定的对象的某个表象相关的。”① 例如，在“一切金属都是物体”这个判断中，“物体”这个较高概念表象统一地包括了“金属”以及铜、铁等表象，同时，“物体”概念在这判断中对作为对象的金属做了某种规定，从而给出了知识。

再来讨论“纯综合”。例如，“一切金属都是物体”这个判断之所以是必然的，端赖知性在进行判断时总是还以自己的纯粹思维对直观对象做先天形式的“纯综合”，从而保证综合判断具有必然性，使之真正成为关于客体的“知识”。纯综合是知性运用纯粹知性概念即范畴来实现的。因此，进一步的讨论必须转入第二点。

其二，纯综合是知识运用范畴去思维直观对象。

纯综合是知性运用范畴进行的活动。康德指出，范畴诞生于知性。“我们将把纯粹概念一直追踪到它们在人类知性中最初的胚胎和禀赋，它们在其中做好了准备，直到最终由于经验的机缘而被发展出来，并通过这一个知性，摆脱它们所依附的经验性条件，而被呈现在其纯净性中。”②

---

① 康德：《纯粹理性批判》，邓晓芒译，杨祖陶校，北京：人民出版社，2004 年，A69 = B94，第 63 页。

② 康德：《纯粹理性批判》，邓晓芒译，杨祖陶校，北京：人民出版社，2004 年，A66 = B91，第 61 页。

范畴给综合所产生的判断带上必然的统一性，后者也就是知性的纯粹思维给作为知识的判断注入的先天成分即心智本身的贡献。康德指出：“赋予一个判断中的各种不同表象以统一性的那同一个机能，也赋予一个直观中各种不同表象的单纯综合以统一性，这种统一性用普遍的方式来表达，就叫做纯粹知性概念。”①范畴是“给这种纯粹综合提供统一性、并只是以这种必然的综合统一的表象为内容的那些概念。”②

感性纯直观使自然物在直观中作为现象出现，以空间和时间决定以及规定现象的形式。知性对如此给予的对象进行思维，也就是运用范畴去决定和规定对象之本体，确切说来是本体的形式，从而使得由此获致的知性判断带先天必然性。康德强调，范畴“先天地指向一般直观对象”③。知性“只有通过这些概念才能在直观杂多上理解某物，也就是才能思维直观的客体。”④

第三节　认识主体心智的表象机能

认识主体以其心智面对自然物体，当其取知识态度时，首先施展心智的表象机能，把作为认识对象的物体表象为现象，进而获取关于现象的知识。这种状况是认识主体自身作为表象者的本性（这根植于人类作为认识者的生理和心理秉赋）所使然。随着晚近科学哲学发展中发生所谓“实践转向”，“科学作为表象”的科学观念渐入焦点观念之列。这突显了“认识主体之为表象者”对于科学所具有的根本性重要意义。

一、认识主体是表象者

这里首先要阐明一些重要的认识论范畴：物体、对象、表象和客体，着力于弄清它们的区别和关系。物体指自然界客观事物，康德所称的自在之物（物自体），它们未与认识主体结成认识关系之下处于客观独立的自在状态。物体成为认识主体的认识目标，与之结成认识关系，便是对象。感性以纯直观形式把对象表象成现象，知性的纯粹思维以范畴对纯直观表象再形成表象。此外，经验性直观也对对象作表象，知性也还以一般概念对直观表象做表象。实际的认识活动总是对特定的、具体的对象进行的，这样的对象个体就是客体。客体经由对一系列表象作统一性综合而成。

---

① 康德：《纯粹理性批判》，邓晓芒译，杨祖陶校，北京：人民出版社，2004 年，B105，第 71 页。
② 康德：《纯粹理性批判》，邓晓芒译，杨祖陶校，北京：人民出版社，2004 年，A79，第 71 页。
③ 康德：《纯粹理性批判》，邓晓芒译，杨祖陶校，北京：人民出版社，2004 年，B105，第 71 页。
④ 康德：《纯粹理性批判》，邓晓芒译，杨祖陶校，北京：人民出版社，2004 年，B106，第 72 页。

认识主体是表象者。它以心智对对象作表象。感性的纯直观和知性的纯粹思维都是作表象。它们是经验性直观的表象和知性的一般概念思维的表象的前提、基底和条件。

感性纯直观的表象和知性纯粹思维的表象是有区别的。前者是心智对对象的被动感受，但直接对对象作表象。后者则是心智的主动表象能力，但它对直观表象进行，与对象的关系是间接的。康德表明了这一点："一切直观作为感性的东西都建立在刺激之上，但概念则建立在机能之上。而我所谓的机能是指把各种不同的表象在一个共同表象之下加以整理的行动的统一性。所以概念是基于思维的自发性，而感性直观则是基于印象的接受性。对于这些概念，知性就不可能作别的运用，而只能用它们来作判断。由于除了单纯的直观之外，没有任何表象是直接指向对象的，所以一个概念永远也不和一个对象直接发生关系，而是和关于对象的某个另外的表象（不论这表象是直观还是本身已经是概念）发生关系。所以判断就是一个对象的间接的知识，因而是对于对象的一个表象的表象。在每个判断中都有一个适用于许多表象的概念，而在这许多表象中也包括有一个给予的表象，它才是直接与对象发生关系的。所以例如在'一切物体都是可分的'这一判断中，'可分的'这一概念是与各种别的概念有关系的；但它在这里在别的这些概念中是特别与物体的概念发生关系的。所以这些对象就通过可分性这一概念而间接地得到了表现。"①

知性的纯粹思维是对直观表象的表象，它把诸多表象联结起来，对它们进行综合，从而形成作为知识的判断，而判断表身也是表象，这又意味着知识是对对象的表象。关于判断本身也是表象这一点，康德在刚才的引文中已经指出。至于知性对表象的联结和综合，他这样说明："表象的杂多可以在单纯感性的、亦即只是接受性的直观中被给予，而这种直观的形式则可以先天地处于我们的表象能力中，它不过是主体接受刺激的方式而已。"②"我们思维的自发性要求的是先将这杂多以某种方式贯通、接受和结合起来，以便从中构成知识。这一行动我叫做综合。但我所理解的综合在最广泛的意义上是指把各种表象相互加在一起并将他们的杂多性在一个认识中加以把握的行动。如果杂多不是经验性地，而是先天地被给予的（如空间和时间中的杂多），这样一种综合就是纯粹的。"③

---

① 康德：《纯粹理性批判》，邓晓芒译，杨祖陶校，北京：人民出版社，2004 年，A68＝B93，第 62-63 页。

② 康德：《纯粹理性批判》，邓晓芒译，杨祖陶校，北京：人民出版社，2004 年，B129-B130，第 87-88 页。

③ 康德：《纯粹理性批判》，邓晓芒译，杨祖陶校，北京：人民出版社，2004 年，A77/B102-B103，第 69-70 页。

心智，尤其知性能凭借表象机能而获致知识，确切说来是提供先天知识，一个关键是心智本身作为主体意识就有一种表象能力来保证诸表象的综合统一性，并且这种统一性还在于决定了所综合的诸表象确定地对应于客体，而这正是认识的前提和根本。康德说明了这条认识论原理："知性一般说就是认识的能力。认识就在于被给予的表象与一个客体的确定的关系、但客体则是在其概念中结合着一个给予直观的杂多的那种东西。然而现在，表象的一切结合都要求在这些表象的综合中的意识的统一。于是意识的统一就是唯一决定诸表象对一个对象的关系、因而决定这些表象的客观有效性并使得它们成为知识的东西，乃至于在此之上建立了知性的可能性。所以，知性的所有其他运用所依据的、同时也完全不依赖感性直观之一切条件的最初的纯粹知性知识，就是统觉的本源的综合统一这条原理。于是外部感性直观的单纯形式即空间还根本不是知识；它只是把先天直观杂多向某种可能的知识提供出来。但为了在空间中认识任何东西，例如说一条线，我就必须划出这条线，因而对给予的杂多综合地做出一个确定的联结，使得这个行动的统一同时又是意识（在一条线的概念中）的统一，而这样一来，一个客体（一个确定的空间）才首次得到了认识。所以意识的综合统一是一切知识的一个客观条件，不仅是我自己为了认识一个客体而需要这个条件，而且任何直观为了对我成为客体都必须服从这一条件，因为以另外的方式，而没有这种综合，杂多就不会在一个意识中结合起来。"①这种发自意识的、具备本源的综合统一功能的表象能力是知识的初始条件，甚至是知性本身的可能性条件。康德称这种表象为"'我思'表象"。他写道："自我意识由于产生出'我思'表象，而这表象必然能够伴随所有其他的表象，并且在一切意识中都是同一个表象，所以决不能被任何其他表象所伴随。我也把这种统一叫做自我意识的先验的统一，以表明从中产生出先天知识来的可能性。因为，如果在一个确定的直观中被给予的杂多表象，若不是全都属于一个自我意识，它们就不会全都是我的表象，也就是说，作为我的表象（即使我没有意识到它们是这样一种表象），它们必须与这样的条件必然地相符合，只有在这一条件下它们才能够集合在一个普遍的自我意识中，因为否则的话它们就不会无一例外地属于我了。"②

二、心智所认识的是物体的表象

缘于心智的表象机能，认识主体是表象者。同时，既然认识主体是知识的源

① 康德：《纯粹理性批判》，邓晓芒译，杨祖陶校，北京：人民出版社，2004 年，B137-B138，第 92 页。

② 康德：《纯粹理性批判》，邓晓芒译，杨祖陶校，北京：人民出版社，2004 年，B132-B133，第 89-90 页。

泉，决定着对象的形式，所以，认识主体心智所认识的必定是物体的表象。显然，这里突显了一个重要问题：物体的表象和物体本身的关系如何？这里可以从五个方面来回应这个问题。

第一，表象是对物体的表象，是物体所有的。无论纯直观表象还是范畴表象，尽管它们都是由心智的结构和机能所决定的，但它们毕竟是这些机能施予物体后而呈现或者说给出的东西。康德是否定这一点的。他说："说我们的整个感性无非是对事物的混乱的表象，这种表象只包含那属于自在之物本身的东西，只不过是处于我们未借意识将之分辨清楚的那些特征和部分表象的堆积状态下：这种说法是对感性概念和现象概念的一种歪曲。"[①] "直观中一个物体的表象就根本不包含任何可以归之于一个自在对象本身的东西，而只包含某物的现象及我们由此被刺激的方式。"[②] 从黑格尔的辩证逻辑的观点看来，康德的问题在于，他停留于心智对于事物认识的先天贡献，因而局限于从形式方面把捉事物。于是，对象只是由纯直观表象为现象，范畴表象只是间接地关于对象，判断作为表象则只是把概念表象作为谓词去赋予作为直观表象的对象。可是，事实上，事物作为认识对象，本身就是概念——实质概念（按胡塞尔现象学用语），而判断的谓词则是事物自身概念中发挥出来的规定性。这样，概念不只是形式的表象，根本上从内容突进到事物本身（实质本质）。同样重要的是，康德的先验逻辑是在着眼于作为认识成果的现成知识的辩护脉络中展开的，而辩证逻辑则是在概念形成和变化的即发现的脉络中展开的。这个问题在第四章中还要详细讨论。在辩护的脉络中，强调知识是表象，表象不同于物体本身，都是合理的，也是必要的。

第二，表象是物体的表象，但表象和物体本身是有区别的。这里的根本区别在于，表象是物体本身缘于同认识主体结成认识关系，进入心智的纯直观而被表象为呈空间和时间形式的现象，而物体本身独立自在，远比其表象丰富。康德表明，表象依存于心智，而物体本身即他所谓的"自在之物"（"物自体"）则独立自在。他说："我们不能使感性的这一特殊条件成为事物的条件，而只能使之成为事物的现象的条件，所以我们很可以说：空间包括一切可能向我们外在地显现出来的事物，但不包括一切自在之物，不论这些自在之物是否被直观到，也不论被何种主体来直观。"[③] "我们不能说：一切事物都在时间中，因为在一般事物这个概念中抽掉了直观事物的一切方式，但这种方式却是把时间归于对象表象的根本条件。如果现在把这个条件加到概念上，并说：一切事物作为现象（感性直观

---

① 康德：《纯粹理性批判》，邓晓芒译，杨祖陶校，北京：人民出版社，2004年，A43，第43页。

② 康德：《纯粹理性批判》，邓晓芒译，杨祖陶校，北京：人民出版社，2004年，A44，第43页。

③ 康德：《纯粹理性批判》，邓晓芒译，杨祖陶校，北京：人民出版社，2004年，B43 = A27，第32页。

对象）都在时间中，那么这条原理就具有地道的客观正确性和先天的普遍性了。”① “空间和时间是一切感性直观的两个合在一起的纯形式，它们由此而使先天综合命题成为可能。但这两个先天的知识来源正由此（即由于它们只是感性的条件）也规定了自己的界限，就是说，它们只是指向那些被视为现象的对象，而不表现自在之物本身。”②

表象和物体本身的区别还可进一步提到，表象包括物体的现象、感性和知性的先天知识即关于现象及其本体的形式的知识以及一般知性概念所表达的从现象表现出来的本体的性状。物体本身就是独立自在的物体，它未成为知识对象，也就无所谓现象、形式、性状等等。康德指出：“直观中一个物体的表象就根本不包含任何可以归之于一个自在对象本身的东西，而只包含某物的现象及我们由此被刺激的方式，而我们认识能力的这种接受性就叫做感性，它与有关自在对象本身的知识之间，即使我们可以彻底看透那种现象，也仍有天壤之别。”③ 可以说，表象是“人造的”，物自体则是“天然的”。

第三，认识主体心智所认识的总是物体的表象，或者说，心智所达致的总是关于表象的知识。然而，表象终究是物体的表象，所以这知识还是关于物体本身的知识。问题是任何知识都不会穷尽关于物体本身的知识。知识之所以总是关于表象，乃缘于心智作为知识源泉唯在于以表象做出自己的先天贡献，或者说它的贡献唯在于对物进行表象，把物表象为现象。康德表明了这一点，尽管他把表象和物自体的区别绝对化（这区别本身对于界定知识来说是不可或缺的）。他写道：“我们完全不知道自在的对象，而凡是我们称之为外部对象的，无非是我们感性的单纯表象而已，其形式是空间，但其真实的相关物、亦即自在之物却丝毫也没有借此得到认识，也不可能借此被认识，但它也从来不在经验中被探讨。”④ “我们的一切直观无非是关于现象的表象；我们所直观的事物不是自在之物本身，我们既不是为了自在之物而直观这些事物，它们的关系也不是自在地本身具有如同它们向我们显现出来的那种性状，并且，如果我们把我们的主体、哪怕只要把一般感官的主观性状取消掉了的话，客体在空间和时间里的一切性状、一切关系，乃至于空间和时间本身就都会消失，并且它们作为现象不能自在地实存，而只能在我们里面实存。对象自在地、离开我们感性的这一切接受性可能是一种什么样的状况，这在我们仍然是完全不知道的。我们知道的只不过是我们知觉它们

---

① 康德：《纯粹理性批判》，邓晓芒译，杨祖陶校，北京：人民出版社，2004 年，B52，第 37-38 页。

② 康德：《纯粹理性批判》，邓晓芒译，杨祖陶校，北京：人民出版社，2004 年，A39 = B56，第 40 页。

③ 康德：《纯粹理性批判》，邓晓芒译，杨祖陶校，北京：人民出版社，2004 年，A44，第 43 页。

④ 康德：《纯粹理性批判》，邓晓芒译，杨祖陶校，北京：人民出版社，2004 年，A30，第 33-34 页。

的方式，这种方式是我们所特有的，虽然必须归之于每一个人，但却不能必然地也归之于任何一个存在者。”①

第四，心智认识的是表象，然而表象是对物体的表象，所以，心智获致的是关于物体本身的知识。认识主体心智把物体本身表象为现象去认识，这与其说是把知识止于表象和现象，不能达于物体本身，还不如说，心智认识物体本身的方式和样态因着心智本身的本性而采取表象和现象的形态。

康德似乎对物自体采取“不可知论”。细究之下，他说知性不能认识自在之物，还是取积极的态度，意在界定知性认识即知识的范围，突显知性以其先天知识而成为知识的源泉以及知识的属人性。正是由于这个缘故，他还是流露出认可物自体和表象的源流关系。他写道：“空间和时间作为一切（外部和内部）经验的必然条件，只不过是我们一切直观的主观条件，因而在与这些条件的关系中一切对象只不过是现象，而不是以这种方式独立地给予出来的物，因此关于这些现象，在涉及它们的形式时也可以先天地说出许多东西，但关于可能作为这些现象的基础的自在之物本身，则丝毫不能说出什么来。”②“我们正是对于也是作为自在之物本身的这同一些对象，哪怕不能认识，至少还必须能够思维。因为，否则的话，就会推导出荒谬的命题：没有某种显现着的东西却有现象。”③这里明确道出，物自体是基础，它显现着而呈示现象。显然，物自体和现象学存在论即生存论那里的“事物本身”是相通的。明乎此，就可知道，表象和物体本身的关系必须放到生存论视域和发现脉络之中去考量，才能看得清楚。

第五，简要讨论一下物体、现象、表象和存在者（现成存在者）三者的关系。认识论表明，认识主体以心智纯直观把物体（作为对象）表象为现象。形而上学把物体建构为作为存在者的现象-本体结构。心智所表象的现象和存在者的现象是同一的，同是对象的现象。知性以范畴对感性纯直观表象即现象进行纯粹思维而表象出的东西也就是存在者的现象-本体结构中的本体。

三、关于“科学作为表象”的科学观念

随着科学知识社会学强调“科学是实践”，出现了所谓“实践的科学观取代表象的科学观”一说。这里有必要就此辨析一番。

“科学”不是实体对象，所以不能对之施以作为逻辑运作的定义，当然就不能以确定的定义表达关于它的观念。“科学”是意义对象，可以不断增进对它的

---

① 康德：《纯粹理性批判》，邓晓芒译，杨祖陶校，北京：人民出版社，2004 年，B59 = A42，第 42 页。

② 康德：《纯粹理性批判》，邓晓芒译，杨祖陶校，北京：人民出版社，2004 年，A49，第 46 页。

③ 康德：《纯粹理性批判》，邓晓芒译，杨祖陶校，北京：人民出版社，2004 年，BXXVI，第 20 页。

理解。因此，无论“表象”还是“实践”都是对“科学”的理解，都是对它的意义的把捉。无疑，既然“表象的科学观”和“实践的科学观”都不足为训，那么，就更谈不上一种科学观取代另一种科学观。

不过，“表象”和“实践”在科学观念中所占地位也还是不同的。为此，需要诉诸逻辑。定义不能穷尽，因而也不能表达科学观念。但是，科学观念包含逻辑的向度。不妨说，定义的精神可以适当地运用于意义对象。这是指对意义对象的示差性规定的把捉。如前所述，亚里士多德表明，“种差”是事物的根本，也即示差特征。显然，“实践”属于“属”的规定。科学、艺术、生产和社会活动等都是“实践”。就“科学”而言，“表象”才是其“种差”规定。科学正是以“表象”区别于其他诸多实践。如此说来，所谓的“实践科学观”并不能撼动“科学作为表象的观念”的固有地位。它充其量丰富了对“科学”的认识。准确地说，科学知识社会学所引起的不是科学观转换，而是对科学的哲学研究发生“实践转向”。

康德以其认识论揭示了认识在于对自然物表象，从而铸就了“科学作为表象的观念”。这个观念成为作为知识论的西方哲学的核心观念，以致这种哲学在很大程度上成为了关于表象作用的一般理论。罗蒂（R. Rorty）站在“后哲学文化”的立场，主张文化走出作为知识论的哲学，走向以文学艺术为中心。他正是洞见了西方哲学建构“科学作为表象的观念”。他表明，正是从笛卡儿到康德的关于认知主体作为先验知识源泉的理论成就了表象的知识观。他指出：“这种看法认为，人类活动（以及探求，尤其是知识的追求）发生于一种理论框架之内，这个理论框架在探求的结论（一组可先验地发现的前提条件）得出之前可被剥离出来，它使当代哲学与笛卡儿-洛克-康德的传统联系在一起。因为，认为存在着这样一种理论构架的看法要想说得通，只有当我们把这个构架看成是由认知主体的天性、由他的机能的天性或由他在其中进行活动的媒介的性质所加予的才成。‘哲学’不同于‘科学’这种观念本身，如若没有笛卡儿和康德的如下主张，就很难获得理解，前者认为反身向内就可发现必然真理，后者认为这一真理对经验性探求的可能结果施加了限制。认为可能存在有‘知识基础’（一切知识，在过去、现在、将来的每一领域中的知识）或‘表象理论’（一切表象观，在熟悉的语汇中的和尚未梦想出来的表象观）的看法，依存于如下的假定：存在有某种先验的制约因素。”①

这一切导致了“作为准确表象结果的知识观，这种知识是经由特殊的心智过

① 罗蒂：《哲学和自然之镜》，李幼蒸译，北京：生活·读书·新知三联书店，1987年，第6页。

程而成立的，并由于某种有关表象作用的一般理论而成为可理解的。”① 他还表明，心智可隐喻成具有表象作用的镜子，而纯粹直观和纯粹思维的表象主导着这面巨镜的表象作用。他就此写道：“决定着我们大部分哲学信念的是图画而非命题，是隐喻而非陈述。俘获住传统哲学的图画是作为一面巨镜的心智的图画，它包含着各种各样的表象（其中有些准确，有些不准确），并可借助纯粹的、非经验的方法加以研究。如果没有类似于镜子的心智观念，作为准确表象的知识观念就不会出现。没有后一种观念，笛卡儿和康德共同采用的研究策略——即通过审视、修理和磨光这面镜子以获得更准确的表象——就不会讲得通了。”② “获得准确表象的方式就是在这面镜子里发现一种特殊的、具有特权的表象类，它有如此强制人接受的力量，以至于这些表象的准确性不容怀疑。这些具有特权的基础，将成为知识的基础，而引导我们朝向它们的学科（知识论），将成为文化的基础。”③

“科学作为表象的观念”自有其生存论基础。第一章第五节引用海德格尔的话表明：此在作为“场景”，让世界在其中呈现为“世界图像”。他强调，不是这图像乃关于世界的图像，而是世界被此在表象为图像。这同康德关于物自体及其表象的观点相通。按照康德所言，表象不是关于物自体的，表象是心智对作为对象的物作表象的产物。问题是海德格尔为主体的表象机能提供了生存论辩护，或者说揭示了它的生存论本质。他就此写道：“表象的含义最早由 repraesentatio 一词表达出来了。表象在这里的意思是：把现存之物当作某种对立之物带到自身面前来，使之关涉于自身，即关涉于表象者，并且把它强行纳入到这种与作为决定性领域的自身的关联之中。”④ “因此，如果我们把世界的图像特征解说为存在者的被表象状态，那么，为了充分把握被表象状态的现代本质，我们就必须探寻出‘表象’这个已经被用滥了的词语和概念的原始的命名力量，那就是：摆置到自身面前和向着自身而来摆置（das vor sich und hin und zu sich her Stellen）。由此，存在者才作为对象达到持存，从而才获得存在之镜像（Spiegel des Seins）。世界成为图像，与人在存在者范围内成为主体，乃是同一个过程。”⑤这里的蕴义重要者有四点。首先，所谓认识主体作为此在与存在者在“存在”上“同宗”，乃缘于表象的生存论本质。认识主体作为表象者把存在者摆置到自身面前作为对立之物，使之成为对象，也即对于主体而存在，同时，这对象化是交互的，因为

① 罗蒂：《哲学和自然之镜》，李幼蒸译，北京：生活·读书·新知三联书店，1987 年，第 3 页。
② 罗蒂：《哲学和自然之镜》，李幼蒸译，北京：生活·读书·新知三联书店，1987 年，第 9 页。
③ 罗蒂：《哲学和自然之镜》，李幼蒸译，北京：生活·读书·新知三联书店，1987 年，第 139 页。
④ 海德格尔：《林中路》，孙周兴译，上海：上海译文出版社，1997 年，第 87-88 页。
⑤ 海德格尔：《林中路》，孙周兴译，上海：上海译文出版社，1997 年，第 88-89 页。

主体也缘于此而成为此在。一句话，“存在”本身乃系于表象机能。其次，由于表象作用，存在者成为“持存”，因而对主体变得确实，从而科学成为可能。如此，“科学作为表象的观念”得到了生存论层面的奠基和辩护，其地位便是不可动摇的。然后，存在者总是处于被表象状态。最后，认识主体对存在者做的是形式表象，而此在对之做的是实质表象。

第四节　认识主体心智的知性逻辑

宽泛来说，本章迄此为止始终在研讨“知性逻辑”。只是就其涉及的问题而言，本节转入讨论核心的部分，而此前可谓预备和外围的方面。此外，这里首先要对“知性逻辑”做个正面的交代。

一、先验逻辑的认识论本质

如前所述，作为知性逻辑的康德先验逻辑是逻辑的第二种哲学史形态。亚里士多德创立的形式逻辑作为形而上学的逻辑，乃从语言层面规定存在者的实存方式。与之相区别，先验逻辑则是心智的认识论逻辑。这两种逻辑的关键区别在于，形式逻辑关乎认识的对象存在者，而先验逻辑关乎作为知识来源的心智，确切说来是其知性。当然，作为认识论的逻辑，知性逻辑又是与知识对象先天地相关的。如前所述，这一点更主要地使先验逻辑区别于康德所谓的“普通逻辑”。

逻辑史上，亚里士多德形式逻辑创立之后，逻辑便脱离哲学史轨道，作为“论辩术”和“思维术”独立发展。直到近代产生数理逻辑之前，区别于亚里士多德逻辑，这个历史阶段里的逻辑，史称“传统逻辑”。康德笔下的“普通逻辑”正是指这种“传统逻辑”。所以“普通”，乃因它同常识水平的“日常知性”相联属。

先验逻辑之区别于“普通逻辑”，质言之，在于普通逻辑是日常思维的形式的规范，而先验逻辑是知性逻辑，知性乃自发地为了认识而思维对象，这就决定了先验逻辑作为知性的法规或规范，必定关乎思维的对象即内容。同时，又由于知性作为知识源泉，在于提供先天的知识，所以，先验逻辑又与一切经验性原则无关，而完全服从先验的演绎或论辩。这就是说，先验逻辑之关涉思维的内容，这内容不是经验性的，而是指知性纯思维之先天地关乎对象（纯直观或纯知性概念的表象）。对此，康德自己是这样说的：“普通逻辑抽掉一切知识内容，即抽掉一切知识与客体的关系，只考察知识相互关系的逻辑形式即一般思维形式。”①先验“逻辑将只包含对一个对象的纯思维的规则，它将排除一切具有经验性内容的知识。它还将讨论我们有关对象、而又不能归之于对象的知识来源”②。

现在，可以来正面认识“先验逻辑”本身。康德这样说明它：“由于期望也许会有一些可以与对象先天地相关的概念，它们既不是纯粹的直观也不是感性的直观，而只是纯思维活动，因而是一些既没有经验性来源也没有感性来源的概念，所以我们就预先为自己形成了一门关于纯粹知性知识和理性知识的科学的理念，用来完全先天地思维对象。这样一门规定这些知识的来源、范围和客观有效性的科学，我们也许必须称之为先验逻辑，因为它只与知性和理性的法则打交道，但只是在这些法则与对象先天地发生关系的范围内，而不是像普通逻辑那样，无区别地既和经验性的知识又和纯粹理性知识发生关系。”③ 知性自发地以纯粹概念即范畴去对对象作纯思维，由此贡献出自己的先天知识即纯粹知性知识。康德强调，唯有这种先天知识才是“先验的”，因而关于提供这种知识的心智的逻辑叫做“先验的”。

先验逻辑作为知性逻辑是关于知性据以提供纯粹知性知识的法则。这种知识来源于心智的纯直观和纯思维能力以及表象机能，它的范围囿于心智先天地同对象发生关系的范围，同时其客观有效性也正在于这种关系。显然，先验逻辑的核心部分在于表明，纯直观和纯思维如何先天地同对象相关即如何先天地运用于对象，又如何对对象作先天综合判断，也即贡献先天的必然的知识，从而使知性得以对经验客体获致带客观必然性的经验知识。康德以先验逻辑表明，这里的关键在于先天知性范畴先天地同纯直观对象相关，运用于这种对象。这样，先验逻辑作为知性法则的核心问题就是要表明这种“相关”和“运用”的方式。康德把这称为“范畴的先验演绎”。他就此写道：“构成十分混杂地交织起来的人类知识的各种各样的概念中，有些也被派定来做纯粹先天的（完全不依赖于任何经验的）运用，而它们的这一权限任何时候都需要一个演绎；因为对于这样一种运用的合法性从经验中不足以取得证明，但我们却必须知道，这些概念如何能够与它们并非从任何经验中拿来的那些客体发生关系。所以我把对概念能够先天地和对象发生关系的方式所作的解释称之为这些概念的先验演绎，并把它与经验性的演绎区别开来，后者表明的是一个概念通过经验和对经验的反思而获得的方式，因此不涉及合法性，而是涉及使占有得以产生的事实。我们现在已经有了完全不同

---

① 康德：《纯粹理性批判》，邓晓芒译，杨祖陶校，北京：人民出版社，2004 年，A55/B79，第 54 页。

② 康德：《纯粹理性批判》，邓晓芒译，杨祖陶校，北京：人民出版社，2004 年，A56，第 54 页。

③ 康德：《纯粹理性批判》，邓晓芒译，杨祖陶校，北京：人民出版社，2004 年，A57，第 55 页。

种类的两类概念，它们在双方都完全先天地与对象发生关系这点上倒是相互一致的，这就是作为感性形式的空间和时间的概念以及作为知性概念的范畴。要寻求这些概念的经验性的演绎将完全是白费力气的工作，因为它们本质的特征恰好在于，它们和自己的对象发生关系时并未从经验中为这些对象的表象借取什么东西。所以如果对它们作一个演绎是必要的，那么这个演绎任何时候都必须是先验的。”①

这里必须强调指出，说先验逻辑关涉内容，那是相比普通逻辑而言的，后者关乎逻辑思维本身而不管思维对象。然而，就与对象相关而言，先验逻辑所关于的知性只是对纯直观对象以范畴作纯粹思维，所以只是从形式方面作用于对象，也无关于对象的内容。

二、知性范畴保证作为认识对象的经验客体的可能性

范畴的先验演绎乃在于表明，知性以范畴对纯直观对象作纯思维，其方式为对它下“先天综合判断”，以此获得必然性的纯知性知识，这就为知性以概念去思维经验客体时获致带必然性的知识提供了保证。然而，这里还有知识的客观性问题。范畴的先验演绎表明，亦是先天范畴的纯直观以及纯思维，为经验客体成为心智的知识对象的可能性提供了保证。这样，先验演绎就包括上述两个方面。这里先研讨后一个方面。

阐明知性范畴保证作为知识对象的经验客体的可能性，首先要弄清楚表象和对象的相互关系。从经验性的关系来说，对象使表象成为可能。从先验的关系来说，也就是从心智作为知识的源泉来说，则是表象使对象成为可能。知性范畴正是借心智的表象机能为经验客体提供成为知识对象的可能性和条件，从而也为自身取得客观有效性，为纯粹知性知识带来客观性。

经验客体只有先天地被感性以空间和时间范畴作纯直观，被表象成为现象，才能作为认识对象被心智的感性感觉。这样，纯直观表象决定和规定了感觉的对象，为后者提供了可能性和条件。这蕴涵着，经验客体的现象必须以空间和时间为形式。同样，知性以范畴对纯直观提供的对象作纯思维，所得的表象决定和规定了知性概念思维的对象，后者便是经验客体作为存在者的结构元“本体”，也就是关于经验客体的概念。这就是说，只有先天地运用知性范畴，经验客体被纯直观后才能被思维而成为知识对象。所以说，知性范畴同样以其对纯直观对象的表象为知性概念思维对象提供了可能性和条件。这也蕴涵着，经验客体作为存在

---

① 康德：《纯粹理性批判》，邓晓芒译，杨祖陶校，北京：人民出版社，2004 年，A85-A86/B117-B118，第 79-80 页。

者，其本体必须以知性范畴为形式。关于表象决定对象，先天范畴保证经验客体作为知识对象的可能性，康德做了如下详确说明："综合的表象可以与其诸对象恰好同时发生、必然相互关联以及仿佛是相互碰在一起，只可能有两种情况。要么只有对象使表象成为可能，要么只有表象使对象成为可能。如果是前者，则这一关系只是经验性的，这种表象决不是先天可能的。而这就是现象就其中属于感觉的东西而言的情况。但如果是后者，由于表象自己本身（因为这里所谈的根本不是表象借助于意志产生的因果性）就存有而言并不产生自己的对象，所以仅当惟有通过表象某物才能作为一个对象被认识的情况下，表象对于对象倒还具有先天的规定性。但一个对象的知识只有在两个条件下才是可能的，首先是直观，通过它对象被给予，但只是作为现象被给予；第二是概念，通过它一个与该直观相应的对象被思维。但从上面所讲的可以看出，第一个条件，即只有在它之下对象才能被直观的条件，事实上是客体就形式而言在内心中的先天基础。所以一切现象必然是与感性的这种形式条件相一致的，因为它们只有通过这种条件才能显现，也就是才能被经验性地直观到并给予出来。现在要问，是否连概念也是先天地在前发生的条件，某物只有在这些条件下，即使不是被直观，但却是被作为一般对象来思维？因为要是这样，一切经验性的对象知识就都是必然符合于这些概念的，因为没有它们作为前提，任何东西都不可能成为经验的客体。然而，一切经验除了包含使某物被给予的感官直观外，还包含对于在该直观中被给予或被显现的对象的一个概念，因此这些有关诸对象的一般概念作为先天的条件将成为一切经验知识的基础：这样，范畴作为先天概念的客观有效性的根据将在于，经验（按其思维形式）只有通过范畴才是可能的。这样一来范畴就必然地和先天地与经验对象相关，因为一般说来只有借助于范畴任何一个经验对象才能被思维。"①

纯直观表象为经验客体成为知识对象提供了可能性。然而，如本章第三节已指出的，纯直观和纯思维所得到的只是表象杂多，只有经过先验统觉的综合作用，成为一个整体才能同经验客体相对应，成为后者作为知识对象的可能条件。无疑，这个整体是作为先天表象的客体，它决定和规定了经验客体。问题是那里对这种客体的"先验演绎"没有具体展开，尤其没有表明知性范畴在这种综合中的主导作用。

如上所述，对应于作为存在者个体的经验客体的现象-本体二元结构，心智的先天表象亦有"两张皮"。使它们构成作为统一整体的客体的，正是知性范畴的主导作用。所以，这里必须阐明这种主导作用，表明统一的客体整体先天表象

---

① 康德：《纯粹理性批判》，邓晓芒译，杨祖陶校，北京：人民出版社，2004 年，A92-A93/B125-B126，第 84-85 页。

如何形成。

知性的最高知识原理是对纯直观和纯思维所得之先天表象杂多进行先验综合，使之终成统一整体——客体。康德强调了这一点："一般杂多的联结（conjunction）决不能通过感官进到我们里面来，因而也不能同时一起被包含在感性直观的纯形式里；因为它是表象力的一种自发性行动，并且，由于我们必须把它与感性相区别而称作知性，所以一切联结，不论我们是否意识到它，不论它是直观杂多的联结还是概念的联结，而在前一种联结中也不论它是经验性直观杂多的联结还是非经验性直观杂多的联结，都是一个知性行动，我们将用综合这个普遍名称来称呼它，以借此同时表明，任何我们自己没有事先联结起来的东西，我们都不能表象为在客体中被联结了的，而且在一切表象之中，联结是唯一的一个不能通过客体给予、而只能由主体自己去完成的表象，因为它是主体的自动性的一个行动。在这里很容易看出，这种活动必定在本源上是惟一的，并且对一切联结都是同样有效的。"①

知性作为先验统觉，其先天综合力首先在于同感性的先天综合力相结合把直观中的表象杂多统一起来。感性纯直观本身有一种综合的能力（康德称之为"领会"），它把杂多表象加以贯通，使得有某种统一性。心智又运用康德所谓的"想象力"，对这些贯通的表象作再生的和形象的综合，使得心智能够对直观对象形成完整又持续久存的表象，让认识得以进行。同时，先验纯粹统觉还以意识的自我同一原理为这种综合统一提供深层保证。

知性的主导作用集中地表现在，它以范畴赋予上述统一的直观表象以"形式的统一性"，使之真正成为统一的客体（表象），故也成为能为心智认识的对象。康德指出："对杂多进行认定的这些根据，就其涉及的只是某个一般经验的形式而言，就是那些范畴。所以在这些范畴之上就建立起了在想象力的综合中一切形式的统一性，而借助于这种统一性，也建立起了想象力的一直落实到现象上的一切（即在认定、再生、联想、领会中的）经验性运用。因为这些现象只有借助于一般知识的那些要素才能属于我们的意识，因而属于我们自己。"②"对象的一切知识的形式（杂多由此而被思考为属于'一个'客体的）也正在于可能意识的这种统一性。所以，感性表象（直观）的杂多隶属于一个意识之下的那种方式，是在一切对象知识之前作为其理智的形式而先行的，它本身也构成了一切对象就其被思维而言的一般形式的先天知识（诸范畴）。"③

---

① 康德：《纯粹理性批判》，邓晓芒译，杨祖陶校，北京：人民出版社，2004 年，B129-B130，第 87-88 页。

② 康德：《纯粹理性批判》，邓晓芒译，杨祖陶校，北京：人民出版社，2004 年，A125，第 130 页。

③ 康德：《纯粹理性批判》，邓晓芒译，杨祖陶校，北京：人民出版社，2004 年，A129，第 133 页。

知性以范畴给予感性直观杂多以形式统一性，其机制就在于融合“两张皮”，确切说是以概念（本体）之皮统御现象（直观表象）之皮。知性范畴在客观表象中是通过建立“纯粹概念”去统御现象的直观表象的，“纯粹概念”是表象，其对象是经验客体的（作为存在者的）本体（概念），康德把它叫做“一般现象”（X）。纯粹概念是经验客体的本体（经验概念）的可能性和条件，根本上说是经验客体作为统一整体（知识对象）的可能性和条件。显然，与此同时，纯粹概念取得了客观实在性。康德表明了这种“一般对象”。他说：“我们将可以对我们有关一个一般对象的概念作出更为准确的规定了。一切表象作为表象都有自己的对象，并且本身又都能是另外一些表象的对象。现象是能够被直接给予我们的唯一的对象，而凡是在现象中直接与对象相关的就叫做直观。但现在，这些现象不是自在之物本身，而只是一些自身又有自己的对象的表象，而这一对象则不再能够被我们所直观，因而可以被称之为非经验性的、即先验的对象，等于X。有关这种先验对象（它实际上在我们的一切知识中是永远等同于X的）的纯粹概念，就是一般说来能够在我们的一切经验性概念中带来与一个对象的关系、即带来客观实在性的东西。”① “纯粹概念”作为“一般对象”的表象，构成一种综合统一的规则，直观杂多按照它先天必然地再生，并结合成概念，从而成为整体统一的客体（表象）。康德表明了这一点：“既然我们只是在和我们表象的杂多打交道，而那个与之对应的X（对象）由于应当是某种和我们的一切表象不同的东西，因而对我们来说什么也不是，所以对象使之成为必要的那种统一性就不可能是任何别的东西，而只是在对表象的杂多的综合中意识的形式统一性。于是我们就说，我们认识对象，是在我们于直观杂多中产生出了综合统一性的时候。但这种统一性，如果直观不能通过这样一种综合机能，按照一条既使这杂多的再生成为先天必然的、也使杂多结合于其中的一个概念成为可能的规则而产生出来的话，就是不可能的。所以我们把一个三角形思考为一个对象，是由于我们根据一条任何时候都能据以描绘出这样一种直观的规则而意识到了三条直线的这种组合。于是这种规则的统一性就规定了一切杂多，并将其限制在使统觉的统一性成为可能的那些条件上，而这种统一性的概念就是关于我们通过一个三角形的上述谓词所想到的等于X的对象的表象。”②

---

① 康德：《纯粹理性批判》，邓晓芒译，杨祖陶校，北京：人民出版社，2004年，A108-A109，第121页。

② 康德：《纯粹理性批判》，邓晓芒译，杨祖陶校，北京：人民出版社，2004年，A105，第118-119页。

三、“先天综合判断”保证知识的客观必然性

实际上，上述知性以范畴把直观表象杂多建构为整体统一的客体表象，为经验客体作为知识对象提供可能性和条件，与此同时，这里通过对直观对象作纯粹思维而提供了关于对象即客体的先天知识。康德表明了这一点：“为了达到一切对象的先天知识，必须首先给予我们的是纯粹直观的杂多；其次是通过想象力对这种杂多加以综合，但这也还没有给出知识。给这种纯粹综合提供统一性、并只是以这种必然的综合统一的表象为内容的那些概念，则为一个出现的对象的知识提供了第三种东西，而且是建立在知性上的。”① “那些概念”就是知性范畴。

如前所述，知性以判断力而能提供知识，知性自身对知识的贡献在于运用范畴作“先天综合判断”。知性以范畴对直观对象作纯粹思维，就是以关于这些表象的表象即概念表象对直观表象杂多进行统一的综合，其结果便是“先天综合判断”。这种判断首先是“综合的”，也就是说它作为“先天知识”是关于被综合的表象中那直接关于对象的表象的，归根结底是关于可能的经验客体（作为纯直观表象之对象）的。康德强调了这一点：“于是在这里，我们就拥有对于解决先验-哲学的‘先天综合命题是如何可能的？’这个总课题所需要的构件之一了，这就是先天的纯直观，空间与时间，在其中，如果我们想要在先天判断中超出给予的概念之外，我们就会碰见那不能在概念中、却完全可以在与概念相应的直观中先天地揭示出来并能被综合地结合在那概念上的东西，但这些判断出自这一理由决不能延伸到感官对象之外，而只能对可能经验的客体有效。”② 先天综合判断也只能是关于可能经验客体的先天知识。

另一个“构件”则是“先天”。判断乃联结众多表象，“先天”便在于范畴给这种综合以带必然性的统一性。心智作为知识的源泉，在很大程度上正是维系于知性范畴让“先天综合判断”带上必然的统一性。康德说：“同一个知性，正是通过同一些行动，在概念中曾借助于分析的统一完成了一个判断的逻辑形式，它也就借助于一般直观中杂多的综合统一，而把一种先验的内容带进它的表象之中，因此这些表象称之为纯粹知性概念，它们先天地指向客体，这是普通逻辑所做不到的。”③ 显然，这里又从知性提供先天知识的层面阐明了“两张皮”融合的方式。知性范畴一方面在概念层面把表象构成判断，另一方面在直观层面又以

① 康德：《纯粹理性批判》，邓晓芒译，杨祖陶校，北京：人民出版社，2004 年，B104/A79，第 70-71 页。

② 康德：《纯粹理性批判》，邓晓芒译，杨祖陶校，北京：人民出版社，2004 年，B73，第 50 页。

③ 康德：《纯粹理性批判》，邓晓芒译，杨祖陶校，北京：人民出版社，2004 年，A79/B105，第 71 页。

这判断作为“充实”直观表象和“先验内容”。就是说，直观表象和“先天综合判断”这表象合一而成为可能的经验客体的表象。然而，眼下重要的是，知性范畴乃借助“分析的统一性”来建立“先天综合判断”。于是，既然分析的统一性是必然的统一性，所以，“先天综合判断”正以“先天”而给“先天知识”带来必然性。实际上，知性范畴从判断的量、质、关系和模态四方面规定“先天综合判断”，这十二个范畴所做的规定是判断所必然具备的形式构元。这样，知性范畴建构起先天综合判断，就以判断形式充实直观的综合统一表象，也赋予关于对象的“纯粹概念”以判断的逻辑形式，从而使之具备提供知识的能力。值得指出，这十二个知性范畴正是从普通逻辑所把握的思维下判断的形式推引出来的，恰恰穷尽了知性在判断中的全部逻辑机能。

知性范畴以“先天综合判断”对直观的表象杂多以及关于这些表象的诸概念表象做了纯粹的综合统一。先天综合判断本身也是表象，它先天地指向对象，它就是关于作为对象的可能经验客体的先天知识。这样，它也就为这种知识的客观必然性提供了保证。

现在的图景是，当经验客体服从知性的直观综合和纯综合的条件时，也就是成为先天客体表象的对象、心智的认识对象时，先天综合判断作为先天知识也就同一般经验知识相融合，从而给出客观必然性的知识。先天综合判断就是这样成为可能的。康德对此做了精当阐发：“由于经验，作为经验性的综合，在其可能性中是唯一赋予其他一切综合以实在性的知识类型，所以其他一切综合作为先天知识之所以具有真理性（即与客体相符合），也是因为它不包含别的东西，而只包含对一般经验的综合统一所必要的东西，所以一切综合判断的至上原则就是：每个对象都服从在可能经验中直观杂多的综合统一的必要条件。以这样一种方式，当我们把先天直观的形式条件，把想象力的综合，以及这种综合在先验统觉中的必然统一性，与一般可能的经验知识发生关联，并且说：一般经验可能性的诸条件同时就是经验对象之可能性的诸条件，因而它们在一个先天综合判断中拥有客观有效性——这时，先天综合判断就是可能的。”①

关于经验客体的知识是对经验有效的必然真理。形而上学为之找到了客观的根源。认识论则为之找到了主观的根源。康德就此写道：“在我们称之为自然的那些现象上的秩序和合规则性是我们自己带进去的，假如我们不是本源地把它们、或者把我们内心的自然放进去了的话，我们也就会不可能在其中找到它们了。因为这个自然统一性应当是一种必然的、即先天确定的结合诸现象的统一

① 康德：《纯粹理性批判》，邓晓芒译，杨祖陶校，北京：人民出版社，2004年，A157-A158/B196-B197，第151页。

性。但假如不是在我们内心的本源的知识来源中包含这样一种先天统一的主观根据，假如这些主观条件不是由于它们作为一般在经验中认识一个客体的可能性根据而同时在客观上有效的话，我们又怎么会有可能先天地使一个综合统一性运行起来呢？”①

当然，诚如形而上学所揭示的，自然界本身是有其客观必然的规律性的。康德也是承认这种客观性的。他说：“自然从最一般意义上来理解就是事物在法则之下的实存。一般理性存在者的感性自然就是在以经验为条件的法则之下的实存，因而这种感性自然对于理性而言便是他律。”② 这种客观规律性是知识的形而上学依据。认识论揭示，心智是知识的源泉和根据，但不是说，心智是自然界客观规律的源泉和根据。世界本无科学，是人类心智创造了科学，它按认识论所揭示的方式使得关于经验客体的知识成为客观的必然真理。休谟对知识的必然真理提出质疑，出之以“归纳问题”。他从经验本身去探究竟，却不循形而上学之途。“归纳问题”是缘木求鱼，因而是个伪问题。休谟留下的困惑惊醒康德，后者探明这是笛卡儿指明的认识论问题。归纳逻辑则只能在形而上学架构下在建构存在者的现象上发挥作用。

第五节　认识主体的“行动-心智”二元构成

认识主体迄今为止一直被作为“思维者”予以建构。实际上，认识主体也还是行动者。认识主体正以其“行动-心智”二元构成在自然界里进行认识活动。行动和心智两极之间保持必要的张力，驱动认识前行，知识进步。

一、认识主体的“行动-心智”二元构成

海森伯曾就西方文化的根源性特质表达过意味深长的见解：“我们必须强调这一事实，即我们西方文化的全部力量来自于并已经一直来自于我们提出问题的方式与我们行动的方式之间的密切关系。在实践活动领域内，其他民族和其他文化集体也像希腊人一样富有经验，但希腊思想与所有其他民族思想的区别一贯在于希腊人有能力将自己提出的问题变成原理性问题并由此得出新的观点，给五光十色变化万千的经验带进秩序，使之能为人类思想所接受。正是这种提出原理性问题与实践活动的联系使希腊思想区别于所有其他思想，当西方在我们历史的转

---

① 康德：《纯粹理性批判》，邓晓芒译，杨祖陶校，北京：人民出版社，2004 年，A125，第 130-131 页。

② 康德：《实践理性批判》，韩水法译，北京：商务印书馆，1999 年，第 45 页。

折点即文艺复兴时期兴起的过程中，也正是这种联系促使了近代科学和技术的诞生。”① 这正是认识主体的“行动–心智”二元构成在文化层面上的投影。

认识主体作为心智，如前所述，是知识的源泉。然而，按先验逻辑起作用的知性先天地指向并关涉作为对象的自然事物。同时，心智活动需受到外物对感性的刺激才发动。这些决定了认识主体作为知识源泉还必须是行动者。认识主体通过行动，也唯有在行动中才能把捉到作为认识对象的自然事物，才有可能经验到直观成现象的对象。放大而论，心智把世界表象为图像，也依从于行动，主体在行动中才以心智与世界遭遇。

认识主体的“行动–心智”二元构成归根到底是由形而上学建构的存在者之“现象–本体”结构所决定的。认识主体身处自然界，光怪陆离、变化万千的现象引导他在行动中去充分领略之。认识者直面现象，就必须用感性去接受，而对于超越的本体，就得以知性去思考。心智如此便成“感性–知性”二元结构。移到形而上学的立场来看，世界呈现“现象–本体”的图景，认识主体作为“写生者”，在行动中取景，以心智的表象机能绘制存在者的图像。究其根本，这一切皆是形而上学对于认识论的基础地位所使然。

认识主体的“行动–心智”二元构成决定了方法论层面上知识的“概念–经验结论”结构。行动中对象被直观成对象。心智对直观表象进行纯思维。这种纯直观和纯思维支配并内化于经验直观和概念思维。知识取判断形态。同时，概念思维是对客体之本体的把捉，于是，认识主体的“行动–心智”二元构成导致给出两类知识判断。一类是概念展开而成的基本原理即理论判断，另一类是关于客体现象的经验判断。这两类判断之间存在必然形式联系即必然因果联系。因此，后一类判断便成为“经验结论”。

无疑，以上对认识主体的“行动–心智”二元构成的考量，也即从认识论、形而上学和方法论层面的观照，都是从“辩护脉络”展开的。正是缘于作为认识活动成果的现成知识这一深刻背景，认识主体的“行动–心智”构成、存在者的“现象–本体”结构和知识的“概念–经验结论”结构三者是同构的。

当然，进入“发现的脉络”，认识主体自有生存论的奠基和建构。认识主体之“行动–心智”二元构成呈现出“实践–纯粹意识”的面貌。这将放在第四章里详加研讨。

二、行动：从实验到实践

认识主体作为行动者，乃以行动作为对感性的延长，通过行动对现象做蕴涵

---

① 海森堡：《物理学家的自然观》，吴忠译，北京：商务印书馆，1990 年，第 28 页。

纯直观的经验直观，以行动对现象取得经验。在辩护脉络中，认识主体通过行动获取关于现象的经验知识。由先验逻辑支配，这种经验知识和关于本体的概念知识（理论知识）结成必然因果联系。在发现脉络中，认识主体的心智作为纯粹意识以这种经验知识奠基，由此去对开显的存在者做“本质直观”。

重要的是，行动不是感性知觉的简单延长。感性知觉仅仅是经验的一部分，确切说来，行动本身才是经验，感性接受的刺激乃至直观到的对象都是行动给予的，而心智之关于现象的经验也就是行动本身。这种关于经验的行动观，是实用主义的重要贡献。杜威（J. Dewey）表明了这一点：“有生命的地方就有行为、有活动。为要维持生命，活动就要连续，并与其环境相适应。而且这个适应的调节不是全然被动的，不单是有机会受着环境的塑造。……试看看，这种见解在经验的传统概念里惹起了怎样一个变化。经验变成首先是做（doing）的事情。有机体决不徒然站着，一事不做，像米考伯（Micawber—狄更斯的小说中的人物）一样，等着什么事情发生。它并不默守、弛懈、等候外界有什么东西逼到它身上去。它按照自己的机体构造的繁简向着环境动作。结果，环境所产生的变化又反应到这个有机体和它的活动上去。这个生物经历和感受它自己的行动的结果。这个动作和感受（或经历）的密切关系就形成我们所谓的经验。不相关联的动作和不相关联的感受都不成为经验。”①

行动总是采取一定的方式。认识主体的行动，其方式按哲学所揭示和把捉的历史顺序，乃从实验到实践。广义说来，实验也是一种实践。这里，实验就其狭义形态而被区隔出来。实验在认识论的层面上同辩护脉络相联系，实践或者说实验就其生存论向度而言则同发现脉络相联系。这里专门研讨作为认识论范畴的实验。作为主体之行动方式的实践以及实验的生存论向度则放在第四章研讨。

认识主体乃通过行动来经验对象的现象，唯以此为前提，并且也在这个限度内，获取关于本体的知识。这样，实验作为认识主体的基本行动方式，尤其就其认识论意义，也即对作为认识之成果的知识的规定——必须限制在关于现象的范围内——而言，对于科学便具有根本的重要性。缘于此，科学在近代产生之际被冠称为“实验哲学”和“实验科学”。培根指出：“一般来说，要窥探大自然的奥秘，除了实验之外，别无其他门径可入。”② 康德对培根的这一思想给予极高评价：“自然科学踏上这条科学的阳关道要缓慢得多；因为这只不过是一个半世纪的事：考虑周全的维鲁兰姆的培根的建议一方面引起了这一发现，另一方面由于人们已经有了这一发现的迹象，就更加推动了这一发现，而这一发现同样也要

---

① 杜威：《哲学的改造》，许崇清译，北京：商务印书馆，1989 年，第 45-46 页。

② F. Bacon：Advancement of Learning and Novum Organum，New York：The Colonial Press，1900，42.

通过一场迅速发生的思维方式革命才能得到解释。我在这里只想讨论在经验性的原则上建立起来的自然科学。"① 康德说，科学的"两手"为"知性"和"实验"。前者是康德的发现，而后者（出之以"实验"的"经验性原则"）正是培根的发现。培根把科学称为"实验科学"，牛顿则称之为"实验哲学"（也称之为"自然哲学"）。牛顿表明，实验对于科学有着决定性的根本意义。他说："在实验哲学中，我们必须把那些从各种现象中运用一般归纳而导出的命题看作是完全正确的，或者是非常接近于正确的；显然可以想象出任何与之相反的假说，但是没有发现其他现象足以使之更为正确或者出现例外之前，仍然应当给予如此的对待。"②"我所以相信我所提出的理论是对的，不是由于它来自这样一种推论，因为它不能别样而只能这样，也就是说，不是仅仅由于驳倒了与它相反的假设，而是因为它是从得出肯定而直接的结论的一些实验中推导出来的。所以，考察它的方法，就在于考虑我所提出的实验，是否确实证明了这个理论中应用了这些实验的那些部分，或者是去进行为理论自身的验证而提出的其他实验。"③ 于是，正是作为认识主体之行动方式的实验使科学脱胎于哲学而独立。沃尔夫指出了这一事实："科学和哲学这两个自然知识领域逐渐地还是分离了开来，尽管这种分离并非总是在这两种名义之下进行的，部分地受培根的影响，更大程度上由于罗伯特·玻义耳的努力，尤其在牛顿树立的榜样的示范下，当然也完全是他们所倡导和运用的经验方法的结果，终于做出了一种区别，它把直接来自观察或经验事实的理论同离开这些材料比较遥远的进一步理论分别开来。前者属于科学的范畴（即通常所称的自然哲学），后者则属于思辨哲学的范畴（它有各种不同的名称：神学、形而上学或第一哲学）。"④

通过作为实践的实验，认识主体在行动中，以关于现象的经验为基础，作出关于本体的发现。转入辩护脉络，认识主体依据关于本体的知识进行实验，获取"经验结论"，前者所本的概念表现为对后者"思维"，两者之间遂成必然因果联系。这样，实验的认识论功能就在于提供实验事实，让认识主体再通过归纳获致关于现象的经验知识。

这里还值得讨论一下"思想实验"（thought experiment）的问题，因为，诚

---

① 康德：《纯粹理性批判》，邓晓芒译，杨祖陶校，北京：人民出版社，2004年，BXII，第13页。

② 塞耶编：《牛顿自然哲学著作选》，上海外国自然科学哲学著作编译组译，上海：上海人民出版社，1974年，第6页。

③ 塞耶编：《牛顿自然哲学著作选》，上海外国自然科学哲学著作编译组译，上海：上海人民出版社，1974年，第9页。

④ 沃尔夫：《十六、十七世纪科学、技术和哲学史》，周昌忠等译，北京：商务印书馆，1985年，第704页。

如库恩所说："在物理科学的发展过程中，思想实验不止一次地起了关键性的重要作用。至少历史学家必须承认它们是增进人类对自然的理解的偶尔有效的工具。"① 问题是，"远未搞清楚的是，为什么它们一直能有很显著的效果。像在爱因斯坦的两端发光信号的火车例子中那样，它们探讨的时常是实验室中未曾考察过的情况。有时候，像在玻尔-海森堡的显微镜例子中，他们假定的情况是不能全面考察的，而且甚至根本不可能在自然中发生。"② 把思想实验放到"发现-辩护脉络"中去审察，应当强调，它在发现中起着重要的作用（第四章将详细说明），不过在认识论层面也发挥作用。科学家作为认识主体在作出发现之后，由于库恩所例示的种种限制，便诉诸思想实验来建立科学事实，由之为新发现的理论（概念）获取经验结论。而且，由此之故思想实验还每每用来揭示和驳斥旧理论在越出其经验范围后所隐含的矛盾。

三、心智：理性的演进

作为认识主体之二元构成的另一构元，心智以"理性"作为其内核、精神和灵魂。

理性是历史中形成和发展的东西。理性很大程度上是由知性逻辑铸成的。康德从认识论层面创立先验逻辑，其莫大功勋正在于此。另一方面，他又表明，自然秩序是由心智加给世界的。这固然是视角转变到从作为知识源泉的认识主体出发所使然。然而，这也道出了从形而上学到认识论，乃有理性——形而上学阶段理性内涵为：存在者以现象和本体间的必然因果联系为支撑——一脉相承的背景。所以，有必要考察一下理性的演进。

理性的渊源可追溯到前古希腊哲学史的古希腊思想史上产生的"逻各斯"。

古希腊城邦社会生活中，人们一方面处在宗教以圣事和仪式塑造的世界中，另一方面又过着日常世俗生活。古希腊思想家思考生活和行为方式的这种双重性，逐渐萌生理性的原生形态或雏形——逻各斯。圣事和世俗活动的差别在于前者是有"意义"的。"赫拉克利特评论说，如果从一种非宗教的视角考虑，我们祈祷时所做的事是荒唐的。"③ "宗教仪式的涵义是由于它们的宗教语境给予的，

---

① 库恩：《必要的张力——科学的传统和变革论文选》，纪树立等译，福州：福建人民出版社，1981年，第237页。

② 库恩：《必要的张力——科学的传统和变革论文选》，纪树立等译，福州：福建人民出版社，1981年，第237页。

③ 泰勒主编：《劳特利奇哲学史》，第一卷，《从开端到柏拉图》，韩东晖等译，北京：中国人民大学出版社，2003年，第103页。

不能依据日常世俗活动的逻辑来判断。”① 总之，“意义仅在于神圣的行事方式”②。这样，两者的关系在于前者是后者的根据和原因。“人类实践所具有的任何意义都是依附于或者诞生于那属于神圣的习俗或逻各斯的神圣实践。”③“真正神圣的是一种既外在于又超越于不可预测的个人之庸常决定的原因。”④ 宗教的或神圣的习俗表现为人类的全部习俗和实践，包括世俗的习俗和实践的基础性的“共同者”。总之，赫拉克利特指出，神圣习俗上升为人人在生活中皆须遵循的共同东西：“以理智说话的人应该依靠万物之中共同的东西，就像一个城邦依赖于习俗——而且更有甚之；因为所有人类的习俗都受到一种习俗即神圣习俗的哺育。”⑤ 这“共同者”在哲学层面即转出“逻各斯”。它外在超越于日常生活实践。然而，“万物根据这个逻各斯生成”⑥，同时，“这逻各斯是世界的客观的解释性原理”⑦。

逻各斯可以说是理性的前哲学形态。理性的哲学形态最早无疑是由形而上学铸成的。这里又是柏拉图首先以“理念”来规定理性，尤其是由此把理念所确立的事物之超越的本质世界的客观实在性纳入理性，作为其底蕴。然而，如前所述，理念在柏拉图那里是精神的东西。所以，理性从一开始就为心智所内化，在柏拉图那里，“由于灵魂所处的中间地位，灵魂必然具有两个世界的特征；在它的本质中，必定有符合于理念世界的东西，还有符合于知觉世界的东西。前者是理性（λογιστιμον 或 γονs），是知识和与之相对应的德行的所在地；在后者即非理性本性中，柏拉图又进一步区分两种因素——一种是倾向于理性的高尚因素，另一种是抗拒理性的低贱因素。他在热情的意志力量（θνμοs，精神）中找到高尚因素；他在感官欲念（επιθνμια，欲望）中找到低贱因素。因此，理性、精神和欲望是灵魂的三种活动形式，是灵魂状态的类或种（ειδη）。”⑧

---

① 泰勒主编：《劳特利奇哲学史》，第一卷，《从开端到柏拉图》，韩东晖等译，北京：中国人民大学出版社，2003 年，第 103 页。

② 泰勒主编：《劳特利奇哲学史》，第一卷，《从开端到柏拉图》，韩东晖等译，北京：中国人民大学出版社，2003 年，第 105 页。

③ 泰勒主编：《劳特利奇哲学史》，第一卷，《从开端到柏拉图》，韩东晖等译，北京：中国人民大学出版社，2003 年，第 101 页。

④ 泰勒主编：《劳特利奇哲学史》，第一卷，《从开端到柏拉图》，韩东晖等译，北京：中国人民大学出版社，2003 年，第 101 页。

⑤ 泰勒主编：《劳特利奇哲学史》，第一卷，《从开端到柏拉图》，韩东晖等译，北京：中国人民大学出版社，2003 年，第 108 页。

⑥ 泰勒主编：《劳特利奇哲学史》，第一卷，《从开端到柏拉图》，韩东晖等译，北京：中国人民大学出版社，2003 年，第 109 页。

⑦ 泰勒主编：《劳特利奇哲学史》，第一卷，《从开端到柏拉图》，韩东晖等译，北京：中国人民大学出版社，2003 年，第 110 页。

⑧ 文德尔班：《哲学史教程》，上卷，罗达仁译，北京：商务印书馆，1989 年，第 170 页。

亚里士多德以其形而上学层面的语言转向，让理性从作为知识对象的事物方面发展。"逻各斯"作为理性的内核现在化为这样的哲学意含：世界是独立于主体的客观实在，并劈分成现象和本质两界。亚里士多德把形而上学打造成形式逻辑。形式逻辑以其语言的质地让世界的客观性凝固下来。形式逻辑为主-谓结构的命题建构存在者的本体，而存在者的本体-现象结构则由三段论展现其蕴含的必然因果联系。显然，存在者的"个体-类"格局和"本体-性质"方式亦一并由形式逻辑予以表现。可以说，形而上学乃成为以语言给存在者世界绘就的"逻辑图画"。总之，如果说逻各斯是理性的内核和实质，那么，形式逻辑便是其形体和具象。

理性在古希腊哲学中生成，但只是经过在中世纪神学中发育，才在近代通过在科学产生中发挥作用而臻于成熟。理性正是作为逻辑而传入中世纪欧洲神学。"中世纪的信仰与原始基督信仰之不同，在于中世纪信仰以神学为支持。而神学的知识构架，则是希腊哲学。这样也就不得不在希腊全能理性的思维结构之下理解和阐释基督信仰。几百年的神学探讨，始终处于奥古斯丁（Augustine）神学与亚里士多德逻辑以及实体形而上学的两大影响之下。"① 中世纪通过以拉丁文译述古希腊典籍来传承古典文化。令人瞩目的是，这个时代的三次引入都围绕亚里士多德逻辑著作。第一次在6世纪即刚步入中世纪之时，引入的主要是《范畴篇》和《解释篇》。第二次在11～12世纪，亚里士多德的《工具论》全部译成拉丁文。第三次在13世纪，引入了亚里士多德的其他著作。从犹太教到基督教，这一在西方思想史上居主要地位的宗教传统，其间的过渡，正是有着上述中世纪思想文化历史发展这个深刻背景。实际上，"中世纪将希伯来的独一救世主观念，以及对生命本原的深笃信念，注入希腊智慧，达到了理性与信仰的相对平衡"②。中世纪经院作为那个时代保存思想文化的唯一场所，其神学以理性和信仰相结合和平衡为表征。从一开始，经院神学就是"以理性方法推导出符合教义的结论"③，"以理性方法研究信仰问题"④。总之，"理性和信仰的平衡构成了经院哲学的基本思想。在信仰之内进行自由的理性探索，从理性前提推导出符合信仰的结论，这始终是经院哲学的根本态度与方法"⑤。理性如此在中世纪神学怀抱中发育，其明显象征是，随着经院神学终结，理性与信仰终于分道扬镳，毋宁说，理性发展成熟而走向独立。

---

① 唐逸：《理性与信仰——西方中世纪哲学思想》，桂林：广西师范大学出版社，2005年，第5-6页。
② 唐逸：《理性与信仰——西方中世纪哲学思想》，桂林：广西师范大学出版社，2005年，第12页。
③ 唐逸：《理性与信仰——西方中世纪哲学思想》，桂林：广西师范大学出版社，2005年，第66页。
④ 唐逸：《理性与信仰——西方中世纪哲学思想》，桂林：广西师范大学出版社，2005年，第83页。
⑤ 唐逸：《理性与信仰——西方中世纪哲学思想》，桂林：广西师范大学出版社，2005年，第315页。

及至科学在近代产生乃至尔后的发展，理性在其间经过历练而臻于成熟，牛顿的《自然哲学的数学原理》堪称理性的“道成肉身”。康德洞见这一事实，遂从心智方面给理性注入先验逻辑的内涵，其精义为：心智以先天知性范畴对对象作纯思维，此乃因果联系等知识必然性的根源。康德明白，他的哲学使命是，面对一百多年的科学发展成就，必须沿着笛卡儿的路线，从心智方面追索理性的奥秘。他认为，认识论研究必须运用科学的彻底批判精神对作为理性的心智从知识的进路去加以研究。他说：“人们时常听到抱怨当代思维方式的肤浅和彻底科学研究的沦落。但我看不出那些根基牢固的科学如数学和物理学等等有丝毫值得如此责备的地方，相反，它们维护了彻底性的这种古老的荣誉，而在物理学中甚至超过以往。而现在，正是同一个彻底精神也将在另一个知识类型中表明其作用，只要我们首先留意对它们的原则加以校正。在缺乏这种校正的情况下，冷淡、怀疑，最后是严格的批判，反倒是彻底的思维方式的证据。我们的时代是真正的批判时代，一切都必须经受批判。”① “这个时代不能够再被虚假的知识拖后腿了，它是对理性的吁求，要求它重新接过它的一切任务中最困难的那件任务，即自我认识的任务，并委任一个法庭，这个法庭能够受理理性的合法性保障的请求，相反，对于一切无根据的非分要求，不是通过强制命令，而是能按照理性的永恒不变的法则来处理，而这个法庭不是别的，正是纯粹理性的批判。”② 这里的关键是：“应该深入到理性的性质里边去钻研，因为理性之所司就在于纯思维。③”“先验逻辑”标志着理性已然成熟并完全独立。由于这个原故，18 世纪被称为“理性时代”。缘于理性哲学的批判精神，这个世纪还被称为“批判时代”。18 世纪又是“启蒙时代”，而按照这个思想运动的命名者康德的意旨，启蒙就是唤醒、激活、张扬和传播理性。这个世纪还冠称为“哲学世纪”，这无疑是康德哲学尤其作为认识论厥功至伟影响至巨所使然。

理性的历史演进的下一重大阶段是西方哲学在 20 世纪跨入所谓“分析时代”。以语言之逻辑分析为灵魂的分析哲学是继认识论之后的方法论转向，它把关注的焦点转向知识本身，“知识是语言的逻辑形式”，这是分析哲学给理性铸就的又一重要内涵。分析哲学不妨说促使理性全方位地渗透弥漫于科学认识，同时也及于哲学本身乃至整个西方文化。第三章将详细研讨理性的这个方面。

随着科学史上发生在 19 世纪末 20 世纪初的科学革命，科学发现的问题突显出来。作为回应，20 世纪里发生了形而上学向现象学存在论即生存论的重大转

---

① 康德：《纯粹理性批判》，邓晓芒译，杨祖陶校，北京：人民出版社，2004 年，AⅪ，第 3 页。

② 康德：《纯粹理性批判》，邓晓芒译，杨祖陶校，北京：人民出版社，2004 年，AⅪ-AⅫ，第 3 页。

③ 康德：《任何一种能够作为科学出现的未来形而上学导论》，庞景仁译，北京：商务印书馆，1982 年，第 8 页。

向。就理性的演进而言，生存论作为发现的哲学，一方面为理性奠基，表明本质世界乃至理性根植于、存身于日常生活世界；另一方面，它又揭示了理性的“属人性”，尤其揭示了理性的动态：理性不只是静态的东西，理性的生命力更在于作为纯粹意识的理念而不断从生活世界汲取养料，永葆勃勃生机。理性的这一方面的专门研讨属于第四章的任务。

第六节　认识的社会向度

科学的哲学反思取社会学的进路，在严格学科意义上，还是晚近的事，可以追溯到默顿（R. Merton）于20世纪40年代前后创立的“科学社会学”。不过，它主要致力于把握科学和技术在近代之已成为一种社会建制，“默顿命题”同时也着力从外部社会环境探讨科学及其发展。它引发了科学哲学研究的“社会学转向”。沿着这个“转向”，作为独立研究领域的“科学、技术和社会研究”（STS）于50年代末兴起。它认为：“科学和技术本质上是并且无可抗拒地是一项人的（因而也是社会的）事业。”[①] 这个运动到了60年代末前后又以所谓“科学技术论”（science and technology studies）的新面貌出现。无疑，它是沿着“默顿命题”路线的发展。60年代初，库恩从科学史的进路对科学做哲学分析，他的历史主义科学哲学的一个重要方面是真正在科学哲学上贯彻社会学转向[②]，把科学视为科学共同体的活动。当然，库恩哲学还有另一个重要方面，即可以说引起了“心理转向”，它又引发科学哲学的“科学认知学转向”。库恩哲学的社会学倾向成为70年代初崛起的所谓“科学知识社会学”（SSK）的主要思想来源之一。不过，这个运动是在“发现的脉络”中展开的。（库恩哲学主要在“发现的脉络”中展开，但又不脱“辩护的脉络”。）真正沿着认识论路线进行“社会学转向”的，是80年代勃兴的社会认识论（social epistemology），主要代表人物有富勒（Steve Fuller）和戈德曼（Alvin Goldman）。社会认识论把科学的认识论分析视野予以扩充，纳入社会学的考量。

这里关心的是弄清楚认识的社会向度，尤其是认识主体的哲学建构的社会向度。

一、认识主体作为科学共同体：认识在于解题

认识主体个人结成社会集体进行科学认识活动。这种社会集体就是科学共同

① 贾撒诺夫（S. Jasanoff）等编：《科学技术论手册》，盛晓明等译，北京：北京理工大学出版社，2004年，第4页。

② 库恩的《科学革命的结构》于1962年出版后，起先是在社会学界引起关注和反响。

体。“科学共同体是由一些学有专长的实际工作者所组成。他们由他们所受教育和训练中的共同因素结合在一起，他们自认为也被人认为专门探索一些共同的目标，也包括培养自己的接班人。这种共同体具有这样一些特点：内部交流比较充分，专业方面的看法也比较一致。同一共同体的成员很大程度上吸收同样的文献，引出类似的教训。”① 特定的科学共同体总是从事特定的专业也即学科的社会集体，而“科学事业就是由这样一些共同体所分别承担并推向前进的”。②

认识论揭示，认识主体是知识的源泉，因而对于作为认识对象的实在世界具有独立性。这就是说，知识具有属人性。准此，人的社会属性折射成认识主体的社会向度，便是顺理成章的事。惟其如此，上述“社会学转向”催生的诸学派每每把康德哲学奉为源头。库恩就自认为他的哲学是“后达尔文主义的康德主义”。不过，就库恩而言，他之于康德，还有更进一步的继承性涵义。这就是他采取康德的认识论路线。共同体是知识生产和证明的单位。所以，共同体兼涉发现和辩护两大脉络。这里考量认识主体的社会向度，正是把共同体放到认识论视野去审察，或者说探究共同体如何在辩护脉络中作为认识主体去进行认识活动。

共同体之为共同体，很大程度上依赖于有“一致的专业看法”。后者便是所谓的“范式”。共同体作为认识主体正是以范式去进行认识活动，有如心智之以范畴进行认识。因此，“‘范式’一词无论实际上还是逻辑上，都很接近于‘科学共同体’这个词。一种范式是，也仅仅是一个科学共同体成员所共有的东西。反过来说，也正由于他们掌握了共有的范式才组成了这个科学共同体，尽管这些成员在其他方面并无任何共同之处”③。

现在来看共同体如何进行认识活动。共同体在辩护脉络中的认识活动也就是在后革命的常态时期的活动。概言之，这个时期的共同体致力于把革命时期由科学新发现所达致的范式——共同体本身因着这范式而聚合成立——运用于经验即实验事实，也就是用范式去认识现象。这种活动被库恩称为“解题”（problem solving）。

“范式”是什么呢？它主要包括三个部分：理论基本原理（符号概括）、模型和范例。第一部分是共同体所从事之学科的科学理论的基本原理，是“形式或可容易地形式化的成分”，它使“集体成员在从事解题的事业中有可能使用逻辑

① 库恩：《必要的张力——科学的传统和变革论文选》，纪树立等译，福州：福建人民出版社，1981年，第292页。

② 库恩：《必要的张力——科学的传统和变革论文选》，纪树立等译，福州：福建人民出版社，1981年，第293页。

③ 库恩：《必要的张力——科学的传统和变革论文选》，纪树立等译，福州：福建人民出版社，1981年，第291页。

和数学操作等强有力的技术工具"①。模型指科学理论的形而上学承诺和预设，如"一切可感知现象都是虚空中的中性原子运动及其相互作用的结果"②，还包括可运用的类比和隐喻。模型"帮助确定什么可以作为解释和问题的解予以接受，以及相反，还帮助确定未解决问题的清单和评价每个问题的重要意义。"③

解题活动是把符号概括同自然界的现象相关联。问题在于如何去"关联"。因为，"共同约定一组概括，就可以证明逻辑和数学演算合理，并由这种约定引出一定的结果，但这并不一定意味着，对于单个符号或全体符号是怎样同实验和观察结果相关联的，看法已经通统一致了"④。这样，共同体的科学认识活动可以归纳为这样的问题："科学家是怎样把符号式加于自然界呢？事实上这就把两个问题合二为一了：可以问——对某一特殊实验情况是怎么进行专门符号概括的？也可以问——为了同实验对比又是怎么演绎出单个符号推论的？"⑤ 显然，这是综合的而非分析的问题，因而是没有规则可循的。于是，范式便以其第三个成分即"范例"（exemplars）为共同体成员的认识活动提供帮助。范例就是共同体所积累的已有解题成果。它们是"共同体的典型事例"⑥。科学家的解题活动，其关键就在于把所面对的新问题与范例做类比。他"只要看出新问题同已解决的老问题之间有类似之处，接着就会有相应的形式系统，以及把符号推导隶属于自然界的新方式。只要看到共同点，就可以干脆采用这种行之有效的隶属办法。"⑦总之，"共有的成功事例也可以为集团提供它所缺乏的规则"⑧。

共同体的认识活动在于解题，而范例的作用如同解题的规则，所以，范例是范式的"中心要素"⑨。实际上，库恩正是鉴于"范例"而把学科基体（disciplinary matrix）也即"一个特定学科的从事者的共同占有物"⑩ 称为"范

① T. Kuhn：The Structure of Scientific Revolutions，Chicago：The University of Chicago Press，1970，183.

② 库恩：《必要的张力——科学的传统和变革论文选》，纪树立等译，福州：福建人民出版社，1981年，第294页。

③ T. Kuhn：The Structure of Scientific Revolutions，Chicago：The University of Chicago Press，1970，184.

④ 库恩：《必要的张力——科学的传统和变革论文选》，纪树立等译，福州：福建人民出版社，1981年，第295页。

⑤ 库恩：《必要的张力——科学的传统和变革论文选》，纪树立等译，福州：福建人民出版社，1981年，第297页。

⑥ 库恩：《必要的张力——科学的传统和变革论文选》，纪树立等译，福州：福建人民出版社，1981年，第301页。

⑦ 库恩：《必要的张力——科学的传统和变革论文选》，纪树立等译，福州：福建人民出版社，1981年，第301页。

⑧ 库恩：《必要的张力——科学的传统和变革论文选》，纪树立等译，福州：福建人民出版社，1981年，第313页。

⑨ T. Kuhn：The Structure of Scientific Revolutions，Chicago：The University of Chicago Press，1970，187.

⑩ T. Kuhn：The Structure of Scientific Revolutions，Chicago：The University of Chicago Press，1970，182.

式"。他甚至把"范例"视为狭义的范式，而把广义范式指谓"学科基体"。

"范式"的诸成分中，也正是"范例"凸显了认识主体活动的社会向度，因为科学家个人唯以其共同体成员的身份而利用范例去进行解题活动。

解题活动包括三类："扩充关于范式所揭示并加以特别说明的那些事实的知识，提高这些事实和范式语言之间的匹配程度以及进一步明确表达范式本身。"① 简言之，就是"确定重大事实，使事实同理论匹配及明确表达理论"②。解题活动不断为范式增添范例，因而反过来又发展了范式，使之具有更强大的指导力量，使范式更精确地适用于更广阔的范围。

二、认识集体的社会机制：主体际性和交往

认识主体个人以主体际性和交往的机制而结成认识集体。这种主体际性和交往包括三个层面。

第一个层面是在作为"心智-行动"构成者的认识主体个人之间。如果说认识主体个人以"先天综合判断"保证认识的客观必然性，那么，主体际性和交往作为社会机制则从认识主体集体的层面保证或者说落实知识的客观性。彭加勒（J. Poincare）指出了科学知识的客观性的这种社会向度。他说："客观的东西必定对于许多心智来说是共同的，因而能由一人传达给其他人，由于这种传达只能通过'交谈'……所以我们甚至被迫得出结论：不交谈，就没有客观性。"③"客观实在在于产物之间的关系，由此产生宇宙的和谐。毫无疑问，这些关系、这种和谐，不能设想存在于构想它们的心智之外。但是，它们仍然是客观的，因为对于所有的思维者来说，它们现在是，将来会变成，或者将来永远是共同的。"④ 为了强调这种社会性，他还把它把捉为认识集体的"约定"或者说"公约"。所以说，他的"约定论"正是以"主义"方式凸现知识客观性在认识集体层面上的基础和根据。他写道："这些公约是我们精神上一种自由活动的产品，它在这一范围里是无障碍的。在这里我们的精神可以肯定，因为它能颁布法令；但要知道，这些法令仅可颁行于我们的科学中，没有它们，科学将变为不可能；它们不能支配自然界。然而，这些法令是否任意的？不，否则它们将不生效果了。实验固然让我们自由选择，然而同时又指示我们以最便利的路径。所以我们的法令如同一专制聪明的太子，要咨询参谋会议后才颁布的法令一样。"⑤

---

① T. Kuhn：The Structure of Scientific Revolutions，Chicago：The University of Chicago Press，1970，24.

② T. Kuhn：The Structure of Scientific Revolutions，Chicago：The University of Chicago Press，1970，34.

③ 彭加勒：《科学的价值》，李醒民译，沈阳：辽宁教育出版社，2000 年，第 146-147 页。

④ 彭加勒：《科学的价值》，李醒民译，沈阳：辽宁教育出版社，2000 年，第 152 页。

⑤ 彭加勒：《科学与假设》，叶蕴理译，北京：商务印书馆，1959 年，第 2 页。

第二个层面是在认识主体个人作为科学共同体的成员之间。"共同体"是社会学的单位，因此这里主体际性和交往比诸在"知识公约集体"中更具有社会性。这包括两个方面。一方面，交流达致的共识不只是知识，还是"范式"，它比单纯知识内涵更广，尤其社会性更强。另一方面，交流不只限于知识的接受之上，还遍及科学认识活动的各个环节、阶段和方面。总之，现在主体际性和交流所支撑起的科学共同体实际上是整个科学事业的支柱。比诸其他共同体，科学共同体的特征在于，一个科学共同体内部有着"充分的交流和相当一致的专业判断"①。只有充分交流，共同体成员之间才可能达成一致的专业判断，也即才能共同拥有一个范式，从而成其为共同体。这是科学作为不断进步的知识事业所决定的。"历史强有力地向我们提示，虽然人们没有取得坚定的一致意见也能从事科学实践——像从事哲学、艺术或政治科学一样——但是这种更灵活的实践不会产生近几个世纪我们所习见的科学迅猛进展的模式。在这种模式中，发展总是从一种一致意见转向另一种，其他发展道路一般都难以与之竞争，除非在相当特殊的条件下，成熟科学的研究者不会停下来检查其他不同的解释方式或实验方式。"② 为此，科学共同体内的交流往往采取科学教育的方式进行。科学的"基础牢固地建立在以科学教育中获得的一致意见上，这种意见又在以后专业研究的生活中得到加强。"③ "这种教育唯一最显著的特点是：它全部都是通过教科书进行的，这在其他创造性领域中完全是前所未知的。"④ 因此，"像文学和艺术一样，科学是一个集体、一个科学共同体的产物。但是在科学中，尤其在科学发展的后期，学科共同体既比其他领域的有关集团更易分离开来，也更接近于自成体系和自给自足。"⑤

第三个层面是在作为感性存在的社会个人之间。这里不仅是对前两个层面的简单扩充和补充，而且从更广阔的视角审视它们，进而引入这新的交往层面。哈贝马斯（J. Habermas）正是为此提出"交往行为理论"。他表明，科学家个人作为感性存在进行实践活动，通过交往活动达致相互理解，取得一致意见。科学家个人在交往过程中同三个世界：客观事物世界、社会和个人主观世界发生关系。

---

① T. Kuhn：The Structure of Scientific Revolutions，Chicago：The University of Chicago Press，1970，179.

② 库恩：《必要的张力——科学的传统和变革论文选》，纪树立等译，福州：福建人民出版社，1981年，第229页。

③ 库恩：《必要的张力——科学的传统和变革论文选》，纪树立等译，福州：福建人民出版社，1981年，第224页。

④ 库恩：《必要的张力——科学的传统和变革论文选》，纪树立等译，福州：福建人民出版社，1981年，第225-226页。

⑤ 库恩：《必要的张力——科学的传统和变革论文选》，纪树立等译，福州：福建人民出版社，1981年，第160页。

他说："第一，认识主体与事件的或事实的世界的关系；第二，在一个行为社会世界中，处于互动中的实践主体与其他主体的关系；第三，一个成熟而痛苦的主体［费尔巴哈（L. Feuerbach）意义上的］与其自身的内在本质、自身的主体性、他者的主体性的关系。从参与者的角度来分析交往过程，这三个层面便呈现出来了。"① 第一个层面把先验主体对于物自体的表象关系拓展为个人同客观事物世界的交往关系。第二个层面把科学家个人作为共同体成员之间的交往，拓展为不同共同体成员之间、共同体成员和一般公众的交往。哈贝马斯以控制论为例说明这一点："控制论的模式是根据生理学和通讯技术、大脑心理学和经济学诸领域中出现的过程提出的，同时，又是把从最偏远的学科中获得的结论连在一起；以控制为例，我们就不难认识到，即使专家之间的信息［传递］必须走通过外行人的日常语言和日常理解的远路，也不能让［专家之间的］交往联系破裂，是多么重要。在高度分工的社会里，科学外部的公众社会已经从多方面成了互不了解的专家之间相互了解的捷径。"② 第三个层面把科学家个人的整个人格，包括意志和情感等心理品质，乃至审美力和艺术素养等都引入交往实践之中。

三、认识主体作为社会个人：他者证言作为知识

这里先要审察一下西方哲学沿着认识论路线的当代发展。这就是 20 世纪出现的所谓"当代知识论"（contemporary theory of knowledge）。笛卡儿开启的认识论乃从怀疑论出发，采取先验的进路；知识论运动则从常识的认识观出发，以对认识的肯定为前提，采取自然的进路。如此说来，传统认识论以"认识"本身为焦点问题，当代知识论则把焦点问题转换为"如何认识"，因为认识本身被认为已不成问题。同时，当代知识论运动公认"知识乃得到辩护（justify）的真信念"，因此，那个焦点问题便相应地落实为"如何辩护"的问题。换句话说，当代知识论是关于知识辩护的理论。显然，当代知识论并不致力于建构认识主体，而是探究作为知识规范和程序的辩护。因此，当代知识论的重心落在方法论的层面。（它构成本书第三章的重要内容。）其实，方法论在某种意义上也就是"知识理论"。

认识论路线发展，除了上述主线之外，还可以说另有一条辅线在。这就是唯理论和经验论两条路线的纠结。诚然，唯理论占据主导地位自不在话下。但是，惟其如此，传统认识论在建构主体上留下空缺亦不容否认。这就是主体的"经验

---

① 包亚明主编：《现代性的地平线——哈贝马斯访谈录》，李安东、段怀清译，上海：上海人民出版社，1997 年，第 57 页。

② 哈贝马斯：《作为"意识形态"的技术与科学》，李黎、郭官义译，上海：上海学林出版社，1999 年，第 113 页。

直观能力”问题。当代知识论将这个问题亦纳入研究范围，可以说上承经验论的渊源而弥补了传统认识论的一大缺陷。在论述它的这个认识论贡献之前，有必要先考查罗素（B. Russell）对“认识”做的两种分类，他说：“‘认识’（know）一词在这里的用法有两种不同的意义。第一种用法是：它可以应用于与错误相对的知识上，就这种意义而言，凡是我们所认知的，就是真确的，这种意义我也可以应用在我们的信仰上和论断上，也就是可以应用在所谓判断上。就这个词的这种意义而言，我们说，我们知道某种事物是如何如何。这样的知识可以说是真理的知识。……第二种用法是：这一词可以应用在我们对于事物的知识上，这我们称之为认识。我们之认知感觉材料就是在这种意义上说的。”[①] 前一种“认识”正是当代知识论所专注的，这里是放在方法论中研讨的对象。后一种“认识”则是当代知识论对其做出贡献的“经验直观能力”。

认识主体依赖感性直观才能获致认识对象。除了先天纯直观之外，认识主体的感性直观还包括经验直观。当代认识论表明，认识主体具备四种相对独立的经验直观能力：知觉、记忆、归纳和证言（testimony），它们是对于现象的经验认识的四个来源。

无疑，知觉是最根本的经验直观。“我们对于我们所直接察觉的任何事物都是有所认识的，而不需要任何推论过程或者是任何有关真理的知识作为中媒介。”[②] 知觉以知觉印象或者说感觉材料提供知识。

记忆是对知觉经验的保存。“我们知识的大部分是通过记忆获得的。”[③] “记忆不仅指一个已然消失的经验之再现，而且是指一个此前不久存在过、尚未消失而犹有余效的经验，例如一个知觉之保存。”[④] “记忆涉及了一种心理状态——我们也许可以称之为‘表面记忆’——它在记忆中所起的作用类似于感觉在知觉知识中所起的作用。”[⑤]

归纳作为推理能力使认识主体个人得以扩充经验的范围。“倘使我们要知道物质的存在、别人的存在，要知道远在我们个人记忆开始以前的过去的存在或者未来的存在，那么我们就必须知道可供我们作出上述推论的某种普遍原则。我们必须知道某一类东西甲的存在是另一类东西乙存在的标志，乙或者与甲同时，或者稍早于或稍晚于甲，比如说，雷声就是闪电已先存在的标志。如果这一点我们

① 罗素：《哲学问题》，何兆武译，北京：商务印书馆，2000 年，第 34 页。

② 罗素：《哲学问题》，何兆武译，北京：商务印书馆，2000 年，第 36 页。

③ 波洛克（J. Pollock）等：《当代知识论》，陈真译，上海：复旦大学出版社，2008 年，第 23 页。

④ 卡尔纳普（R. Carnap）：《世界的逻辑构造》，陈启伟译，上海：上海译文出版社，1999 年，第 147 页。

⑤ 波洛克等：《当代知识论》，陈真译，上海：复旦大学出版社，2008 年，第 23 页。

竟不知道，我们便永远不能把我们的知识扩充到我们个人经验的范围之外了；而我们已经看到，个人经验的范围是极其有限的。”① 这普遍原则就是归纳法。“所有基于经验的论证，不论是论证未来的，或者论证过去那尚未经验的部分的、或者现在的，都必须以归纳法原则为前提。”② 值得指出，当代知识论摒弃怀疑论，又持常识的认识观，因此，在它那里，质疑归纳之有效性的例如所谓“休谟疑难”不复存在。

“证言”从经验直观能力层面凸显了认识的社会性，它本身是认识主体作为社会个人而拥有的一个知识来源。由此之故，证言问题成为社会认识论的重要关注对象。

证言就是他人对其经验直观所得知识的报道。他者的证言对于“我”来说，是“知识的另外一个来源”③。这在于：“在认识过程中，因而也在构造系统上，他人的报道是从两个不同的方面被利用的。首先，我通过一个报告（假使它是可靠的）得知一个事实；其次，我还知道，这个事实是他人所知道的。”④ 如果说归纳是从心智的途径，则证言是从社会的途径大大扩充个人的经验知识的能力和范围。卡尔纳普指出：“显而易见，对报道内容的利用会带来异常丰富的构造可能性，更确切地说，是使各个领域的可构造的对象的数目多倍的增加。只有自我心理东西的领域扩充不大；相反，物理东西的领域则显著大增；他人心理东西的领域以及最后精神东西的领域的构造则几乎完全有赖于对报道的利用。”⑤

他者的证言作为社会个人的知识来源是建立在信念的基础之上的。这种信念包括对感觉世界的公共性、报道者的可靠性和所报道的事实的信任。卡尔纳普表明，这种可信性包括两个方面：“一方面是通过同或多或少已经确证了的事实及其相互关系的规律进行比较，另一方面是通过对报道者的可信性进行考察。其可信性的标准则是逐渐从经验获得的。”⑥ 罗素还指出，证言“有助于建立介乎比较具有公共性质的感觉世界与个人的思想世界之间的区别，这种区别在科学思想刚一开始时就已建立。”⑦

证言信念是建立在依凭相似性的类推基础之上的。“就证言而讲，我们依靠类推。别人身体的行为——特别是他们的语言行为——和我们自己的行为显然是

① 罗素：《哲学问题》，何兆武译，北京：商务印书馆，2000年，第48页。
② 罗素：《哲学问题》，何兆武译，北京：商务印书馆，2000年，第55页。
③ 罗素：《人类的知识——其范围与限度》，张金言译，北京：商务印书馆，1983年，第230页。
④ 卡尔纳普：《世界的逻辑构造》，陈启伟译，上海：上海译文出版社，1999年，第249页。
⑤ 卡尔纳普：《世界的逻辑构造》，陈启伟译，上海：上海译文出版社，1999年，第249-250页。
⑥ 卡尔纳普：《世界的逻辑构造》，陈启伟译，上海：上海译文出版社，1999年，第249页。
⑦ 罗素：《人类的知识——其范围与限度》，张金言译，北京：商务印书馆，1983年，第232页。

相似的，而我们自己的行为显然和‘心理的’现象有关。因此我们认为别人的行为也和‘心理的’现象有关。”① 同样，“对于一个公共的世界所抱的信念”，也“是身体通过观察与它本身相似的行为（特别是语言行为）而推论出来的”②。

这里尤为重要的是所谓“证言的社会实践”问题。③ 这方面的核心问题是外行（新手）对专家的证言的信任，即接受。外行对于专家的证言信任表现为一种认识依赖，不过，这种对权威的服从是建立在理性之上的。哈德威格（J. Hardwig）表明，外行认为专家具有更高的理性权威，同时，外行只有具备一定的专业素养和能力，即作为“理性人”，才能理解并接受专家的证言，也才能从认识上依赖专家。当外行面对不同专家的竞争性的意见（证言）时，他要作抉择。戈德曼表明，外行可依据各别专家对自己意见所做的论证进行评判。他也可以依据其他专家对相竞争意见的评估，按“服从多数”的原则作抉择。也可以遵从作为第三方的“元专家”的评估作抉择。另外，专家提供的意见有其带客观意义的表征。戈德曼提出，这包括三个特征：专家意见的真理相关性、可推导性和严谨性。

---

① 罗素：《人类的知识——其范围与限度》，张金言译，北京：商务印书馆，1983 年，第 233 页。

② 罗素：《人类的知识——其范围与限度》，张金言译，北京：商务印书馆，1983 年，第 232 页。

③ 参见：丁五启：《当代西方社会认识论研究》，周昌忠指导，复旦大学博士学位论文，2007 年。

第三章　科学的方法论基础：知识的规范

形而上学在辩护的脉络中建构作为认识对象的存在者。认识论在辩护的脉络中建构给出关于存在者的知识的认识主体。如果说形而上学和认识论的辩护功能主要在于建构，那么，方法论则是主要在为知识本身作辩护，即为知识的合法性提供理由，从而为知识建立规范。

从方法论的视角看，形而上学从存在者层面规定了知识，认识论从知识主体层面规定了知识，而方法论则对知识本身做出规定。显然，方法论对知识的规定乃受制于形而上学和认识论的相应规定。实际上，方法论可以说是从知识本身的层面来落实形而上学和认识论对知识的规定，把这些规定“方法论化”，使之成为知识规范。

第一节　知识的合法性

知识何以有权利提出自己作为知识的合法要求？这就是知识的合法性问题，方法论要言之正在于阐明知识的这种权利的根据，而这些根据被揭示出来，就同时又是知识的规定和规范。无疑，对知识合法性问题的研讨，是整个方法论探究的导引和总纲。

一、形而上学从存在者规定知识

形而上学把认识对象建构为存在者，若此，存在者对知识便做了最根本的规定——客观性：知识是关于作为存在者的客观自然事物的。爱因斯坦把对知识客观性的信念奉为科学事业的前提和基础。他一贯地强调这一点。例如，他说：“像牛顿引力理论所创造的规律性则是一种完全不同性质的规律性。虽然这个理论中的公理是人造的，但是理论的完全成功暗示了客观世界的高度规律性。这是人们不可能先验地预先设想的。这就是我所说的‘奇迹’，而且它随着我们的认识的不断发展而加强。”[①] 波兰尼区分开“个人认识”（personal knowing）和“个

① 爱因斯坦：《爱因斯坦文集》，第一卷，许良英、范岱年编译，北京：商务印书馆，1976 年，第 533 页。

人知识”（personal knowledge），知识是作为活动和行为的认识的成果。他强调，正是由于存在者的规定，个人认识和个人知识尽管是个人的，但却都是客观的。他说：个人和知识这“两个词可能让人觉得相互矛盾：因为，真正的知识注定是非个人的、普遍地确立的、客观的。……认识者的个人参与遍及一切理解行为。但这并不使我们的理解成为主观的。领悟既不是任意的行为，也不是被动的经验，而是一种主张普遍有效性的负责任的行为。从建立同潜隐实在的联系的意义上说，这种认识实际上是客观的；这种联系被规定为参与其真实涵义尚属未知的（且也许尚属不可思议的）不确定领域的条件。看来，把个人性和客观性的融合说成是‘个人知识’，是合理的”①。

形而上学以存在者去把捉客观自然事物的不变性也即确定性。确定性是存在者最根本的规定，同时也决定了知识亦以确定性为根本规定和表征。事实上，离开了确定性，知识就不称其为知识，也就无所谓有知识。文德尔班表明，理念论作为形而上学正是从确定性把捉存在者，同时以之对知识做了规定。他写道：“苏格拉底曾教导说，知识基于一般概念。如果与意见相对立的这种知识是有关真正实际存在着的东西的知识，那么属于这些概念内容的还一定有一种更高的存在，一种真正的本质的现实；据认为，这种现实与感觉相对立，只有通过思维才能掌握。这种真正现实的‘形式’，是种或类概念（Gattungsbegriffe，ειδη），关于这些‘形式’的知识便构成德行。于是柏拉图的‘理念’概念开始获得了自己完整的规定。作如此理解之后，柏拉图的理念学说便表现为希腊哲学的顶峰。它综合了所有有关物理、伦理、逻辑第一原则（αρχη 或 φνσιξ）的各种不同的思想路线。柏拉图的‘理念’，种或类概念，首先，是现象变化中的永恒存在；其次，是意见变化中的认识对象；再次，是欲望变化中的真正目的。”②

形而上学建构起了存在者的“本体-现象”结构，这就决定了科学知识包括两大部分：关于本体的理论知识和关于现象的经验知识。同时，这个二元结构中，本体构元是占据主导地位的，这就决定了理论知识对于经验知识的支配地位。爱因斯坦表明了科学理论的这种二元结构。他就此写道：“我们所关心的是，我们这门科学里的知识的两个不可分割的部分，即经验知识和理论知识之间的永恒对立。”③“理论物理学的完整体系是由概念、被认为对这些概念是有效的基本

---

① M. Polanyi：Personal Knowledge—Towards a Post-Critical Philosophy，London：Routledge & Kegan Paul Ltd.，1958，Ⅶ-Ⅷ.

② 文德尔班：《哲学史教程》，上卷，罗达仁译，北京：商务印书馆，1989 年，第 150-151 页。

③ 爱因斯坦：《爱因斯坦文集》，第一卷，许良英、范岱年编译，北京：商务印书馆，1976 年，第 313 页。

定律，以及用逻辑推理得到的结论这三者所构成的。”[①] 前两者实际上同属理论知识，所以说，“以基本概念和基本定律作为一方，以那些必须同我们的经验发生关系的结论作为另一方”[②]。爱因斯坦强调，尽管理论知识占据主导地位，但科学知识不能离开经验知识，它是两者密切结合的整体。他说：“我们就这样规定了纯粹理性和经验在物理学理论体系中的地位。这种体系的结构是理性的产品；经验内容及其相互关系都必须在理论的结论中表示出来。整个体系，特别是那些作为它的基础的概念和基本原理，其唯一价值和根据，就在于这种表示的可能性。”[③] 正是缘于把捉住了知识这“两方”及其结合，伽利略才成为“科学之父”。爱因斯坦就此写道：“一切关于实在的知识，都是从经验开始，又终结于经验。用纯粹逻辑方法所得到的命题，对于实在来说是完全空洞的。由于伽利略看到了这一点，尤其是由于他向科学界谆谆不倦地教导了这一点，他才成为近代物理学之父——事实上也成为整个近代科学之父。”[④]

存在者的“本体-现象”结构中，本体是现象的原因，两者之间存在必然因果联系。这就规定了知识的“两方”之间有必然因果联系。也即知识应具有“因果性”。爱因斯坦表明，建立这种必然因果联系对于科学理论具有关键意义。他说：“科学并不就是一些定律的汇集，也不是许多各不相关的事实的目录。它是人类头脑用其自由发明出来的观念和概念所作的创造。物理理论试图作出一幅实在的图像，并建立起它同广阔的感觉印象世界的联系。我们头脑里的构造究竟能否站得住脚，唯一的是要看我们的理论是否已构成了并用什么方法构成了这样一种联系。”[⑤] 这种联系是以逻辑演绎建立起来的。爱因斯坦指出了这一点：“为了整理和理解我们的感觉印象世界，我们试图借助物理理论找出一条道路，以通过观察到的事实的迷宫。我们希望观察到的事实能从我们的实在概念逻辑地推论出来。”[⑥] 这导致“在任何理论著作中，导出这些［经验］结论的逻辑演绎几乎

---

① 爱因斯坦：《爱因斯坦文集》，第一卷，许良英、范岱年编译，北京：商务印书馆，1976 年，第 313 页。

② 爱因斯坦：《爱因斯坦文集》，第一卷，许良英、范岱年编译，北京：商务印书馆，1976 年，第 314 页。

③ 爱因斯坦：《爱因斯坦文集》，第一卷，许良英、范岱年编译，北京：商务印书馆，1976 年，第 314 页。

④ 爱因斯坦：《爱因斯坦文集》，第一卷，许良英、范岱年编译，北京：商务印书馆，1976 年，第 313 页。

⑤ 爱因斯坦：《爱因斯坦文集》，第一卷，许良英、范岱年编译，北京：商务印书馆，1976 年，第 377 页。

⑥ 爱因斯坦：《爱因斯坦文集》，第一卷，许良英、范岱年编译，北京：商务印书馆，1976 年，第 379 页。

占据了全部篇幅”[①]。

形而上学表明，现象变化具有齐一性。这就规定了作为科学知识之一方的经验知识是经验性定律的集合。这种定律是从基本原理（理论知识）逻辑演绎推论出来的可观察结论，所以又得到实验事实的支持。“在各门理论科学中，都是逻辑–数学演绎从特定定义和公设开始，这些演绎先于实验证据并赋予它意义；而实际上，它们甚至可能导致‘早在我们的仪器和感官记录到现象之前就发现它们。’圆锥折射、海王星的存在、电波与光谱中某些谱线的位移以及光波在强引力场中的弯曲等就是几个这种发现的较为人熟知的例子。”[②]

二、认识论从认识主体规定知识

认识论把作为认识主体的心智建构为“表象者”，这就决定了知识的基本形态是概念。爱因斯坦鲜明地指出：“物理学是从概念上掌握实在的一种努力。”[③]海森伯详细阐发了这一点，他写道：“物理学的历史不仅是一连串试验发现和观测，再继之以它们的数学描述的序列，它也是一部概念的历史。为了理解现象，第一个条件就是引入适当的概念。只有借助于正确的概念，我们才能真正知道观察到了些什么。当我们进入一个新的领域时，常常需有新的概念。照例，新的概念总是先以不甚清楚、不甚全面的形式出现。之后它们被修改，有时几乎被完全抛弃，并为一些更好的概念所取代，最后才成为清晰而明确的概念。”[④]

认识主体的“感性–知性”结构决定了知识呈“经验–理论”结构，也就是说，知识划分为观察概念和观察命题以及理论概念和理论命题。同时，认识主体心智的这一结构中，感性和知性两个构元既相互依存，又相互渗透。逻辑实证主义正是主要从这个方面致力于方法论的工作。卡尔纳普指出：“在科学方法论的讨论中，惯常并且有用的办法是把科学语言分为两部分，即观察语言和理论语言。观察语言运用标示可观察的属性和关系的语词来描述可观察的事物或事件。另一方面，理论语言则包含着这样的语词，它们可以指称不可观察的事件、事件的不可观察的方面或特点，例如物理学中的微观粒子像电子或原子、电磁场或引力场，心理学中各种各样的内驱力和潜能，等等。”[⑤]尤其是，逻辑实证主义把工作重心正是放在两种知识的相互依存和互补的关系上面。所以，爱因斯坦强调，在这个范围里，一个科学家必定是实证主义者。他说：“就他认为他的概念

---

① 爱因斯坦：《爱因斯坦文集》，第一卷，许良英、范岱年编译，北京：商务印书馆，1976 年，第 313 页。

② 沃克迈斯特：《科学的哲学》，李德容等译，北京：商务印书馆，1996 年，第 26 页。

③ 沃克迈斯特：《科学的哲学》，李德容等译，北京：商务印书馆，1996 年，第 36 页。

④ 海森堡：《物理学和哲学》，范岱年译，北京：商务印书馆，1981 年，第 174 页。

⑤ 洪谦主编：《逻辑经验主义》，上卷，北京：商务印书馆，1982 年，第 138 页。

和理论只有在它们对感觉经验之间的关系提供出逻辑表示的限度内才能站得住脚而论，他像一个实证论者。”①

认识主体心智乃通过做先天综合判断来提供知识。这就决定了科学知识采取这样的命题形态：所表达的知识总是既包含经验内容而又带必然性。一个命题仅有经验内容，充其量还只是常识，唯有带逻辑必然性，才成为科学知识。无疑，认识论在这里实际上对知识提出了分析性和形式性的规定。这两种规定互为表里。知识只有作为逻辑的形式，才能带上分析性，也即具备逻辑必然性。科学是从伽利略（通常还追溯到哥白尼）到牛顿的历史发展所创立的。牛顿对科学产生做出了无与伦比的贡献，这源于“他不仅作为某些关键性方法的发明者来说是杰出的，而且他在善于运用他那时的经验材料上也是独特的，同时他还对于数学和物理学的详细证明方法有惊人的创造才能。”② 牛顿把物理学的基本概念和原理构造成完整的逻辑结构，使物理学知识带上了分析性和形式性（包括数学形式），从而具有逻辑必然性。牛顿引入了质量概念，由此把力和加速度联系起来。但是运动的因果概念还远没有完成。因为只有在力是已知时才能由运动方程得出运动。牛顿设想，作用在一个物体上的力是由一切同该物体离得足够近的物体的位置所决定的，这种思想无疑是受了行星运动定律的启发。只有在这种关系上建立起来以后，才得到了关于运动的完整因果概念。大家都知道，牛顿怎样从开普勒（J. Kepler）的行星运动定律出发解决了引力问题，并且由此发现了作用在星球上的推动力和引力在本质上是相同的。“正是这种‘运动定律和引力定律’的结合构成了一个奇妙的思想结构，通过这个结构，就有可能根据在一个特定瞬间所得到的体系的状态，计算出它在过去和未来的状态，只要一切事件都是限于在引力的影响下发生的。”③ 分析性和形式性保证逻辑必然性，这条知识的方法论原理还主导着以牛顿力学为基础，古典物理学渐次建立其各个分支的历史过程。“一切物理事件都要追溯到那些服从牛顿运动定律的物体，这只要把力的定律加以扩充，使之适应于被考查的情况就行了。牛顿自己曾试图把这个纲领用于光学，假定光由惯性微粒组成。在牛顿运动定律用到连续分布的物体以后，甚至连光的波动论也利用了牛顿运动定律。牛顿的运动方程也是热的分子运动论的唯一基础，这不仅为人们发现能量守恒定律做了思想准备，而且还导致一种直至最后

① 爱因斯坦：《爱因斯坦文集》，第一卷，许良英、范岱年编译，北京：商务印书馆，1976 年，第 480 页。

② 爱因斯坦：《爱因斯坦文集》，第一卷，许良英、范岱年编译，北京：商务印书馆，1976 年，第 222 页。

③ 爱因斯坦：《爱因斯坦文集》，第一卷，许良英、范岱年编译，北京：商务印书馆，1976 年，第 224 页。

的细节都已经证实了的气体理论，以及关于热力学第二定律的本质的一种更为深刻的看法。电学和磁学的发展也沿着牛顿的路线前进，直至近代（带电的和磁性的实物，超距作用力）。”①

认识主体心智总是凭借知性范畴而把知识对象作为客体整体去认识的。这就决定了知识总是采取理论的形态，而理论是结构体系，因而知识带上了结构性这个规定。如前所述，科学理论由基本概念和原理、数学-逻辑演绎和经验结论三元构成。海森伯从科学之历史发展表明，整个科学大厦是由各别结构整体构成。他写道：“严密自然科学从已探讨过的经验领域到新的经验领域的过渡，决不是迄今已知的定律简单地应用到这些新的领域中去所能完成的。事实倒是这样，一个真正的新的经验领域，总会导致一个新的科学概念和定律体系从中产生出来。这些新的概念和定律，虽然同以前的一样，可以对之进行理性分析，但是原则上和它们完全不同。……因此，严密自然科学这座大厦，很难在以前所期望的天真的意义上，成为这样一个相互连接起来的整体，以致从其中的一点出发，只要沿着预定的路线前进就能到这座大厦中的所有厅室。实际上这座大厦是由许多各别的部分组成的，尽管其中每一部分和其他部分有着极为复杂的联系，而且每一部分有时还把其他一些部分包括在内，有时则又被其他部分所包括，然而每一部分却都能自成一个完整的整体。要从这座大厦的已完成部分进入到一个新发现的或者想新建立的部分，这一步就需要进行一种精神活动，而这种精神活动是不能仅仅把已有的东西继续加以发展就完成的。”② 这番论述还尤可注意到两点：其一，知识的理论形态和结构性同时也是形而上学规定的，因为存在者总是属于特定的领域；其二，理论是分层次的，除了这里提到的属于不同基本概念和基本原理的理论之外，还有基本概念和基本原理相同但所涉现象不同的理论，如前述经典物理学的诸多分支。

三、方法论对知识自身做出规定

方法论为科学奠定哲学基础，乃从知识自身把形而上学和认识论对知识做出的诸多规定落实下来。方法论也是对知识本身做哲学反思，从中引出种种方法论结论，它们被奉为知识的规范或者说原理。这些方法论规范或原理也正是循以评判知识合法性的哲学根据。

“程式和专门化-学科”是方法论的首要原理或规范。知识的首义是确定性。

---

① 爱因斯坦：《爱因斯坦文集》，第一卷，许良英、范岱年编译，北京：商务印书馆，1976 年，第 225 页。

② 海森堡：《严密自然科学基础近年来的变化》，《海森堡论文选》翻译组译，上海：上海译文出版社，1978 年，第 17-18 页。

知识的确定性，其基础是心智把客体表象化为认识对象，也就是说，确定性是表象的确定性——转化为知识便是概念的确定性。程式作为方法和程序乃确保存在者作为确定的表象以供心智去认识。“专门化-学科”是说，程式保证科学认识乃作为“研究”去进行，而研究总是专门化的活动，总是在特定的、有限的存在者领域进行的，表现在知识层面，即按学科进行。“专门化-学科”规定了知识总是采取理论即带逻辑结构的整体的形态。显然，“专门化-学科”同样是对知识确定性的一种落实——在知识整体单元的层面上。

方法论乃要从语言本身落实形而上学和认识论对知识的规定。为此，首先必须把哲学对科学的观照聚焦于知识本身。哲学发展的方法论转向正是为着实现哲学反思焦点的此一转移。同时，这个转向还与继认识论的心智转向之后重又发生的语言转向偕与俱来。这是因为，知识乃采取语言的形态。哲学要反思知识，就必须转到语言层面，审察语言本身。方法论转向和语言转向可谓互为表里。知识的客观性作为知识的根本规定在知识层面上正是由其语言形态来落实的。知识的语言形态在于知识是语言的逻辑形式。逻辑和语言不妨说从“神”和“形”两方面保证知识的客观性。若此，知识的语言逻辑构成了方法论的基本部分。

前面说到的形而上学和认识论对知识提出的诸多规定——客观性、确定性、分析性、形式性、因果性和结构性，它们被落实为知识作为语言逻辑系统的规定性，这些也就是知识的逻辑-数学规范。这两种规范乃密切相关以至浑然一体。所谓“逻辑是数学的童年，数学是逻辑的成年”（罗素语），正是道出了这一事况。这些规范构成了知识合法性的基本判据，因此是方法论的又一重要组成部分。

形而上学对知识的客观性要求和规定，方法论把它在知识层面落实为真理性的规定。知识真理性的根本在于理论的基本概念和原理对于存在者本体的符合，然后又有其经验推论同存在者现象相符合的方面。同时这两种真理性又在理论的范围内密切相关联和相依存。知识的真理性，尤其需要生存论的辩护。

知识总是采取理论作为独立整体之形态单元。这样，理论的方法论在方法论中占有特殊重要地位。理论包括基本概念与基本原理、经验推论和逻辑演绎三个部分，形成三元的结构。同时，这里对于理论的三个构成部分，方法论又分别制定了相应的原理。必须强调指出，探究理论的方法论，必须清醒地区分发现的脉络和辩护的脉络，就是说，对特定的方法论问题，应当先辩明它属于哪个脉络。否则，相应的探究将会带来困惑和混乱。这里尤为瞩目的是基本概念、基本原理（常统称为“理论”）和经验推论两者的关系问题，这方面提出的“资料对理论的欠充分决定性”这种方法论观点和相应学说，实际上是在“发现的脉络”中展开的，若把它放到“辩护的脉络”中加以探究，或者不作这种区分加以考量，就会造成混淆。

科学理论作为知识的单元，除了具备上述诸多规定性之外，另外还有一个重要的规定性——有效性。它比较其他规定性，尤具特殊性，这就是它同知识，确切说来是科学理论的功能相关联。所谓科学理论的功能，是指它处置现象层面的经验事实的能力——科学说明。无疑，科学理论的说明力同共同体的解题能力有着直接的相关性。

前面提到，当代知识论是对传统认识论的转向。它把关怀的问题从“认识本身”转移到“如何认识”的问题。“如何认识”的问题，确切说来，现在转换成这样的问题：就认识者 S 和命题 P 而言，“S 知道 P”在什么条件之下成立。当代知识论围绕这个中心问题展开。尤可注意，当代知识论把这个问题放在“方法论层面的语言转向”的脉络中审察、研究。这就更其见出当代知识论的方法论本性。

第二节　程式和专门化-学科

认识论揭示，认识主体是知识的源泉。这就提示了知识的属人性。若此，虽然方法论本身是在辩护的脉络中展开的，然而，其本身理应得到生存论层面的辩护。海德格尔正是从生存论探究此在之作为表象者，由此揭示，科学的方法论本质在于科学之作为“研究”，而“研究”乃以作为方法和程序的“程式”为表征。程式立而研究始。研究的本质则是“专门化”，因为程式要求研究总是对特定的存在者领域进行，而这规定了知识总是结体成特定的科学理论。

一、程式：知识是“研究”的成果

认识主体把存在者把捉为认识对象，也就是把存在者对象化为表象。海德格尔从生存论层面阐发此一哲理。他设问：“何种关于存在者和真理的观点为现代科学的本质建立了基础？”[①] 他乃从生存论的“表象”的观点引出“研究”之作为科学的方法论本质的结论。他表明，存在者向人开启，人由觉知存在者而向其开启，于是两相遭遇。所谓认识，也就是人把世界即存在者整体作为图像加以把握。若此，存在者之和此在相遭遇，是存在者被表象，或者说，人作为表象者使之处于表象状态。这样，人把自己设置为向存在者敞开的“场景”，而世界成为图像。放在这个背景中去审视，科学之“研究”（Forschung）本质便凸现出来。

① 海德格尔：《林中路》，孙周兴译，上海：上海译文出版社，1997 年，第 73 页。

海德格尔就此写道："我们今天称之为科学的本质乃是研究。而研究的本质又何在呢？"① 研究的本质正是要到人使世界处于表象状态这一点中去探寻。他说："惟当存在者之存在于这种对象性中被寻求之际，才出现了作为研究的科学。这种对存在者的对象化实现于一种表象（Vorstellung），这种表象的目标是把每个存在者带到自身面前来，从而使得计算的人能够对存在者感到真实，也即确定。当且仅当真理已然变为表象的确定性（Gewisscheit）之际，我们才达到了作为研究的科学。最早是在笛卡儿的形而上学中，存在者被规定为表象的对象性，真理被规定为表象的确定性了。……整个现代形而上学，包括尼采的形而上学，始终保持在由笛卡儿所开创的存在者阐释和真理阐释的道路上。"② 总之，研究本质上在于使存在者成为确定性的表象而可加以认识。研究的这种本质正是通过"程式"来实现的。研究就是在存在者世界中建立起程式，而程式则是以方法和程序建起的严格确定的认识对象领域。海德格尔指出这一点："研究的本质在于：认识把自身作为程式（Vorgehen）建立在存在者领域（自然或历史）中。'程式'在这里不单单指方法和程序，因为任何程式事先都需要一个它借以活动的敞开区域。而对这样一个区域的开启，恰恰就是研究的基本过程。由于在某个存在者领域中，譬如在自然中，自然事件的某种基本轮廓（Grundriβ）被筹划出来了，研究的基本过程也就完成了。筹划（Entwurf）预先描画出，认识的程式必须以何种方式维系于被开启的区域。这种维系（Bindung）乃是研究的严格性（Strenge）。凭借对基本轮廓的筹划和对严格性的规定，程式就在存在领域内为自己确保了对象领域。"③

"程式"是筹划出来的某种预先知道或预设的东西，它把存在者表象化为研究的直接对象，从而确定了对象领域。海德格尔指出：现代物理学的"程式"为："具有时空关系的质点的自成一体的运动联系。在这种被假定为确定无疑的自然之基本轮廓中，还包含着下述规定性：运动即位置变化。没有一种运动和运动方向优先于其他运动和运动方向。任何位置都是相同的。没有一个时间点优先于其他一个时间点。每一种力都取决于——或者说：仅仅是——它在运动中，也即在时间单元内的位置变化量中产生的东西。"④ 至于"程式"所包括的严格性规定，它保证认识严格遵从所确定的对象区域即"基本轮廓"。这种严格性实际上就是数学的精确性，现代物理学和其他现代科学都是"数学的"。

"程式"是方法论的首要原理。它为全面地从方法论层面落实形而上学和认

---

① 海德格尔：《林中路》，孙周兴译，上海：上海译文出版社，1997 年，第 74 页。
② 海德格尔：《林中路》，孙周兴译，上海：上海译文出版社，1997 年，第 83 页。
③ 海德格尔：《林中路》，孙周兴译，上海：上海译文出版社，1997 年，第 74 页。
④ 海德格尔：《林中路》，孙周兴译，上海：上海译文出版社，1997 年，第 75 页。

识论对知识的规定创造了前提和可能性，使自然认识成为可行的研究。“通过筹划，通过对这种在程式之严格性中的筹划的保证，科学成了研究。”① 因为，“惟有在这种基本轮廓的视界内，自然事件才作为自然事件而变得明显可见。这种自然之筹划包含着它的可靠性，而这是由于，物理学的研究就它的每一个追问步骤而言，事先维系于这种筹划了。这种维系，即研究的严格性，总是合乎筹划而具有它自己的特性。数学的自然科学的严格性乃是精确性（Exaktheit）。一切事件必须在这里——如果它们完全作为自然事件能够进入表象的话——预先被规定为时间-空间上的运动量。”② 科学史上，牛顿力学所以成为经典物理学乃至整个经典科学的基础，在很大程度上乃源于牛顿以其力学创建了“程式”。他的《自然哲学的数学原理》这部力学经典著作，其书名本身就意味深长地透露了这个消息。“这部著作一开头是力学的各个基本概念的定义，例如质量（物体的体积与其密度的乘积，用其重量来量度）；动量或运动数量（质量与速度的乘积）；力（用它所产生的动量的变化率来量度）。牛顿是第一个精确地使用这些概念的人。”③ “在这些定义后的一条附注中，他假设存在‘绝对的、真实的和数学的时间’、‘绝对空间’和‘绝对运动’；‘绝对时间’‘均匀地流逝着而同任何外部事物无关’；‘绝对空间’‘始终保持相同和不动’；‘绝对运动’是‘物体从一个绝对位置向另一个绝对位置的平移’。”④ 牛顿正是以这些定义和假设筹划了经典科学的“程式”，又以数学规定了其精密性，尤其以他发现的微积分为伽利略引入的对于力学具有关键意义的加速度这个动力学概念做了数学规定。正是这种“基本轮廓”和精密性（作为严格性的极致）规定为后来两百多年的科学研究提供了程式，各种物理现象和事件遂在这个轮廓里不断涌现。

程式把存在者筹划为表象化的直接对象，并筹划成带严格性规定的、作为确定领域的“基本轮廓”，由此使自然认识成为可行的研究。不妨说，因着程式，特定的研究的对象区域被从“世界图像”上“卸载”下来，尔后科学家方可潜心研究之。所谓知识，正是这种程式制导下的可行研究的成果。

程式立则研究始。程式自身属于方法和程序。不特如此，程式的方法论意义还在于凸现了方法本身对于知识带根本性重要意义。因为研究展开后，每个步骤

---

① 海德格尔：《林中路》，孙周兴译，上海：上海译文出版社，1997年，第76页。

② 海德格尔：《林中路》，孙周兴译，上海：上海译文出版社，1997年，第75-76页。

③ 沃尔夫：《十六、十七世纪科学、技术和哲学史》，周昌忠等译，北京：商务印书馆，1985年，第172页。

④ 沃尔夫：《十六、十七世纪科学、技术和哲学史》，周昌忠等译，北京：商务印书馆，1985年，第172页。

和环节都离不开方法。所以，"方法标志着对研究来说本质性的第二特性"①。而所谓从方法论层面落实形而上学和认识论对知识的规定，即落实到知识本身上面，其途径也正是方法。尽管严格意义上的方法论始于 20 世纪的哲学转向，然而，早在科学产生之时，这产生本身便仰赖科学方法。真正意义上的科学也即所谓近代科学乃产生于科学史家常称的"17 世纪科学革命"。这场革命的一个重要方面正在于方法上的开创性工作。科恩（B. Cohen）敏锐地注意到这一点。他说明了这种状况："科学革命是对方法甚为关注的时期。有关这一课题的部分文献，反映出了这一新时期的自我意识的状况。在这一时期，人们认为，对知识的发展而言，正确的规则和程序比洞察力和才智更为重要。十七世纪发表的一篇又一篇的专题论文，要么始于对方法的讨论，要么终于某一方法论命题。例如，有关方法这一课题最著名的著作之一——笛卡儿的《方法谈》（1637），其写作和出版就是为了介绍三部科学著作：《几何学》、《气象学》和《屈光学》。在牛顿的著作中，阅读面最广、最常被人们引用的著作之一，是那篇方法论的'总附注'，此文是为《原理》（1713）第二版写的一个总结，在其中，他讨论了自然哲学中解释的本质以及假说的作用。方法问题所以成为科学革命的中心，是因为新的科学或新的哲学主要的创新之处在于数学和实验的结合。"②"17 世纪的科学没有哪方面像其方法及方法带来的结果那样富有革命性。科学革命造就了两位杰出的集方法之大成者：弗兰西斯·培根和勒内·笛卡儿。"③ 笛卡儿的贡献主要在于制定运用数学的确定性这条方法论原理；培根的贡献则在于制定处理经验材料的实验和归纳方法论。

总之，"程式"决定了自然认识作为"研究"必须依方法进行，若此，自然认识才成为"研究"，也即才成为科学，而其成果才是全面落实形而上学和认识论的诸多规定的知识。

二、专门化–学科：作为"研究"成果的知识的结体

"程式"作为从"世界图像"上卸载下来的"基本轮廓"，决定了研究总是专门化的，从而科学总是具体的特定学科。这样，知识作为"研究"的成果，便总是结体成理论，以之作为独立完整的形态单元。

亚里士多德就已经有了知识专门化的思想。他指出，一切知识总是关于某种存在者的。而就存在者的"本体–性质"方式而言，一切知识又总是关于特定存在者本体的特定种类性质（固有属性）的。"自然科学事实上乃关于存在的一个

① 海德格尔：《林中路》，孙周兴译，上海：上海译文出版社，1997 年，第 76 页。
② 科恩：《科学中的革命》，鲁旭东等译，北京：商务印书馆，1998 年，第 184 页。
③ 科恩：《科学中的革命》，鲁旭东等译，北京：商务印书馆，1998 年，第 185 页。

类（关于在其自身之中包含运动和静止的本原的那种本体）。"① 物理学"乃对那种能够运动的存在以及对通常仅仅规定为不与质料分离的本体作理论研究"。② 事实上，学科正是按照所研究的性质相互区分的。例如，物理学研究物体的物理性质，化学研究化学性质，学科又按照所研究物体的种类相区分，例如有机化学和无机化学。海德格尔则进一步表明，研究的本质正在于专门化。他说："任何一门科学作为研究都以对一种限定的对象区域的筹划为根据，因而必然是具体科学。但任何一门具体科学都必然在筹划的展开过程中，通过它们的方法而专门化为特定的探究领域。不过，这种专门化绝非仅仅是研究结果的日益增长的不可忽视状态的令人难堪的伴生现象。它不是一种必然的弊端，而是作为研究的科学的本质必然性。专门化并非结果，而是一切研究进步的基础。"③

专门化可以说是研究的"纪律"，于是研究必须按"学科"进行。"纪律"和"学科"恰是同一个词 discipline 的两个义项。"专门化-学科"这一措辞正是道出此一底蕴。显然，"专门化-学科"的核心是作为"基本轮廓"的"程式"。库恩的"范式"是从科学哲学层面对"程式"的呼应和落实。这里要强调库恩本人对"范式"区分为广义和狭义两种。狭义范式指"范例"，其重心落在范例上，是范式的认识论向度。广义范式包括理论基本原理（"符号概括"）、模型和范例，重心落在前两者之上，是范式的方法论意义所在。正因为这个原故，库恩把广义范式称为"学科基体"。他说："范式改以'专业基体'（disciplinary matrix）来表示，意思会更明确一些。'专业'，因为是一门专门学科的实际工作者所共同掌握的；'基体'，因为是由各种各样条理化的因素所组成，而每一因素又需进一步说明。这种专业基体的组成，包括大部或全部的集团规定。"④ 不过，范式和程式又有着重要的区别。"程式"以方法和程序来筹划"基本轮廓"。"范式"则揭示，这种"筹划"有其社会向度。这就是，"基本轮廓"乃为特定科学共同体的"实际工作者所共同掌握"，是"集团规定"。梅尔茨（J. Merz）指出，19 世纪德国科学家在学科范围内形成研究集体，并致力于专门化研究的完整性。他写道："德国科学家不仅崇尚透彻性，而且像德国哲学家和古典学者一样，很少是孤立的思想家。他不会只是一个科学院院士，也不是墨守他自己治学之道的独居天才。他基本上生活在一所大学里，身处他人之中，而他们的工作

---

① W. D. Ross ed.: The Works of Aristotle, Volume viii, Metaphysica, London: Oxford University Press, 1928, 1025b 18-19.

② W. D. Ross ed.: The Works of Aristotle, Volume viii, Metaphysica, London: Oxford University Press, 1928, 1025b 27-29.

③ 海德格尔：《林中路》，孙周兴译，上海：上海译文出版社，1997 年，第 79 页。

④ 库恩：《必要的张力——科学的传统和变革论文选》，纪树立等译，福州：福建人民出版社，1981 年，第 293 页。

与自己的工作发生接触，或者他们从一种不同观点探讨同一个问题。他因此不得不规定他的科学的范围，务必使这共同领域没有留下一处未被耕耘和开发的地方。他的目标不可能是只产生一部表明个人之伟大的作品或者具有完美艺术价值的作品；他的工作是一门伟大科学的一个不可分割的组成部分；他的工作必须适应总计划，必须在一幢大厦中找到一个位置。"[①] 无疑，这正是库恩的范畴"共同体"之于"专门化-学科"这条方法论原理所把握的科学史事实。

"专门化-学科"是科学作为研究的本质所在，这便导致了科学知识总是结成独立完整知识体的方法论原理。这条原理表达了科学发展和知识增长的重要方法论机制。当然，"专门化-学科"作为方法论首要原理，同样成为知识合法性的规范。这就是说，知识唯有在学科范围内结体成独立完整的理论，方能取得知识之地位。

科学发展的主要方式是新学科的不断产生。此在作为认识主体面对不断演进和拓展的"世界图像"，从其上不断卸下新的"基本轮廓"即新的"程式"。这样，新的专门化研究便不断涌现，从而导致新学科不断问世。在现代和当代，尤可注意的是所谓"交叉学科"（interdisciplinary science）层出不穷。从方法论层面来看，这是"专门化-学科"原理的新发展。今天，学科已形成相当规模，从而产生大量程式，它们构成宝贵而又丰富的方法论资源。"交叉学科"作为方法论原理乃昭示，应当善用已有程式，通过渗透和融合，对它们进行重组，以便催生新的"基本轮廓"，也即向新的专门化研究供给对象区域，进而导致作为新的学科的交叉学科诞生。

"专门化-学科"方法论的另一个新发展是所谓"跨学科研究"（research over subjects）。这是指运用多门学科研究同一个对象。这实际上是对同一个对象区域搭建起多个程式。这样，一方面，诸多专门化研究通过各自的贡献，提供关于对象区域的诸般洞见。另一方面，这些各别研究还会发生互动，由此提供的知识超越各该学科知识及其相加之和。这里的关键是讲究"学科取径"。然而，更为重要的是，跨学科研究必须引向关于其对象的新的专门化研究，产生新的学科。若此，跨学科研究成为走向新学科的重要途径。今天，宇宙研究可以说正呈现此一态势。人们运用量子场论和广义相对论对宇宙进行跨学科研究。其迄今取得的主要成果是"大爆炸宇宙论"，但它尚未能确立为新的程式，因而真正意义上的宇宙学这门新学科也未能确立。由于这个原故，对于由大爆炸假说引出的"暗物质"和"暗能量"假设，也还不能开展实验研究。

最后，还可以从"专门化-学科"视角来考察所谓"基础学科和应用学科"

① 梅尔茨：《十九世纪欧洲思想史》，第一卷，周昌忠译，北京：商务印书馆，1999年，第181页。

的方法论意义。实际上，一门基础学科及其相应的应用学科乃建基于对于同一个对象区域的同一个程式即同一个“基本轮廓”之上。应用学科把基础学科业已建立的基本原理搬用到属于相应对象区域的特殊现象之上。问题是，这种学科对应关系必须以应用学科的对象严格属于基础学科的对象区域为条件。因此，当着此在作为认识主体面对开显的新的现象境域时，轻率套用“基础学科-应用学科”模式，可能会步入误区。一般地说，或者从根本上说，这种境遇往往意味着进入新的对象区域。因此，碰到这种情况，应当首先试图重建程式，再转入专门化研究，而不是去照搬现成的程式。

第三节　知识的语言逻辑

知识、语言和逻辑三者乃本质相关，以至可以说“三位一体”。知识总是采取语言的形态，同时知识根本上又在于语言的逻辑形式。惟其如此，知识才确保具有客观性、确定性和必然真理性，一句话，才成其为知识。另一方面，既然知识总是结体为独立完整的理论，所以，知识的语言逻辑之基点是把知识把捉为作为某个理论的某个逻辑形式语言系统。

一、方法论的语言转向

知识的语言逻辑作为方法论的核心部分，是哲学史上方法论层面语言转向的产物。

哲学史上的方法论转向是逻辑实证主义发动和完成的。它提出，哲学应当转向聚焦于科学知识本身而成为科学的方法论。石里克就此写道：“哲学不是一个命题体系，它不是一门科学。那么，哲学是什么呢？它虽然不是一门科学，却仍然是很有意义的、非常重要的东西，所以今后可以像以前一样，被尊为科学的女王；因为确实没有这样一条规定：科学的女王本身也必须是一门科学。我们现在认识到，哲学不是一种知识的体系，而是一种活动的体系，这一点积极表现了当代的伟大转变的特征；哲学就是那种确定或发现命题意义的活动。哲学使命题得到澄清，科学使命题得到证实。”① 哲学作方法论，是一种活动——对知识做语言-逻辑分析的活动。这样，哲学有如科学也能做出切实的行动。所以，赖欣巴哈（H. Reichenbach）说：“这种哲学在我们时代的科学里已找到了工具去解决那些在早先只是猜测对象的问题。简言之，……哲学已从思辨进展而为科学了。”②

---

① 洪谦主编：《逻辑经验主义》，上卷，北京：商务印书馆，1982 年，第 9 页。

② 赖欣巴哈：《科学哲学的兴起》，伯尼译，北京：商务印书馆，1983 年，第 3 页。

总之，逻辑实证主义者的哲学不特是一种“科学哲学”（philosophy of science）即关于科学的哲学，而且也是一种“科学的哲学”（scientific philosophy），也即其本身也成为一种科学（就其运用科学方法的意义而言）。由于这个原故，逻辑实证主义既是西方一般哲学史上开创重要变革的哲学运动，又是狭义的科学哲学（作为独立的哲学运动、部门和分支）的第一个运动，被公认为科学哲学的“正统派”。

当着哲思转向知识本身时，也即随着哲学从认识论转向方法论，哲思运行的层面也就从心智转向语言，而此一语言转向正是知识、语言和逻辑三者本质相关所使然。这一转向公认肇始于弗雷格，而他正是最早醒悟了这条原理。弗雷格表明，知识在于思想的客观内容。他说：“我说的思想不是指思维的主观行为，而是指它的客观内容，后者能够为不同思维者所共同拥有。”① 同时，他又表明，思想用语言表达，其内容成为语言的意义。“一个表达式就是有一种涵义：用表达式的人不必在运用它的过程中总记着它的涵义。这种涵义，就其自身而言，是客观的，因为能够被不同的心智所把握。”② 进一步地，他说，“我称一个肯定句的意义为思想。”③ 而在一个断定句中，“我们区别出：①对思想的把握——思维。②思想的真的肯定——判断。③对判断的表达——断定句。”④ 断定句是思想即知识的形态，而作为取真值的判断，断定句又是逻辑语句。这就是“知识-语言-逻辑”“三位一体”。

就哲学之“语言转向”本身而言，其哲学主张为，哲学问题——经过“方法论转向”之后，也就是知识问题——应当还原到语言层面，因此语言的分析才是最根本的。由此之故，20世纪在西方哲学史上称为“分析时代”。达米特对此做了精当说明。他写道：“各个不同的哲学家，例如石里克、早期和后期维特根斯坦、卡尔纳普、赖尔（G. Ryle）、艾耶尔（A. Ayer）、奥斯丁（J. Austine）、奎因（W. Quine）和戴维森（D. Davidson）有着共同的分析哲学基本信条。它可表达为：思想哲学应当等同于语言哲学。更确切地说，它包括：①语言的说明不以思想的说明为前提；②语言的说明给出思想的说明；③不存在别的恰当手段，可用以给出思想的说明。”⑤ 分析哲学的标志是以语言分析作为哲学的一般方法[这构成了语言的哲学（linguistic philosophy）]，以及以语言作为哲学的主要研究

---

① Peter Geach, Max Black eds.: Translations from the Philosophical Writings of Gottlob Frege, Oxford: Basil Blackwell, 1980, 62.

② 达米特：《分析哲学的起源》，王路译，上海：上海译文出版社，2005年，第10页。

③ 弗雷格：《弗雷格哲学论著选辑》，王路编译，北京：商务印书馆，1994年，第185页。

④ 弗雷格：《弗雷格哲学论著选辑》，王路编译，北京：商务印书馆，1994年，第118页。

⑤ M. Dummett: The Interpretation of Frege's Philosophy, Cambridge: Harvard University Press, 1981, 39.

对象［这构成语言哲学（philosophy of language）］。就所面向的问题而言，分析哲学很大程度上就是科学方法论。

二、语言逻辑的方法论本质

这可以从三方面加以说明。

首先，语言逻辑的核心思想是：知识是语言的逻辑形式，这样，语言逻辑是关于知识本身的逻辑，由此便呈现出它的方法论本质，因为方法论是关于知识本身的。就此而言，语言逻辑由弗雷格开创，却由逻辑实证主义完成。弗雷格致力于把握作为语言意义的思想内容的真理性（真值）。逻辑实证主义则把语言逻辑的基点移到作为逻辑本质、也是知识本质的语言形式方面来。它表明，语言逻辑作为知识逻辑就在于把握语言的逻辑形式。石里克指出："弄清纯粹形式的本质，是从这一事实出发：任何认识都是一种表达，一种陈述。即是说，这种陈述表达着其中所认识到的实况，而这是可以用随便哪种方式、通过随便哪种语言、应用随便哪种任意制定的记号系统来实现的。所有这些可能的陈述方式，如果他们实际上表达了同样的知识，正因为如此，就必须有某种共同的东西，这种共同的东西就是它们的逻辑形式。所以，一切知识只是凭借其形式而成为知识；知识通过它的形式来陈述所知的实况。"① 无疑，这正是形而上学的形式逻辑和认识论的先验逻辑之"形式第一性"原则在方法论层面的坐实。

其次，知识的语言逻辑作为方法论是在元语言水平上展开或者说以元语言表述的关于科学语言的逻辑指号学（logic semiotics）。这里的关键思想首先是表明，科学语言的逻辑形式是可以表达的。"按照维特根斯坦的见解，只存在一种语言，我们所称的语言根本不可能表达——它只能'被表明'。"② 石里克也说："形式本身是不能被描述出来的。"③ 卡尔纳普提出："我们关涉两种语言：首先是作为我们研究对象的语言——我们称之为对象语言，其次是我们用以谈论对象语言的语形形式的语言——我们称之为语形语言。"④ 科学语言是对象语言，运用元语言的逻辑指号学把科学语言把捉为指号（sign）系统，后者包括三个向度：语形（syntactics）（指号之间的关系）、语义（semantics）（指号与其所标示的对象间的关系）和语用（pragmatics）（指号和使用者之间的关系）。方法论作为知识的语言逻辑也就是逻辑指号学，它运用元语言分别表达科学语言的语形、语义和语用三个向度，并建立起相应的逻辑理论。于是，知识的语言逻辑便包括三个部

① 洪谦主编：《逻辑经验主义》，上卷，北京：商务印书馆，1982 年，第 7-8 页。

② R. Carnap：The Logical Syntax of Language，NY：Routledge & Kegan Paul Ltd.，1937，53.

③ 洪谦主编：《逻辑经验主义》，上卷，北京：商务印书馆，1982 年，第 8 页。

④ R. Carnap：The Logical Syntax of Language，NY：Routledge & Kegan Paul Ltd.，1937，4.

分：逻辑语形学、逻辑语义学和逻辑语用学。这里要强调两点。其一，是用元语言表达语言之逻辑形式的可能性，成就了方法论的可能性。其二，除语形外还考虑语义和语用向度，是语言逻辑区别于形式逻辑和先验逻辑的特征所在。

最后，第二章表明，先验逻辑作为知识逻辑，其认识论本质在于它关涉知性据以提供纯粹知性知识的法则，尤其在于表明知性如何运用范畴而得以对经验客体获致带客观必然性的经验知识。同样，知识的语言逻辑，其方法论本质亦在于表明科学语言保证知识作为必然真理的机制。这机制便是“逻辑陈述（语句）”。（这一点下面还要详加阐发。）这个重要思想来源于维特根斯坦。卡尔纳普就此写道：“维特根斯坦可能是除罗素和弗雷格以外对我的哲学思考影响最大的哲学家。我从他的著作中所获得的最重要的观点是：逻辑陈述的真理性仅仅依据其逻辑的结构和词语本身的意义。逻辑陈述在所有可以想象的情况下都是真实的，因此，它的真理性与世界上的偶然事实无关。而在另一方面，由此又可以得出这样的结论：这些逻辑的陈述没有论及世界上任何事情，因而没有什么实际的内容。”① 无疑，“逻辑陈述”之于科学语言正同“知性范畴”之于认识主体心智相对应和相等当。

三、知识的逻辑语形学：分析陈述保证知识的必然真理性

科学知识在学科范围内是普遍必然的真理。因此，知识的逻辑语形学作为方法论的主导部分，其首要原理便是表明，分析陈述保证了知识的必然真理性。

分析陈述也就是上文中维特根斯坦所说的“逻辑陈述”。这里必须强调指出，分析陈述所以能保证知识的必然真理性，乃分析陈述是语言之逻辑形式的载体所使然，因为语言的逻辑形式是必然真理的化身。科学语言是描述性的议论，包括分析陈述和综合陈述两大类。综合陈述是关于事实的，其真理性是偶然的，得由事实来验证。分析陈述的真理性仅仅取决于陈述的逻辑结构和所由构成之语词的意义，与事实无关，只要陈述的结构符合逻辑规则，也即成其为逻辑形式。再来考察分析陈述的两种情形。一种情形是，分析陈述的真理性仅仅取决于陈述的逻辑结构。显然，这时分析陈述直接就表达了语言（语句）的逻辑形式。例如，“或者有些蚂蚁是寄生的，或者没有蚂蚁是寄生的。”这陈述表达了逻辑形式“或者 p 真，或者 p 不真”，是逻辑陈述。② 另一种情形是，分析陈述的真理性仅仅取决于所由构成之语词的意义。例如，“单身汉是没有结婚的男人。”它的真理性仅取决于“单身汉”、“结婚”和“男人”等词的意义。然而，这陈述

---

① 卡尔纳普：《卡尔纳普思想自述》，陈晓山等译，上海：上海译文出版社，1985 年，第 38 页。

② 艾耶尔：《语言、真理与逻辑》，尹大贻译，上海：上海译文出版社，1981 年，第 85-86 页。

实际上也还表达了逻辑形式。这个陈述实际上表达了蕴涵关系：“如果是单身汉，那么就是没有结婚的男人。”数理逻辑上把这表达为“蕴涵式”“A→B”，它可证明为永真的，称为重言式。不管变项取什么值（这里也即不管“单身汉”是谁），这个公式都是真的。这个逻辑形式还可表达为重言式（(p→q)∧¬q)→¬p或者（(p→q)∧p)→q。当然，这种陈述的分析性也可这样说明：只要谓词是主词本身固有的意义，即两者意义同一，陈述便是永真的。总之，分析陈述表达逻辑形式而带必然真理性。

科学理论包括关于本体、本体与现象之必然因果关系的知识以及关于现象的知识。前一类知识是必然真理，运用分析陈述，后一类知识运用综合陈述，其真理性有待实验事实验证。

若此，方法论便以知识的逻辑语形学给知识做了最关键的合法性辩护，同时也制定了相应的规范。

知识的逻辑语形学之另一个重要方面是为作为语言系统的科学理论的逻辑形式制定规范，也即用逻辑符号语言把这逻辑形式重建而表达为“逻辑演算”。既然知识总是结体为理论，所以，这方面的方法论工作极具重要意义。知识的逻辑语形学作为语言逻辑把“逻辑演算”把捉为科学语言的“逻辑语形”也即其逻辑形式。可见，语言的逻辑语形也就是它之作为逻辑演算。卡尔纳普说：“说一个语言，我这里是一般地指任何类演算，就是说，一个关于所谓表达式（即任何类元素或者说所谓符号的有限有序系列）的形成规则和变形规则的系统。”① “所谓一个语言的逻辑语形，我们是指关于这个语言的形式的理论——关于支配它的那些形式规则的系统陈述以及对从这些规则导出的推论的阐发。”② “一个理论、一条规则、一个定义或类似东西被称为形式的，仅当其中既不涉及符号（如语词）的意义，也不涉及表达式（如语句）的意义，而单单唯一地涉及表达式所由构成的符号的种类和顺序。”③ 总之，一个理论就是一个语言，它的逻辑语形便是一个逻辑演算。

显然，知识的逻辑语形学乃把科学语言的逻辑形式呈现为逻辑语形即逻辑演算。这样，这逻辑形式便得以用逻辑符号语言纯粹地表达出来。这语言的逻辑语形是一个公理化形式系统，其构成是：标示基本概念的语词——初始符号；标示基本原理的语句——公理；由它们推出的定律——公式；以及形成规则（关于初始符号和公理）和变形规则（关于推理）。

① R. Carnap: The Logical Syntax of Language, NY: Routledge & Kegan Paul Ltd., 1937, 167-168.

② R. Carnap: The Logical Syntax of Language, NY: Routledge & Kegan Paul Ltd., 1937, 1.

③ R. Carnap: The Logical Syntax of Language, NY: Routledge & Kegan Paul Ltd., 1937, 2.

知识的逻辑语形学要言之在于对知识做语形分析。这具有重要的方法论意义。

首先，知识唯凭借语言的逻辑形式方才成其为知识。惟其如此，在辩护脉络中运作的方法论，其首要功能便在于开显和把捉既有知识的逻辑形式，从而得以确立其为科学知识的地位。牛顿在其名著《自然哲学的数学原理》中正是做着这样的工作。它因之而成为经典力学问世的标志。

其次，语形分析以符号语言呈现科学理论的形式结构，从而为对之做逻辑研究准备了前提。这种研究包括探究其一致性、完备性、可证明性和推导性等。例如，冯·诺伊曼（J. von Neumann）在 1932 年建立了量子力学的形式系统。英国生物学家伍杰（J. Woodger）在 1937 年为孟德尔（G. Mendel）遗传学建立了形式系统。20 世纪 50 年代以后，又有逻辑学家和物理学家为物理学各分支，如牛顿质点力学和电学等建立了形式系统。冯·诺伊曼证明了量子力学理论的完备性，以此为哥本哈根学派辩护。

最后，语形分析建立科学语言的形式系统，为进一步的语义分析提供了基础和条件。

四、知识的逻辑语义学：语义规则保证知识的经验性

知识必须具有必然真理性，才成其为科学知识。逻辑语形学以分析陈述来保证这个知识之首要条件，无疑，作为科学知识，知识还必须包含经验内容。这样，知识的逻辑语义学以意义的经验内容为首要原则。它制定的语义规则正是旨在保证知识的经验性。这种规则包括词项和语句等表达式以及整个语言系统（逻辑语形）的意义性条件和授义方式。语义规则既然为着确保意义的经验性，所以其首要准则为可观察性。当然，一切语义分析都是对科学语言的逻辑语形进行的。

首先是词项的意义性条件和授义方式。初始词项和导出词项都包括观察词项和理论词项两部分。初始观察词项的意义由“可观察性要求”确定：它们标示可观察客体、关系或性质。初始理论词项通过所谓“对应规则”而从观察词项取得意义。对应规则是演绎的或归纳的推理规则，或者是公设。它们是联结观察词项和理论词项的逻辑“桥梁”，给后者“输送”经验意义。例如，对于理论名词“温度”，它的意义按下列对应规则由观察谓词“暖于”给予：“如果 u 暖于 v，则 u'的温度高于 v'的温度。”① 导出观察词项通过由初始观察词项加以显定义而取得意义，或者通过被“归约句链”演绎地从初始观察词项推出而获致意义。

① 洪谦主编：《逻辑经验主义》，上卷，北京：商务印书馆，1982 年，第 149 页。

此外，语义分析还必须对所有语词的意义加以澄清，使之精确化。

其次是语句的意义性条件和授义方式。语句的意义一方面由其所由构成的语词的意义决定，另一方面，又有其作为整体的意义，后者反过来影响构成语词的意义。科学语句划分为形式语句和事实语句两类。形式语句包括数学和逻辑语句，其意义由形式规则决定。事实语句包括理论语句和观察语句。语句的意义由“证实原则”规定。可以直接由经验事实加以证实的语句称为“基本语句”，它们的意义由证实赋予。其他语句的意义性条件是，从它们应当可以演绎地推出基本语句。

最后是理论的授义。现在必须强调，这里依次研讨词项、语句和理论的赋义，只是为了方便计，这些授义环节实际上是互相纠结的。理论的授义在于使一个形式系统成为一个有具体经验内容的科学理论。这也就是给一个符号系统做解释或者说建立模型。这种语义分析方法由塔尔斯基（A. Tarski）创立。他最早提出对语言意义也可作形式分析。塔尔斯基的语义学把握意义的指云（外延）方面。按照它，对一个符号系统授义，也就是给它的符号确定指云，使这系统成为具体理论。例如，对古典力学形式系统作不同解释，就为之建立起各种模型：热学、声学和电学等。所以，它被称为“模型论”，可简介如下。一个语言L的一个模型是一个有序对象偶（U，F），其中U是模型的全域，它是非空集合，包含L的个体变项的值。F是函项，赋予L的每个非逻辑常项以外延。F把U的一个元素赋予L的每个个体常项，把U的一个元素集合赋予L的每个谓词。显然，全域规定了L的每个符号的可能的指云（对象、外延）的范围，故全域是对象的集合，数学上称为元素的集合。函项把全域中的对象赋予L的符号，也即对符号做解释，故称为解释函项或解释，数学上叫赋值。一个解释所能赋予L的表达式的对象的域称为一个结构。不同解释给出L的不同结构，L的所有结构都处于全域之中。

模型论只涉及符号的指云。还需要给符号内涵规定意义，从而能给谓词，也给语句作语义分析。诚然，经验原则已给谓词和语句规定了意义性条件。但意义若此便是直觉地由事实赋予的，带有“语义含糊性”。为此，需要就内涵对意义作形式化处理。内涵语义学是对经验原则的补充。

内涵语义学由卡尔纳普提出。它赋予语言表达式以谓词域中的谓词，此乃缘于语言用谓词去表达对象的性质和关系即内涵。所谓赋予谓词，实际上也就是确立表达式对于谓词域的真值关系，即它们对谓词域是否成立——是否具有这些谓词。所以，这种语义学称为真值语义学，可简介如下。它以“状态描述”作为核心范畴，以之对表达式内涵做严格的、形式化的刻画和表征。一个语言S中的一个状态描述是这样的最小语句类：它对于S的每个原子语句，都包含这个语句或其否定，但不兼含两者。所以，S 中的每个状态描述都描述一种可能状态。例如，若 S 只有两个个体常项 a 和 b 以及一个一元谓词 P（性质谓词），则 S 有四个状态描述：①P_a，P_b；②～P_a，P_b；③P_a，～P_b；④～P_a，～P_b。若 S 尚有一个二元谓词 R（关系谓词），则 S 的每个状态描述中都会有对下述语句的肯定和否定：R_{ab}，R_{ba}，R_{aa}，R_{bb}。若此，赋予 S 中的一个表达式以内涵，就在于确定它对于 S 的全部状态描述中的哪些状态描述是成立的。这些状态描述的类称为这个表达式的变程。一个“语义语言”（S）主要就在于给出 S 中所有表达式的变程。真值语义学制定了确定表达式对状态描述成立的规则，它称为语义规则或变程规则。这规则是说，一个语句 B 对一个语言 S 的一个状态描述 D 成立，如果当 D 真，即当 D 描述的可能事态是实际事态时，B 也真。以上举语言为例，析取 $P_a \vee P_b$ 在状态描述①②③中都成立，但在④中不成立。①②③构成 $P_a \vee P_b$ 的变程，①②④构成 $P_a \supset P_b$ 的变程。

五、知识的逻辑语用学：语用分析开显语义的应用向度

历史地说，语用分析是语形和语义的分析之后发展起来的。这种分析旨在揭示以语言的应用和应用者为主的一切应用因素对语义的逻辑贡献或者说对语义的影响。总之，语用分析致力于开显科学语言意义的应用向度。同时，知识的逻辑语用学还为语义的应用向度建立形式化理论。

库恩就在辩护脉络中对科学理论的意义做语用分析。他表明，“符号概括”是科学的形式系统。他说：“在科学中，特别是在物理学中，概括往往以符号形式出现：$f=ma$，$I=V/R$，或者 $\nabla^2\psi+8\pi^2 m/h^2$（$E-V$）$\psi=0$。……这很重要，没有一组共同约定的符号概括，就不可能在共同体的研究工作中正常运用逻辑和数学。……一门科学的力量是随着研究者所掌握的符号概括的数量而增长的。”①同时，他又指出，科学理论把经验内容包含在符号概括之中，但它“不是纯粹符号关系。经验内容必然从头到尾都记入形式化理论之中”②。重要的是，他揭示，模型作为形式系统的意义包含着应用的因素。他写道：“在科学中，符号概括所表示的总是各有不同。这与其说是概括，不如说是概括纲要，即具体符号形式从一种用法变为另一种用法的纲要形式。如对于自由落体问题，$f=ma$ 变为 $mg=md^2s/dt^2$。对于单摆问题，变为 $mg\sin\theta=-md^2s/dt^2$。对于偶谐振子问题，变为两个方程式，第一个可以写成 $m_1 d^2s_1/dt^2+k_1s_1=k_2$（$d+s_2-s_1$）。……未经诠释的符

① 库恩：《必要的张力——科学的传统和变革论文选》，纪树立等译，福州：福建人民出版社，1981年，第294-295页。

② 库恩：《必要的张力——科学的传统和变革论文选》，纪树立等译，福州：福建人民出版社，1981年，第296页。

号式虽为科学共同体成员所共有，而且可为这一集团提供逻辑和数学的出发点，但这并不是把这种工具用于一般概括，而只用于概括的某种特殊变形。”① 总之，库恩强调，共同体成员能就符号概括所取特定意义达成共识，但这不是依凭语言形式本身，而是通过应用。他就此写道：“科学共同体成员所真正了解的怎样应用符号概括，通过任何符号形式的联结都不可能全部表示出来。碰到一个新问题，他们往往一致认为某一特定的符号式适用于这个问题，尽管以前谁也没有见到过。”② 问题在于，是什么样的应用把符号概括变成有特殊经验内容的理论。就是说，“一个未经诠释的符号能化为某一特定物理概念的记号所经由的道路却十分重要。”③ 库恩表明，这种应用就是解题活动。在解题活动中，符号概括的经验内容得以确定，并凝结在作为解题成果的范例之中。他指出：“我认为，能找出集团所公认的共同点，就是学生作题目的主要收获，不管是在纸上作，还是在设备精良的实验室里作。……这些具体题目及其解，就是我前面说的范例，也即共同体的典型事例。……有一些范例作武器，正像学得符号概括一样，是学生取得他那个专业集团的科学成就所必不可少的。没有范例，他永远也学不会这个集团所掌握的那么多的基本概念，如力和场、元素和化合物、细胞核和细胞。”④

语用分析也对影响语义的语用因素作形式化处理。逻辑语用学揭示和把捉语言应用的语境因素对语义的影响。这里简单介绍蒙塔古（R. Montague）的语用学，它只考虑语用因素对指云的影响。按照逻辑语义学，外延乃无条件地赋予形式语言：复合表达式的外延仅仅取决于其各构分表达式的外延。现在，逻辑语用学赋予外延时，还要考虑应用语境。例如，“今天”的外延取决于使用这个表达式的日期。当然，应用语境包括许多因素，诸如地点、时间、说话者、听话者、手势和可能世界等等。这些因素构成的有序集合称为一个指标。其中，各别因素则都是这指标的一个坐标。这样，现在可以谈论一个表达式 a 在一个指标 i 下的外延，记做 Ext i（a）。于是，一个语言 L 的语用是一个三元式 $A=<I,\ U,\ F>$。其中，I 是指标的集合，U 是可能对象的集合，F 是函项，它赋予 L 的表达式以包含 I 和 U 的外延。显然，对于 L 中的每个符号（表达式），F 的域为 U 和 I。语用 A 也称为可能的语义解释，起着语义学中模型的作用。

---

① 库恩：《必要的张力——科学的传统和变革论文选》，纪树立等译，福州：福建人民出版社，1981年，第295-296页。

② 库恩：《必要的张力——科学的传统和变革论文选》，纪树立等译，福州：福建人民出版社，1981年，第297页。

③ 库恩：《必要的张力——科学的传统和变革论文选》，纪树立等译，福州：福建人民出版社，1981年，第296页。

④ 库恩：《必要的张力——科学的传统和变革论文选》，纪树立等译，福州：福建人民出版社，1981年，第301-302页。

第四节　知识的逻辑-数学规范

知识呈语言逻辑系统的形态。方法论的一大任务便是表明这知识体的诸多规定，把它们引为支持知识合法性的规范。像逻辑一样，数学同样占有形而上学和认识论的地位。古希腊哲学已强调存在者有其数的规定。海德格尔指出了这一点："Ταμαθηματα［数学因素——引者］对希腊人来说意味着那样人们在观察存在者和与事物打交道时预先知道的东西：物体的物体因素，植物的植物因素，动物的动物性和人类的人类特性。除了这里所指出的，数字也属于那种已经知道的东西，亦即数学因素（das Mathematische）。当我们在桌子上发现三个苹果，我们认识到这些苹果是三个。但数字'三'，'三'这种性质（Dreiheit），是我们早已知道了的。这就是说，数字是某种数学因素。"① 康德把时间和空间引为纯直观的感性范畴，把量的范畴纳入纯粹知性范畴，这就把捉了数学的认识论向度。在方法论上，数学则同逻辑浑然一体地对知识本身予以规定。

一、客观性

知识的客观性是由语言逻辑来保证的。按照语言逻辑，知识首先是科学语言的语形，也即首先是语言逻辑形式系统。这是知识客观性的基石。同时，知识总是有经验内容，语言逻辑把这主观思想的客观内容转换成形式系统的意义，使之具有客观形态。

这里有一个重要问题：人工语言（形式语言、符号语言）。弗雷格指出，作为知识的形态，自然语言有两大缺陷。② 其一，自然语言有含糊性和歧义性，包括含糊的语词和语句。其二，自然语言不清晰，它的表面语法形式掩盖了它的真正的即深层的逻辑形式结构。显然，前一缺陷即含糊性和歧义性归根结底是主观性。至于后一缺陷，逻辑语形学正是用符号语言把科学语言的逻辑语形纯粹地表达出来，即表达成逻辑演算。卡尔纳普作为逻辑实证主义代表同样强调人工语言。他表明，作为人工语言，科学语言的主要表征在于语词意义精确以及按照逻辑语形构造。不过，他指出："今天，它主要仍是自然语言（除了它的数学部分而外），仅仅带有少数为某些特殊语词或符号明确规定的约定。"③ 但他认为，科学语言实际上又不同于前科学语言即日常语言，它是后者的"变种"，而且正处

---

① 海德格尔：《林中路》，孙周兴译，上海：上海译文出版社，1997 年，第 74-75 页。

② M. Dummett：The Interpretation of Frege's Philosophy，Cambridge：Harvard University Press，1981，48-49.

③ 洪谦主编：《逻辑经验主义》，上卷，北京：商务印书馆，1982 年，第 203 页。

于精确性和形式化程度渐次增加之中。[①] 总之，除了作专门的逻辑语形学研究而外，科学语言的“人工化”主要体现在运用数学之上。

数学很大程度上凭借运用符号语言为知识客观性提供保障。玻恩察知了这一点。他甚至把知识客观性完全归功于数学的符号语言。首先，他直面知识客观性如何可能的问题。他说：“问题不在于把主观同客观区别开来，而在于懂得如何使自己摆脱主观而达到客观陈述。”[②] 考究之下，他发现，这个问题同数学的符号语言相关。他写道：“在物理学里不像在纯数学里那样，数学公式本身并不是目的，而是处在日常经验以外的某种实在的符号。我认为这一事实同下面这个问题有密切联系：怎样能够从主观经验中获得客观知识？”[③] 符号精确而无歧义，因而能成为人与人之间传达知识的可靠媒介，从而保证知识的客观性。于是，他下结论说：“符号是人与人之间传达的运载者，因此对于客观知识的可能性来说是决定性的。”[④]

这里必须强调指出，知识的诸多逻辑-数学规定之间是有着互相依存和密切相关的联系的。拿客观性来说，它就得到了分析性、形式性和经验内容性等的支持。

二、确定性

知识离开了确定性也就不成其为知识了。知识的确定性根本上是由逻辑来保证的。由同一律、矛盾律和排中律所表达的确定性原则是逻辑的灵魂和生命。语言逻辑更是把确定性推进到极致。知识之逻辑确定性的基点是概念的确定性。按照语言逻辑，概念的外延和内涵现在成为词项意义的指云和涵义，它们经过形式化处理而极其确定，因而词项本身及其指云和涵义皆用符号来标示。概念的确定性决定了命题和推理的确定性。命题是概念的展开。命题中的“那联系字‘是’是从概念的本性里产生出来的，因为概念具有在它的外在化里与它自己同一的本性”[⑤]。这样，概念的确定性带来了命题的确定性。同时，推理是命题之间的逻辑推移关系，推理规则保证了发自概念的确定性在推理中保持。语言逻辑把命题制定为“公式”（按形成规则建立而“合式”），推理则成为“演算”。于是，命题和推理的确定性现在达到了数学般的“精密性”。

因着数学，科学知识不特追求确定性，还追求精密性。缘于此，科学还被称

① 洪谦主编：《逻辑经验主义》，上卷，北京：商务印书馆，1982 年，第 203 页。
② 玻恩：《我的一生和我的观点》，李宝恒译，北京：商务印书馆，1979 年，第 85 页。
③ 玻恩：《我的一生和我的观点》，李宝恒译，北京：商务印书馆，1979 年，第 89 页。
④ 玻恩：《我的一生和我的观点》，李宝恒译，北京：商务印书馆，1979 年，第 92 页。
⑤ 黑格尔：《小逻辑》，贺麟译，北京：商务印书馆，1980 年，第 338 页。

为“精密科学”，而其精密性程度依从于运用数学的程度。实际上，数学之于知识，首要的正在于它为知识规定了确定性的规范。尤其是数学从量的方面把捉确定性，使之达到精密性，而且，离开了这种量的确定性，知识甚至不成其为知识。开普勒早就洞见了知识的这种“数学性”。沃克迈斯特指出了这一点：“刻卜勒是第一个清楚地看到数学之应用于自然不仅是数学的问题，而且也是自然和自然哲学的问题的科学家。他也坚信：‘没有数学，我就成了盲人。’但是，在他看来，数学不单纯是一个可以有益地用于研究过程的工具。他比伽利略更强烈地感到，数学是唯一使科学分析成为可能的前提，而事物的量的特征是实在的唯一可为我们所理解的方面。刻卜勒解释说，这是由于我们的理解官能的特殊性质。‘它似乎是因天理所使然，以致除了量或者除了借助量，任何事物都不可能完全被认识。’”① 形而上学和认识论若此，这就决定知识本身应从量上也即从数学方面得到规定。玻尔特别强调指出，数学符号保证了知识的确定性。他就此写道：“数学曾经起了特殊的作用；它对逻辑思维的发展曾经有过十分决定性的贡献；通过它的明确定义的抽象过程，它在表达和谐关系方面提供了难以估价的助力。……在这一方面可以强调，正是通过避免涉及渗透在日常语言中的自觉的主体，数学符号的应用才保证了客观描述所要求的定义的无歧义性。”②

三、分析性

前面研讨逻辑语形学时已经提到“分析陈述”。那里仅就“陈述”（语句、命题）阐明知识的分析性问题。一般来说，分析乃相对于综合而言，知识的分析性指超越经验的纯逻辑，知识因之而达致必然真理性。问题是，作为科学知识的陈述总是属于作为科学理论的某个语言（逻辑演算）的。因此，分析性作为逻辑规范乃同这个语境相联属。这是指，每个陈述都在其所属的语言系统中可以得到证明或者说论证。亚里士多德早就指出知识的这种分析性原理。他说：“我们无论如何总是通过证明进行认识的。我所谓的证明是指产生科学知识的三段论，对三段论的掌握根本上也就是达致这种知识。”③ 这就是说，陈述（命题）要成为知识，必须经过证明，而证明是从前提到结论的逻辑演绎，因而是分析性的。分析性作为知识规范充分显示了逻辑的知识力量。爱因斯坦曾为之叹为观止。他说：“世界第一次目睹了一个逻辑体系的奇迹，这个逻辑体系如此精密地一步一步推进，以致它的每一个命题都是绝对不容置疑的——我这里说的是欧几里得几

---

① 沃克迈斯特：《科学的哲学》，李德容等译，北京：商务印书馆，1996年，第17-18页。

② 玻尔：《尼耳斯·玻尔哲学文选》，戈革译，北京：商务印书馆，1999年，第181页。

③ W. D. Ross ed.: The Works of Aristotle, Volume i, Logic · Analytica Posteriora, London: Oxford University Press, 1928, 71b 18-19.

何。推理的这种可赞叹的胜利，使人类理智获得了为取得以后的成就所必需的信心。”①

显然，欧氏几何把以分析性为精神的证明原理发展成为“公理化”方法。实际上，语言逻辑也是用公理化建构逻辑演算。数学正是以公理化形态使科学知识带上分析性的品格。伽利略就已提出了这条方法论原理。克莱因（M. Kline）指出了这一点：“集中到物质和运动，只是伽利略研究自然的新方式的第一步。他的下一步思想，笛卡儿也曾提到过的，就是任何科学分支应在数学模型上取图案。这包括两个主要步骤。数学从公理——清楚而自明的真理——出发，通过演绎推论而建立新的真理。据此，任何科学分支，都应从公理或原理出发，然后演绎地进行下去。不但如此，还应从公理推出尽量多的结果。当然，这个思想源于亚里士多德，他所寻求的也是在数学模型指引下的演绎结构。”② 17 世纪法国数学家进一步发展分析性之继公理化之后的又一条方法论原理，称为“分析精神”，它把特定科学问题的解纳入对某种抽象演算的完善工作之中。梅尔茨说明了这一点：“科学思想的第三个且更为重要的要素，它是大陆数学家、尤其法国数学家所特有的，后者也包括莱布尼兹，他虽是德国人，但完全受法国学派训练。这个要素就是，纯粹数学建立在独立的基础之上，以及研究的展开以量的抽象关系为对象，而不涉及几何的或力学的问题或应用。这是 17 世纪法国伟大代数学家引入的现代分析精神，它把几何、力学和天文学仅仅看做‘questions d'analyse’［分析问题］，使它们的解取决于一种抽象演算的完善，而不是对这些个别问题本身的研究。这种分析精神一般把任何给定的问题都看作为一个更广泛也更抽象的问题的一种特殊情形，由此寻求对它的解决。”③

四、形式性

概念可以说是知识的基元形态。概念的确定性要之在于涵义的确定性，而涵义的确定性乃在于作为诸规定的总合（所谓诸规定实际上就是谓词所标示的性质）。如此说来，分析性则在于诸规定的展开，而这种展开乃采取作为逻辑形式的命题（陈述）和演绎（演算）的方式来实现。所以说，形式性是对确定性和分析性的安顿和落实。确定性是分析性的前提，分析性保证知识带必然真理性，使知识成其为知识。既然分析性是以形式性为载体，所以，正是从这个意义上

---

① 爱因斯坦：《爱因斯坦文集》，第一卷，许良英、范岱年编译，北京：商务印书馆，1976 年，第 313 页。

② 克莱因：《古今数学思想》，第二册，北京大学数学系数学史翻译组译，上海：上海科学技术出版社，1979 年，第 34 页。

③ 梅尔茨：《十九世纪欧洲思想史》，第一卷，周昌忠译，北京：商务印书馆，1999 年，第 90 页。

说，知识是语言的逻辑形式。还可作个比喻，如果说确定性和分析性是科学知识的灵魂和精神，那么，形式性便是它的骨架和躯体。

如上所述，知识的形式性更其倚重于数学。牛顿的《自然哲学的数学原理》正是开创性地把分析性的公理化出之以数学形式。爱因斯坦敏锐地洞察牛顿的此一殊勋。他说："在牛顿以前很久，已经有一些有胆识的思想家认为，从简单的物理假设出发，通过纯逻辑的演绎，应当有可能对感官所能知觉的现象作出令人信服的解释。但是，是牛顿才第一个成功地找到了一个用公式清楚表述的基础，从这基础出发，他能用数学的思维，逻辑地、定量地演绎出范围很广的现象，并且能同经验相符合。"① 这样，物理学知识便以数学公式即数学形式来表达，以之保证知识的分析性。

公理化以分析性为精神，但它本身作为演绎推理同时亦带有形式性。问题是形式性还有个程度问题。希尔伯特（D. Hilbert）正是从这方面着手发展公理化。他先是把欧氏几何所体现的公理化称为"实质的公理化"，因为它以现实空间中的点线面为内容。他提出，应代之以"形式的公理化"。这种公理化撇开特定的内容。他形象地打比方，说可以用桌子、椅子和啤酒来代替点、线、面。后来，他又对形式性作进一步发展，提出所谓"形式系统"的形式性原理。"形式系统"是没有具体内容的彻底符号化和演算化的系统，它使演绎成为纯形式的过程。他说："这样，取代了那种具有内容的数学知识——这是用自然语言来表达的，我们最终得到了由数学和逻辑的符号所组成的一组公式。这些公式是按照一定的规则依次得出的：其中的一些相当于数学公理，而那种从一些公式推出另一些公式时所用的规则相当于内容上的推理，从而内容上的推理就为那种由规则所决定的形式过程所代替"②。显然，"形式系统"是对上面所谓的"分析精神"的安顿和落实。

知识的形式性在现代科学中越趋突出和重要，因为现在"从公理引向经验事实或者可证实的结论的思路也就愈来愈长，愈来愈微妙。理论科学家在他探索理论时，就不得不愈来愈听从纯粹数学的形式的考虑"③。这就是说，知识愈来愈受形式性支配。现代科学中，形式系统的建立已成为一门科学作为知识体系的成熟的标志。例如，虽然及至 1924 年德布罗意（L. de Broglie）提出物质波思想

---

① 爱因斯坦：《爱因斯坦文集》，第一卷，许良英、范岱年编译，北京：商务印书馆，1976 年，第 401 页。

② 希耳伯特：《论无限》，载：夏基松、郑毓信：《西方数学哲学》，北京：人民出版社，1986 年，第 100 页。

③ 爱因斯坦：《爱因斯坦文集》，第一卷，许良英、范岱年编译，北京：商务印书馆，1976 年，第 262 页。

时，量子力学的基本概念及其体系皆已齐备，但只是在海森伯和薛定谔分别于1925年和1926年提出矩阵力学和波动力学这两种数学形式系统之后，量子力学才成为真正有效的科学理论。

五、因果性

公理化保证了知识的分析性和形式性。然而，这主要依凭公理化之作为演绎推理，也正因为如此，法国科学家倡导“分析精神”，希尔伯特发展分析性和形式性，都朝着脱离公理化的方向前行。

公理化更主要地在于保证知识的因果性。如前所述，语言逻辑采用了公理化的逻辑语形。“公理-公式”所表示的因果联系正是公理化的要义所在。按照公理化，语形分析和语义分析的首要任务便在于弄清楚作为公理的“初始项”或者说“出发点”，为此，必须首先确定那些基本概念和基本定律，尤其澄清前者的意义。因为“原因”一旦确定，因果关系便随之建立。

因果性同样需要数学来落实。重要的是，公理化甚至是数学入驻知识的必要前提。希尔伯特指出：“能够成为数学的思考对象的任何事物，在一个理论的建立一旦成熟时，就开始服从于公理化方法，从而进入了数学。通过突进到公理的更深层次……我们能够获得科学思维的更深入的洞察力，并弄清楚我们的知识的统一性。特别是，得力于公理化方法，数学似乎就能请来在一切学问中起领导的作用。”① 爱因斯坦表明，牛顿率先借助数学使逻辑因果律的科学理想化为科学的现实。他说：“在牛顿以前，并没有一个关于物理因果性的完整体系，能够表示经验世界的任何深刻特征。”② “无疑，古代希腊伟大的唯物论者坚持主张：一切物质事件都应当归结为一系列完全有规律的原子运动，而不允许把任何生物的意志作为独立的原因。而且无疑笛卡儿按他自己的方式重新探索过这个问题。但在当时它始终不过是一个大胆的奢望，一个哲学学派的成问题的理想而已。在牛顿以前，还没有什么实际的结果来支持那种认为物理因果关系有完整链条的信念。”③ 尽管牛顿之前已有开普勒和第谷·布拉赫（Tycho Brahe）的经验定律，但它们只是关涉整个行星运动，这些简单数学公式根本上是逻辑性的。牛顿运用他发明的微分定律才真正表达运动各瞬间状态之间的链式因果关系。爱因斯坦指

---

① 克莱因：《古今数学思想》，第四册，北京大学数学系数学史翻译组译，上海：上海科学技术出版社，1979年，第100-101页。

② 爱因斯坦：《爱因斯坦文集》，第一卷，许良英、范岱年编译，北京：商务印书馆，1976年，第222页。

③ 爱因斯坦：《爱因斯坦文集》，第一卷，许良英、范岱年编译，北京：商务印书馆，1976年，第222页。

出："这些定律涉及的是整个运动，而不是体系的运动状态怎样规定那个在时间上紧跟在它后面的运动状态；按我们现在的说法，它们是积分定律而不是微分定律。只有微分定律的形式才能完全满足近代物理学家对因果性的要求。"①

六、结构性

结构是整体的结构。知识的结构性作为规范正是对科学知识总是结体成为学科理论这条方法论原理的落实。语言逻辑首先着力于把知识建构为作为理论整体的语言系统。逻辑语形本身就是对结构的呈现，因为如前所述，语形是对符号间联结关系的把捉。维特根斯坦申明了这一点。前期维特根斯坦以其"图画说"道出了知识成就于语言结构和形式的方法论原理。他说："构成一幅图画的是：它的元素以确定的方法相互关联。"②"一幅图画的元素以确定方式相互关联这个事实表示，事物也以这种方式相互关联。让我们把它的元素的这种联结称为这幅图画的结构，称这种结构的可能性为这图画的图画形式。"③"图画形式是事物如同图画元素那样地相互关联的可能性。"④ 重要的是，维特根斯坦表明，形式是对结构的落实，也就是说，作为结构的"元素联结"实现于作为联结方式的形式。

结构性同样贯彻于语义层面。奎因的意义整体论就其从结构性的主要表征即整体性方面表明了这一点。他提出，语词只有在语句的语境中才有意义可言。同时，个别语句也是没有意义的，它的意义依从于语句和所属理论的关系及其和理论中其他语句的关系。他说："绝大多数语句是连锁的。一次观察可能反驳包括一簇语句的某一整个理论，但仍容许我们自由选择这些组分语句中有哪些继续当作真的，哪些予以抛弃。所以说，证据关系是复杂的和间接的。当然，语义关系同样如此。"⑤ 总之，他强调，语句的意义依从于作为语境的整个理论。他就此写道："我们所谓的知识或信念的总体，从地理和历史的最偶然的事件到原子物理学甚至纯数学和逻辑的最深刻的规律，是一个人造的织造物。它只是沿着边缘同经验紧密接触。或者换一个比喻说，整个科学是一个力场，它的边界条件就是经验。在场的周围同经验的冲突引起内部的再调整。对我们的某些陈述必须重新

---

① 爱因斯坦：《爱因斯坦文集》，第一卷，许良英、范岱年编译，北京：商务印书馆，1976 年，第 223 页。

② L. Wittgenstein：Tractatus Logico-Philosophicus，London：Routledge & Kegan Paul Ltd.，1981，T2. 14.

③ L. Wittgenstein：Tractatus Logico-Philosophicus，London：Routledge & Kegan Paul Ltd.，1981，T2. 15.

④ L. Wittgenstein：Tractatus Logico-Philosophicus，London：Routledge & Kegan Paul Ltd.，1981，T2. 151.

⑤ W. V. Quine：The Roots of Reference，LaSalle：Open Court Publishing Co.，1974，38.

分配真值。一些陈述的再评价使其他陈述的再评价成为必要，因为它们在逻辑上是互相联系的，而逻辑规律也不过是系统的另外某些陈述，场的另外某些元素。"①

知识结构性的另一条重要原理是，结构对于学科理论来说是唯一的。维特根斯坦已经表明了这一点。结构是唯一的，但它可以落实于诸多可能的形式。爱因斯坦特别强调，对于一个经验领域来说，这种结构是唯一的。他写道："科学是这样一种企图，它要把我们杂乱无章的感觉经验同一种逻辑上贯彻一致的思想体系对应起来。在这种体系中，单个经验同理论结构的相互关系，必须使所得到的对应是唯一的，并且是令人信服的。"②

知识结构性同样要由数学来落实。数学形式系统正是包藏着结构，以之来承载知识的结构性。玻恩说："精密科学运用了数学符号，而这些符号有一个特点：它们显示了结构。"③ 爱因斯坦同样表明，数学以其结构来表现物理学知识体系的结构。他写道："迄今为止，我们的经验已经使我们有理由相信，自然界是可以想象到的最简单的数学观念的实际体现。我坚信，我们能够用纯粹数学的构造来发现概念以及这些概念联系起来的定律，这些概念和定律是理解自然现象的钥匙。"④

第五节　知识的真理性

知识的逻辑-数学规范还应包括经验内容（包括理论和观察两部分）性这个规定。问题是，这个规定被把捉为真理性。这里，真理性作为知识的根本属性占有特殊重要的地位——知识每以真理性为表征，有鉴于此，知识的真理性单独列节加以专门研讨。

一、真理作为方法论范畴

真理作为方法论范畴是由语言逻辑制定的。真理的核心意蕴是同事实的符合。传统的"真理符合说"把真理把捉为陈述对于客观事实的"符合"，这种"符合"建立在凭直觉做的心理判断的基础之上。真理范畴关涉知识的经验内容

---

① 奎因：《从逻辑的观点看》，江天骥等译，上海：上海译文出版社，1987 年，第 40 页。

② 爱因斯坦：《爱因斯坦文集》，第一卷，许良英、范岱年编译，北京：商务印书馆，1976 年，第 235 页。

③ 玻恩：《我的一生和我的观点》，李宝恒译，北京：商务印书馆，1979 年，第 94 页。

④ 爱因斯坦：《爱因斯坦文集》，第一卷，许良英、范岱年编译，北京：商务印书馆，1976 年，第 316 页。

性，因此是语义学范畴。语言逻辑正是把真理奉为逻辑语义学的核心范畴。语义学表明，传统真理概念以“符合说”为内核自无不当，但对“符合”从常识水平做了心理的处理，同时，除了这个实质上的问题之外，在形式上也有问题，因而导致语义悖论，如“说谎者悖论”。逻辑语义学于是制定了“实质上恰当和形式上正确”的语义学真理定义。这就是著名的“塔尔斯基等式”（“T 等式”）。它被认为是语言逻辑、语言哲学以至整个分析哲学发展上的重要里程碑。

塔尔斯基表明，为了实质上恰当，真理范畴应定义为（以“雪是白的”这个陈述为例）：“语句‘雪是白的’是真的，当且仅当雪是白的。”[①] 这样，它既保留了传统的真理符合说的意蕴，符合常识，又把“符合”把捉为语句间的逻辑关系（它以逻辑词项“当且仅当”表达），从而消除了直觉的心理因素。但这个定义形式上不正确，会导致悖论。为了形式上正确，应当引入作为语义语言的元语言来表述真理定义。元语言应当符合这样的要求：提供为对象语言的每个语句构造一个名字的可能性；包含带一般逻辑性质的词项，例如“当且仅当”；除了对象语言的词项、关于对象语言表达式的形式的词项、用来为这些表达式建立名字的词项等之外，不包含未加定义的词项；（关于对象语言的）语义词项应通过定义引入元语言之中；以及包含对象语言作为组成部分。于是，上述真理定义现在表达为：X 是真的，当且仅当 p。这里 p 代表对象语言的任一语句，X 表示这语句的名字。

真理作为语义学范畴还涉及对真理与意义关系的把捉。语义学揭示，为一个语言规定了真值（理）条件，也就理解了它的意义。这就是说，真理和意义是一致的。戴维森以其“真理论语义学”表明，意义理论在于规定真值条件，而规定了真值条件，也就理解了意义。他指出，塔尔斯基的 T 等式规定了真值条件，因而同时也就是意义的 T 等式。他写道：“我们对一个语言 L 的一个意义理论的要求是，不用诉诸任何（进一步的）语义概念，它对谓词‘是真的’［在图式‘S 是真的，当且仅当 p’之中］施加足够的限制，就能当‘S’代之以 L 的一个语句的一个结构描述，‘p’代之以该语句时，导出获自此图式的全部语句，……［所以］我们对满意的意义理论所提的这个条件，实质上就是塔尔斯基的 T 等式。”[②] 真值条件的 T 等式现在换成了意义的 T 等式：“S 的意义是 p。”对象语言的语句是无限的，但它包括的语句类型或者说语句结构是有限的。只要为这些句型制定真值条件，再把它们作为公理，就可以推出全部语句的真值条件。

---

① A. Tarski：The Semantic Conception of Truth and the Foundations of Semantics，In：L. Linsky ed.，Semantics and the Philosophy of Language，Springfield：The University of Illinois Press，1952，15.

② D. Davidson：Truth and Meaning，Synthese，1967，17：309.

这里的意义，确切说来指与指云并列的“涵义”。真理范畴植根于“符合说”。这样，可以明白，缘于真理，涵义和指云根本上也是一致的。真理在于涵义，真理又是对指云的符合，所以，涵义和指云是一致的。

二、理论陈述的真理性

理论陈述是关于存在者的本体的，它包含的对象是概念的东西。因此，它的真理性是分析的，取决于所包含之理论词项的意义（涵义）。卡尔纳普指出：“哲学家常常区分开两种真理：某些陈述的真理是逻辑的、必然的，根据于意义，而其他陈述的真理是经验的、偶然的，取决于世界的事实。下面两个陈述属于第一类：

（ⅰ）‘菲多是黑的或者菲多不是黑的。’

（ⅱ）‘如果杰克是单身汉，那么他是未婚的。’

这两种情形里，都只要理解陈述，就足可确定其真理性；不涉及（语言以外的）事实的知识。”① 不过，这两个例子显示了两类不同的真理。“这里有一个差别：为了确定（ⅰ）的真理性，只需要理解逻辑词（‘是’、‘或’、‘不’）的意义；描述词（即非逻辑词‘菲多’、‘黑的’）的意义是不相干的（除了它们必须属于适当的类型而外）。另一方面，就（ⅱ）来说，就要涉及某些描述词即‘单身汉’和‘已婚的’的意义了。”② 前一类称“狭义逻辑真理”，后一类称“狭义分析真理”。广义说来，两者可不加分别地统称为“逻辑真理”或“分析真理”。本章第三节已经讨论这种区别，但那里从语形角度讨论，强调它们的相同之处，也即把狭义分析陈述还原为语形。这里从语义角度审视，尤其把真理性作为语义范畴去把握，也就凸现了两种真理的区别，因为描述词的意义现在必须正视。

理论陈述的真理性，其特征在于必然性。同时，这真理性作为语义范畴，又彰显了这种必然性不特是形式的必然性而且是意义的即内容的必然性。这是需要做方法论的辩护的。为此，克里普克提出所谓“后天必然真理”的思想。他认为，康德乃从认识论出发把必然性同先天性相联属。其实，固然康德意在揭示心智对认识的贡献，即从形式上保证知识的必然真理，但就知识本身而言，这同时也从形式方面为真理的必然性提供了方法论的辩护。

克里普克从理论词项的意义来把握其真理的必然性。他表明，词项作为“名

---

① R. Carnap: Meaning and Necessity: A Study in Semantics and Modal Logic, Chicago: The University of Chicago Press, 1947, 222.

② R. Carnap: Meaning and Necessity: A Study in Semantics and Modal Logic, Chicago: The University of Chicago Press, 1947, 222.

字”乃通过命名（naming）来固定其指云。词项的涵义乃通过对作为指云的后天经验认识而获致。问题是，这种认识是关于对象的本质属性的认识。他认为，一事物的本质属性也就是必然性质，它是指在这事物的一切可能性中，也即在其存在的一切可能世界中，这事物都保持着的性质①，而必然真理也就是表达这种性质的陈述。这样，他以建基于本质主义（作为对“事物模态”的信念）和可能世界模态逻辑的意义理论为理论陈述的必然真理性做了语义学的辩护。

理论陈述作为科学陈述，其真理性还必须遵从“符合说”。这里的底蕴是，理论陈述也应包含经验意义。卡尔纳普提出，为此应当制定所谓“对应规则”。这种规则把理论陈述同观察语词联系起来。于是，对于某个理论词项，可以有一个包含它的语句，按照对应规则，从这语句可以推出一个观察语句，如此这理论词项、因而包含它的理论语句就都有了观察意义。同时，所推出的观察语句的真理性便从“符合”的意义上支持相应理论语句的真理性。

三、观察陈述的真理性

观察语句由观察语词构成。观察语词包括指示可观察性质的观察谓词和指云可观察对象的个体词。这是狭义的观察语词。广义观察语词包括所谓“趋向词项”（disposition term），这是指“易溶的”、“可展的”、“导电体”、“脆的”之类词项，它们虽不是直接可观察的，但具有观察特性、尤其操作性，因此可由狭义观察词项来定义，且完全可由实验确定其意义。重要的是，科学术语大都是趋向词项。

观察陈述的真理性，其首要判据是“可证明性”。这是因为，如前所述，按照知识的因果性规范，观察陈述并不是孤立的，总是作为理论陈述的结果即演绎推理的结论产生的。若此，观察陈述的真理性首先系于作为其原因的理论陈述的真理性。再者，也正是缘于此，观察陈述也就不能单纯地视为归纳陈述，从而摆脱因囿于归纳而给证实问题带来的困难。

观察陈述的真理性作为语义学范畴，同样是和其意义性相一致的。这真理性和意义性共同地遵从“可证实性（verifiability）原则”。卡尔纳普就此写道：“一个语句的意义在某种涵义上是和我们决定它的真或假的方法相等同的；而且只有当这样一种决定是可能的时，一个语句才有意义。”②“当且仅当一个语句是可证实的时，它才是有意义的，而它的意义即它的证实方法。”③

---

① 参见：S. Kripke：Naming and Necessity，Oxford：Basil Blackwell Publisher，1980，48.

② 洪谦主编：《逻辑经验主义》，上卷，北京：商务印书馆，1982年，第69页。

③ 洪谦主编：《逻辑经验主义》，上卷，北京：商务印书馆，1982年，第70页。

证实就是对事实作观察和实验，来检验观察陈述。然而，当囿于归纳观点来看待观察陈述时，由于作观察陈述之事例（instance）之数量在理论上是无限的，所以证实严格说来便是不可能的。“例如，物理学或生物学的一个所谓规律，决不能够被证实，这是常常注意到的事实。即使这个规律的每个单一例子被认为是可证实的，这个规律所谈到的事例的数目——例如空-时点——也是无穷的，所以决不能够被我们的永远是有限数量的观察所穷尽。”① 为了克服这个困难，证实代之以“确证”（confirmation）。“确证”谋求以有限数量的事例来确立观察陈述的真理性。卡尔纳普正是提出以“确证”来取代维特根斯坦倡言的“可证实性原则”。无疑，之所以可以用确证来取代证实，其背后正是由上述“可证明性原则”在提供支持。这就是说，观察陈述一方面是带必然真理性的理论陈述的必然推论，同时本身又是归纳陈述，而这就决定了观察陈述只要诉诸有限多肯定事例，其真理性就得到确证。如此得到确证的语句如上所述称为“基本语句”（elementary，basic 或 protocol sentence），它们的意义和真理性乃由实验事实“直接所予”（direct given）。这种语句对于知识的真理性具有特殊重要意义，下面将会论及。

四、理论的真理性

知识总是结体成理论，因此理论才是知识的独立整体单元。任何科学陈述，其真理性总是依从于所属的理论。理论的真理性具有基准的地位。由此之故，说单个陈述的真理性而又离开理论，严格说来是没有意义的。

理论是真命题的集合。理论所由组成的理论陈述和观察陈述，其真理性当然均应符合以上所述的相应的诸般条件。然而，那些条件还只是必要条件，并不充分。它们的真理性还必须服从理论所要求的条件。

就理论陈述而言，它们作为概念的展开，应当相互联系而形成逻辑结构。爱因斯坦表明，科学理论根本上是形成逻辑结构的概念体系。他说：“科学并不满足于提出经验规律；它倒是试图建造这样一个逻辑体系，这个体系……是许多概念的总体。”② 这样，一个理论陈述的真理性还必须满足这样的条件：它应当和其他理论陈述组成逻辑体系。

观察陈述的真理性同样依从于理论。实验事实是基本语句的“证据”。证据固然直接作用于基本语句，但同时间接作用于基本语句所属的理论。问题是，间

---

① 洪谦主编：《逻辑经验主义》，上卷，北京：商务印书馆，1982 年，第 74-75 页。

② 爱因斯坦：《爱因斯坦文集》，第三卷，许良英、赵中立、张宣三编译，北京：商务印书馆，1979 年，第 368 页。

接作用却是决定性的。这就是说，是理论整体而不是各别基本语句去面对证据的支持和反驳。理论会因应证据的验证，对语句进行取舍。这就是说，观察陈述的真理性依从处于同一理论的其他观察陈述，依从整个理论。一句话，基本语句不是孤立的，总是同特定理论相联属。前面讨论作为逻辑-数学规范的“结构性”时，所引奎因的论述正是说明了这条关于观察语句之真理性的原理。当然，最后被理论保留下来的观察语句也还总是遵从“可证实性原则”的。

无论理论陈述还是观察陈述，作为理论的构分，它们的真理性还维系于它们之间结成的逻辑推理（演绎）关系。这就是说，理论中各别语句的真理性取决于理论中语句之间的逻辑推理关系。戴维森正是表明了这一点。他说（在他那里，意义和真理性相同一）：“如果说，语句的意义取决于其结构，并且我们把这一结构中的每个词项的意义理解为仅仅是从它在其中扮演重要角色的语句总体作的一种抽象，那么，我们只有通过给出这语言中的每个语句（和语词）的意义，才能给出任何一个语句（或语词）的意义。”① “逻辑的规则旨在描述正确的推理；它们告诉我们，如果有些语句是真的，那么，其他语句也一定是真的。”②

理论总是关于特定经验领域的知识总体。理论作为概念体系，其真理性就在于符合于对象领域的本体（本质）。就此而言，理论的真理性也就是实在性。基本语句从属于特定理论，这就决定了“直接所予”即证据也总是与特定理论相联属。

五、真理性的生存论基础

生存论辩护对于真理性具有不同寻常的意义。这是因为，真理的客观性和相对性问题在科学哲学中占有令人瞩目的地位。问题是，只有弄清楚了真理性的生存论基础，才能找到对待真理客观性和相对性问题的正确立场，从而引出令人信服的结论。

生存论辩护从两个方面昭示知识真理性，确切说来是理论真理性的哲学基础。

其一，理论真理性作为实在性乃与存在者的在场状态相联属。

生存论分析表明，不存在普遍成立的理论真理性，这种真理性总是依从特定的在场者，相对于后者而言。现象学存在论作为生存论揭示了融入时间性的“在场-不在场”存在格局。此在的视域是构成性的，这种构成是历史性的，存在者在视域中开显也就是作为显现而存在于其中。这样，对象自然事物作为存在者便

① D. Davidson：Truth and Meaning，Synthese，1967，17：308.

② D. Davidson：Essays on Action and Events，Oxford：Oxford University Press，1980，202.

有在场不在场两种情形。特定的理论，其真理性作为实在性总是维系于特定的在场存在者。这就是说，没有对于所有在场者都真的普适理论。这正是劳斯所说的知识的“地方性”（“局域性”）。传统形而上学承诺不变的本质世界，而主体只是这世界的镜式复现。这必然导致形而上学的普遍主义：存在者普同而不变，理论普遍真。其实，形而上学所把捉的只是在场存在者的实存方式——“本体-现象”结构。不过，尽管理论真理性只是相对于特定的在场者，但它还是客观的实在性，因为其对象是客观显现的在场者。

另一方面，理论的真理性还依从不同理论之间的联系，也就是说，也还有着对于别的理论的相对性。存在之时间性的揭示，昭示了在场者乃同不在场者本然地相联系。这种关系在此在视域中开显，而此视域是构成性的，其历时的构成性恰又在于不同理论之间的相互依存关系。这就决定了理论的真理性即实在性依从不同理论之间的联系。奎因就此指出：“说一个理论的对象是什么，而超越说如何用另一个理论来揭示或再解释该理论，是没有意义的。”① “除非在相对意义上，否则，我们不可能要求理论得到完全的解释，如果有什么东西可以算作一个理论的话。在规定一个理论时，我们实际上必定用我们自己的话来完全规定哪些语句构成这理论，哪些事物被认为满足谓词字母；就此而言，我们相对于我们自己的语词并相对于我们的总的原理论（它在这些语词的背后）完全解释了这理论。这只是相对于该原理论的对象确定了所述理论的对象。”② 显然，由此可以明白，不同理论之间具有可比较性。一味强调理论真理性的相对性同时否认其客观性的相对主义却是否定不同理论之间的可比较性。

其二，上面说的“存在者”，实际上就其本体而言。从现象层面来说，经验事实或者说“直接所予”作为理论真理性的“证据”，不是绝对普适于一切理论的，而是总是同特定的理论相关联。

这里首先要强调，证据对于理论真理性不特必要，甚至是决定性的。爱因斯坦精辟地指出：“这些概念和关系，实际上，关于实在物体的假说，一般说来，关于‘实在世界’的存在这假说，确实只有在同感觉印象相联系（在这些感觉印象之间形成了一种心理上的联系）时，才站得住脚。”③

问题是，没有一个证据可以成为对一切理论都成立的绝对基础。爱因斯坦在同卡尔纳普的谈话中就表示反对这种实证主义观点。生存论为这种见解提供了辩护。理论总是关于特定的在场者，后者又总是在特定的视域中开显，而特定视域

---

① W. V. Quine: Ontological Relativity and Other Essays, NY: Columbia University Press, 1969, 50.

② W. V. Quine: Ontological Relativity and Other Essays, NY: Columbia University Press, 1969, 51.

③ 爱因斯坦：《爱因斯坦文集》，第一卷，许良英、范岱年编译，北京：商务印书馆，1976 年，第 342-343 页。

是在此在的特定行动中构成的。特定行动导致特定的证据。阿克曼提出的“仪器实在论”（instrumental realism）就是从生存论出发主张证据相对性的科学哲学理论。哈金这样说明它：“数据本身是由仪器，或者一套属于一定种类的仪器给出的。阿克曼称这样一套仪器为仪器组（instrumentarium），每个仪器组都有它自己的数据域。他说，古典力学的仪器组不同于量子力学的仪器组。旧力学解释由一类仪器给出的数据，而新力学解释由另一类仪器产生的数据。阿克曼提出，当着有一类仪器，它们给出某类数据，而有一个理论体能够一贯而又一致地解释这类数据，一门实验室科学就变得稳定起来。按照我的理解，他认为，一个理论因而对于某类仪器产生的数据是真的，而不同的理论可能对不同仪器组给出的不同数据是真的。”① 不同的仪器组构成不同的视域，其数据作为证据正同有关特定视域中显现的在场者的理论的真理性相联属。

不过，必须强调指出，证据的“特效性”只是新理论相对旧理论而多出来的那些经验推论对应的证据才具有的。旧理论的证据对于新理论仍是有效的。

六、知识和理性

进入西方哲学史的方法论时代，也就是步入20世纪的“分析时代”，理性又被注入新的内涵。这就是理智主义的精神，它主张理性就在于产生知识（作为语言的逻辑形式），而科学、哲学乃至整个文化作为理性的事业，就是抱持知识至上的态度，致力于获取知识。西方文化作为“科学文化”、“理性文化”，其发展，尤其在晚近，正是以这种理智主义作为主要动力机制。里克特（M. Richter）就此写道：“自从17世纪近代科学诞生以来，文化发展的步伐就迅猛地加快了，而且科学和技术的进步基本上处于领先地位并激励着文化的其他方面在发展中的变化。这样，当文化的发展作为一个相对激进的‘替代物’取代了生物进化而成为人类生活中的变迁的代表时，反过来可以认为科学是一种‘加速’文化发展的形式，它特别重视文化的认识方面，尤其是与自然世界相关联的认识活动。”② 人把文化内化为人性，人类（“智人”）作为“理性的动物”就必定把理智（“知识至上”的态度和精神）融入自己的禀赋，正如斯宾诺莎所说：“凡是一个可以真正认作智人的人，他的灵魂是不受激动的，而且依某种永恒的必然性能知其自身，能知神，也能知物，他决不会停止存在，而且永远享受着真正的灵

---

① I. Hacking: The Self-vindication of the Laboratory Science, *In*: Andrew Pickering, ed.: Science as Practice and Culture, Chicago: The University of Chicago Press, 1992, 53-54.

② 里克特:《科学是一种文化过程》，顾昕等译，北京：生活·读书·新知三联书店，1989年，第87页。

魂的满足。”①

知识以真理性为表征，诚如康德所说：“知识的主要完备，乃至知识之一切完备的基本和不可分离的条件是真理。”② 因此，方法论在给理性注入“知识至上”的理智主义精神的同时，也给理性铸就了“求真”的品格。从“求知”到“求真”，乃一脉相承，而此“一脉”便是逻辑之脉：知识是语言的逻辑形式。康德道出了逻辑的这个底蕴：“因为逻辑既然抽调了知识的一切内容，也就因此抽去了事情本身，于是这门科学所能涉及的只是事物的逻辑本质。”③ “属于知识的逻辑真理的，即首先，它是逻辑地可能的，也就是不自相矛盾的。……其次，它是逻辑地有根据的，就是说，它 a）是有根据的，并且 b）没有虚妄的结论。”④ 这样，科学文化作为理性文化就必定以求知和求真作为表征。莫诺（J. Monod）强调了这一点：“当人们把客观性当作真正知识的必要条件时，就已经在伦理学同知识这两个领域之间，划定了探求真理所必需的根本区别。知识本身是排斥一切价值判断的（‘认识论的价值’除外）；本质上是非客观性的伦理学，则永远排除在知识的范围之外。事实上，这种根本区别被规定为一条公理以后，就创造了科学。”⑤

第六节　科学理论的结构

方法论在很大程度上转归于理论——现成知识总是采取这种形态存在——的问题，前面各节可以说从知识元素层面做了铺垫。这里转入集中正面研讨科学理论的方法论。

一、基本概念和基本原理作为公理

一门成熟学科的知识逻辑地建构为作为理论的公理化体系。理论包括公理（基本概念和基本原理）、公理化演绎和经验推论三个部分。

在辩护的脉络里，基本概念和原理作为既成理论的出发点（初始项）乃是公理，而不是有待确立的假说。一个理论的理论词项和理论陈述中那些最基本的部分在理论的逻辑建构中被列为公理。

公理的主要表征是简单性，尤其公理的数目最大限度地少，并且相互独立。

---

① 斯宾诺莎（Spinoza）：《伦理学》，贺麟译，北京：商务印书馆，1981 年，第 249 页。

② 康德：《逻辑学讲义》，许景行译，北京：商务印书馆，1991 年，第 41 页。

③ 康德：《逻辑学讲义》，许景行译，北京：商务印书馆，1991 年，第 53 页。

④ 康德：《逻辑学讲义》，许景行译，北京：商务印书馆，1991 年，第 43 页。

⑤ 莫诺：《偶然性和必然性——略论现代生物学的自然哲学》，上海外国自然科学哲学著作编译组译，上海：上海人民出版社，1977 年，第 130 页。

这方面，爱因斯坦做了精辟的阐发。首先，他强调这简单性是理论追求的重大目标。他说："唯一事关紧要的是基础的逻辑简单性。"① "理论物理学的目的，是要以数量上尽可能少的、逻辑上互不相关的假说为基础，来建立起概念体系。"② "它将具有最大可能的简单性。我们所谓的简单性，并不是指学生在精通这种体系时产生的困难最小，而是指这体系所包含的彼此独立的假设或公理最少。"③ "是指这样的一种努力，它要把一切概念和一切相互关系，都归结为尽可能少的一些逻辑上独立的概念和公理。"④ 关于公理的独立性，王宪钧指出："对于一公理系统的诸公理，我们时常要求他们是独立的，作为出发点的诸公理最好是缺一不可，任何一个公理都不能从其他公理推演出来。"⑤

其次，简单性是逻辑特征和要求。公理作为不证自明的东西，在逻辑上是"尚未理解的东西"，所以应当尽可能少。塔尔斯基就已指出："我们有理由认为，演绎方法是建构科学时所用的方法中最完善的一个。它在很大程度上消除了误差和模糊不清之处，而不会导致无穷倒退。由于这个方法，对于一个给定理论的概念的内容和定理的真实性提出怀疑的理由大为减少，最多对于少数基本词项和公理而言，仍旧存在。"⑥ 爱因斯坦对之做了阐发："因为这些逻辑上彼此独立的公理的内容，正是那些尚未理解的东西的残余。"⑦ 他还把公理的简单性列为理论真理性的逻辑判据之一，他说："从逻辑观点看来，这个体系［按指科学理论——引者］的逻辑基础及它的内部结构都是'约定的'。它们之所以站得住脚，在于这个体系在事实面前的有效性，在于它的思想的统一性，也在于它所要求的前提为数很少。"⑧

最后，简单性作为方法论上的（也即逻辑的）特征和要求有其形而上学层

---

① 爱因斯坦：《爱因斯坦文集》，第一卷，许良英、范岱年编译，北京：商务印书馆，1976 年，第 442 页。

② 爱因斯坦：《爱因斯坦文集》，第一卷，许良英、范岱年编译，北京：商务印书馆，1976 年，第 170 页。

③ 爱因斯坦：《爱因斯坦文集》，第一卷，许良英、范岱年编译，北京：商务印书馆，1976 年，第 298-299 页。

④ 爱因斯坦：《爱因斯坦文集》，第一卷，许良英、范岱年编译，北京：商务印书馆，1976 年，第 384 页。

⑤ 王宪钧：《数理逻辑引论》，北京：北京大学出版社，1982 年，第 94 页。

⑥ 塔尔斯基：《逻辑与演绎科学方法论导论》，周礼全、吴允曾、晏成书译，北京：商务印书馆，1963 年，第 127 页。

⑦ 爱因斯坦：《爱因斯坦文集》，第一卷，许良英、范岱年编译，北京：商务印书馆，1976 年，第 299 页。

⑧ 爱因斯坦：《爱因斯坦文集》，第三卷，许良英、赵中立、张宣三编译，北京：商务印书馆，1979 年，第 368-369 页。

面的客观要求。爱因斯坦指出："自然规律的简单性也是一种客观事实，而且正确的概念体系必须使这种简单性的主观方面和客观方面保持平衡。"① 他还表明了这两种简单性之间的关系："逻辑简单的东西，当然不一定就是物理上真实的东西。但是，物理上真实的东西一定是逻辑上简单的东西，也就是说，它在基础上具有统一性。"② 这就是说，客观的简单性决定着公理简单性的必然性和必要性。

二、公理化演绎

本章第四节讨论分析性、形式性和因果性时已涉及公理化演绎的问题。这里从科学理论的结构这种问题背景来研讨它。

所谓"公理化演绎"作为理论的组成部分，确切说来，是指从公理演绎地推出的定律或定理的集合。它们构成了理论的重要组成部分，网罗了公理所建起的对象领域中的全部逻辑联系。它们丰富、细致而又复杂，关于它们的知识使理论丰满、充实而又精致。爱因斯坦强调了这一点。他写道："理论物理学的完整体系是由概念、被认为对这些概念是有效的基本定律，以及用逻辑推理得到的结论这三者所构成的。这些结论必须同我们的各个单独的经验相符合；在任何理论著作中，导出这些结论的逻辑演绎几乎占据了全部篇幅。"③ "这种公式［按指基本原理——引者］一旦胜利完成以后，推理就一个接着一个，它们往往显示出一些预料不到的关系，远远超出这些原理所依据的实在的范围。"④

"公理化演绎"的逻辑规定是一致性（无矛盾性）和完全性。塔尔斯基对此做了精当解说："一个演绎理论称作无矛盾的或一致的，如果在这一理论中，没有两个断定的命题互相矛盾，换言之，如果在两个互相矛盾的语句之中，至少有一个是不能证明的。一个理论称做完全的，如果在两个由这一理论（以及在它前面的理论）的词项陈述出来而且互相矛盾的语句之中，至少有一个是在这个理论中能够证明的。如果一个语句的否定在一个给定的理论中是能够证明的，则我们时常说，这一语句在这个理论中能够被否证。利用这一术语，我们可以说，一个演绎理论是无矛盾的，如果在其中没有任何语句是既能证明又能否证的；一个理

---

① 爱因斯坦：《爱因斯坦文集》，第一卷，许良英、范岱年编译，北京：商务印书馆，1976 年，第 214 页。

② 爱因斯坦：《爱因斯坦文集》，第一卷，许良英、范岱年编译，北京：商务印书馆，1976 年，第 380 页。

③ 爱因斯坦：《爱因斯坦文集》，第一卷，许良英、范岱年编译，北京：商务印书馆，1976 年，第 313 页。

④ 爱因斯坦：《爱因斯坦文集》，第一卷，许良英、范岱年编译，北京：商务印书馆，1976 年，第 76 页。

论是完全的，如果其中的每一个语句或者能够证明或者能够否证。”① 无矛盾性意味着理论的各别陈述之间结成逻辑演绎关系。如前所述，这是陈述乃至整个理论的真理性的必要条件之一。完全性则意味着陈述的可证明性，而如上所述这也是陈述真理性的必要条件之一。

然而，如哥德尔（K. Gödel）不完全性定理所表明的，任何公理化演绎系统都不能证明它之中的每一个真陈述，也就是说，总有陈述可在一个这样的系统中得到表述，却不能在其中得到证明，尽管它们是真陈述。那么，这个定理不是同上述完全性要求相抵触了吗？

这里首先来考察哥德尔定理的方法论意义。第一，这定理表明，每个理论中总是存在其中可以表述却不可以证明的真陈述。理论的完全性只是理想的状况。第二，一个理论中出现了不可证明但可表述的真陈述，这意味着从本理论的公理演绎不出这些陈述，它们必定属于其他公理的逻辑推论。就本理论而言，面对这样的陈述，也就进入了库恩所说的反常和危机状态。所以说，哥德尔定理的哲学意义大可在发现的脉络中加以考量。因此，第四章中还会涉及它。第三，一个理论中出现了不可证明的真陈述，但它们又可以在理论中得到表述。这意味着，这个理论同它们所属的（它们在其中可得到证明的）未知理论之间存在某种逻辑关系，尤其可比较关系。

在上述对哥德尔定理的解读之下，可以进一步考量理论的完全性问题。一个理论不可能真正完全，而那些不可证的陈述是“异己的”。既然如此，排除掉它们，理论就还是完全的。这就是说，哥德尔定理提示，在领悟和追求理论是完全的这一点的同时，要自觉到其中必定还有“异己的”成分，而察知它们，具有重要的科学发现意义。

三、经验推论

正如爱因斯坦所指出的，科学理论的价值和根据就在于能表示经验内容。从公理出发的演绎以引出经验推论即观察陈述为目标，以之安顿经验内容，从而落实理论的功用和根据。

科学理论之功用和根据所以维系于经验内容，一个重要原因是，科学之区别于非科学，尤其作为思辨哲学的形而上学，乃至科学之为科学，唯在于能提供包含经验内容的知识。这就是波普尔所张扬的“划界”问题。他称之为“康德问题”，因为康德从认识论层面规定了划界判据，即强调了心智旨在获取关于现象的知识。这里则关乎方法论层面的划界。当然，这里关注的是辩护脉络中的

① 塔尔斯基：《逻辑与演绎科学方法论导论》，周礼全、吴允曾、晏成书译，北京：商务印书馆，1963 年，第 129-130 页。

划界。

作为理论的组成部分，经验陈述的真理性缘于可证明性，同时，作为观察陈述，它们又需要得到证据的支持。证据是关于个别事实的诸多单称命题，因而它对经验陈述的支持关系便表现为归纳。逻辑实证主义正是为科学与形而上学的划界制定了“归纳原则”。卡尔纳普在《通过语言的逻辑分析清除形而上学》这篇纲领性论文中写道：形而上学“这一术语用在这篇文章里，与欧洲通常的用法一样，是指所谓研究事物本质的知识领域，它超越了以经验为基础的归纳科学的领域”[①]。“归纳科学”正是为了从方法论划界而给科学取的名称。然而，问题是归纳在这里仍要遇到所谓“休谟疑难”。

重要的是，这里承载经验内容的不是孤立的观察陈述，这些陈述作为理论的组成部分，是公理化演绎的经验推论。因此，其真理性由可证明性决定，而无需由“完全归纳”来保证。爱因斯坦洞见了这一点。他说：“从系统的理论观点来看，我们可以设想，经验科学的发展过程就是不断的归纳过程。”[②]“但是这种观点并没有看到整个实际过程；因为它忽略了直觉和演绎思维在精密科学发展中所起的重大作用。”[③]“只要这些用来作为演绎出发点的原理尚未得出，个别经验事实对理论家是毫无用处的；实际上，单靠一些从经验中抽象出来的孤立的普遍定律，他甚至什么也做不出来。在他没有揭示出那些能作为演绎推理基础的原理之前，他在经验研究的个别结果面前总是无能为力的。”[④]公理确定之后，只要由之演绎出那些“孤立的普遍定律”，它们也就成为理论的组成部分即“经验推论”。

当然，经验推论本身作为观察陈述对于理论的真理性也具证据作用。不过，这是发现脉络中的问题，事关作为理论之基本原理，有待从假说确立为公理。这个问题在第四章研讨。在辩护的脉络中，理论既已确立，经验推论是必真的观察陈述。这样，经验推论体现了科学理论作为知识处置经验事实的功能，它将在本章第七节中专门讨论。

四、理论结构的逻辑向度

科学理论的三个组成部分形成严整的结构。这个结构的逻辑向度主要包括一

---

① 洪谦主编：《逻辑经验主义》，上卷，北京：商务印书馆，1982年，第36页。

② 爱因斯坦：《爱因斯坦文集》，第一卷，许良英、范岱年编译，北京：商务印书馆，1976年，第115页。

③ 爱因斯坦：《爱因斯坦文集》，第一卷，许良英、范岱年编译，北京：商务印书馆，1976年，第115页。

④ 爱因斯坦：《爱因斯坦文集》，第一卷，许良英、范岱年编译，北京：商务印书馆，1976年，第76页。

元性、内部无矛盾性和外部相容性。前两点前面已作讨论，这里讨论第三点。

科学理论结构的外部相容性是指，一个理论的经验推论必须同业已确立的其他理论之相应部分不矛盾。当然，这里的“一理论”和“他理论”乃属同一学科，如物理学。一个科学理论总有其一定的适用范围。科学的发展导致认识超出这种既有范围，去建立新的理论。同时，科学认识的发展总是朝着越趋普遍（包括广度和深度两个向度）的方向行进。这样，新旧理论的关系就不是更迭，而是包容。原有理论每每作为“极限情形”而为新理论所包容和同化，这种包容和同化又恰恰发生在理论的经验推论部分。所谓理论的“外部相容性”，其含义端在于此。爱因斯坦指出：“……这个体系，理性要使它同全部实验数据，也就是同我们所经验到的一切一致起来。”① 其实，广义相对论把牛顿力学作为极限情形或所谓“一级近似”包括进去，它对速度远低于光速的情形得出了和牛顿力学相一致的经验推论。这里重要者有两点：其一，新旧理论的经验推论不矛盾；其二，新理论比旧理论多了一些原来所没有的经验推论。

由于这种外部相关性，面对新理论，旧理论的经验推论有时不得不予以修正，以适应新的理论。费格尔（H. Feigl）表明了这一点。他写道：“对这些经验规律并不要求绝对可靠性（‘不可更改性’），它们不仅可以根据进一步的经验证据，而且也可以根据理论加以修正。在大家熟悉的描述结构、经验规律和理论（有时是两层或多层的理论）里，‘从上端开始’进行修正，乃是通例，虽然也有例外。我所谓‘从上端开始’进行修正，是指……像牛顿力学定律和万有引力定律按照爱因斯坦的狭义和广义相对论加以修改那样的修正。”②

五、理论结构的历史向度

所谓“科学理论结构的历史向度”，是指理论的变化。若仅仅静止地看待科学理论的三部分结构，如逻辑实证主义那样，就会昧于理论结构的历史向度。对这个向度的把捉是所谓“结构主义科学理论观念”做出的。这个学说的代表人物斯尼德（J. D. Sneed）和施太格缪勒一方面继续“卡尔纳普—赖欣巴哈—亨普尔—谢夫勒（I. Scheffler）—布拉思韦特（R. B. Braithwaite）—内格尔（E. Nagel）传统”，另一方面汲取库恩的历史主义思想，从而走向对科学变化作

① 爱因斯坦：《爱因斯坦文集》，第三卷，许良英、赵中立、张宣三编译，北京：商务印书馆，1979年，第368页。

② 费格尔：《经验主义走进了死胡同了吗》，载：《自然科学哲学问题丛刊》，1982年，第4期，第11-12页。

逻辑分析，对之做了所谓的“施太格缪勒-斯尼德逻辑（理性）重建”①。

这种重建首先引入“T理论词项”和“非T理论词项”的区分，取代传统的理论词项—观察词项区分。两种区分的不同，关键在于前者把理论词项同所属的理论相关联。新的区分的根据是，理论的基本概念表达为理论的理论词项，而理论的根本变化即科学革命在于基本概念即理论词项的变化，这就意味着，特定理论词项同特定理论相联属。这种区分的判据是：一个词项，如果其应用始终以理论T的某种有效性为前提，则它是T理论词项，而如果其应用至少在某些场合不以T的有效性为前提，则是非T理论词项。

这种新的区分把词项及其区分同特定的理论关联起来，就更符合科学史实际，也更符合科学理论结构的实际，其缘由前面的生存论分析（关于理论的真理性）已予说明。这种区分尤其有利于从逻辑观点区别地把捉和理解科学的革命性变化和常态性变化。前者属于发现的脉络，在第四章研讨。这里限于讨论理论的常态性变化。

“逻辑重建”在上述区分基础上，再把理论建构为“结构核”（structural core）K和展开核（extended core）的格局。K是包含T理论词项的数学形式结构，可以称为理论的“上层建筑”。“展开核”是理论的“经验系统化”，同理论的所谓“预期应用”集合I_0相连接。“预期应用”指理论形式系统的可能解释。一个历史地形成的科学家共同体接受或者说抱持一个理论的K和I_0，他们在这个意义上“自给共同理论”。不过，共同体成员在对公认的K和I_0究竟可以引入哪些特定的展开核的问题上，可能意见不一。在常态时期，理论要因应解题活动中出现的异动而作出变化。当出现反常时，只要修改展开核，按其与I_0的关系进行调整，而结构核不必变动。只有当从危机走向革命时，结构核才暴露出问题，以至最终放弃原有结构核，代之以建起新的结构核即新的理论。由于把T理论词项归属于T结构核K，故这种关于科学理论的学说称为“结构主义”。

第七节 知识的功能：科学说明

爱因斯坦指出，科学的使命在于让人类在自然面前抱持一种安全感。科学的这种功能正是倚重于知识的有效性。哲学的科学说明理论正是为这种有效性做奠基和辩护。概言之，科学说明致力于根据已有定律乃至理论对现象层面的经验事实进行理解。总的来说，这是一种演绎的过程。然而，还有一种情形，面对待说

① 这方面的奠基性文献有：J. Sneed：The Logicai Structure of Mathematical Physics，Dordrecht：D. Reidel Publishing Company，1971；W. Stegmüller：The Structure and Dynamics of Theories，Berlin：Springer-Verlag，1976（德文初版，1973）。

明的事实，没有现成的定律可资运用，而需要在现有理论的构架内专门为之引出新的定律作为说明。在这种情况下，说明在于把待说明的事实作为证据（事例），由之进行归纳推理，引出假说作为说明，如果这假说被证明为真，那么，它便是对于证据的“最佳说明”，而这种说明就称为“最佳说明推理”（inference to the best explanation）。说明和解题有着天然的联系，探明它们间的关系也是本节题中应有之义。

一、知识的有效性

知识的有效性在于处置经验事实的能力，也即表现为知识的功能。因此，哲学上乃以工具主义或者说“功能论”来为之奠基和辩护。这方面的贡献是由逻辑实证主义者作出的。当然，他们是从反实在论的立场出发的，而唯其如此，他们才得以突显知识的有效性。他们否认超越现象的本质世界的实在性。“‘真正的’实在是在这个实际现象中而能感觉的一种实在。”① 于是，科学理论不是关于本质世界的图像，而是把握和操纵经验事实的工具，其表征属性正是这种有效性，即对经验事实处置的有效性。赖欣巴哈由此提出了知识的“功能论”。他说：“思辨哲学是以超越论的知识见解为特点的，按照这种见解，知识超越可观察事物，它所依靠的是使用感性知觉以外的其他来源。科学哲学建立了一种关于知识的功能性见解，它认为知识是一种预言工具，感性观察是非空洞真理的唯一可允许的判断标准。”②

作为知识的表征，有效性还进而被确立为一种价值，用于评价知识。劳丹（L. Laudan）就把有效性（他还称之为“恰当性”）作为评价理论（“研究传统”）的判据。他说：“我们可能问一个研究传统的（瞬时的）恰当性，在这里，我们实质上是在问，研究传统内最新的解决问题的有效性如何。这反过来要求我们确定那些现在构成了研究传统的理论（对这些理论的先驱理论忽略不计）解决问题的有效性。”③ “一种理论的总的解决问题的有效性是通过估价这个理论解决的经验问题的数量和重要性以及减少该理论产生的反常和概念问题的数量和重要性来决定的。”④

有效性之所以成为评价知识的判据，还缘于知识也是交流和说明的行为。这种行为具有社会性，其评价需要有效性的尺度。实用主义表明了这一点。罗蒂指出，在奎因看来，“对我们的同伴们来说，相信不可能有比我们的报道更好的方

① 洪谦：《维也纳学派哲学》，北京：商务印书馆，1989年，第60页。
② 赖欣巴哈：《科学哲学的兴起》，伯尼译，北京：商务印书馆，1983年，第194页。
③ 劳丹：《进步及其问题》，方在庆译，上海：上海译文出版社，1991年，第109页。
④ 劳丹：《进步及其问题》，方在庆译，上海：上海译文出版社，1991年，第57页。

式来发现我们的内部状态，而无须知道什么东西存于我们作出报道的‘背后’，这似乎已经足够了。”① 罗蒂称这种观点为“认识论的行为主义”：“参照社会使我们能说的东西来说明合理性与认识的权威性，而不是相反，这就是我将称作‘认识论的行为主义’的东西的本质，这也是杜威和维特根斯坦共同具有的态度。我们最好把这种行为主义看作一种整体论，但它不需要唯心主义形而上学的基底。”② 实用主义由此出发，提出以有效性的标准评价知识。奎因说：“我认为，要问一个概念系统作为实在的镜子的绝对正确性，是毫无意义的。我们评价概念系统的基本变化的标准必须是一个实用的标准，而不是与实在相符合的实在论标准。概念是语言，概念和语言的目的在于达到有效的交际和预测。这是语言、科学和哲学的最高任务，正是在同这一任务的关系中才能对概念系统最终地做出评价。”③

知识的有效性是同真理性协合的。逻辑实证主义和实用主义都是从反实在论立场出发张扬有效性。这样，有效性的哲学基础并不稳固。问题是，从生存论去为有效性奠基和辩护，才能达致有效性和真理性哲学上并行不悖而符合科学实际的境界。有效性、有用性和功能等是同人相联属的。在形而上学那里，人作为认识主体只是存在者的概念映像，因此，有效性无处落实。生存论把人把捉为“在世中的此在”，它既是认识主体，又是在世中烦忙的人。准此，此在建构理论既是去符合实在——以真理性为准绳，又是为了处置经验事实——以有效性为旨趣。

科学知识社会学（SSK）作为从生存论出发的科学哲学，所致力解决的问题就包括调和有效性和真理性（实在性）的问题。范·弗拉森在这个问题上表现为游移于实在论和反实在论之间。一方面，他反对实在论，力陈“科学的目标是为我们提供具有经验适当性的理论，理论的接受仅仅与相信理论具有经验适当性的信念有关”④。可是，另一方面，“他又承认，建构关于超经验的东西的理论，是合法的”⑤。所以，“范·弗拉森的‘建构经验论’实际上是一种实在论”⑥。显然，这里貌似相悖的两种主张，其背后深藏着调和知识之真理性和有效性的底蕴。哈金则可以说自觉地处理了这个问题。为此，他区分开两种实在论：理论实

---

① 罗蒂：《哲学和自然之镜》，李幼蒸译，北京：生活·读书·新知三联书店，1987 年，第 151 页。

② 罗蒂：《哲学和自然之镜》，李幼蒸译，北京：生活·读书·新知三联书店，1987 年，第 151 页。

③ 奎因：《从逻辑的观点看》，上海：上海译文出版社，1987 年，第 73 页。

④ 范·弗拉森（B. van Fraassen）：《科学的形象》，郑祥福译，上海：上海译文出版社，2005 年，第 16 页。

⑤ Craig Dilworth：The Metaphysics of Science，Dordrecht：Kluwer Academic Publishers，1996，39.

⑥ Craig Dilworth：The Metaphysics of Science，Dordrecht：Kluwer Academic Publishers，1996，38.

在论和实体（entity）实在论。他说：“关于理论的实在论说，我们试图建成关于世界的真实理论、关于物质内在构成的理论以及关于空间的外在范围的理论。……关于实在的实在论——我们的实体包括过程、状态、波、电流、相互作用、场、黑洞及诸如此类的实体——断定作为物理学行业库存的实体至少有一些是存在的。”① 他本人支持实体实在论。尽管如此，他实际上主张，科学建构理论，是为了处置经验事实，但这理论以实在的实体为依归，因而具有真理性。

二、科学说明1：据由定律的说明

科学说明作为知识的功能是对知识有效性的落实。科学说明呈二元构成：说明者和被说明者。后者是待说明的对象或者说经验事实。说明者则可以是科学定律，也可以是科学理论。

说明者必须符合两个基本要求：相关性要求和可检验性要求。这两个要求又是密切相关联的，甚至前一个要求蕴涵着后一个要求。这两个要求以及科学说明的原理皆植基于前述理论方法论原理。从理论的基本原理出发，通过公理化演绎，引出必真的观察陈述。这样，所谓理论处置经验事实，这功能就在于理论把观察陈述作为经验推论引出来，由此，把基本原理作为根据或理由赋予作为待理解者的经验事实，从而对后者做了理论的说明。如果作为说明者的不是基本原理，而是一般的定律，则是以定律作了说明。准此，科学说明应当能从说明者逻辑地推出被说明者。这就是相关性要求。亨佩尔对之这样表述：“我们将把物理说明的这一特征说成是满足了说明的相关性要求：所援引的说明性的知识为我们相信被说明的现象真的出现或曾经出现提供了有力的根据。”② 同时，既然是从既有的知识去做说明，所以，说明者本身应得到验证，这便是“科学说明所要求的第二个条件，我们称之为可检验性要求，即构成科学说明的那些陈述必须能够接受经验验证”③。实际上，后一个要求为前一个要求所蕴涵。“如果 T（说明者）要具有对 E（被说明者）的说明相关性，那么就一定要能从 T 推导出 E 的发生。此时，十分显然，T 可以通过下列方式而得到检验：核查 E 是否在 T 所指明的条件下发生。”④

这里先讨论据由定律的科学说明。这种说明采取亨佩尔所表明的经典的“演绎-律则说明（deductive-nomological explanation）”（“D-N”模式），其形式可由

---

① I. Hacking：Experimentation and Scientific Realism，In：Jarrett Leplind，eds.，Scientific Realism，Berkeley：University of California Press，1984，155.

② 亨佩尔：《自然科学的哲学》，陈维杭译，上海：上海科学技术出版社，1986 年，第 54 页。

③ 亨佩尔：《自然科学的哲学》，陈维杭译，上海：上海科学技术出版社，1986 年，第 55 页。

④ 亨佩尔：《自然科学的哲学》，陈维杭译，上海：上海科学技术出版社，1986 年，第 55 页。

下式表示：

$$\left.\begin{array}{l} L_1,\ L_2,\ \cdots,\ Lr \\ C_1,\ C_2,\ \cdots,\ C_k \end{array}\right\} \text{说明语句}$$

$$\overline{\qquad\qquad\qquad\qquad\qquad}$$

$$E \qquad \text{被说明语句}$$

说明语句包括两部分。一部分是定律，称为对于被说明语句所描述的被说明现象的覆盖（cover）定律。另一部分是对特定事实做出断言的陈述，它们是就覆盖定律做的辅助假设，作为规定条件。E 是对被说明现象的描述。这样，科学说明就是以覆盖定律为大前提，以辅助假设为小前提，由之推出被说明现象的演绎推理。例如，为了解释炮筒角度抬高到 45°时射程最远这个观察事实，伽利略运用他提出的抛射体飞行轨迹定律作为大前提，小前提是假定炮弹按 45°仰角射出。由此他推出仰角 45°时射程最远的结论。于是覆盖定律给出了被说明现象的原因，也即此定律所表述的原理：抛射体运动是惯性作用造成的水平运动和引力引起的向下垂直运动两者合成的结果。

演绎-律则说明常常出之以省略形式，这就是直接以因果相关性（causal relevance）来做出说明，即科学说明的所谓“C-R”模式。例如，“‘人行道上的雪水在严寒下仍保持液态，因为在其上撒了盐。’这一说明并没有直接提到任何定律，但它却至少心照不宣地预设了一个定律，即水中溶有盐后其冰点就会降低。事实上，恰恰是由于这一定律的缘故，撒盐这件事才能具有说明性的（以及尤其是因果性的）作用——这种作用正是该省略式陈述归之于它的”①。

三、科学说明 2：据由理论的说明

所谓据由理论的说明，是指这样的说明，其中说明者是整个理论，而所说明的不特是现象，更主要是经验定律。亨佩尔对此做了这样的解说：理论说明的对象“是某种能在自然界中找到的规则性，例如虹通常所呈现出来的那些特征，或者像伽利略定律或刻卜勒定律那类经验定律所表述的统一性。而这类统一性的演绎说明则需要借助于范围更广的定律，如反射定律与折射定律或牛顿的运动定律及万有引力定律。牛顿定律的这种用法表明，经验定律往往用这样一些理论原理来说明，这些原理涉及的是处于所研究的统一性底层的结构和过程”②。作为说明者，“理论通常是这样引入的：对某类现象先前的研究显示出一套统一性，这套统一性可以用经验定律的形式来表述。此时，理论就寻求对这些规则性的说

① 亨佩尔：《自然科学的哲学》，陈维杭译，上海：上海科学技术出版社，1986 年，第 59 页。

② 亨佩尔：《自然科学的哲学》，陈维杭译，上海：上海科学技术出版社，1986 年，第 58 页。

明，并对所研究的现象提供一种更为深刻的、更为精确的理解。为达到这一目的，理论把这些现象阐释为可以说是藏在这些现象之后或之下的某些实体［对应于存在者的本体——引者］和过程的呈现。这些实体和过程被认为受着独特的理论定律或理论原理的支配，而理论就是用这些定律和原理来说明先已发现的经验上的统一性并且通常还预言‘新的’同类的规则性。”①

要把握据由理论的科学说明，关键在于弄清楚作为说明者的理论的结构。当然，这结构同前面表明的理论结构是一致的，只不过对各组成部分要从说明的视角去理解。理论的基本原理（即公理）现在如亨佩尔所称的“内部原理”，是指“由该理论所设定的特定的实体及过程。因而它们的表述在很大程度上要借助于特有的‘理论概念’——这些概念指的就是那些实体及过程”②。经验推论则直接同被说明现象相对应。于是，对理论的说明功能来说，重要的是理论的另一部分即演绎所由组成的定律，亨佩尔称之为“桥梁原理”。它们是联结基本原理和经验推论的“桥梁”。由于这些原理，基本原理才能满足可检验性要求，也才获致说明能力。亨佩尔指出：“桥梁原理”“指明理论所设想的过程如何联系于我们已知的经验现象，从而使理论可以说明、预言或逆断这些现象”③。这是因为，“一方面，理论的内部原理要用它持有的理论术语来表达；另一方面，其检验推论一定要用‘先已了解的’术语来构写——这些术语可以说是先于该理论而引入的，它们的使用可以与该理论无关。让我们把它们叫作先在术语或理论前术语。显然，要从理论的内部原理出发导出这一类检验推论还需要另一些前提——在两套概念之间建立联系的前提；而这一点是由适当的桥梁原理来完成的。”④

据由理论的说明乃从内部原理出发，经由桥梁原理去对现象进行说明，这实质上是通过还原进行说明，即把待说明的经验事实归结为超越的本质的现象。亨佩尔表明了这一点：“科学说明，尤其是理论说明的目标……是要达到一种客观的见解，这种见解之获得要通过系统化的统一，通过把现象表明为是某种公共底层结构及过程的表现形式，而这些结构及过程则遵从着特定的可检验的基本原理。”⑤ 实际上，古希腊的自然哲学尤其以原子论就已为科学制定了还原的说明原理。

科学说明以经验定律为对象。如果说经验定律已以演绎让人对于现象有一定的理解，那么，理论说明便以还原增进了这种理解。这有两种主要方式：深化和

① 亨佩尔：《自然科学的哲学》，陈维杭译，上海：上海科学技术出版社，1986 年，第 79 页。
② 亨佩尔：《自然科学的哲学》，陈维杭译，上海：上海科学技术出版社，1986 年，第 83-84 页。
③ 亨佩尔：《自然科学的哲学》，陈维杭译，上海：上海科学技术出版社，1986 年，第 82 页。
④ 亨佩尔：《自然科学的哲学》，陈维杭译，上海：上海科学技术出版社，1986 年，第 84 页。
⑤ 亨佩尔：《自然科学的哲学》，陈维杭译，上海：上海科学技术出版社，1986 年，第 94 页。

整合。

理论的说明从本体即本质层面去说明现象，自然地把理解引向深入。遗传现象在分子生物学诞生之前只是得到经验定律的说明。分子遗传学运用量子力学以基因理论深化了对遗传现象的理解。其实，基因理论正是这种深化理解的努力的产物。薛定谔早在20世纪40年代初就提出应当致力于这种工作："为生物学问题去穷根究底，并把图景建立在量子力学的基础之上，这是绝对必要的吗？……我们可以满有把握地断言，除了遗传物质的分子解释外，不再有别的解释了。在物理学方面不再有别的可能性可以解释遗传物质的不变性。"①

理论说明使理解走向整合，乃缘于"理论为极其多样的现象提供了一种系统化的统一的解释。它把所有这些现象全部追到同一个底层过程的根子上去，并把这些现象所展示出来的种种经验上的统一性看作是一组公共基本定律的外在表现"②。"这个理论对于那些先已建立的定律已经给了我们一种有系统的统一的解释，甚至还常常阐明了那些定律之间的相互关联。"③ 例如，"牛顿引力理论及运动理论的基本原理可以解释极其多样的经验规则性（如在自由落体、单摆、月球、行星、彗星、双星及人造卫星的活动、潮汐等现象中呈现出来的规则性）"④。

四、最佳说明推理：推出定律以拯救现象的说明

显然，所谓据由定律的说明，实际上也就是直接据由"桥梁原理"进行的说明。另一方面，迄此为止所讨论的科学说明，作为说明者的定律（"桥梁原理"）都是各该理论中现成的或者说已知的。

问题是，常常是这样的情形：在既有理论范围内，面对现象，要对它做出说明，却没有现成的相关的定律（符合相关性要求的"桥梁原理"）可资援用。"最佳说明推理"（inference to the best explanation）正是一种因应此类情形的科学说明模式。

这里不妨追溯到亚里士多德关于"拯救现象"（διασαωζ ειντα φαυνομενα, saving the phenomena）的方法论思想。所谓拯救现象，就是科学的任务在于必须以关于实在的原理去说明现象，而不是描述现象。费耶阿本德指出："原先，在亚里士多德和紧随其后的继承者那里，任务在于用基本物理学的术语来记叙现

---

① 薛定谔：《生命是什么》，上海外国自然科学哲学著作编译组译，上海：上海人民出版社，1973，第62-63页。

② 亨佩尔：《自然科学的哲学》，陈维杭译，上海：上海科学技术出版社，1986年，第85页。

③ 亨佩尔：《自然科学的哲学》，陈维杭译，上海：上海科学技术出版社，1986年，第86页。

④ 亨佩尔：《自然科学的哲学》，陈维杭译，上海：上海科学技术出版社，1986年，第85页。

象，而基本物理学本身又必须构造得使现象能被记叙。后来，基本物理学被视为理所当然的，现象则必须用其术语加以说明。于是，拯救现象（而不是记叙现象）的观念便产生了。"[①] 总之，属于一个理论的适用范围里的一切现象都必须由这理论得到说明，从而得到"拯救"。而当理论一时没有现成的定律可用于做出说明时，"拯救"的意味就越发浓烈。正是从这个意义上，这里把最佳说明推理认定为"推出定律以拯救现象的说明"。

关于最佳说明推理，最早提出者哈尔曼这样加以解说："做这种推理时，人们从某个假设可以说明某个证据这个事实，来推断该假设为真。通常，可以同时存在着几个假说说明同样的证据，那么，人们必须在正当地做出这种推理之前排除其它的假说。"[②] 可以看出，最佳说明推理包括两个向度。一个向度是说明现象，另一个向度是推出定律。如由上述引文所示，哈尔曼把侧重点放在了"推出定律"之上。后来利普顿（P. Lipton）[③] 把侧重点摆回到"说明现象"上。无疑，"说明现象"才是"最佳说明推理"的主旨所在。

最佳说明推理的精义在于：面对现象，可以在它所属的特定理论的范围内提出权当"桥梁"定律即作为说明者的假说，这样的假说可以不止一个，而根据它们所做说明的有效程度之不同，选择其中的最佳者作为推理的结论。这里，"说明现象"运用了"假说–演绎推理"：提出假说，由之出发，把现象作为经验推论演绎出来。利普顿指出，这种说明以"可爱性"（loveliness）为表征，它是指说明的效力或者说所提供的理解力，而"最可爱的说明推理"便提供了最佳说明。

然而，提供最佳说明即最可爱说明的假说要上升为定律，确切说来是"桥梁定律"，还必须确立其真理性，也只有确立了假说为真，最佳说明才成立，最佳说明推理才完成。最佳说明推理中假说的真理性包含三个环节。其一，说明的可爱蕴涵着对假说之成立的支持。利普顿为此引入"可信性"（likeliness），它是对最佳说明推理的表征，指说明推理所获致的假说之为真的可能性。说明越可爱，作为推理结论的假说就越可能为真，也即说明就越可信。最有效的说明保证了推理的最可信。其二，所谓的"推出定律"的向度是指，最佳说明推理包含着把被说明现象作为证据（事例）去推出假说的推理。显然，这是归纳推理。如前

---

① P. Feyerabend：Problems of Empiricism（Philosophical Papars，Vol. 2），Cambridge：Cambridge University Press，1981，224.

② G. Harman：Inference to the Best Explanation，Philosophical Review，1965，（74）：89. 转引自：黄翔：《利普顿的最佳说明推理及其问题》，《自然辩证法研究》，2008 年，第 7 期，第 1 页。

③ 黄翔在上引论文中表明，利普顿的下述著作对最佳说明推理做了"最重要"、"最权威"的辩护：Inference to the Best Explanation，London：Routledge & Kegan Paul Ltd.，1991.

所述，归纳的真理性问题不能抽象地就归纳本身来探究，那样的话，会同所谓的“休谟疑难”相纠结而陷入困境。诚如爱因斯坦所说，一旦理论的基本原理确立，就可以运用归纳来处理个别经验事实。最佳说明推理是在特定理论架构中展开的，既然如此，从证据归纳地推出假说，是有效的。换句话说，假说作为定律因最佳说明推理而从被说明现象得到经验支持，同时也满足了说明者的可检验性要求。其三，如前所述，理论中的理论命题，其真理性由可证明性授予。这就是说，最佳说明推理所推出的定律必须可以从所属理论的“内部原理”推出。若此，那假说的真理性才真正确立，遂成为据之进行说明的定律。这定律由“假说-演绎推理”而满足说明者的相关性要求。

五、解题：语用的科学说明

在以上的研讨中，一直以语义层面展开的科学说明为对象。然而，科学说明还有其语用的向度。库恩的“解题”正是语用层面展开的科学说明。

库恩的科学哲学作为后逻辑实证主义哲学，呈现多向度的态势。就其认识论向度而言，如上所述，“解题”是科学常态时期共同体运用范式去认识现象的活动。然而，库恩的哲学偏重于知识本身，确切说来，科学史中呈现的知识体，因此更带方法论色彩。就方法论向度而言，“解题”便是语用的科学说明。

应当强调指出，“语形-语义-语用”格局中展开的语言分析是以科学语言为对象的，这里，语形是基础，语义是中心，语用为从属环节。语形是意义的载体，语用因素对语义产生作用和影响。所谓从语义层面展开科学说明，是指不考虑语用因素的影响，而“语用的科学说明”则指考虑到语用因素的科学说明，而不是指只考虑语用因素却不及语形和语义的科学说明。正因为这个原故，范·弗拉森主张的“纯语用说明”① 进退维谷。他所举例子也都是日常生活层面的，故充其量他的说明理论只适用于常识水平的说明。准此，“解题”更确切地说是引入了语用因素的科学说明。

“解题”说到底当然是运用作为范式之构元的“符号概括”所包含的理论和桥梁定律去说明融入“问题”中的经验定律和现象，也就是说，以“语义说明”为内核。问题是，前面已指出，面对待解的问题，如何从诸多符号概括中选定相适应者，也就是说如何确定满足相关性要求的说明者。这里没有规则（库恩称之为“对应规则”）可循。他强调不存在这种普适而又永远适用的规则。他指出：“每一组规则对于共同体过去的实践来说可能都是等价的，但是用于这门学科所面临的问题却不一定等价。从这个意义上说，它们可能是略有不同的一些理论的

① 范·弗拉森：《科学的形象》，郑祥福译，上海：上海译文出版社，2005 年，第 170-199 页。

重构，其中任何一种都未必是集团所坚持的。”① 正是从这里，在科学说明的说明者和被说明者的二元构成中又加入了第三元即语用因素。语用因素的核心是从事说明的人。

如前所述，共同体共有的已往成功的解题事例即范例正起着相当于“对应规则”的作用。作为对符号概括的实际应用，范例本身就积淀着语用因素。从事说明的人又要运用范例，这中间还倚重他的“同类性知觉”的能力。

如果说范例从说明者方面表现语用因素的介入，那么，解题中，被说明者方面亦有语用因素参与。这里的语用因素同样包括提出作为被说明者的问题的人以及范例。从事说明的人在解题时必须首先弄清楚所提问题在语义之外的语用因素，包括提问者在什么语境下提问，而为此必须借助于范例。

解题作为语用的科学说明活动丰富了我们对于知识及其发展方式的认识，这就是昭示了知识及其发展有其语用的向度。库恩意味深长地强调了这一点。他就此写道：诉诸范例，作为“另外一种战略，它以我称之为学而知之的同类性知觉为基础。观察，不管是语言学习、科学教育还是科学实践中的观察，都表明这一战略正在得到广泛运用。在认识论讨论中忽略了这一点，就会大大妨碍我们对知识性质的理解。”②“共有事例即可发挥一般都归之于共有规则的认识功能。事例发挥这种功能时，知识的发展不同于在规则支配下的发展。”③

第八节　知识作为信念

当代知识论把“‘S 知道 p’在什么条件之下成立”作为中心问题，并把它放在“方法论层面的语言转向”背境中探究。由此之途，当代知识论引出了“知识作为信念”，确切说来，“知识作为得到辩护的真信念”的方法论原理。这样，理论及其真理性的方法论原理又得到了信念层面的辩护支持。

一、知识作为得到辩护的真信念

这里必须追溯到弗雷格作为方法论语言转向发动者在语言意义理论方面做出的一个重要贡献：区分开语句的意义和真理性（真值）。他表明，一个有认识意义的语句（主要是科学话语中的语句）包含两个部分：一个部分是它作为对思

---

① 库恩：《必要的张力——科学的传统和变革论文选》，纪树立等译，福州：福建人民出版社，1981年，第299页。

② 库恩：《必要的张力——科学的传统和变革论文选》，纪树立等译，福州：福建人民出版社，1981年，第313页。

③ 库恩：《必要的张力——科学的传统和变革论文选》，纪树立等译，福州：福建人民出版社，1981年，第313页。

想的内容的表达即意义；另一个部分是对这语句的“断定”，即判断其真值。他强调指出，这两个成分在一个语句中是紧密相联的，因而它们的分离性被掩盖了。这样，从语言层面审察知识，语句作为知识的基本形态，其意义是表达知识之经验内容的命题，同时，语句又包含对命题之真理性的判断。总之，在语句中，这两者是统一的。从事物的层面来看，如前所述，戴维森表明，语句的意义和真理性也是统一的。然而，在心智的层面上，对应于作为知识的语句的这两个部分，却是两个不同的东西。意义是对心智之思想内容的表达。那么，语句对命题之真理性的断定在心智中又对应于什么呢？这就是“信念”（belief）。“信念”是心智层面的东西，可是，就其与知识相关而言，却是在方法论的语言转向之后，通过对语言做逻辑分析而把捉到的。

当代知识论探究“如何认识”的问题，正是把“信念-真理”作为出发点和基点，去洞察知识的本性，或者说去丰富对这种本性的认识。

罗素早在其里程碑式的著作《人类的知识——其范围与限度》（1948 年）中就以“事实、信念、真理和知识”为题，专章探讨“知识-信念-真理”的问题。他引出的原理是，知识作为真理即断定，乃在于信念。他说：“真理是信念的一个性质，间接也是表示信念的句子的一个性质。真理是一个信念与这个信念以外的一件或更多件事实之间的某种关系。”① “静止的信念是由一个观念或意象加上一种感到对的情感所构成的。”②

从这种思想出发，当代知识论形成了它的“中心教义”：“知识是得到辩护的真信念（JTB，justified true belief）”。戈德曼对此作了很好说明：“知识的准确性质是英国和美国认识论专家都花费了很大力气研究的课题。在标准的形式中，我们让‘S’代表一个人，‘p’代表一个命题。然后我们研究‘S 知道 p’的单个必要条件和联合充分条件；这种形式中探讨的条件，对所有情况，不论是实际情况还是可能情况，都能保持成立。换句话说，我们试图完成这样一个公式：‘S 知道 p，当且仅当……’。在 20 世纪 50 年代，一些认识论学者不约而同地研究起了同样的对知识的三分法说明。艾耶尔提出③，S 知道 p，当且仅当：①p 是真的，②S 确信 p 是真的，③S 有资格认为 p 是真的。罗德里克·奇硕姆（Roderick Chisholm）④ 则提出，S 知道 p，当且仅当：①p 是真的，②S 接受 p，③S 有 p 的充分证据。这些分析一致认为真（truth）是知识的必要条件：没有人能够知道 p（例如，米价上涨了），除非 p 是真的（除非米价真地涨了）。一个人可以认为即

① 罗素：《人类的知识——其范围与限度》，张金言译，北京：商务印书馆，1983 年，第 183 页。

② 罗素：《人类的知识——其范围与限度》，张金言译，北京：商务印书馆，1983 年，第 183 页。

③ A. J. Ayer：The Problem of Knowledge，London：Macmillan，1956.

④ R. M. Chisholm：Perceiving，Ithaca，N. Y.：Cornell University Press，1957.

使 p 是假的他也知道 p，但是除非 p 是真的，否则他便不可能真正知道 p。这些分析还一致认为，S 知道 p，仅当 S 对 p 有着合适的精神态度，比方说，相信 p，接受 p，或者对 p 有确信。第三，这些分析认为，S 知道 p，仅当 S 满足关于 p 的适当的证据条件。这通常被说成是 S 在相信 p 上是受到辩护的（justified），或有保证的（通过他的证据）条件。两个人可能都相信某一条真理，但是如果只有一个人受到辩护地相信它，那么就只有他一个人知道它。最后，艾耶尔和奇硕姆的分析都认为，对全部三个条件的满足就是知道 p 的充分条件。这种分析现在通常被称为知识的受到辩护的真实信念分析。"①

于是，在当代知识论那里，"如何认识"的知识研究转归为对"真信念如何得到辩护"这个问题的探究。知识论就成了关于得到辩护信念的理论。这个理论表明，真信念必须具备某种事实特性，满足这种条件才能成为"得到辩护的信念"。这样，辩护本身成了一种方法论规范。戈德曼表明了这一点："受到辩护的信念是认识论的核心问题。什么时候一个信念是受到辩护的，什么时候又不是？当然，辩护概念是一个规范性的或评价性的概念。不像信念的归属，只是描述了主体的精神状态。而对于受到辩护的判断则是评估或评价信念在观念上的正当性、合法性或恰当性。这不是一种伦理的判断，但它却是某种评价性的判断。在对受到辩护这一问题的理论探究中，认识论专家不是用其他规范性的认识术语在标准上为其寻求一个定义（比如说'合理'或'保证'）。通常他们探究的是某些事实性或描述性的条件，依据这种条件，'被辩护为正当'这种状态得以产生。在这里，指导性的观念认为，许多信念都作为例证表明了辩护所具有的规范性特性，因此它不可能是一个'粗糙的'事实。一个信念必须具有某些事实特性，这些特性为此信念的被辩护提供基础，将辩护授予这个信念。这有点类似于道德领域，在那里，可以很合理地设想一个行为的道德正当性并非自动地或随意地附属于这个行为，而是基于这个行为的某些事实特性，比如说，带来幸福，或兑现了承诺。按照现在的哲学术语，受辩护必须与事实的或自然的特性随附产生。"②

二、基础信念：公理的真理性

一个理论作为真命题的集合，接受这个理论便涉及诸多信念，它们联属于理论所由组成的各该命题。然而，这众多信念中间，总有一些居于特殊地位，它们

① 戈德曼：《认识论》，载：欧阳康主编：《当代英美哲学地图》，北京：人民出版社，2005 年，第 192-193 页。

② 戈德曼：《认识论》，载：欧阳康主编：《当代英美哲学地图》，北京：人民出版社，2005 年，第 199-200 页。

是全部信念的基础。基础信念是独立地得到辩护的，其他信念的辩护推理地导源于它们。基础信念实际上是“不辩自明的”。当代知识论以所谓“基础论”(foundationalism) 发展关于基础信念的学说。波洛克指出：“直到不久前，最受欢迎的认识理论依然是基础理论①。基础理论和其他信念理论的区别在于，它们认为某些有限的‘认识论上基本的’信念有着特殊的认识地位。人们假定基本信念不需要辩护——它们是‘自我辩护的’。另一方面，非基本信念最终都应该通过基本信念得到辩护。这样，基本信念成为认识辩护的基础。”② 总之，“对基础论来说，有两个观点是核心的：某些信念具有基础的正当性，就是说，在与其他信念的关系中，它们的正当性是独立地受到辩护的；其余所有受到辩护的信念，它们的辩护都与基础信念有着内在的推理关系。”③

显然，这里的关键在于基础信念是什么样的信念的问题。也就是说，p 作为什么样的命题，关于它们的信念才是基础信念。当代知识论主张 p 为观察命题，关于它们的信念是基础信念。波洛克表明：“当代基础理论家始于一种心理观察，即我们所有的知识源于我们的感官。原则上也可以紧紧追随笛卡儿，试着将所有的知识建立在来自独立于感官的纯粹理性的信念的基础上，但现在再也没有多少基础主义者试图捍卫这种观点了。20 世纪的基础主义理论注意到我们和我们周围世界的接触仅仅依靠我们的感官。”④ 当知识论所以采取这种观点，乃其对知识取常识的进路所使然。从常识的观点看，只有关于现象的经验知识，才会产生自我辩护的信念。就科学知识而言，恰恰如波洛克所说的那种“原则上的可能性”，也即 p 作为公理才能引起自我辩护的基础信念。在作为公理化演绎系统的理论中，如前所述，公理作为知识体的出发点和基础，其真理性是“不证自明的”，也即是自我辩护的，因而是独立的。理论中的其他理论命题和经验推论，它们的真理性则以“可证明性”为必要条件，即依从公理。无疑，对公理的那种不证自明性的信念正是当代知识论基础论所表明的那种“基础信念”。从科学知识范围里来看，对观察命题的信念就“发现的脉络”而言，倒是与基础信念有某种联系。爱因斯坦指出：“广泛的事实材料对于建立可望成功的理论是必不可少的。材料本身并不是一个演绎性理论的出发点；但是，在这材料的影响下，

---

① 基础理论的代表性的思想可以在下述著作中找到：Rudolf Carnap（1967 年）、C. I. Lewis（1946 年）、Nelson Goodman（1951 年）、Roderik Chisholm（1966 年，1977 年，1981 年）、Pollock（1974 年）、Paul Moser（1985 年）。基础理论可能正在复兴，见 Michael DePaul（1999 年）。

② 波洛克等：《当代知识论》，陈真译，上海：复旦大学出版社，2008 年，第 37 页。

③ 戈德曼：《认识论》，载：欧阳康主编：《当代英美哲学地图》，北京：人民出版社，2005 年，第 201 页。

④ 波洛克等：《当代知识论》，陈真译，上海：复旦大学出版社，2008 年，第 29 页。

可以找到一个普遍原理，这个原理又可以作为逻辑性（演绎性）理论的出发点。”① 从信念层面来说，观察命题信念同样对基础信念的形成发生“必不可少的影响”。

剩下的问题是，信念凭什么特性而成为基础信念，确切说来是，信念凭什么特性而成为自我辩护的。一个特性是不可错性（infallibility）。这是因为 p 作为公理是不可错的，所以相应的信念不可错。笛卡儿最早提出这种观点。② 另一个属于事实特性，它就是“对知觉经验的经历”。这是说，S 相信公理 p，这信念由于 S 经历了与 p 相关的知觉经验而得到自我辩护，从而成为基础信念。“由于对知觉经验的经历不包括什么规范或评价的特性，这个理论也符合‘信念的事实特性与辩护随附产生’这一要求。”③

三、信念的融合：理论作为信念之网

如前所述，理论是真命题以演绎逻辑关系结成的系统。折射到心智的信念层面，理论便成为信念之网。一如命题之真理性必以与理论中其他真命题结成演绎逻辑关系为必要条件，一个信念的辩护同样依从所处的信念系统中的所有其他信念的辩护支持。当代知识论的“融合论”（coherentism）（异译名有“连贯论”、“融贯论”和“一致论”）正是把握了这条方法论原理。“这一理论认为，辩护没有什么非信念的来源；所有辩护都来自其他信念。诸信念通过互相‘倚靠’，从其他信念那儿获得辩护的支持，就像用纸牌搭成的房子那样，互相支撑。”④ “按照连贯理论，一个信念的可辩护性依然是由一个人全部的信念状态的决定”。⑤ 各别信念的可辩护性“必须沿着我们的整个信念之网蜿蜒而行。使一个信念得到辩护的是它和一个人信念的其余部分‘连贯’的方式”⑥。

无疑，这个信念之网中，对于公理的信念作为基础信念居于特殊地位，也即它是辩护之源。苏珊·哈克（Susan Haack）为此提出了一种综合基础论和融合论的知识理论。“她称之为基础连贯主义（founderentism）。哈克理论所证明的

---

① 爱因斯坦：《爱因斯坦文集》，第三卷，许良英、赵中立、张宣三编译，北京：商务印书馆，1979 年，第 490 页。

② 戈德曼：《认识论》，载：欧阳康主编：《当代英美哲学地图》，北京：人民出版社，2005 年，第 201 页。

③ 戈德曼：《认识论》，载：欧阳康主编：《当代英美哲学地图》，北京：人民出版社，2005 年，第 202 页。

④ 戈德曼：《认识论》，载：欧阳康主编：《当代英美哲学地图》，北京：人民出版社，2005 年，第 204 页。

⑤ 波洛克等：《当代知识论》，陈真译，上海：复旦大学出版社，2008 年，第 30 页。

⑥ 波洛克等：《当代知识论》，陈真译，上海：复旦大学出版社，2008 年，第 30 页。

是，一个人可以保留一个基本上是基础论的结构，同时承认连贯理论的核心见解。”①

在这样一个“基础-融合的信念之网”中，与理论中命题真理性条件相对应，信念的理由即辩护的获得包括两个机制。一个机制是溯源于基础信念。信念网中各别信念皆各自溯源于一个或若干基础信念，取得辩护的理由。这在融合论上被称为“循序的”（linear）辩护观。波洛克说：“按照这一观点，由于p和q之间存在着某种特殊关系，p是S相信q的一个理由。一个支持信念的理由或者另外一个单独的信念，或者是一个小的信念集，而不会自动是一个人所有信念的集。根据这种理由观，查究我们理由的理由以及诸如此类的事情总是有道理的。采取这种理由观的……连贯理论将被称为循序的。按照循序理论，如果我们追溯一个信念的理由和理由的理由，以及诸如此类的事情，我们就永远达不到一个终点。如果有一个终点，它就不得不由认识论的基本信念所组成。”②

另一个机制是，各别信念的辩护来源于整个信念之网，当代知识论称之为“整体的”（holistic）辩护观。波洛克就此写道：按照这种学说，“为了让S有理由相信p，p和他所有信念的集之间必须存在着一种关系（这种关系不可能分解为个别信念之间的简单的理由关系）。请注意，按照整体论，谈论‘有理由（having reason）’持有一个信念比谈论‘有一个理由（having a reason）’更自然。查究一个人对一个信念的理由的理由尤其没有什么道理。按照这一理论，如果一个理由只是一个具体的信念，那么一个人在这个意义上就没有一个理由——毋宁说，一个人对一个信念有理由是由于一个人的信念恰当地和他的整个信念系统联系在一起”③。总之，“按照这一观点，一个人有支持一个信念的理由是由该信念和整个无定形的信念结构之间的关系所决定的，这些信念构成他全部的信念系统”④。这样的信念系统，也即“信念之网”，为了能够成为各别信念的辩护之源，就必须是高度融合的。那么，“什么东西使得一个人某一阶段所具有的信念系统高度融贯？洛朗斯·邦儒（Laurence Bonjour）提出了下述的元素种类，认为它们有助于融贯性：①逻辑一致性，②逻辑衍推关系，③说明关系”⑤。无疑，信念系统的这种融合结构正同理论的逻辑结构若合符节。

---

① 波洛克等：《当代知识论》，陈真译，上海：复旦大学出版社，2008年，第86页。
② 波洛克等：《当代知识论》，陈真译，上海：复旦大学出版社，2008年，第88-89页。
③ 波洛克等：《当代知识论》，陈真译，上海：复旦大学出版社，2008年，第89页。
④ 波洛克等：《当代知识论》，陈真译，上海：复旦大学出版社，2008年，第90页。
⑤ 戈德曼：《认识论》，载：欧阳康主编：《当代英美哲学地图》，北京：人民出版社，2005年，第205页。

四、信念作为可靠因果过程：科学知识的必然真理性

基础信念和融合的信念，它们的辩护来源于自身或者其他信念，都没有非信念来源。确切说来，基础论和融合论都只揭示了信念辩护的信念来源。这被称为"内在论"（internalism）。波洛克指出："内在主义主张一个信念的可辩护性应该由我们的内在状态所决定。信念是内在状态，因此，信念理论是内在主义的理论。"① 内在论因囿于仅仅从信念去把捉辩护而不能保证 JBT 中的"T"是必然真理性，或者说，它未能充分揭示关于必然真的 p 的信念的持有者所凭借的理由。

另一方面，就知识作为关于必然真理的得到辩护的信念这个问题而言，还可以提到著名的"盖蒂尔问题"②。盖蒂尔认为："尽管 JBT 分析中的三个条件中的每一个对知识来说都是必要的，它们结合起来却不够充分。盖蒂尔给出了这样一个例子。"③ 在这个例子中，"主体之所以成功地得到真理，只是由于意外或幸运"④。这又是常识进路所使然。问题是，JTB 原本就是从对必然真的 p 的逻辑断定在心智层面的折射——信念这个知识问题生发的。因此，并非偶然，盖蒂尔问题很大程度上已被搁置起来。

实际上，康德已指出信念和知识的关系。他说："视其为真，或者判断的主观有效性，在与确信（它同时又是客观有效的）的关系中有如下三个层次：意见、信念和知识。意见是一种被意识到既在主观上、又在客观上都不充分地视其为真。如果视其为真只是在主观上充分，同时却被看做在客观上是不充分的，那么它就叫做信念。最后，主观上和客观上都是充分的那种视其为真就叫做知识。主观上的充分性叫做确信（对我自己而言），客观上的充分性则叫做确定性（对任何人而言）。"⑤ "视其为真是我们知性中的一桩事情，它可以是建立在客观根据上，但也要求在此做判断的人内心有主观原因。如果这件事对每个人，只要他具有理性，都是有效的，那么它的根据就是客观上充分的，而这时视其为真就叫做确信。如果它只是在主观的特殊性状中有其根据，那么它就称之为置信。"⑥

---

① 波洛克等：《当代知识论》，陈真译，上海：复旦大学出版社，2008 年，第 31 页。

② E. Gettier：Is Justified True Belief Knowledge？Analysis，1963，23：121-123.

③ 戈德曼：《认识论》，载：欧阳康主编：《当代英美哲学地图》，北京：人民出版社，2005 年，第 193 页。

④ 戈德曼：《认识论》，载：欧阳康主编：《当代英美哲学地图》，北京：人民出版社，2005 年，第 194 页。

⑤ 康德：《纯粹理性批判》，邓晓芒译，杨祖陶校，北京：人民出版社，2004 年，A822＝B850，第 622-623 页。

⑥ 康德：《纯粹理性批判》，邓晓芒译，杨祖陶校，北京：人民出版社，2004 年，A820＝B848，第 621 页。

显然，“视其为真”也就是弗雷格所说的“判定”。在JTB的知识分析中，“p为真”也就是康德说的“判定”在“客观根据”上充分。“确信p为真”则是指康德所说“判定”在“内心中有主观原因”。“得到辩护地确信”，便是康德所说的：“意识到确信应有充分根据。”可见，JTB的知识分析同康德相一致，规定了知识的充分必要条件。盖蒂尔的分析以“偶然性”来取代客观确定性，而“确定性”正是蕴含了必然性。所以，他的质疑就科学知识（康德说的“知性事情”）而言是不成立的。问题是，要使“视其为真”作为信念从“置信”转变为“确信”，也即要获致“知识”，信念就不仅要有“内心”的根据，且还得有“客观确定性的根据”。这就是说，在辩护的层面上，“内在论”是不充分的，必须诉诸“外在论”（externalism）。

把信念把捉为“可靠因果过程”，这种称为“可靠论”（reliabilism）的知识理论正是致力于把客观事物确定性纳入信念据以辩护的证据或者说理由之中。这个理论的倡导者戈德曼①指出：“非偶然性存在于在使一个命题为真的事实和相信那个命题的信念之间，应当有一个恰当的因果联系。当这种因果关系发生时，在信念和信念为真之间，就存在着一个因果链条；因而，信念之真就不只是偶然的。”② 这种因果知识论把握住了“将外部世界事实与形成信念的精神活动联系起来的因果链条。当信念为真，并且是正确地重构了外部世界图景的正确推理时，它就有资格成为知识”③。这就是说，当把客观事物的确定性作为信念的辩护理由时，这信念就必然是真信念，也即成为知识。同时，既然客观确定性成为p的内容（“正确的重构了外部世界图景的正确推理”），所以这知识具备必然真理性。

信念作为“可靠因果过程”，是指信念形成的心理因果过程能使信念处于得到辩护的状态。信念的形成是一个由证据引起的心理因果过程。客观事物以其确定性作为“证据”或理由而引起信念形成的心理过程。这里的关键在于，作为“外在理由”，“对S相信p来说，这个证据必须是以合适的方式在因果关系上对此信念负有责任”④。从证据到信念产生是一个由因及果的心理过程。所谓“以合适的方式”，是指证据应激发能给信念提供辩护即理由的信念形成心理过程。

---

① A. I. Goldman: A Causal Theory of Knowing, Journal of Philosophy, 1967, 64: 357-372.

② 戈德曼：《认识论》，载：欧阳康主编：《当代英美哲学地图》，北京：人民出版社，2005年，第194页。

③ 戈德曼：《认识论》，载：欧阳康主编：《当代英美哲学地图》，北京：人民出版社，2005年，第195页。

④ 戈德曼：《认识论》，载：欧阳康主编：《当代英美哲学地图》，北京：人民出版社，2005年，第208页。

“那么，什么样的因果过程才能提供辩护？什么样的因果过程不能提供辩护？提供或维护辩护的因果过程包括知觉（在有利的环境中）、记忆和各种各样‘合理’的推理过程。不能提供辩护的因果过程——实际上是提供不受辩护——则包括一厢情愿、基于情感形成的信念、对草率选择出来的权威的依赖等等。为什么前一类型的因果过程能提供辩护而后一类型不能提供呢？差别似乎在于它们各自的可靠性上。知觉、记忆和合理推理通常产生真信念，而一厢情愿、感情用事及权威选择上的草率通常产生虚假的信念。这就导致了过程可靠论的提出：一个信念是受到辩护的，当且仅当它是由一个通常可靠的信念形成过程形成的，或者由一系列这样的过程形成的。”① 认识者只有依据证据作为理由，发动知觉等经验直观的认识心理活动，经过这样的可靠心理因果过程，才能形成关于 p 的真信念，并且 p 是必然真理。

① 戈德曼：《认识论》，载：欧阳康主编：《当代英美哲学地图》，北京：人民出版社，2005 年，第 209 页。

第四章　科学的生存论基础：发现的哲学

狭义的也即作为哲学运动的“科学哲学”始于逻辑实证主义。当这个运动在战后复兴，一开始从波普尔的批判理性主义科学哲学就转向关注“科学发现”问题。它的后面有19世纪末20世纪初发生科学革命，以及几乎与之同时发生西方哲学转向——从形而上学转向现象学存在论——的深刻背景。总之，知识理论或者说科学哲学的展开有了“发现的脉络”。现象存在论即生存论为科学发现奠基和辩护，可以说是一种关于发现的哲学。

第一节　发现的生存论：存在和此在

从形而上学过渡到生存论，存在论所关注的乃从存在者过渡到了存在者的存在本身。与此同时，生存论揭示，认识者不只是认识论所把捉的“认识主体”，在根本上更是存在者，而且是特殊的存在者——此在（Dasein，being-there）。此在的特殊地位在于，一般存在者的存在都是对于此在而言的。从知识的观点看，“发现”正是在“存在-此在”之中展开的。这里的首要问题同样是发现的“对象”问题。生存论揭示，这对象是此在建构并被给予此在的。

一、存在者的存在和此在

存在（Being）始终是存在论（ontology）的核心范畴。它的产生标志着对万物变化中不变的东西即不变性的把捉从自然哲学演进到作为存在论的思辨哲学。形而上学始于柏拉图把Being把捉为作为类的理念，即共相或形式——超越的形式。亚里士多德作为形而上学完成者，把形而上学规定为关于“作为Being的Being”的学问，而Being则还原为substance（本体）。

现象学存在论揭示，形而上学是对巴门尼德的“倒退”，把他提出的“存在”（estin，it is）代之以存在者（das Seiende，beings）。这就是说，形而上学实际上是关于“作为存在者的存在者”的学问，而“存在本身被遗忘了”。（亚里士多德那里，连“存在者”也缺失，代换成了“本体”。）海德格尔提出，存在论应当超越存在者，成为关于存在本身的学问。

存在是存在者的存在。“存在”本身又是什么呢？海德格尔表明，存在论的基本问题应当是“为什么存在者存在而无反倒不存在”。形而上学把目光专注于“存在者”。生存论追问“无为什么不存在”，为此先要追问“存在”本身。于是探明，“存在”或者取“在场”/“无蔽”状态，或者取“不在场”/“遮蔽”状态，而“无”正是对应后一种状态。这就是说，“存在”是显现——从隐到显。总之，生存论所关注的“存在”是对“存在者”的超越。海德格尔指出这一点：“现象学是存在者的存在的科学，即存在论。”① “作为哲学基本课题的存在不是存在者的种，但却关涉每一存在者。须在更高处寻求存在的‘普遍性’。存在与存在的结构超出一切存在者之外，超出存在者的一切可能的具有存在者方式的规定性之外。存在地地道道是 transcedens［超越］。”②

重要的是，“存在”作为存在者的“显现”，是由此在决定的。此在是存在的基础、基点和取向。

这是因为，此在是特殊的存在者，而其特殊性在于，此在的存在——生存——是一般存在者的存在的根源和基础，生存是一般“存在”的意义源泉，生存是此在对自身存在的反省，并缘此去追问一般“存在”的意义。海德格尔阐明了这一点。他说：“此在是一种存在者，但并不仅仅是置于众存在者之中的一种存在者。从存在者状态上来看，这个存在者的与众不同之处在于：这个存在者为它的存在本身而存在。于是乎，此在的这一存在机制中就包含有：这个此在在它的存在中对这个存在具有存在关系。而这又是说：此在在它的存在中无论以任何一种方式、任何一种表述都领会着自身。这种存在者的情况是：它的存在是随着它的存在并通过它的存在而对它本身开展出来的。对存在的领悟本身就是此在的存在规定。此在作为存在者的与众不同之处在于：它存在论地存在。”③ “此在这样或那样地与之相关的那个存在：总之此在无论如何总要以某种方式与之相关的那个存在，我们称之为生存。这个存在者的本质规定不能靠列举与事情相关的‘什么’来进行。它的本质毋宁在于：它向来不得不去是作为它本已存在的它的存在。”④ “同其他一切存在者相比此在具有几层优先地位。第一层是存在者状态上的优先地位：这种存在者在它的存在中是通过生存得到规定的。第二层是

① 海德格尔：《存在与时间》，陈嘉映、王庆节译，北京：生活·读书·新知三联书店，1987 年，第 46 页。

② 海德格尔：《存在与时间》，陈嘉映、王庆节译，北京：生活·读书·新知三联书店，1987 年，第 47 页。

③ 海德格尔：《存在与时间》，陈嘉映、王庆节译，北京：生活·读书·新知三联书店，1987 年，第 15-16 页。

④ 海德格尔：《存在与时间》，陈嘉映、王庆节译，北京：生活·读书·新知三联书店，1987 年，第 16 页。

存在论上的优先地位：此在由于以生存为其规定性，故就它本身而言就是‘存在论的’。而作为生存之领悟的受托者，此在却又同样源始地包含有对一切非此在式的存在者的存在的领会。因而此在的第三层优先地位就在于它是使一切存在论在存在者暨存在论［ontisch-entologisch］上都得以可能的条件。”①

生存本身的基本机制是“在世界之中存在”。海德格尔就此写道：“在世界之中的存在必然是此在的先天机制。”②“若把存在领会为‘我在’的不定式，也就是说，领会为生存论环节，那么存在就意味着：居而寓于……，同……相熟悉。因此，‘在之中’是此在存在形式上的生存论术语，而这个此在具有在世界之中的本质性机制。”③ 生存的这种“在世”机制又以认识世界为基本方式。他写道：“在此在本身之中和对于此在来说，在世这一存在机制总已经以某种方式是熟知的。”④“对世界的认识通常地和唯一地作为范本代表着‘在之中’这种现象。”⑤

存在者结成的世界，它的基础，包括它的方式的基础乃系于此在、此在对自己的生存机制即“在世中”的领悟以及从而对存在的领域的领悟。海德格尔表明：“世内存在者首先向之开放的那种东西必定先行开展了。这句话说的是什么？此在的存在中包含有存在之领悟。领悟在某种领会活动之中有其存在。如果此在本质地包含有在世这种存在方式，那么对在世的领会就是此在对存在的领悟的本质内涵。世内上手的东西——向某种东西开放；那种东西的先行开展不是别的，恰是对世界之领会。而此在作为存在者总已经在对这个世界有所作为中。”⑥“只要此在存在，它就总已经让存在者作为上到手头的东西来照面。此在以自我指引的样式先行领会自身；而此在在其中领会自身的‘何所在’就是先行让存在者向之照面的‘何所向’。作为让存在者以因缘存在方式来照面的‘何所向’，自我指引着的领会的‘何所在’就是世界现象。而此在向之指引自身的‘何所向’

---

① 海德格尔：《存在与时间》，陈嘉映、王庆节译，北京：生活·读书·新知三联书店，1987年，第17-18页。

② 海德格尔：《存在与时间》，陈嘉映、王庆节译，北京：生活·读书·新知三联书店，1987年，第66页。

③ 海德格尔：《存在与时间》，陈嘉映、王庆节译，北京：生活·读书·新知三联书店，1987年，第67-68页。

④ 海德格尔：《存在与时间》，陈嘉映、王庆节译，北京：生活·读书·新知三联书店，1987年，第73页。

⑤ 海德格尔：《存在与时间》，陈嘉映、王庆节译，北京：生活·读书·新知三联书店，1987年，第73页。

⑥ 海德格尔：《存在与时间》，陈嘉映、王庆节译，北京：生活·读书·新知三联书店，1987年，第106页。

的结构，也就是构成世界之为世界的东西。”①

存在者作为“世内存在者”才能够并且就在于向此在照面、开显，让此在去认识。海德格尔说：“某个‘在世界之内的’存在者在世界之中，或说这个存在者在世；就是说，它能够领会到自己在它的‘天命’中已经同那些在它自己的世界之内同它照面的存在者的存在缚在一起了。”②“只有当存在者本来就具有‘在之中’这种存在方式，也就是说，只有当世界这样的东西由于这种存在者的‘在此’已经对它揭示开来了，这种存在者才可能接触现成存在在世界之内的东西。因为存在者只能从世界方面才可能以接触方式公开出来，进而在它的现成存在中成为可通达的。”③

二、事物本身作为存在者以纯粹本质向此在显现

形而上学专注于作为认识活动之成果的现成知识所关于的知识对象——现成存在者，并且从辩护的脉络展开去为之作分析。那里，存在者是既已被发现了的现成东西，形而上学用形式逻辑把存在者建构成“本体-现象”结构、“本体-性质”方式和“个体-类”格局。问题是，形而上学若此便遮掩了“发现”的问题：存在者如何被把捉为现成的东西。哲学要真正成为知识论、科学哲学，就必须为“发现”奠基和辩护。生存论正是如此应运而生。

生存论正是缘于彰显了生存和存在，才凸显了发现的问题并为之建立起相应的哲学理论。存在者的存在植根于此在的生存。存在者的存在就是它作为世界中的事物向此在显现。这样，要作出发现，就必须由此在去面对事物本身，因为这不是认识主体对现成存在者作知性运思（反思）的事。所以，现象学喊出了“面向事物本身”（zur Sache selbst）的口号。“事物本身”就是在此在的生存中向此在显现的存在者。这样，“我们要回到‘实事本身’上去”④。

现在要从“生存”和“存在”去把捉“事物本身”。“事物本身”是直接向“此在”开显的。“此在”不是作为知性的心智（那是认识论所把捉的“认识主体”），而是超越经验心理实体的“纯粹意识”。“事物本身”向“纯粹意识”开显同样超越现实的经验自然界。

---

① 海德格尔：《存在与时间》，陈嘉映、王庆节译，北京：生活·读书·新知三联书店，1987 年，第 106 页。

② 海德格尔：《存在与时间》，陈嘉映、王庆节译，北京：生活·读书·新知三联书店，1987 年，第 69 页。

③ 海德格尔：《存在与时间》，陈嘉映、王庆节译，北京：生活·读书·新知三联书店，1987 年，第 68-69 页。

④ 胡塞尔：《逻辑研究》，第二卷，第一部分，倪梁康译，上海：上海译文出版社，1998 年，A7/B_1 6，第 5 页。

现象学通过所谓的“先验还原”来把捉“事物本身”之作为超越的现象。胡塞尔指出：“先验现象学的现象将被描述为非实在的。其他的还原，特别是先验的还原，从赋予心理现象以实在性的以及由此赋予它们在实在‘世界’中的地位的东西中，‘纯化’了心理现象。我们的现象不应当是一门关于实在现象的本质科学，而应当是一门关于被先验还原了的现象的本质科学。”① 无疑，已有的科学知识正是对现实自然界有效的。所以，胡塞尔强调，他并非质疑和否定现实自然及其科学知识，而是为了把捉“事物本身”即超越的现象就需暂时“悬搁”（Epoché）它们，把它们“括到括弧里”（eingeklammert），“中止判断”它们。他就此写道：“在自然观点中设定的，在经验中真实存在的整个世界，即完全‘无理论地’看，被真实地经验到的，在经验的联系中完全明显地显示出来的这个世界，对我们是完全无效的，它应当不加检验，但也不加反驳地被加上括号。”②

“事物本身”是作为本质（Eidos）向此在开显的。然而，在做了“先验还原”之后，“事物本身”虽已是超越的，但却是本质和事实（Factum）不相分离的浑然一体，尽管现在事实已是作为一般的事实。因此，必须做进一步的还原，才能揭示“事物本身”是作为本质向此在显现的。这就是“本质还原”。胡塞尔说：“纯粹的或先验的现象学将不是作为事实的科学，而是作为本质的科学（作为‘艾多斯’科学）被确立；作为这样一门科学，它将专门确立无关于‘事实’的‘本质’知识。这种从心理学现象向纯粹‘本质’的还原，或就判断思想来说，从事实的（‘经验的’）一般性向‘本质的’一般性的有关还原就是本质的还原。”③ 本质还原同样是把“事实”“悬搁”起来，放进括号。

先验还原和本质还原作为现象学分析，旨在揭示生存论的原理：“事物本身”的存在在于作为本质向作为纯粹意识的此在显现，让它“看”即直观到。胡塞尔强调，这是生存论上的必然。他写道：“最初，‘本质’一词表示在一个体最独特的存在中呈现为其‘什么’（Was）的东西。然而任何这种‘什么’都可‘纳入观念’之中。经验的或个别的直观可被转化为本质看（观念化作用）——这种可能性本身不应被理解作经验的，而应被理解作本质的。于是被看者就是相应的纯粹本质或艾多斯。”④ “事物本身”作为本质存在，向此在开显，这是此在的生存所决定的，是纯粹意识所决定的，并且如后所述，是纯粹意识所建构起来的。当然，这并不影响“事物本身”作为本质的客观性。

---

① 胡塞尔：《纯粹现象学通论》，李幼蒸译，北京：商务印书馆，1997年，第45页。
② 胡塞尔：《现象学的方法》，倪梁康译，上海：上海译文出版社，1994年，第121页。
③ 胡塞尔：《纯粹现象学通论》，李幼蒸译，北京：商务印书馆，1997年，第45页。
④ 胡塞尔：《纯粹现象学通论》，李幼蒸译，北京：商务印书馆，1997年，第51页。

“事物本身”作为存在者显现的“本质”不同于存在者显现后即由形而上学所建构成的那种“本质”，这是“纯粹本质”。胡塞尔说：“本质（艾多斯）是一种新客体。正如个别的或经验的直观的所与物是一种个别的对象，本质直观的所与物是一种纯粹本质。”①

首先，“纯粹本质”是超越个别和偶然的一般、普遍和必然的东西。胡塞尔以“红”为例说明这一点。他写道：“关于红，我有一个或几个个别直观，我抓住纯粹的内在，我关注现象的还原。我除去红此外还含有的、作为能够超越地被统摄的东西，如我桌子上的一张吸墨纸的红等等；并且我纯粹直观地完成一般的红和特殊的（in specie）红的思想的意义，即从这个红或那个红中直观出的同一的一般之物；现在个别性本身不再被意指，被意指的不再是这个红或那个红，而是一般的红。”②“每一个别存在都是‘偶然的’。它如是存在着，就其本质而言它可以不如是存在。”③

其次，“纯粹本质”是“实质的”（sachhaltig）本质，也就是具有实质内容的本质。这种本质区别于形而上学以形式逻辑建构的本质，也即存在者的“本体–现象”结构中的“本体”。“本体”是本质，但它是形式，并且本体作为类也是形式。所以，这种本质称为“形式的本质”。显然，把捉“实质本质”和“形式本质”之间的区别，具有重要意义。因为，由此可以明白存在者在生存论视域和形而上学视域中的不同。

要了解实质本质和形式本质的区别，必须区别一般化（Generalisierung）和形式化（Formalisierung），连带也必须区分“特殊化”和“非形式化”。“一般化”是实质本质从种到属的上升（属中包含着种），而“特殊化”（Besonderung）则沿相反方向。“形式化”则是实质物（Sachhaltigem）变成空的（leer）形式本质，而“非形式化”则是空形式被充实为实质物即事物化（Versachlichung）。胡塞尔表明了这一根本区别。他说：“人们应该明确地把一般化和特殊化的关系与纯逻辑形式中的实质物和普遍化之间的，或反过来说逻辑形式和事物化之间的本质上不同种类的关系加以区分。换言之，一般化完全不同于在（例如）数学分析中起着如此大作用的形式化；而特殊化也完全不同于非形式化，后者是对一种逻辑数学的空形式或对一种形式真理的‘充实’。因此，一种本质对一种纯逻辑本质的形式普遍性的从属性，不应被误认为是一种本质对其较高本质属的从属性。因此例如，三角形本质从属于空间形式这个最高属；红本质从属于

① 胡塞尔：《纯粹现象学通论》，李幼蒸译，北京：商务印书馆，1997年，第52页。

② 胡塞尔：《现象学的观念》，倪梁康译，上海：上海译文出版社，1986年，第49-50页。

③ 胡塞尔：《纯粹现象学通论》，李幼蒸译，北京：商务印书馆，1997年，第49-50页。

感官性质这个最高属。另一方面，红，三角，同样还有其他一切本质，不论同类异类，都从属于范畴名称‘本质’之下，它相对于它们全体而言绝不具有一种本质属的特性；确切说它不具有与它们任何一个相关的特性。把‘本质’看作实质性本质属，其错误也许正如把一般对象（某种空的东西）错误地解释成与各种对象相关的属，因此自然地简单解释成唯一一种最高属，即一切属之属。相反，形式本体论的一切范畴应被表示为本质的单个体，它们在本质中有其最高属——‘形式本体论的一般范畴’。”①

三、纯粹本质作为发现的对象被给予此在

科学发现在于此在以纯粹意识去认识特定领域“事物本身”所显现的本质事态。爱因斯坦从科学实践中洞见这条发现的原理。他说：“相信世界在本质上是有秩序的和可认识的这一信念，是一切科学工作的基础。”② “我没有找到一个比‘宗教的’这个词更好的词汇来表达［我们］对实在（Realität）的理性本质的信赖（vertrauen）”。③ “从经验材料到逻辑演绎以之为基础的普遍原理，在这两者之间并没有一条逻辑的道路，”④ “我们就只能用思辨的方法来把握它。”⑤ 生存论正是为发现的原理做进一步的哲学奠基和辩护。

“事物本身”乃以纯粹本质向此在显现。这种“实质本质”是在“纯粹现象”中向纯粹意识的纯直观显现的。这种纯粹本质是一种观念的东西，就是说，本质是作为“观念一般”而内在地给予作为纯粹意识的此在的。胡塞尔指出，纯粹本质是“观念化的抽象，在这种抽象中，被意识到、成为现时被给予的不是那个不独立的因素，而是这个客体的‘观念’、它的普遍之物。”⑥ “普遍之物自身被给予我们；我们并像在对普遍名称之单纯理解的情况中那样，只是以单纯符号性的方式来思考它，而是把握它，观视（ershauen）它。也就是说，在这里，关于直观的说法，并且更切近地说，关于对普遍之物的感知之说法确实是一个完

---

① 胡塞尔：《纯粹现象学通论》，李幼蒸译，北京：商务印书馆，1997 年，第 66-67 页。

② 爱因斯坦：《爱因斯坦文集》，第一卷，许良英、范岱年编译，北京：商务印书馆，1976 年，第 284 页。

③ 爱因斯坦：《爱因斯坦文集》，第一卷，许良英、范岱年编译，北京：商务印书馆，1976 年，第 525-526 页。

④ 爱因斯坦：《爱因斯坦文集》，第三卷，许良英、赵中立、张宣三编译，北京：商务印书馆，1979 年，第 490 页。

⑤ 爱因斯坦：《爱因斯坦文集》，第一卷，许良英、范岱年编译，北京：商务印书馆，1976 年，第 292 页。

⑥ 胡塞尔：《逻辑研究》，第二卷，第二部分，倪梁康译，上海：上海译文出版社，1998 年，A634/$B_2$162，第 162 页。

全合理的说法。”①

事物本身作为纯粹本质，其存在在于在纯粹现象中向此在开显，此在的生存的认识结构就在于把这开显转成事物本身作为发现的对象的“被给予性”，而被给予在于被建构。这就是说，事物本身在纯粹现象中被给予纯粹意识，在这被给予中被后者建构为发现的对象——作为观念一般的纯粹本质。此在的生存就在于建构对象。胡塞尔就此写道：“在对纯粹现象的直观中，对象不在认识之外，不在‘意识’之外并且同时是在一个纯粹被直观之物的绝对自身被给予性意义上被给予。”②“在笛卡儿的领域中，各种对象就已经在‘构造’自身，而构造活动说明，内在的被给予性并不像它最初所显示的那样简单地在意识之中，就像在一个盒子中一样，相反，它们在‘现象’中显示自己，这些现象本身不是对象，并且不实在地包含对象；如果在这里为了使被称为‘被给予性’的东西得以出现而需要这种形成和构造的现象，那么这些现象就在其变化的和非常奇特的结构中，在某种意义上为自我创造对象。”③“只有在认识中才能完全根据对象所有的基本形态来研究这对象的本质，只有在认识中它才是被给予的，它才能被明证地直观。这种明证的直观本身就是最确切意义上的认识；而对象不是一个像藏在口袋里一样的藏在认识中的东西，好像认识是一个到处都同样空洞的形式，是一个空口袋，在里面这次装进这个，下次装进那个。相反我们认为被给予性就是：对象在认识中构造自身，对象有如此之多的基本形态须予以区分，给予的认识行为和认识行为的集合、联系也有如此之多的基本形态须予以区分。而认识行为，进一步说，即思维行为，它们完全不是无联系的个别性，它们并非无联系地在意识流中来来去去。……它们本身是构造对象的；它们在逻辑上联结非真正给予性的行为和真正给予性的行为，纯想象行为或者毋宁说纯信念行为和了解行为，并且联结杂多的与对象有关的行为，无论它是直观的思维或是非直观的思维。”④

总之，此在的在世生存作为认识行为就在于把对象建构为观念一般。胡塞尔举例说明：“单纯想象的‘红’、‘三角’在种类上也就是在感知中的‘红’、‘三角’。普遍性意识既可以建造在感知的基础上，也可以建造在共形的想象之基础上，而一旦它得以建造，普遍之物、‘红’的观念、‘三角’的观念便被自身把握到，它以一个唯一的方式被直观到，对这种方式无法做图像和原本的区

① 胡塞尔：《逻辑研究》，第二卷，第二部分，倪梁康译，上海：上海译文出版社，1998 年，A634/$B_2$162-163，第 162 页。

② 胡塞尔：《现象学的观念》，倪梁康译，上海：上海译文出版社，1986 年，第 39 页。

③ 胡塞尔：《现象学的观念》，倪梁康译，上海：上海译文出版社，1986 年，第 60 页。

④ 胡塞尔：《现象学的观念》，倪梁康译，上海：上海译文出版社，1986 年，第 63-64 页。

分。"[①] 显然，事物本身的存在因着此在的生存而在于作为纯粹本质即"观念一般"被给予纯粹意识。

这里有必要对事物本身、存在者、实质本质和形式本质的关系做一探讨。首先，它们的关系乃与它们同此在和认识主体的关系本质相关。事物本身是作为存在者向此在开显的。在这开显之中，存在者被此在建构为实质本质而给予此在。此在以纯粹意识发现这实质本质。后者被作为特定领域的基本原理即公理。在此基础上，认识主体以知性对基于实质的公理作纯粹思维，建构起形式本质，同时把现象和经验从括号中放出来，从而把开显后的存在者建构为呈"本体（形式的）-现象"结构的现成东西。施太格缪勒表明了这一点，他写道："每一个领域（如自然、人类、历史）都是与它有关的特殊的关于本质的科学的对象或实质本体论的对象。实质本体论是严格先验的学问，并且处处都应该成为建立在相同的对象领域上的经验科学的基础。它的任务就是描述有关领域中的直接自明的本质事态，使这一本质事态隶属于最高的本质的类或范畴（如物体性、空间性、因果性等等），并且推导出以本质事态为基础的自明性命题（领域的公理）。在领域的本体论上，必须有作为更为基础的科学的形式本体论，形式本体论把所有以'一般对象'这个本质为基础的形式范畴和其中所包含的自明的普遍命题（普遍公理）明确地提出来。"[②]

第二节　发现的认识论：纯粹意识的意向体验

发现的对象由此在建构，所以，在发现的哲学中，认识论（胡塞尔称为"理性认识论"）占据中心地位。作为认识主体，心智以知性和感性去把捉对象。在此在的发现活动中，心智乃作为纯粹意识，而纯粹意识以意向体验建构对象。认识主体以纯粹直观和纯粹思维作用于对象。与此构成某种对应，纯粹意识以意向体验作用于作为对象的纯粹本质。总之，"纯粹意识的意向体验"是"发现认识论"名下最关键之词。

一、生存论的心智转向

从认识论向方法论过渡之际发生"语言转向"。哲学作为知识论向前进，要从生存论给"发现"奠基，就必须继笛卡儿再次作"心智转向"。生存论揭示，

① 胡塞尔：《逻辑研究》，第二卷，第二部分，倪梁康译，上海：上海译文出版社，1998 年，A635/$B_2$163，第 163 页。

② 施太格缪勒：《当代哲学主流》，上卷，王炳文等译，北京：商务印书馆，1989 年，第 109-110 页。

“发现”的底蕴在于此在作为心智使事物本身作为存在者被认识，而如上所述，存在者是作为观念一般的实质本质。实质本质作为观念一般是意义的东西，而这意义正是由心智（意识）授予的。胡塞尔表明，心智和存在者之间的这种本质关联决定了心智作为理性即纯粹意识是发现认识论（他亦称之为“真正的认识论”）的主题。他说：“理性与一切存有者之间存在着最深刻的本质联系。直到这个在意识中日渐显露出来的世界问题、这个一切谜中之谜最终成为被实际加以探讨的课题之前，理性和它的存有者始终是不可思议的——理性从自身出发赋予存有者的世界以意义；反过来，世界通过理性而成为存有者的世界。”① “在这里，理性是‘绝对的’、‘永恒的’、‘超越时间的’、‘无条件的’有效的理念和理想的称号。”② “显然，理性是认识论（指真正的认识论，即理性的认识论）的主题。”③ 因为，这样一来，“一切客观知识的最底下的一层，即迄今为止的一切科学认识的基础，一切关于‘这个’世界的科学认识的基础，第一次在认识的批判方面被加以质疑。”④ 所以说：“这里预示着真正伟大的、甚至真正最伟大的东西。终有一天它将在经历了一切错误和混淆之后站出来作为任何真正的哲学的‘阿基米德点’。”⑤

另一方面，沿着方法论层面语言转向发展，语言哲学作为意义理论也走向引发再次的“心智转向”。当初语言转向的动力在于以为对于知识而言，语言比心智更为基本，因为知识是语言的意义。诚然，就辩护的脉络而言，这样把捉知识和语言的关系，是成立的。然而，随着语言哲学深入发展，进展到探究语言意义的源泉，发觉意义是由心智以意向性给予的。这就引发了语言哲学的心智转向。塞尔称之为“心智的再发现”（the rediscovery of the mind）。他在1992年写道：“差不多20年前，我开始研究心灵哲学中的问题。我需要意向性概念为我的言语行为理论提供基础，并完成该理论。我认为语言哲学是心灵哲学的分支，所以如果没有关于心灵和语言的联系以及意义——语言要素的‘派生意向性’——如何以生物学上更基本的心灵/脑的‘内在意向性’（intrinsic intentionality）为基础的解释，那么关于语言的理论是不完备的。”⑥

显然，这两股“心智转向”思潮在根本上是内洽和相通的。实质本质作为意义来源于作为理性的纯粹意识。意义又一般地拜心智所赐。真可谓殊途而同

① 胡塞尔：《欧洲科学危机和超验现象学》，张庆熊译，上海：上海译文出版社，1988年，第15页。
② 胡塞尔：《欧洲科学危机和超验现象学》，张庆熊译，上海：上海译文出版社，1988年，第9页。
③ 胡塞尔：《欧洲科学危机和超验现象学》，张庆熊译，上海：上海译文出版社，1988年，第9页。
④ 胡塞尔：《欧洲科学危机和超验现象学》，张庆熊译，上海：上海译文出版社，1988年，第90页。
⑤ 胡塞尔：《欧洲科学危机和超验现象学》，张庆熊译，上海：上海译文出版社，1988年，第96页。
⑥ 塞尔：《心灵的再发现》，王巍译，北京：中国人民大学出版社，2005年，第1-2页。

归。特别是，两者共同地以意识的“意向性”作为支点。

二、纯粹意识作为发现的主体

“实际上是从笛卡儿起，开始了一种哲学研究的全新方式，这种哲学研究的方式是在主观性中寻求它的最终根据。”① 那次心智转向让康德找到与现成存在者对应的认识主体——知性作为知识的源泉。这次心智转向要找到作为知识的真正根源——发现的主体，后者作为此在与存在本身相对应。这就是“纯粹意识”。胡塞尔同样通过“现象学还原”把它揭示出来。他表明：“要实行‘现象学还原’。换句话说，不是素朴地实行属于我们的、构成自然的意识的、具有其超验设定的行为，并让我们被诸设定之内潜在的动机所引导去实行更新的超验设定——相反，我们使所有这些设定‘失去作用’，我们并不介入它们；我们使把握的和理论上探索的目光指向在其自身绝对独特存在中的纯意识。这就是所探索的余留下来的‘现象学剩余’，虽然我们已‘排除’了包含一切物、生物、人、我们自己在内的整个世界，严格说，我们并未失去任何东西，而只是得到了整个绝对存在，如果我们正确理解的话，它在自身内包含着、‘构成着’一切世界的超验存在。”② 胡塞尔强调发掘纯粹意识工作的认识论性质。他说：“这整个过程也具有认识论的特征，即它是一种研究自我如何在理性的意向性中（通过理性的活动）产生客观的认识。”③

纯粹意识并不是实体，而是功能或作用。这就是“意向体验”。纯粹意识总是关于某个对象的即总是意指某个对象的，所以意识作为体验总是意向性的。这样，要明白作为先验纯粹自我的纯粹意识——发现的主体，就要“研究属于这个自我的活动、能力以及它通过这些活动和能力所产生的作为意向的成就的东西。”④

意向体验有着二元结构即“意向作用（noesis）-意向对象（noema）”结构。它们对应着“活动和能力”以及前者产生的“意向成就”。胡塞尔从与笛卡儿的自我的某种类比来把捉此二元结构。他说：“意向性的另一种表达式为‘思的活动’（cogitatio），例如在经验、思想、情感、意愿等中意识地对某种东西的拥有（etwas Bewuβthaben），因为每一个思的活动都有它的所思（cogitatum）。”⑤ 这就是说，这二元大致与“思的活动”和“所思”相当。

---

① 胡塞尔：《欧洲科学危机和超验现象学》，张庆熊译，上海：上海译文出版社，1988年，第97页。

② 胡塞尔：《纯粹现象学通论》，李幼蒸译，北京：商务印书馆，1997年，第136页。

③ 胡塞尔：《欧洲科学危机和超验现象学》，张庆熊译，上海：上海译文出版社，1988年，第99页。

④ 胡塞尔：《欧洲科学危机和超验现象学》，张庆熊译，上海：上海译文出版社，1988年，第98页。

⑤ 胡塞尔：《欧洲科学危机和超验现象学》，张庆熊译，上海：上海译文出版社，1988年，第99页。

“意向作用”是纯粹意识的意向活动，具有给出作为其成就的意义的功能。“意向对象”是意向作用进行建构的成就，是意向作用的对象和内容。它是意向体验的意向作用所意指和拥有的东西，是“当我们纯粹地探询这个体验本身时由此体验向我们提供的东西。”① 它是意向作用提供的作为意义的东西。值得指出，noema 常译为“意向相关项”，仔细玩味，这个译名失诸弄巧成拙。noema 是意向体验之作为活动所意指和拥有的作为意义的东西。

三、本质直观把纯粹本质作为对象给予意向体验

认识主体以感性去直观对象，把后者呈现给知性。直观对于纯粹意识作为发现的主体而言，更具根本的重要性。发现首先就在于纯粹意识直观作为纯粹本质的事物本身，然后有如现象之被呈现于知性，把它作为对象给予意向体验。正因为这个原故，胡塞尔强调，直观是发现认识论的最高原则。他说：“没有任何可想象出的理论会使我们误解如下这一切原则之原则：即每一种原初给予的直观都是认识的合法源泉，在直观中原初地（可说是在其机体的现实中）给予我们的东西，只应按如其被给予的那样，而且也只在它在此被给予的限度之内被理解。”②

与感性直观不同，纯粹意识的直观是理智、思想的“看”，故称为“抽象直观”或“范畴直观”，同时是对作为本质的东西的直观，故又称为“普遍直观”或“本质直观”。总之，胡塞尔认为，这是现象学对“直观”的扩展。他说，它提出了“一个新的直观概念”③，后者是“对原初的感性概念，即对直观和感知这两个概念的不可或缺的扩展，这种扩展使得我们有权探讨范畴直观，特别是有权谈论普遍直观。”④

本质直观是纯粹意识对实质本质的“看”。“正如个别的或经验的直观的所予物是一种个别的对象，本质直观的所予物是一种纯粹本质。”⑤ 本质直观要以对个别事实的感性直观为基础。这是因为，“当我们说，任何事实‘按其自身本质’可以是其他样子时，我们已经是在说，每一偶然事物按其意义已具有一种可

---

① 胡塞尔：《纯粹现象学通论》，李幼蒸译，北京：商务印书馆，1997 年，第 224 页。

② 胡塞尔：《纯粹现象学通论》，李幼蒸译，北京：商务印书馆，1997 年，第 84 页。

③ 胡塞尔：《逻辑研究》，第二卷，第一部分，倪梁康译，上海：上海译文出版社，1998 年，A172/$B_1$174，第 184 页。

④ 胡塞尔：《逻辑研究》，第二卷，第二部分，倪梁康译，上海：上海译文出版社，1998 年，A477/$B_2$5-A478/$B_2$6，第 5 页。

⑤ 胡塞尔：《纯粹现象学通论》，李幼蒸译，北京：商务印书馆，1997 年，第 52 页。

被纯粹把握的本质，并因而具有一种艾多斯可被归入种种一般性等级的本质真理。”① 纯粹意识借助想象来从个别直观达致对本质的“看”。“例如对一张红纸的感知，为我们提供了一个出发点，一个‘前像’（Vorbild）之后，想象便在以后的操作中起着主导作用。我们可以根据这个经验进行自由的想象，也就是说，可以创造出任意多的‘后像’（Nachbild），即任意多的与‘前像’相关的‘变项’。譬如我们设想各种各样的事物，在此同时关注这些事物中的那个在‘前像’中已经引起我们兴趣的红的因素。这个红的因素是在‘后像’中的共同之物，或者说，是变项之中的‘常项’，它就意味着普遍的红，即红的‘艾多斯’、本质的红。”②

本质直观乃通过“观念化”（Ideation）把向纯粹意识开显的事物本身建构为作为观念的东西即观念一般的“实质本质”。显然，这里昭示了知识的主观性方面：知识是关于事物本身的，但却是主体以意识创造的。胡塞尔揭示，所谓“休谟问题”，其底蕴正在于此。他指出：“与我们的生活连结在一起的世界的确定性（这不仅指日常世界的确定性，而且也是指基于这种日常世界的高深的理论构造的确定性）的素朴的不言自喻性如何才能成为可理解的？”③ “这种把世界本身主观化了的最彻底的主观主义如何才是可理解的呢？这个世界的存有是通过主观的创造活动所产生出来的存有，这是如此自明，以致任何一种其他的世界都是根本不可思议的。有关这样一个世界的谜，是在最深刻和最根本的意义上的世界之谜。这个谜并且只有这个谜才是休谟的问题。”④ 胡塞尔可以说对休谟问题做了深刻精辟的“回答”。本质是观念化把捉的东西。这样，事物实在因其本质而总是依从纯粹意识，总是向它开显而被它表象。所以，胡塞尔说：“现实［实在（Realität）——引者］，单一物的现实和整个世界的现实，都由于其本质（在我们对这个词严格规定的意义上）而失去其独立性。现实本身不是某种绝对物并间接地与其它绝对物相联系，其实在绝对意义上它什么也不是，它没有任何‘绝对本质’，它有关于某种事物的本质性，这种事物必然只是意向性的，只是被意识者，在意识中被表象者和显现者。”⑤ 本质固然是事物本身所有的，但它作为观念化的产物又是意识的创造物，因而依从直观。

① 胡塞尔：《纯粹现象学通论》，李幼蒸译，北京：商务印书馆，1997年，第50页。

② 倪梁康：《胡塞尔现象学概念通释》，北京：生活·读书·新知三联书店，1999年，第474页。

③ 胡塞尔：《欧洲科学危机和超验现象学》，张庆熊译，上海：上海译文出版社，1988年，第115页。

④ 胡塞尔：《欧洲科学危机和超验现象学》，张庆熊译，上海：上海译文出版社，1988年，第116页。

⑤ 胡塞尔：《纯粹现象学通论》，李幼蒸译，北京：商务印书馆，1997年，第135页。

本质直观另一条基本原理是明见性[①]。这是对本质直观的直观性即它作为意识的“观看”的强调和张扬。因此，本质直观的明见性，首先在于它之作为“感知”，即具有如同经验感知那样的直观性。胡塞尔说：“明见性（如果将感知的概念加以足够的扩展）就是感知，而严格的明见性就是对真理的相即感知。”[②]其次，本质直观的明见性在于对象直接地被给予纯粹意识。“明见性实际上就是这个直观的、直接和相应地自身把握的意识，它无非意味着相应的自身被给予性。”[③] 缘于明见性，本质直观“限制在那些完全在其被意指的意义上被给予之物和在最严格意义上自身被给予之物的领域内，以至于被意指之物中没有什么东西不是被给予的。”[④] 最后，本质直观的明见性还在于根绝知性，保持纯理性。胡塞尔指出：“直观的认识是这样一种理性，它打算将知性也变成理性。知性在这里不容置喙。”[⑤]　“知性要尽可能少，但直观要尽可能纯［无知性的直观（intuitio sine comprehensione）］。”[⑥]

四、意向作用把对象客体化为意向对象

康德把认识主体（确切说来是知性）把握为知识的源泉，显然这只是方法论意义上的。纯粹意识作为发现的主体，则可以说是知识“真正的”源泉（套用胡塞尔所谓“真正的认识论”此一用语）。这从知识作为意义的层面来看尤为清楚。纯粹意识才是意义的“生产者”。“认识主体”作为知性只是在对意义做指号学的处理，说到底，这里是“形式”对于“实质”的关系，后者是“皮”，前者是“毛”，皮存毛附。

纯粹意识作为发现的主体创生意义而作出发现，这是从本质直观到意向体验所完成的过程。本质直观把对象给予纯粹意识，也就是给予意向体验。意向体验以上述“意向作用-意向对象”的二元结构对对象即纯粹本质进行运作。这种运作在于以意向作用把作为纯粹本质的对象建构成意向对象，而意向对象即是观念化的客体（即指云特定的给予对象），又是对这对象的实质表象。从意义层面来说，意向对象的这两个方面构成指云（Bedeutung）-涵义（Sinn）结构，也就是

---

① 原文（德文）为 Evidenz，常译为“明证性”。Evidenz 意为“明显、显而易见”，并无英文词 evidence 即“证据、证明”的语义。所以，“明证性”是对 Evidenz 的误译，也不符合胡塞尔对这个词的用法。对应于英文词 evidence 的德文词是 Zeugnis。

② 胡塞尔：《逻辑研究》，第二卷，第二部分，倪梁康译，上海：上海译文出版社，1998 年，A594/$B_2$122，第 122 页。

③ 胡塞尔：《现象学的观念》，倪梁康译，上海：上海译文出版社，1986 年，第 51 页。

④ 胡塞尔：《现象学的观念》，倪梁康译，上海：上海译文出版社，1986 年，第 53 页。

⑤ 胡塞尔：《现象学的观念》，倪梁康译，上海：上海译文出版社，1986 年，第 55 页。

⑥ 胡塞尔：《现象学的观念》，倪梁康译，上海：上海译文出版社，1986 年，第 55 页。

说，意向对象既指云作为实质本质的特定对象，又表达各该对象的涵义。

这里先讨论前一方面：意向作用把对象客体化（Objektivation）为意向对象。

意识对象要成为发现的产物，首先要使意向对象意指某个特定对象。胡塞尔强调了这个问题的重要性："杂多的感知或显现如何能够使同一个对象'显现出来'，以致于它对它们本身来说以及对那个联结着它们的统一性意识或同一性意识来说可以是'同一个'，这是一个只有通过现象学的本质研究才能得到澄清和回答的问题。"① 现象学表明，意向体验（作为纯粹意识的"知觉"）根本上在于使"意向对象"作为"统一体"而意指并复现客体。胡塞尔说："属于知觉固有本质的东西是，具有'它的'对象，并将其作为某种意向对象组成的统一体而具有此对象，此意向对象组成对于'同一'对象的其它知觉永远是不同的、但本质上却永远是被规定的东西。"② 这里专门讨论意指客体的问题。

意向对象之所以能作为统一体而意指客体，是意向体验的两个结构元共同作用的结果。

从"意向作用"这一结构元或这一侧来说，它本质地具有意指客体的功能。胡塞尔表明了这一点："意向的体验是对某物的意识，而且这是由于它的本质而如此。……每一种意向性体验由于其意向作用的因素都正好是意向作用的；其本质正在于在自身内包含某种象'意义'或多重意义的东西，并依据此意义给与作用和与此一致地实行其它功能，这些功能正因此意义给与作用而成为'充满意义的'。这类意向作用因素是（例如），纯粹自我的目光指向针对着由于意义给与作用而被自我'意指的'对象，针对着对自我来说'内在于意义'的对象；还有，把握此对象，当目光转向在'意指过程'中出现的其它对象时紧握住它。"③

意向作用的意指作用构成意向对象的核心，而意向对象作为关于客体的意义（涵义）复合体（由之复现客体）正以此核心作为"载体"。胡塞尔说："我们用有关意识对其对象物的关系（尤其是'指向'关系）的语言指意向对象的最内在因素。……这个东西可以说构成了必要的中心核点，并起着该核的意向对象独特性'载者'的作用，即'所指者本身'在意向对象侧被变样的独特性的载者。"④

从语言意义层面来说，意向对象作为意向体验之意指的客体，是由谓词所述谓的"主词"。谓词（即作为涵义，意向对象用它们构成复合体去复现客体）可

① 胡塞尔：《哲学作为严格的科学》，倪梁康译，北京：商务印书馆，1999年，第38页。

② 胡塞尔：《纯粹现象学通论》，李幼蒸译，北京：商务印书馆，1997年，第248页。

③ 胡塞尔：《纯粹现象学通论》，李幼蒸译，北京：商务印书馆，1997年，第223-224页。

④ 胡塞尔：《纯粹现象学通论》，李幼蒸译，北京：商务印书馆，1997年，第315页。

以变化，但主词即所指客体保持同一。胡塞尔阐明了这一点："意向客体是在连续的或综合的意识过程中被连续地意识的，但不断'不同地呈现'自己；它是'同一的'；它只是在具有一个不同的规定内容的其它谓词中呈现；'它'只从不同侧面显示自己，接着尚未被规定的谓词变成更详细地被规定的……如果这种情况永远被理解作任何被意指物本身的意向对象的描述，而且如果这个描述，象任何时间都可能的那样，被完全充分地完成，那么这个同一的意向的'对象'显然区别于改变着的和可改变的'谓词'。它作为中心的意向对象因素被分离出来：'对象'，'客体'，'同一物'，'其可能谓词的可规定的主体'——在抽离出一切谓词后的纯 X——，而且它与这些谓词，或准确说，与谓词意向对象（Prädikatnoemen）分离。"①

五、意向作用使意向对象成为对对象的实质表象

意向体验以意向作用把直观所给予的对象建构为意指这对象的客体，后者作为意向作用的成就便是意向对象。意向对象包含二元结构：核心和依附于它的涵义。凭着前者，意向对象结成统一体而指云作为客体的对象。意向对象又是由这核心承载的涵义的复合体，由此复现所指云的客体。当然，这种复现亦是意向作用所使然。

纯粹直观把作为客体的事物本身构造为实质本质并给予意向体验作为对象。这样给予的对象是意向作用的材料，意向作用把这种材料建构为意向对象的"内容"，这内容是意义复合体，它意指作为对象的客体并"描述"即复现后者。胡塞尔表明了这一点，他写道："在一切情况下，真实的意向作用内容的多样化的材料永远对应着这样的材料复合体，即它可在现实的纯粹直观中，在相关的'意向对象内容'中，或简单说，在'意向对象'（Noema）中被显示。"② 意向对象以其内容显示作为客体的"材料"，也就是以之复现意向体验所认识的客体。意向对象的内容是"涵义"，意向对象以之意指即关于并复现作为对象的客体。应该"认识到，在'内容'和'对象'之间的区别不仅是为'意识'做出，为意向体验做出，而且也是为意向对象本身做出。因此意向对象也是相关于一个对象并具有一个'内容'，'借助'这个内容它与对象相关。"③ "我们把'意义'（Sinn）理解作内容，关于意义我们说，意识在意义内或通过意义相关于某种作为'意识的'对象的对象物。……每一意向对象都有一个'内容'，即它的'意

① 胡塞尔：《纯粹现象学通论》，李幼蒸译，北京：商务印书馆，1997 年，第 317 页。
② 胡塞尔：《纯粹现象学通论》，李幼蒸译，北京：商务印书馆，1997 年，第 224 页。
③ 胡塞尔：《纯粹现象学通论》，李幼蒸译，北京：商务印书馆，1997 年，第 315 页。

义’，并通过意义相关于‘它的’对象。”① 总之，“意识与一个对象的关系这个现象学问题，首先有其意向对象侧。意向对象本身在自身中，即通过它自己的意义，有对象性关系。”②

意向对象把所意指的客体作为“纯X”纳入自身之中。这样，意向对象作为对客体的复现便在于由意向作用把涵义复合体赋予纯X——主词，换句话说，授义作用就是述谓作用——给予纯X以谓词。述谓是对主词或者说主体加以规定。

意向对象作为对客体的复现，是对作为客体的“事物本身”即其实质本质的表象。显然，跟认识主体的形式表象之于存在者的形式本质一样，意向对象作为对实质本质的表象亦为实质表象。意向对象作为涵义复合体总是把包含一定规定内容的谓词去述谓纯X即特定的意向客体，而这个特定的涵义复合体便是对这个意向客体的特定表象。

表象是意向对象的意向性。它不同于意向作用的意向性，它总是停留于意向客体之上，并固定于其上。胡塞尔说：“每一意向对象层级都是一‘对’其下层级的所与物的‘表象’。然而‘表象’在此不意指表象体验，而且‘对’一词在此不表示意识和意识客体的关系。它似乎是一种与意向作用的意向性相对立的意向对象的意向性。前者在自身中包含着后者作为其意识相关物，而且其意向性以某种方式贯穿过意向对象意向性的方向线。当我们让一种自我的注意目光指向意识对象时，这就变得更清楚了。于是自我目光贯穿过了诸层级序列的意向对象——直到最终层级的客体，它没有贯穿过这个最终层级客体，而是固定于其上。然而目光也可从一个层级移向另一个层级，它不是贯穿一切层级，而是可以指向每一层级上的所与物，并固定于其上，或者说在‘直接的’或反思的目光方向上。”③ 这就是说，表象同样是纯粹意识的意向性功能，不过是意向对象专有的意向性。

意向对象是对意向客体的表象，若此，对同一个“纯X”，可以不断有新的不同的表象。于是，意向体验作为表象，构成“无限的‘体验流’”④。

这里有必要研讨一下事物本身、实质本质和物自体的关系。物自体作为事物本身向理性（与知性相对）开显，被理性建构为实质本质。纯粹意识以理性发现实质本质。从这个意义上说，物自体是可以认识的。康德也曾表明，物自体乃与理性相对接。当然，这种认识没有止境。“无限体验流”正是透露这个消息。顺便指出，理性的认识论和感性-知性的认识论，它们的原理显然具有对应性，

① 胡塞尔：《纯粹现象学通论》，李幼蒸译，北京：商务印书馆，1997年，第313页。
② 胡塞尔：《纯粹现象学通论》，李幼蒸译，北京：商务印书馆，1997年，第312页。
③ 胡塞尔：《纯粹现象学通论》，李幼蒸译，北京：商务印书馆，1997年，第256页。
④ 胡塞尔：《纯粹现象学通论》，李幼蒸译，北京：商务印书馆，1997年，第205页。

而这缘于实质本质和形式本质同为存在者所有。

第三节　发现的认知理论

认知科学今天已然蔚为大观，成为由诸多学科和跨学科研究组成的学科群。诚然，它包括广阔的研究题材范围。不过，说科学发现是它的核心论题，怕是虽不中亦不远矣。其实，狭义说来，认知科学正是指认知心理学。

逻辑实证主义提出，科学发现是心理学研究的对象。有幸而言中。库恩的科学哲学历史主义作为向发现研究的转向，正是倡导“发现的心理学”。作为后库恩科学哲学主要发展路线之一，认知科学正是把发现作为认知心理研究的主要问题。

认知科学对发现心理的研究采取自然主义的或自然化的进路，也即把发现心理作为自然现象去研究，因而这种研究本身就有如一门自然科学。正是缘于对心智的这种经验探究，心智的认知理论对于现象学的发现认识论（它对纯粹意识采取先验的进路）提供了支撑。这就是说，有赖于此，在发现的脉络中，心智呈现“先验纯粹意识-经验心理”二元结构。

一、心理内容：意向体验的心理基础

认知心理学虽说是自然化的，但带有浓重哲学意味，尤其同心智哲学相融合。这在“心理内容”的研究上表现尤为显著。

所谓“经验心理”，是指作为知觉经验的心理现象。从认知来说，心理现象是“命题态度”（propositional attitude），它对某个命题抱持某种态度。作为命题态度，心理现象对之抱持一定态度的那个命题便是心理内容（mental content）。

对心智之认知状态的如此把捉，关键在于设定存在“心理语言”①，它不同于自然语言，与之相对峙，并且，相应地也有心理语言意义。这样，心理内容也就是作态度之宾语从句的心理语句（“that-从句”）的意义。显然，心理现象拥有心理内容，乃心理语言的语义性（semanticity）所使然。

---

① 爱因斯坦对进行“发现”活动的心理语言作了这样说明：“写下来的词句或说出来的语言在我的思维机制里似乎不起任何作用。那些似乎可用来作为思维元素的心理实体，是一些能够‘随意地’使之再现并且结合起来的符号和多少有点清晰的印象。当然，在那些元素和有关的逻辑概念之间有着某种联系。也很清楚，希望在最后得到逻辑上相联系的概念这一愿望，就是用上述元素进行这种相当模糊活动的情绪上的基础。但是从心理学的观点来看，在创造性思维同语词或其他可以与别人交往的符号的逻辑构造之间有任何联系之前，这种结合的活动似乎就是创造性思维的基本特征。对我来说，上述那些元素是视觉型的，也有一些是肌肉型的。”（爱因斯坦：《爱因斯坦文集》，第一卷，许良英、范岱年编译，北京：商务印书馆，1976 年，第 416-417 页）

现象学把捉到纯粹意识的“意向体验”，后者昭示自然语言的语义根源于纯粹意识体验活动的意向性。现在认知理论表明，意向性又根源于经验心理的内容即语义性。“当代意向性研究发端于布伦塔诺（F. Brentano），因此人们通常把意向性问题称为‘布伦塔诺问题’。他在借鉴前人思想的基础上，从世界观的高度对它进行了思考。他认为，世界上的现象可以划分为物理现象和心理现象两大类，但两者的根本区别不是前人所说的是否有广延、是否能思等，而是有无意向性。他说：‘我们可以这样给心理现象下定义，即心理现象是那种在自身中以意向的方式涉及对象的现象。’但是，心理现象为什么具有他物所不具有的意向性呢？为什么能在自身中指向、涉及外在的对象呢？这些问题本身就意味着意向性不是心理现象最根本的、不可还原的属性。事实上，心智哲学近年来的研究也表明：心理状态是由于具有特定的心理内容或语义性，才具有意向性的。福多（J. Fodor）说：‘关于心理的表征①理论的战略就是主张：心理状态的意向属性根源于心理表征的语义属性。’后者才是心理状态的不可还原的属性。”②

心理现象之所以具有内容，乃缘于它以“关于性”（aboutness）为根本特性。“心理内容总是关于它之外的存在或不存在的东西。而人之外的万物如高山、石块等却不能有意识地关于什么。虽然有的自然事物在象征、比喻意义上也表现、关于什么，如图画、句子、起象征作用的事物（云彩、树的年轮等）。但它们的象征、表现从根本上说源于人类心智的作用。例如一只蚂蚁在沙滩上爬过的痕迹碰巧像华盛顿的画像，但我们不能说这是蚂蚁的‘意向性’使然。它之所以像华盛顿，是根源于我们的‘看’。因此，它充其量只是一种派生的关于性。而人的关于性则是名副其实的、原始的、固有的关于性。”③

心理状态的关于性决定了心理内容作为命题总是关于某个外在于心智的对象，并对这对象有所“言说”。这就是说，心理语言的语义性同样在于其语句作为命题而具有的“主-谓结构”。

现在可以明白，心智作为心理现象乃以心理内容为心智之作为纯粹意识的意向体验做了奠基。可以说，认识论的心智转向对于人心的哲学洞见达到新的深

---

① 原文为 representation，应译为“表象”，但认知科学汉语文献中常译为“表征”、“表达”。此英语词作为心理学术语，原本便意为“表象”。而且，从康德的先验主体到胡塞尔的先验纯粹意识，再到现在的经验心理，此词一以贯之。“表征”一译尤欠当，其意为“表示独有的特征”，回译过去的英语词为 characterization。“表象”是对对象的规定性的表现、表示，而不是捕捉其独有特征。此外，“表象”中的“象”包含由表象规定的知识之不脱现象的涵意。

② 高新民、刘占锋：《心理内容：当代心灵研究的聚焦点》，载：李平等主编：《科学·认知·意识——哲学与认知科学国际研讨会文集》，南昌：江西人民出版社，2004 年，第 257-258 页。

③ 高新民、刘占锋：《心理内容：当代心灵研究的聚焦点》，载：李平等主编：《科学·认知·意识——哲学与认知科学国际研讨会文集》，南昌：江西人民出版社，2004 年，第 259 页。

度，对心智作为认识能力、尤其发现能力的根基的哲学把握达到新的深度。先验纯粹意识的意向体验的意向作用意向性根源于经验心理。意向对象以自然语言的语义对直观对象的复现乃以经验心理的心理语言之语义性也即内容性为基础。

二、心理表象：意向对象作为实质表象的心理基础

康德认识论揭示，认识主体以知性对存在者的本体做了形式表象，现象学表明，先验纯粹意识以意向对象对之做了实质表象。发现的认识理论则从经验心理层面为上述表象作用，确切说来为实质表象奠基，而知性（以感性为基础）的形式表象是对实质表象的发挥和延伸。

认知心理学正是为此把捉到了“心理表象”（mental representation）这种经验心理机能，并且把有关的问题作为主要的研究课题。

心理表象理论（RTM，the representational theory of mind）首先表明，心理表象是意向性内容的源始载体。刚才提到，心理状态的语义性即内容性根源于心理表象的语义性。这样，现在问题涉及三个层面：自然语言、心理状态（命题态度）和心理表象。准此，就意向性问题而言，心理表象的意向性是最源始的。福多说：“无论从本体论角度还是从解释的顺序来看，命题态度的意向性先于自然语言的意向性；并且，无论从本体论角度还是从解释顺序来看，心理表达的意向性先于命题态度的意向性。”① 如上所述，意向性源于内容。因此，一切又缘于心理表象才是意向性内容的源始载体。福多表明：“根据 RTM，由于语言表达式的内容依赖于命题态度的内容，命题态度的内容依赖于心理表达的内容，并且由于这种‘依赖’的含义是不对称的，因此 RTM 容忍无语言的思想在形而上学上是可能的；既然如此，它也容忍无思想的心理表达是形而上学上可能的。”② 这里同时又揭示了思想（命题）对于自然语言的独立性以及心理表象对于思想的独立性。总之，心理表象作为意向性内容的源始载体，其内容是意向性的根源。这就是说，“除掉心理表达的内容之外，就没有原初意向性的位置。因此就 RTM 而言，要解释某个心理表达具有其意谓是什么意思，就是去解释某个命题态度具有其内容是什么意思。”③ 这里特别要强调的是命题态度和心理表象也即经验心理两个层面之间的关系。“RTM 声称心理表达与命题态度以如下方式相关：对于

---

① 福多：《心的表达理论》，载：玛格纳尼（L. Magnani）、李平主编：《认知视野中的哲学探究》，广州：广东人民出版社，2006 年，第 316 页。

② 福多：《心的表达理论》，载：玛格纳尼、李平主编：《认知视野中的哲学探究》，广州：广东人民出版社，2006 年，第 318 页。

③ 福多：《心的表达理论》，载：玛格纳尼、李平主编：《认知视野中的哲学探究》，广州：广东人民出版社，2006 年，第 318 页。

每一形如某生物具有内容为 P 的命题态度的事件（每个诸如‘琼斯在时刻 t 相信 P’这样的事件），存在着一个对应的事件，使得此生物以特定的方式与具有内容 P 的殊型心理表达相关联。”① 关于这“特定的方式”，希夫（S. Schiffer）用“信念盒”的隐喻来说明。“假定每个具有信念的人在其大脑中都有一个信念盒子。于是，对于任一相信 P 的事件片断，存在着一个对应的事件片断，使得该事件片断在某人的信念盒子里具有一个意谓 P 的心理表达。”② 信念盒中存储着具有各种意谓即内容的心理表象，它们支配着心智对外部对象采取相应的命题态度。

心理表象理论还表明，心理表象是意向对象作为实质表象的心理基础。科学理论是自然语言层面上的表象。就理论作为概念体系而言，它们是纯粹意识所作的实质表象。认知心理学揭示，实质表象（当然也就包含了形式表象）乃以心理表象为基础。这样，心理表象是认识、尤其发现的心理基础。正因这个原故，它成为认知科学的核心范畴。吉尔（R. Giere）就此写道：“人（和动物）对其环境（以及自身）具有内部表达，这很可能是认知科学的核心概念。例如，正是诉诸内部心理表达，认知心理学从根本上区别于行为主义。依据认知科学内部的局部背景，我们可以发现诸如‘图式’、‘认知图’、‘心理模型’、‘框架’等等之类的话题。”③④ 心理表象是心智对外部世界的图示，它们总是从特定的方面、以一定的精准图形去描摹世界。吉尔表明了这一点：表象的“唯一特征是：它们就是 that-表达。直截了当地说，它们就像外部世界的内部图。因此，我们运用认知科学家的架构去考察科学理论，就会自动成为某种‘实在论者’……图式并非或‘真’或‘假’，它们只在有限方面和一定程度上‘符合’世界和‘适合’各种目的。”⑤ 正是在作为对外部世界的图像的心理表象的基础上，纯粹意识才能以意向体验去对对象做实质表象，并出之以意向对象，而认识主体也才得以以知性进而对实质表象作形式表象。吉尔因而强调这些表象的共性：“科学理

---

① 福多：《心的表达理论》，载：玛格纳尼、李平主编：《认知视野中的哲学探究》，广州：广东人民出版社，2006 年，第 317 页。

② 福多：《心的表达理论》，载：玛格纳尼、李平主编：《认知视野中的哲学探究》，广州：广东人民出版社，2006 年，第 317 页。

③ “图式”概念几乎可以追溯到半个世纪前皮亚杰（J. Piaget）（Gruber and Voneche，1977）和 Barlett（1932）的著作。E. C. Tolman（1948）曾经谈到动物和人类的“认知图”。较新近的讨论，可参见 Neisser（1976）一书第 6 章。Johnson-Laird（1983）已在认知科学领域普及了“心理模型”概念，Minsky（1975）则把“框架”术语引入计算机科学文献。

④ 吉尔：《科学的认知研究》，载：李平、陈向主编：《科学和推理的认知研究》，南昌：江西人民出版社，2004 年，第 8 页。

⑤ 吉尔：《科学的认知研究》，载：李平、陈向主编：《科学和推理的认知研究》，南昌：江西人民出版社，2004 年，第 8 页。

论与认知科学所研究的表达之间应当看做是连续的关系。二者肯定存在着差异，科学理论更为常见的情形是使用书写文字和数学符号而不是用普通人的心理模型来加以描述。但是，从根本上说，它们都是相同类型的事物。”①“连续”和“相同类型”就在于心理表象对实质表象而言构成后者的基础。

实质表象的形态为“主-谓”语言逻辑结构。心理表象则不同，采取“图像”的形象形态。认知科学表明，心理表象的形态包括意象（image）、图式（schema）和心理模型（mental model）三种。

意象可以说是心理表象的基元形态，心理模型以之为构元。前面所引爱因斯坦的论述就提到“视觉意象”（引文中译为“印象”）在科学发现活动中的作用。“科学哲学家们提出，意象可能成为适用于以模型为基础的理论的心理表象形态。例如，阿雷（R. Harre）说：‘图像模型是产生现象的可能机制的“图景”（1970，第54页）。’”②“皮利尚（Z. Pylyshun）（1981）力陈，视觉意象有认知穿透力。这使意象具有较强的表象力量。”③此外，“视觉意象是个人执行推理和记忆任务时应用的重要心理表象形态”④。

“图式是无意识的心理结构和过程，是人类知识和技能各个克分子方面的基础。它们包含着抽象的一般知识，这些知识通过给予组织从而形成性质上全新的结构。”⑤“鲁梅哈特（D. Rumelhart）把图式定义为‘用于表象存储在记忆中的一般概念的数据结构’（1980，第34页）。”⑥不过，像意象一样，相对于心理模型之对应于科学理论也即知识的独立整体单位，图式也是局部性的表象。具体说来，图式是对应于作为理论组成部分的“定律”的心理表象形态。吉尔就此写道：“图式每每用于说明浅近的知识。……如此说来，图式作为心理表象形态似乎不适合于科学理论。然而，它们可能在科学信息的表象中起到重要作用。许多科学哲学家（例如亨佩尔，1966；内格尔，1961）想要区分作为经验概括的科学定律和作为提供说明的结构的科学理论。看来，图式作为表象注定适用于被称为

---

① 吉尔：《科学的认知研究》，载：李平、陈向主编：《科学和推理的认知研究》，南昌：江西人民出版社，2004年，第8页。

② W. Brewer：The Representation of Scientific Theories：Psychologism Revived，载：李平等主编：《科学·认知·意识》，南昌：江西人民出版社，2004年，第37页。

③ W. Brewer：The Representation of Scientific Theories：Psychologism Revived，载：李平等主编：《科学·认知·意识》，南昌：江西人民出版社，2004年，第38-39页。

④ W. Brewer：The Representation of Scientific Theories：Psychologism Revived，载：李平等主编：《科学·认知·意识》，南昌：江西人民出版社，2004年，第38页。

⑤ 威·布鲁尔：《作为心理表达形式的科学理论与素朴理论——复兴的心理主义》，载：李平、陈向主编：《科学和推理的认知研究》，南昌：江西人民出版社，2004年，第233页。

⑥ W. Brewer：The Representation of Scientific Theories：Psychologism Revived，载：李平等主编：《科学·认知·意识》，南昌：江西人民出版社，2004年，第39页。

‘科学定律’的低水平经验概括。”①

认知心理学表明，科学理论在科学史上的大多数情形里都是“基于模型的理论”（model-based theory），以至可以说，“模型即理论”（models are theories）。这样，于此益见，理论以模型为基础。这折射出了作为心理模型的心理表象是实质表象的心理基础。总之，心理表象作为心理模型对于发现起着重要作用。布鲁尔表明了这一点：“对于大多数科学领域来说，模型就是理论（如双螺旋模型、板块构造地质学、恐龙绝灭的流星碰撞理论）。物理学家（如 Campbell，1920/1957）也曾经做出了种种有力的论证，表明这个结论在很大程度上对于数学物理也成立。……科学家在他们的书面叙述中确实强调了模型在发现过程中的作用。一些自传甚至也强调模型对于高度形式化理论——如爱因斯坦（Hadamard，1954）和麦克斯韦（Shepard，1978）的工作——及其形成发展的作用，这更是令人印象深刻。实证主义者（如 Reichenbach，1938）曾经断言科学发现不属于科学哲学的研究课题，但近期的科学哲学研究者（如 Nickles，1980）则认为发现是科学事业的重要方面，没有理由把它从科学哲学中排除出去。从这个角度看，心理表达在发现过程中的作用问题是需要借助认知心理学加以解决的另一个课题。”②

模型就是理论。“以模型为基础的科学理论在科学家的头脑中以心理模型的形态予以表象。”③ 这里的关键在于模型是心智对外部世界的表象。布鲁尔指出了这一点：“心理模型是对于机械因果领域的心理表象形态，它为这些领域提供说明……心理模型包含对空间中客体以及客体间因果关系的表象。心理模型中的信息同外部世界有着类似关系——心理表象的结构符合世界的结构。这种类似关系使心理模型得以提供关于世界中事件的预言。”④

心理模型乃以意象作为构成基元。“心智运作心理模型时发生着意象作用。”⑤“心理模型能够‘在心智之眼前运演’。”⑥ 尤其是，“心理模型引起对心

① W. Brewer：The Representation of Scientific Theories：Psychologism Revived，载：李平等主编：《科学·认知·意识》，南昌：江西人民出版社，2004 年，第 39、40 页。

② 威·布鲁尔：《作为心理表达形式的科学理论与素朴理论——复兴的心理主义》，载：李平、陈向主编：《科学和推理的认知研究》，南昌：江西人民出版社，2004 年，第 227 页。

③ W. Brewer：The Representation of Scientific Theories：Psychologism Revived，载：李平等主编：《科学·认知·意识》，南昌：江西人民出版社，2004 年，第 33 页。

④ W. Brewer：The Representation of Scientific Theories：Psychologism Revived，载：李平等主编：《科学·认知·意识》，南昌：江西人民出版社，2004 年，第 43 页。

⑤ W. Brewer：The Representation of Scientific Theories：Psychologism Revived，载：李平等主编：《科学·认知·意识》，南昌：江西人民出版社，2004 年，第 40 页。

⑥ W. Brewer：The Representation of Scientific Theories：Psychologism Revived，载：李平等主编：《科学·认知·意识》，南昌：江西人民出版社，2004 年，第 41 页。

理意象的现象学体验，而一个心理模型的因果关系的建起过程往往被说成是‘这模型在心智之眼前运演’”①。

三、概念创新和变化的认知分析：发现的认知心理学

科学发现问题包括概念的创新也即新概念的创生以及概念的变化两个密切相关联的方面。围绕这方面的研究，认知科学形成了所谓“认知的科学哲学和科学史”（history and philosophy of science，HPS）的研究方向。认知的 HPS 采取对概念的创新和变化作“认识-历史分析”的进路，由此引出认知心理学关于发现的学说。

先来研讨概念创新或形成的认知心理学问题。首先，认知科学表明，概念发现的认知心理机制是“启发法”，它们有助于作出发现，而不是可行的算法即“发现逻辑”。同时，这正符合于科学发现的实际。纳西希安（N. Nersessian）指出：“各个学科的历史分析表明，概念的变化和创新出现在问题求解过程中，而且大量历史实例显示了类比、意象、思想实验等形式的启发法被广泛地运用。这些启发法只是思想的辅助手段（如传统所认为的），抑或可能是概念变化发生的重要机制。人们以往一直质疑能否把它们看成是方法，因为我们没有任何算法来运用这些启发法，即使是正确地运用它们，也可能导致错误的答案甚至根本没有答案。但从认知-历史的观点看，恰恰是这一特征，使它们的运用更加符合于科学实践的真实情况。”②

这种启发法就是“基于模型的推理”（model-based reasoning）③。这里首先要扩充“推理”的概念。基于模型的推理是创造性的推理，它是作为科学发现的概念创新的心理机制。这种推理在于建立心理模型，以之为基础进行推理，也就是对模型进行操作。

概念为一系列约束所规定。既有的概念便有现存的约束。创新就是发现和根据被研究对象——目标问题所提供的新的约束来修改和替代既有的约束，由此生成由新的约束集规定的新概念。这一切都是通过基于模型的推理——建模推理——这种创造性思维来完成的。

这种生成新概念的创造性推理主要有三种形态：类比建模、意象建模和模拟

---

① W. Brewer：The Representation of Scientific Theories：Psychologism Revived，载：李平等主编：《科学·认知·意识》，南昌：江西人民出版社，2004 年，第 43 页。

② 纳西希安：《概念变化》，载：李平、陈向主编：《科学和推理的认知研究》，南昌：江西人民出版社，2004 年，第 255 页。

③ 参见：纳西希安：《科学中基于模型的推理的认知基础》，载：李平、陈向主编：《科学和推理的认知研究》，南昌：江西人民出版社，2004 年，第 351-374 页。

建模（思想实验）。类比建模借助类比搜集源对象（类比对象）和目标对象的诸约束，使之相互作用并加以整合而建立模型，这初始模型还可改建为后继模型，最后的模型便是所创生的新概念的心理表象。意象建模是让意象参与对现象的建模，由此使对象的特征理想化和具体化。意向思维有助凸显特征性约束，为建模推理提供支持。模拟建模中，推理在于利用关于心理模型中所包含的约束的知识来产生新的状态。这里需要弄清楚制约着模型中的实体和过程、它们的行为方式、交互作用方式及其关系变化方式的种种约束。所产生的新状态导致或彰显新的约束。这些新约束便进而导致形成新的概念。

现在来研讨概念变化的认知分析。科学发现在于创生新概念。新概念对于旧概念的关系便构成概念的变化。因此，对概念变化的认知分析具有重要的发现心理学意义。

认知的 HPS 从科学史出发也即从“认知-历史”进路来把捉概念变化，表明科学史上概念变化是连续的和非积累的。认知分析揭示，这种表观机制的后面，有着包括两个方面的深层机制。一方面是概念变化包括个别概念和概念体系（理论是概念体系）两个层面，而这两个层面的变化又是互动的。正是这个方面决定了概念变化的另一个方面：概念变化除了创生和消失即更迭之外，还有继承和吸收的情形。新的概念体系中有些概念是从原有的概念体系中吸收和继承过来的；有些概念虽被汰除，但它们的有些规定被其他概念继承和吸收。

认知心理学表明，仅仅用逻辑定义和演绎关系已不足以把握概念及其变化，为了如实表现个别概念的各别规定间的结构关系和其他关系、概念体系中各概念的联系，从而全面地表现概念变化的现实，还必须从认知心理层面丰富对概念作为心理表象的认识。纳西希安扼述了这方面努力已取得的一些成果：“源于 Eleanor Rosch 的概念原型观，提出一种把科学概念作为一组相互重叠的特征的图式表达学说。这一分析不仅可以让我们说明个别概念的结构，同时也可以揭示概念随时间发生变化时所呈现的相互关系。最近，Peter Barker 和他的合作者运用 Lawrence Barsalou 的概念框架（frame）表达理论，试图说明概念的各个特征间的结构关系和其他类别的关系。他们的分析表明了概念框架的逐步变化如何最终导致革命性转变，使连续但非积累的变化成为可能。Paul Thagard 使用 George Miller 关于语词记忆的 WordNet 模型，来解决一个系统中概念如何相互联系的问题。他把概念当做节点来处理，并且根据类与类的成员、整体与部分的关系和规则来阐明概念系统的结构。”①

---

① 纳西希安：《概念变化》，载：李平、陈向主编：《科学和推理的认知研究》，南昌：江西人民出版社，2004 年，第 254 页。

第四节　发现的社会向度：实践和生活世界

同辩护的脉络相比，在发现的脉络中，社会向度显得尤为重要。这是因为，就发现而言，科学认识主体的“行动”构元已然是实践，而实践本性上带着浓重的“社会”色彩，以“社会”为其主要属性。同时，科学知识作为意义，是由发现创造的，而这种创造行为的原料端在生活世界。显而易见，生活世界又是以社会属性为主。

一、生活世界：纯粹意识进行发现的场所

科学可以说把自然界，确切说来是我们认识者生活在其中的现象界也即生活世界建构成了本质世界或科学世界。科学世界是已知的世界，认识者在其中只能进行逻辑性的知识辩护活动。生活世界则充满未知，认识者的纯粹意识只有到这个世界中才能进行发现即取得新知的活动。

问题是，科学世界往往会遮掩从而使人遗忘生活世界。胡塞尔指出这一史实：“最为重要的值得重视的世界，是早在伽利略那里就以数学的方式构成的理念存有的世界开始偷偷摸摸地取代了作为唯一实在的，通过知觉实际地给予的、被经验到并能被经验到的世界，即我们的日常生活世界（unsere alltägliche Lebenswelt）。伽利略的后继者，近几个世纪以来的物理学家，也都很快继承这种代替。”① 这种科学世界是用观念外衣包装起来的，正是这外衣让人误以为它就是真正的存在世界，从而遗忘了生活世界。胡塞尔揭示了这一点：“这件‘数学和数学的自然科学’的观念外衣，或这件符号的外衣，即符号的数学理论的外衣，包括了所有那些对于科学家以及受过教育的人来说作为‘客观实际的和真正的’自然而代表着生活世界、化装成生活世界的东西。这件观念的外衣使得我们把一种方法的东西当作了真正的存在，这种方法在此是为了在无限的过程中通过‘科学的’预言去改进在生活世界现实地被经验到的和可经验到的范围内原本只是可能的粗略的预言；这种观念的化装使得方法、公式、理论的本真意义永远成了不可理解的，并且在这种方法的质朴的形成过程中从未被理解过。”②

这种对生活世界的遗忘同时还导致了人唯重知性而忘却了理性即纯粹意识。胡塞尔表明了这一点：“19 世纪后半叶，现代人让自己的整个世界观受实证科学支配，并迷惑于实证科学所造就的‘繁荣’。这种独特现象意味着，现代人漫不

---

① 胡塞尔：《欧洲科学危机和超验现象学》，张庆熊译，上海：上海译文出版社，1988 年，第 58 页。

② 胡塞尔：《生活世界现象学》，倪梁康等译，上海：上海译文出版社，2002 年，第 240-241 页。

经心地抹去了那些对于真正的人来说至关重要的问题。只见事实的科学造成了只见事实的人。"① 对人性的遗忘很大程度上源于逻辑实证主义"拒斥形而上学"。"对形而上学可能性的怀疑，对作为一代新人的指导者的普遍哲学的信仰的崩溃，实际上意味着对理性信仰的崩溃，这可以被理解为类似古希腊人那里的可靠的知识（Episteme）与广泛流行的意见（Doxa）之间的对立。是理性给予一切被认为'存有者'（Seiendes）的东西，即一切事物、价值和目的以及最终的意义。这也就是说，理性刻画了自有哲学以来的'真理'——'自在的真理'这个词和其相关的词'存有者'——'ὄντως ὄν'（'真正的存有者'）之间的规范的关系。与这种对理性的信仰的崩溃相关联，对赋予世界以意义的'绝对'理性的信仰，对历史意义的信仰，对人的意义的信仰，对自由的信仰，即对为个别的和一般的人生存在（menschliches Dasein）赋予理性意义的人的能力的信仰，都统统失去了。"②

生活世界对于科学世界而言是第一性的、奠基性的。胡塞尔以几何学为例指出，生活世界是"真正直接直观的和原初直观的思想的源泉。而正是从那里，所谓几何的直观，即那种运用理念存有的操作活动，首先导出它的意义。"③ "'客观真的'世界，科学的世界，是在较高层次上的构成物，是用前科学的经验和思想为基础的，或者说，是以它的对意义和存有的认定的成果为基础的。"④ 生活世界的奠基性除了在于直观性之外，还在于其"非课题性"。"这里的'非课题性'与'自然态度'有关，它是指我们在自然的观点中直向地面对现实世界，将现实世界的存在看作是一个毋庸置疑的、不言自明的前提，不将它看作问题，不把它当作课题来探讨。用胡塞尔的话来说，'生活世界是一个始终在先被给予的、始终在先存在着的有效世界，但这种有效不是出于某个意图、某个课题，不是根据某个普遍的目的。每个目的都以生活世界为前提，就连那种企图在科学真实性中认识生活世界的普遍目的也以生活世界为前提'。"⑤

生活世界作为基础，是纯粹意识进行发现的场所。主体的发现就在于到生活世界里去创造意义。胡塞尔就此写道："现存生活世界的存有意义是主体的构造，是经验的，前科学的生活的成果。世界的意义和世界存有的认定是在这种生活中

---

① 胡塞尔：《欧洲科学危机和超验现象学》，张庆熊译，上海：上海译文出版社，1988 年，第 5-6 页。

② 胡塞尔：《欧洲科学危机和超验现象学》，张庆熊译，上海：上海译文出版社，1988 年，第 13-14 页。

③ 胡塞尔：《欧洲科学危机和超验现象学》，张庆熊译，上海：上海译文出版社，1988 年，第 59 页。

④ 胡塞尔：《欧洲科学危机和超验现象学》，张庆熊译，上海：上海译文出版社，1988 年，第 82 页。

⑤ 倪梁康：《现象学及其效应——胡塞尔与当代德国哲学》，北京：生活·读书·新知三联书店，1994 年，第 131 页。

自我形成的。"[①] "人们（包括自然科学家）生活在这个世界之中，只能对这个世界提出他们实践和理论的问题；在人们的理论中所涉及的只能是这个无限开放的、永远存在未知物的世界。一切关于规律的知识只能是作为按照所掌握的规律对实际的和可能的经验现象的过程作预言的知识。"[②]

主体以纯粹意识创造意义，是通过对事物本身作直观来完成的。其实，生活世界正是主体进行这种直观的视域。黑尔德（K. Held）在给《生活世界现象学》撰的编者"导言"中写道："如胡塞尔所说，生活世界是'直观基地'。尽管近代科学家所关涉的世界在其无限性中超越了所有自然认识实践的直观视域，但他的有关无限性的认识还是回溯地束缚在一个世界上，这个世界是在科学以外实践的直观视域中显现出来的。这个世界就是生活世界。"[③] 尤其是，生活世界作为直观视域乃向无限的未知事物开放。胡塞尔强调了这一点："所有那些被我们在此当作现实存在着的东西，恰好由于共同的经验，总是被理解为了对所有的人存在着的东西。并且，不仅每一种在这里被视为可认同的规定性都处于一个可能开放的、较确切的规定性的视域之中，而且每一个视域一旦超出在经验客体中被共同感知的东西和已经被共知的东西之外，就都处于一个开放的视域之中，进而处于无限的未知事物之中，即处于可能的经验知识的事物之中了。现在与此相应的也同样只是模糊不清的因果性的、属于模糊不清的事物的一些视域；只要它们在规定中是经验所熟悉的，它们就是与或然的规定性中所经验到的诸状态及状态的改变相关的，而且都有其尚未完全确定的因果性的视域，都与那些未知的、外在的事物的视域相关。"[④]

生活世界作为"直观基地"也即纯粹意识进行本质直观的场所，其最重要的特征是"社会性"和"实践性"。胡塞尔指出，当科学从生活世界中隔离出科学世界时，正是消解掉了这两个特征。他说："伽利略在从几何的观点和从感性可见的和可数学化的东西的观点出发考虑世界的时候，抽象掉了作为过着人的生活的人的主体，抽象掉了一切精神的东西，一切在人的实践中物所附有的文化特性。这种抽象的结果使事物成为纯粹的物体，这些物体被当作具体的实在的对象，它们的总体被认为就是世界，它们成为研究的题材。"[⑤]

---

① 胡塞尔：《欧洲科学危机和超验现象学》，张庆熊译，上海：上海译文出版社，1988年，第81页。
② 胡塞尔：《欧洲科学危机和超验现象学》，张庆熊译，上海：上海译文出版社，1988年，第60页。
③ 胡塞尔：《生活世界现象学》，倪梁康等译，上海：上海译文出版社，2002年，第42页。
④ 胡塞尔：《生活世界现象学》，倪梁康等译，上海：上海译文出版社，2002年，第251页。
⑤ 胡塞尔：《欧洲科学危机和超验现象学》，张庆熊译，上海：上海译文出版社，1988年，第71页。

二、实践作为行动者网络：主体在实验室情境中对存在者微世界建构理论模型

现象学作为一般哲学以生活世界理论揭示发现作为知识生产活动的社会向度，并为之做了哲学的奠基和辩护。科学知识社会学则可以说以“行动者网络理论”（actor network theory，ANT）从科学哲学层面更贴近科学地落实生活世界现象学。

发现有其社会向度，这个向度寓于知识生产之作为实践之中。布鲁尔（D. Bloor）强调了知识产生的社会向度。他说：“实在（一般说来）并不是某种社会构想，只有关于实在的知识才是从社会角度被人们创造出来的。”① “所有知识都包含着某种社会维度，而且这种社会维度是永远无法消除或者超越的。”② 为此，就需要研究知识生产过程的社会向度，也就是把科学共同体看作特殊人群，用人类学方法考查他们的特殊生活——实验室生活的社会向度。拉图尔（B. Latour）对此做了这样的说明：“科学实践的人种学研究已导致人们进行总称为‘实验室研究’的大量工作。这些研究的共同假设为：我们对科学的理解可以从沉浸到实际工作的科学家的日常活动中获致的经验得到促进。”③ “我们研究在行动中的科学，而不是现成的科学或技术。”④ 然而，随着研究深入，已表明在科学发现活动中社会因素并不作为单独实体存在，而是融入并化归为作为总体的实践。拉图尔指出：“我们决不会遭遇到科学、技术和社会，我们面对的是结合得或强或弱的整体。”⑤ 原先，“‘社会的’主要是一个对抗性的词，一种二元对立的一部分。可是，既然我们承认，一切互动都是社会的，那么，还怎么使用它呢？……这词无处不适用，科学的社会研究也就使‘社会的’失去任何意义。”⑥ 于是，“知识的社会研究”终于走向“把科学作为实践去研究”。

实践作为复杂的整体或总体，乃是“行动者网络”。卡隆（M. Callon）指出，参与实践的“某些行动者赢得其他行动者——不管他们是人、机构还是自然

---

① 布鲁尔：《知识社会意象》，艾彦译，北京：东方出版社，2001年，第2页。

② 布鲁尔：《知识社会意象》，艾彦译，北京：东方出版社，2001年，第2页。

③ B. Latour, S. Woolgar: Laboratory Life—The Construction of Scientific Facts, Princeton: Princeton University Press, 1986, 277.

④ B. Latour: Science in Action—How to Follow Scientists and Engineers through Society, Milton Keynes: Open University Press, 1987, 258.

⑤ B. Latour: Science in Action—How to Follow Scientists and Engineers through Society, Milton Keynes: Open University Press, 1987, 140.

⑥ B. Latour, S. Woolgar: Laboratory Life—The Construction of Scientific Facts, Princeton: Princeton University Press, 1986, 281.

实体——依从他们，这种能力乃取决于社会和自然交织的相互关系的复杂网络”①。“行动者网络进路”拒斥自然-社会两极的观念。“卡隆和拉图尔正是从这个思想出发而认为，自然和社会在科学和技术实践中难分难解地纠缠在一起。实践是一个场所，在那里自然和社会以及它们之间的空间不断地建起，改建和重建。”② 行动者网络包括主体、对象自然界、情境和理论模型四种“行动者”。

生活世界作为视域在行动者网络中落实为“实验室情境”。无疑，这是行动者网络也就是实践的关键环节，因为发现活动总是在一定的实验室情境中进行，这情境为作为本质直观的发现提供和规定了视域。情境是实验室中对世界的“布局”，让认识活动在其中进行，而这种活动之成果即知识便总是联属于一定的情境。劳斯就此写道：“我对科学认识的解释需要一种更宽广的‘实践’概念。按我的考虑，实践不只是当事者的活动，而且也是对世界的布局，而这些活动因在其中进行才具有意义。知识的属性更像是认识者所处的情境的表征(characterization)，而不是对他们获得、占有、完成或交换的某种东西的描述。问题不在于拒斥我们惯常谈论认识者的那种方式。只要我们明白，知识的正确归属取决于认识者在进行中的实践之中所处的情境如何，而不是仅仅取决于认识者是否‘拥有’正确的信念或技能，或者是否同事实处于恰当的因果关系，那么，就完全可以恰当地把知识归于认识者。”③ “实践不特是行动的模式，而且是对世界的有意义的布局，行动能在其中让人可理解地进行。因此，实践包容规定其处置的客体和规定其所处的环境。”④

实验室情境为主体构成视域，事物本身作为研究对象便进入这视域向主体开显。视域对于对象自然界来说成为了境域，它是情境对世界的布局。进入情境的对象自然界构成所谓“实验微世界”(experimental microworld)。劳斯说：“微世界是对世界的地方性重构，使得操纵和控制能够更为有效，对结果的监控也能更细致，更畅达。”⑤ 知识总是从属于一定的实验室情境，一定的情境又总是规定了一定的微世界，因此，知识是关于一定的实验微世界的。一句话，科学发现总是对于特定的微世界而言的。也就是说，一定的科学实践所获致的知识总是局域

---

① H. Collins, S. Yearley: Epistemological Chicken, In: Andrew Pickering, ed., Science as Practice and Culture, Chicago: The University of Chicago Press, 1992, 313.

② Andrew Pickering: From Science as Knowledge to Science as Practice, In: Andrew Pickering, ed., Science as Practice and Culture, Chicago: The University of Chicago Press, 1992, 21.

③ J. Rouse: Engaging Science—How to Understand Its Practices Philosophically, Ithaca: Cornell University Press, 1996, 133.

④ J. Rouse: Engaging Science—How to Understand Its Practices Philosophically, Ithaca: Cornell University Press, 1996, 135.

⑤ J. Rouse: Engaging Science—How to Understand Its Practices Philosophically, Ithaca: Cornell University Press, 1996, 128.

性的。知识总是地方性的。这个观念的倡言者劳斯追溯了它的思想来源。他写道："我把科学解释成地方性知识，这汲取了诸多思想，包括库恩的观点：科学知识深深埋藏在缺乏对具体范例的公认解释的情况下运用它们的能力之中；新经验主义的洞见：科学中技术性控制的扩张并不依从对这种控制的理论解释的具体发展；以及海德格尔对局域上、物质上和社会上皆有情境规定的技能和实践对于一切理解和诠释的重要性的解说。我还考虑到了最近对实验室中的科学研究的物质和社会环境做的微观社会学研究。"① "地方性知识" 的观念一方面突显了知识的局限性的一面，同时又彰显了认识以地方性知识形态不断发展的开放性一面，后者还蕴涵着地方性知识有着不可通约性的向度，也即有着异质性的向度。这一切皆根源于"实践在时空上的开放性，即实践没有界限，也不可能局限于空间或时间上有边界的世界区域之中"。② 科学史上例如从牛顿力学到爱因斯坦相对论的发展便是明证。进入情境 N，科学家建立与之相联属的地方性牛顿力学，后来进入情境 E，建立了同样是地方性的相对论。所以，爱因斯坦说："一百年前，在自然科学家的头脑里，认为物理学的力学基础已经一劳永逸地建立起来。"③ "幸而，我们现在知道，对力学基础的信心是建筑在幻想上的。"④ 正是知识地方性的显露使这种信心幻灭。

主体要建构理论模型。然而，建模不只是如上所述那样的认知心理表象作用，它还有其社会向度。建构理论模型，根本上也是一种实践。建模是在特定情境中对特定微世界进行的。劳斯特别强调了理论的这种实践性。他说："实践常常同理论相对立。而且，哲学通常强调科学理论是科学知识最重要也最深远的事况，这也许又加强了这种对立。可是，我的科学作为实践的观念却不把实践同理论区别开来，如同科学工作的任何其他方面，理论化也是一种实践。我倒强调，科学研究是一种实践活动，它重构世界，也重新描述世界。"⑤ 这种实践性还表现在理论化建模并非仅仅是主体对静态微世界的单向直观，而是同微世界的建构处于互动之中。劳斯表明："科学工作牵涉理论模型建构和实验微世界部署之间

---

① J. Rouse：Knowledge and Power—Toward a Political Philosophy of Science，Ithaca：Cornell University Press，1987，72-73.

② J. Rouse：Engaging Science—How to Understand Its Practices Philosophically，Ithaca：Cornell University Press，1996，135.

③ 爱因斯坦：《爱因斯坦文集》，第一卷，许良英、范岱年编译，北京：商务印书馆，1976 年，第 522 页。

④ 爱因斯坦：《爱因斯坦文集》，第一卷，许良英、范岱年编译，北京：商务印书馆，1976 年，第 523 页。

⑤ J. Rouse：Engaging Science—How to Understand Its Practices Philosophically，Ithaca：Cornell University Press，1996，127.

的多样互动和重叠。嵌入模型之中的理想化和抽象作用能制导微世界的建构和表征，而微世界则能为模型的研制、精制和解释提示方向。”①

三、发现的主体结构：在实践中的实质表象作用

第二章里提到，在发现的脉络中，主体的“行动-心智”构成呈“实践-纯粹意识”的面貌。在发现活动中，纯粹意识在对对象的直观中完成实质表象作用。因此，发现的主体结构可以动态地表述为“在实践中的实质表象作用”。

在发现的脉络中，主体结构中的“行动”一极乃系实验展示其实践性一面也即生存论向度。实际上，当着SSK到实验室中去考查科学家的生活时，正是超越了实验的认识论层面而洞见了，实验是科学家为了科学发现而进行的实践。在辩护的脉络中，认识主体乃以心智的形式表象作用去导引实验，以便获致作为经验结论的知识。在发现的脉络中，实验已然作为实践而自在自为，纯粹意识依赖实践而施展实质表象作用去进行科学发现。实验在发现脉络中的这种主导地位表现为营造“情境”。如上所述，这情境是主体由以进行发现的“视域”，也就是“事物本身”得以向主体开显的“境域”。前面提到“仪器实在论”，它除了给现象实在性提供了生存论辩护，还昭示了实验建构情境这一点。

总之，发现的主体结构，其一个构元为实践。SSK因此强调“科学是实践”，导致出现“科学哲学的实践转向”。这突显了科学的实践向度，增进了对科学的哲学认识和理解。然而，如前所述，这却引起一种所谓“实践的科学观”，把科学仅仅理解为并还原为实践，以实践表征科学，也即用实践科学观取代表象的科学观。前面亦已表明，这是站不住脚的。这里有必要进一步从“发现脉络-辩护脉络”的架构来考量“实践-表象”对科学的表征问题。在发现的脉络中，科学表现为在作为实践的实验室生活中完成实质表象作用，而在证明的脉络中，科学表现为在形式表象作用主导下做实验工作。这也可以说是在“发现-辩护脉络”和“实践-表象结构”所形成的架构下科学呈现出来的面貌或者说图景。

主体的发现结构的另一极即纯粹意识的实质表象作用涉及第二章中研讨的“理性的演进”这个重要问题。现象学作为发现的哲学正在于揭示，关于发现的认识论是“理性”的认识论，这里的“理性”指狭义的理性即康德意义上的理性，它上承柏拉图的“理念”（Idee）。史密斯指出：“正如胡塞尔本人所表述的，先验现象学是先前所有真正哲学的‘神秘的思慕’（secret longing）。它构成了理念——在哲学从古希腊人那里诞生之初起，它就一直支配着哲学——之实现

① J. Rouse：Engaging Science—How to Understand Its Practices Philosophically，Ithaca：Cornell University Press，1996，130.

的最终成就。‘理念’（Idee）是《笛卡尔式的沉思》（甚至普遍地在胡塞尔的诸多著作）中频频出现的一个词，它是如此的简洁，以至于胡塞尔有时会把它清楚地表达为‘康德意义上的一个理念’。它是一个调节性的（regulative）理念：它指引我们朝向一项没有终点、没有尽头的事业，虽然我们具有关于进步的确定认知。它极易被视为一种理想。胡塞尔认为，哲学当前正处于分崩离析的状态之中，这是因为，诞生于古希腊、并由笛卡尔所复兴的哲学的指导性理念已经失去其强大生命力。先验现象学的‘新颖之处’（newness）就在于它前所未有的彻底性，因此，我们才决心由这个基本理念来引导。在胡塞尔看来，唯有这个理念才能支配应被称为哲学式的那种生活。”①

理性端赖作为纯粹意识的理念，即发现的力量，才具有引导主体认识不断前行的范导作用。纯粹意识正是以理念发挥其实质表象作用。胡塞尔还把事物的理念即“纯粹本质”、“实质本质”特别地称为“艾多斯”。显然，胡塞尔给理性注入了理念这个极富生气和动力的内涵。

第五节　发现的逻辑向度

科学发现不是逻辑的运演，其核心是纯粹意识的理智直观。波普尔强调了这一点：“每个发现都包含‘一个非理性因素，即柏格森（H. Bergson）意义上的创造性直观’。爱因斯坦也以类似口吻谈到‘一幅世界图景可通过纯粹演绎由之获致的那些高度普遍定律的探寻’。他说：‘不存在通往这些……定律的逻辑道路。它们只能基于对经验客体的一种深入体悟（Einfühlung）之类的东西，通过直观达致。’”② 然而，发现作为复杂的主体活动，包含着逻辑向度。这个逻辑向度不仅必要，而且重要。同时，它涉及发现的诸多方面和环节。

一、发现的逻辑动力：辩证逻辑

不妨说，理念对于主体的引领作用，由辩证逻辑予以落实。辩证逻辑揭示：概念是事物本质、主体思维和知识三者的统一，概念不断从抽象向具体，或者说不断愈趋具体地上升运动，这种运动构成了发现的逻辑动力。

理念作为概念是对象事物的本质（本体），又是纯粹意识的思维形态，也是知识作为真理的形态。黑格尔表明了这一点。他说：“思想不但构成外界事物的

① 史密斯：《胡塞尔与〈笛卡尔式的沉思〉》，赵玉兰译，桂林：广西师范大学出版社，2007 年，第 2 页。

② K. Popper：The Logic of Scientific Discovery，London：Hutchinson of London，1959，31.

实体（Substanz），而且构成精神性的东西的普遍实体。”① “思想的真正客观性应该是：思想不仅是我们的思想，同时又是事物的自身（an sich），或对象性的东西的本质——客观与主观乃是人人习用的流行的方便的名词，在用这些名词时，自易引起混淆。”② “客观性是指思想所把握的事物本身，以示有别于只是我们的思想，与事物的实质或事物的自身有区别的主观思想。”③ “这种思辨思维所特有的普遍形式，就是概念。”④ “实体的真理就是概念。”⑤

形而上学用形式逻辑建构存在者，认识论用先验逻辑建构认识主体的知性思维，方法论以语言逻辑建构知识，它们都是从形式去把握概念，这对于现成的知识来说是必需的。辩证逻辑从发现脉络去把握概念，便要超越这种概念观点，把它称为“抽象概念”。这种概念着眼于形式，因而成为对共同点的把握。黑格尔说：“一说到概念人们心目中总以为只是一种抽象的普遍性，于是概念便常被界说为一个普遍的观念。因此人们说颜色的概念，植物动物的概念等等。而概念的形成则被认为是由于排除足以区别各种颜色、植物、动物等等的特殊部分，而坚持其共同之点。这就是知性怎样去了解概念的方式。”⑥

辩证逻辑揭示，发现是对事物实质本质的把握，而作为这种把握的概念乃以实质内容为表征。总之，无论作为实物理念的实质本质，还是纯粹意识对实质本质的思维复现，以及作为发现产物的概念，都是“实质概念”，而且三者是统一的，被与“抽象概念”相对待地称为“具体概念”。

具体概念首先从内容把概念把捉为包含诸多规定的总体，这样概念就不仅有共同性即普遍性，而且还有特殊性乃至个别性，因而是具体的。黑格尔表明，在存在、思维和知识三层面上统一的概念是以规定性作为内容的具体概念。他就此写道：“由于概念作为思想一般，作为共相，就是对浮现于不确定的直观和表象之前的大量个别事物的极度缩写；一部分也由于概念首先它本身是概念，而这个概念只是一个概念，并且是实体性的基础；其次，概念诚然是一个有了规定的概念，它本身的规定性就是表现为内容的那种东西；但概念的规定性却是实体性的统一性的一种形式规定，是作为整体的形式的一个环节，亦即概念本身的一个环节，这个概念本身乃是有了规定的诸概念的基础。这个概念本身是不能以感性来直观或表象的；它是思维的对象、产物和内容，是自在自为的事情，是‘逻各

① 黑格尔：《小逻辑》，贺麟译，北京：商务印书馆，1980年，第80页。
② 黑格尔：《小逻辑》，贺麟译，北京：商务印书馆，1980年，第120页。
③ 黑格尔：《小逻辑》，贺麟译，北京：商务印书馆，1980年，第120页。
④ 黑格尔：《小逻辑》，贺麟译，北京：商务印书馆，1980年，第48-49页。
⑤ 黑格尔：《小逻辑》，贺麟译，北京：商务印书馆，1980年，第322页。
⑥ 黑格尔：《小逻辑》，贺麟译，北京：商务印书馆，1980年，第332页。

斯'(Logos),是存在着的东西的理性,是戴着事物之名的东西的真理。"①

具体概念总是趋于不断丰富和发展其所包含的规定。这也就是辩证逻辑所强调的概念总在不断运动,不断向更加具体上升。黑格尔表明,概念有着无限的生命力和创造力。他说:"概念同时仍然是真正的具体东西。这是因为概念是'存在'与'本质'的统一,而且包含这两个范围中全部丰富的内容在自身之内。"②"概念的运动就是发展,通过发展,只有潜伏在它本身中的东西才得到发挥和实现。"③"概念才是一切生命的原则,因而同时也是完全具体的东西。"④"概念无疑是形式,但必须认为是无限的有创造性的形式,它包含一切充实的内容在自身内,并同时又不为内容所限制或束缚。"⑤

概念愈趋具体地上升运动,推动着科学家去努力作出发现,从而成为一种逻辑动力。爱因斯坦从科学史、尤其从古典物理学向现代物理学过渡的科学革命中洞悉了这一点。他指出:"物理学是从概念上掌握实在的一种努力。"⑥"在研究电和光的规律时,第一次产生了建立新的基本概念的必要性。"⑦"为了科学,就必须反反复复地批判这些基本概念。"⑧正是由于这个原故,他坚信:"科学的现状是不可能具有终极意义的。"⑨

二、发现的逻辑预期:不完全性和可证伪性

哥德尔不完全性定理前面已从辩护脉络加以研讨。这定理本身属于方法论的范畴,然而对于发现的哲学亦具有重要意义。

这里有必要正面认识一下这在逻辑史上具有里程碑意义的著名定理。它包括两条。哥德尔第一不完全性定理为:"设系统S包含一阶谓词演算与初等数论。如果S是协调的[一致的],则[公式]T在S中不可证。如果S又是ω协调

---

① 黑格尔:《逻辑学》,上卷,杨一之译,北京:商务印书馆,1981年,第17页。

② 黑格尔:《小逻辑》,贺麟译,北京:商务印书馆,1980年,第328页。

③ 黑格尔:《小逻辑》,贺麟译,北京:商务印书馆,1980年,第329页。

④ 黑格尔:《小逻辑》,贺麟译,北京:商务印书馆,1980年,第327页。

⑤ 黑格尔:《小逻辑》,贺麟译,北京:商务印书馆,1980年,第328页。

⑥ 爱因斯坦:《爱因斯坦文集》,第一卷,许良英、范岱年编译,北京:商务印书馆,1976年,第36页。

⑦ 爱因斯坦:《爱因斯坦文集》,第一卷,许良英、范岱年编译,北京:商务印书馆,1976年,第236页。

⑧ 爱因斯坦:《爱因斯坦文集》,第一卷,许良英、范岱年编译,北京:商务印书馆,1976年,第586页。

⑨ 爱因斯坦:《爱因斯坦文集》,第一卷,许良英、范岱年编译,北京:商务印书馆,1976年,第562页。

的，则¬ T在S中不可证。”① 哥德尔第二不完全性定理为：“如果系统S含有初等数论，那么当S无矛盾时，它的无矛盾性不可能在S内证明。”② 哥德尔不完全性定理表明，一个科学理论作为公理化形式系统，总会遇到这样的命题，它可在其中得到表述，并得到经验证实为真，却得不到证明。这意味着，这种命题只能从别的理论的基本原理推演出来，也就是说，它属于另一个理论。同时，这定理还告诉我们，一个科学理论的一致性要由另一个理论来证明。这样，哥德尔不完全性定理就给科学家提供了一种期望，令他们预期会出现新的科学理论，有待他们去发现。

波普尔的理论可证伪性原理同样给科学家带来寻求新的科学发现的逻辑预期。波普尔认为，科学哲学最核心的问题是“划界”问题，而这个问题事关对科学知识之根本特质的认识。他指出：“找出一个判据，我们借之得以区分经验科学为一方，数学和逻辑以及‘形而上学’体系为另一方，这个问题我称之为划界问题。这个问题休谟已经知道，他曾试图解决之。在康德那里，它成为知识理论的中心问题。如果我们仿效康德称归纳问题为‘休谟问题’，则我们可以称划界问题为‘康德问题’。我认为，这两个问题——知识理论的几乎一切其他问题的根源——中间，划界问题更为基本。”③ 在这个划界问题上，休谟以“是否包含经验的推论”作为划界判据；康德以“先天综合判断”作为划界判据；逻辑实证主义则以“可证实性”作为划界判据。显然，可以归结为“可证实性”的这些判据是在辩护脉络中提出的，因而是合理而有效的。

波普尔提出“可证伪性”的划界判据。他明言这个思想来自爱因斯坦的启发。后者提出：“科学理论家并不是可羡慕的。因为大自然、或者说更精确的实验，对于他的工作是一个毫不宽容、甚至是很不友好的裁判官。对于一种理论，在大多数情况下，它从不说‘对’，它说‘可能’；而在绝大多数情况下，它则简单地说‘不对’。如果一个实验证实了理论，那么这就意味着后者的可能；如果没有证实，那么这就意味着‘不对’。可能每一种理论某一天都要被证实‘不对’——大多数理论在概念提出后不久就被证实‘不对’了。”④ 波普尔由此发展出他自己的划界判据——理论的可证伪性原理。他写道：“我应当不是把一个体系的可证实性而是把可证伪性作为划界判据。换句话说，我不对一个科学体系

---

① 莫绍揆：《证明论》，载：王雨田主编：《现代逻辑科学导引》，上册，北京：中国人民大学出版社，1987年，第267页。

② 莫绍揆：《证明论》，载：王雨田主编：《现代逻辑科学导引》，上册，北京：中国人民大学出版社，1987年，第270页。

③ K. Popper：The Logic of Scientific Discovery，London：Hutchinson of London，1959，34.

④ 《爱因斯坦1922年11月11日的一个批注》，载：周林等主编：《科学家论方法》，第一辑，呼和浩特：内蒙古人民出版社，1983年，第228-229页。

提出这样的要求：它应能被在肯定的意义上一劳永逸地挑选出来；而是要求它的逻辑形式应该这样：它能被借助经验检验在否定的意义上挑选出来，即一个经验的科学的体系必须能够被经验反驳。”① 一个科学理论有朝一日终会被反驳而被证伪。把可证伪性视为科学理论的根本表征，无疑是从发现的脉络着眼的。因为，一个科学理论遭遇反驳，行将被证伪，其时机必定是既有科学理论发生危机，乃至进入科学革命之中，科学家遂致力于发现新的理论。总之，可证伪性是发现脉络中的划界判据，和可证实性同为科学理论的表征，只是分别处于发现和辩护的脉络。正是可证伪性原理作为科学理论的表征和划界判据提供了科学发现的逻辑预期：对于现有的科学理论而言，总是有有待发现的理论在前头。

三、发现的逻辑路径：归纳

归纳给科学发现指示了从个别性经验到一般性概念的逻辑路径。

归纳可以分为狭义的和广义的两类。狭义的或者说本来意义上的归纳也就是作为归纳逻辑的“归纳法”。辩护脉络中在建构现象时起作用者正是这种归纳。广义的归纳则是指发现脉络中取上述路径的逻辑过程。对科学发现和科学史取归纳主义观点的惠威尔（W. Whewell）就是在这个意义上把握归纳。他旨在从科学史上去寻找发现的“模式”：“我觉得，我们对发现真理的模式的研究，应当根据对业已发现的真理的考察。”② 他表明，科学发现不可能依赖“穆勒归纳法”之类归纳逻辑作出。他说：“关于这些方法，一个要加以指出的明显事情是，它们把最难发现的东西即现象之还原为像这里给我们出示的那种公式，看做当然的。当我们面对任何一组完全的事实，——例如……，——行星路径、落体、折射光线、天体运动、化学分析等事实，当在任何这类场合，我们将发现支配它们的自然定律，或者说……这一切场合在其上契合的那种特点的时候，我们到哪里去找我们的 A，B，C 和 a，b，c③ 呢？……谁会告诉我们，这四种方法一直在对科学的形成起作用，或者，这些公式指示着科学进步的步骤呢？”④ 他强调发现无规则：“科学发现从来依赖于某个我们无法追踪其起源的幸运思想、某次超脱一切规则的幸运的尝试。我们不可能给出必然导致发现的准则。”⑤ 总之，广义的归纳指从事实到原理间的过程，这是从个别到一般的逻辑路径，但没有规则可循。

---

① K. Popper：The Logic of Scientific Discovery，London：Hutchinson of London，1959，40-41.

② W. Whewell：History of the Inductive Sciences，London：John W. Parker & Son，1857，viii.

③ 字母标示作为被归纳事实的事例。

④ W. Whewell：On the Philosophy of Discovery，London：John W. Parker & Son，1860，263.

⑤ W. Whewell：Philosophy of the Inductive Sciences，Vol. 2，London：John W. Parker & Son，1857，20.

归纳指明发现总是从经验事实出发，而经验事实总是个别性的。实际上，纯粹意识的意向体验如上所述也还是要以经验事实奠基的。这正同归纳原理相契合。惠威尔强调，归纳就在于面对经验去发现概念，以之能把所由出发的事实捆绑（colligation）起来。他说："这些特殊事实和一切已知的这类特殊事实精确地采用后继命题的概念和陈述加以表达。"① "这些特殊事实不仅被弄到一起，而且它们由之结合的那个思维行动还给这结合添加一个新因素。"② 这个"新因素"是心智把捉实质本质时所创造的。爱因斯坦同样指出，一般原理的发现总是根据经验事实。他写道："科学家必须在庞杂的经验事实中间抓住某些可用精密公式来表示的普遍特征，由此探求自然界的普遍原理。"③ 但他强调，发现所依据的是经验事实的"全部总和"："只有考虑到理论思维同感觉经验材料的全部总和的关系，才能达到理论思维的真理性。"④ 问题是这"全部总和"也是个别经验事实所组成的。

广义归纳所指示的发现的逻辑路径，有两个主要特征。其一为分析性。这就是指从个别经验到一般原理的逻辑路径。这是牛顿所强调的："这种分析方法包括做实验和观察，用归纳法去从中作出普遍结论。"⑤ 分析性保证了科学发现把握到作为原因的本质，从而把握到本体和现象间的必然因果联系。这里牛顿说的"归纳法"正是广义的归纳，他称之为"哲学中的推理法则"。其中"法则3为：物体的属性，凡既不能增强也不能减弱者，又为我们实验所能及的范围内的一切物体所具有者，就应视为所有物体的普遍属性。"⑥ 这就直接把广义归纳同本来意义上的归纳区隔开来。

其二为非规则性。惠威尔强调，归纳过程无规则可言，主要依从猜想。牛顿提出的"哲学中的推理法则"包含四条法则，其中没有一条是规则。爱因斯坦更将这个过程归诸"直觉"。他说："从特殊到一般的道路是直觉性的。"⑦ "从心理状态方面来说，A［假说或公理——引者］是以 ε［经验——引者］为基础

---

① W. Whewell：Philosophy of the Inductive Sciences，Vol. 2，London：John W. Parker & Son，1857，88.

② W. Whewell：Novum Organum Renovatun，London：John W. Parker & Son，1858，72.

③ 爱因斯坦：《爱因斯坦文集》，第一卷，许良英、范岱年编译，北京：商务印书馆，1976年，第75页。

④ 爱因斯坦：《爱因斯坦文集》，第一卷，许良英、范岱年编译，北京：商务印书馆，1976年，第522页。

⑤ 塞耶编：《牛顿自然哲学著作选》，上海外国自然科学哲学著作编译组译，上海：上海人民出版社，1974年，第212页。

⑥ 塞耶编：《牛顿自然哲学著作选》，上海外国自然科学哲学著作编译组译，上海：上海人民出版社，1974年，第3-4页。

⑦ 爱因斯坦：《爱因斯坦文集》，第三卷，许良英、赵中立、张宣三编译，北京：商务印书馆，1979年，第490页。

的。但是，在 A 同 ε 之间不存在任何必然的逻辑联系，而只有一个不是必然的直觉的（心理的）联系，它不是必然的，是可以改变的。”① 所谓广义归纳，只不过是对纯粹意识发现实质本质的活动所循之逻辑路径的表达。

广义归纳所指示的逻辑路径的终点则一般说来是假说，它有待得到确证而成为一般原理，而后者属于辩护脉络中的方法论问题。惠威尔正是强调，广义归纳乃由猜想得出作为假说的结论。牛顿一再强调“我不作假说”，这只是申明，这条逻辑路径必须始于经验事实。

四、发现中的逻辑抉择：资料的欠充分决定性

“资料对理论的欠充分决定性”（underdetermination of theory by data），亦简称“欠充分决定性命题”（thesis of underdetermination），这条科学哲学原理通常追溯到迪昂（P. Duhem）。他表明：“当用一个理论诠释的迥然不同的具体事实相互融合仅仅构成同一个实验，并且可用单一的符号命题——相同的理论事实可以对应于无限不同的实际事实——表达时，实际观察到的实际事实和物理学家陈述的符号的、抽象的公式之间的这种不等同便向我们展现出来。这种相同的不等同也可以清楚地翻译为另一个结果：同一实际事实可以对应于无限在逻辑上不相容的理论事实；可以使同一具体事实群一般地不与单一的符号判断对应，而与无限彼此不同的、在逻辑上相互矛盾的判断对应。”② 奎因更一般地指出了这一点：“全部科学，数理科学、自然科学和人文科学，是同样地但更极端地被经验所不完全决定的。这个系统的边缘必须保持与经验相符合；其余部分虽然有那么多精制的神话或虚构，却是以规律的简单性为目标的。”③ 爱因斯坦则从科学史实来表明这种欠充分决定性。他就此写道：“广义相对论表明，人们可以在完全不同于牛顿的基础上，以更加令人满意和更加完备的方式，来考虑范围更广泛的经验事实。但是，完全撇开这种理论还是那种理论优越的问题不谈，基本原理的虚构特征却是完全明显的，因为我们能够指出两条根本不同的原理，而两者在很大程度上都同经验相符合；这一点同时又证明，要在逻辑上从基本经验推出力学的基本概念和基本假设的任何企图，都是注定要失败的。”④ “以牛顿力学为一方，以广义相对论为另一方，我们也看到了两种理论的推论非常一致的又一个实例。这

---

① 爱因斯坦：《爱因斯坦文集》，第一卷，许良英、范岱年编译，北京：商务印书馆，1976 年，第 541 页。

② 迪昂：《物理学理论的目的和结构》，李醒民译，北京：华夏出版社，1999 年，第 170-171 页。

③ 奎因：《从逻辑的观点看》，江天骥等译，上海：上海译文出版社，1987 年，第 42 页。

④ 爱因斯坦：《爱因斯坦文集》，第一卷，许良英、范岱年编译，北京：商务印书馆，1976 年，第 315 页。

个一致性大到这样程度，以致尽管这两种理论的基本假定是完全不同的，但是要从广义相对论中找出一些能加以检验而为相对论以前的物理学所得不到的推论，到目前为止，我们还只找到很少几个。”①

欠充分决定性命题往常都在辩护的脉络加以研讨。现在，把它放在发现的脉络中去考量，更可彰显其对于发现哲学的意义。实际上，爱因斯坦在上述引文中已经在这样做了。同一些经验资料却对应于两套不同的基本理论原理。这样，根据经验资料进行科学发现，一方面，这不是必然性的逻辑程序，另一方面，发现似乎是某种“猜想”，而既然事关“欠充分决定”，这种猜想的一个主要方面便在于在各个可能的发现产物即基本理论原理之间作出抉择。这种抉择很大程度上是逻辑性的。

在“资料对理论欠充分决定”条件下，发现中作逻辑性抉择，在于这种抉择依据若干逻辑性的判据作出。波普尔关于发现作为猜想的科学哲学思想揭示了这些逻辑判据。它们包括三条。他指出：这些逻辑“要求所以必需，是为了限制我们选择手头问题的可能解决（其中有许多是没有意义的）的范围。”②

第一个是简单性要求：“新理论应当从关于迄今不相联系的事物（如行星和苹果）、事实（如惯性质量和引力质量）或‘新理论实体’（如场和粒子）之间的某种联系或关系（如引力吸引）的某种简单的、新的和有力的、统一的思想出发。”③ 第二个是可独立检验性。波普尔说：“新理论应当是可以独立地检验的。这就是说，除了解释一切预定要解释的东西之外，它还必须具有新的可检验推论（最好是新种类的推论）；它必须导致预言迄未观察到过的现象。……没有这个要求，我们的新理论就可能是特设性的。”④ “第三个要求可以分为两部分。第一，我们要求一个好的理论应当在某些新预言上获致成功；第二，我们要求它不应很快被反驳——即不应在取得令人瞩目的成功之前就被反驳。”⑤

第六节　发现的释义学和修辞学

生存论可以说是从两个层面建构起来的，一个是现象学的层面，另一个是释义学的层面。当然，这两个层面是有机地相融合的。事实上，前面已提到，生存

① 爱因斯坦：《爱因斯坦文集》，第一卷，许良英、范岱年编译，北京：商务印书馆，1976年，第116页。

② K. Popper：Conjecture and Refutations，New York：Harper & Row Publishers，1968，243.

③ K. Popper：Conjecture and Refutations，New York：Harper & Row Publishers，1968，241.

④ K. Popper：Conjecture and Refutations，New York：Harper & Row Publishers，1968，242.

⑤ K. Popper：Conjecture and Refutations，New York：Harper & Row Publishers，1968，247.

论把“生存”把捉为意义的源泉，并揭示，纯粹意识以意向体验提供也即创造意义。释义学不妨说是生存论层面展开的语言哲学。就此而言，重要者有三点。首先，释义学展开于生存论的心智转向。现在心智比语言更基本，语言要还原到心智。其次，就语言本身而言，释义学把捉的是“意义本身”，也可以说是“实质意义”，它是此在对作为“事物本身”的存在者的理解。最后，分析哲学在辩护脉络中面对以人工符号语言为基干的“科学语言”，而释义学则在发现脉络中以生活世界中的“话语”（discourse）作为“文本”。也正是这一点决定了修辞学对“发现”有用武之地。

一、释义学的解释：此在对存在者的理解

生存论作为关于此在的现象学，乃从释义学去把捉此在的存在论本质。这就是把此在从根本上把握为“理解”（Verstehen）。

此在是在世的存在。这种存在正是以理解为源始方式。世界的存在只是缘于此在的存在，也就是说，世内存在者的意义缘于此在的存在，于是，也就缘于“理解”。海德格尔就此写道：“此在生存着就是它的此，这等于说：世界在‘此’。世界的在此乃是‘在之中’。同样的情况，这个‘在之中’也在‘此’，作为此在为其故而在的东西在‘此’。在‘为其故’之中，‘存在在世界之中’本身是展开了的，而其展开状态曾被称为‘领会’[①]。在对‘为其故’的领会之中，植根于这种领会的意蕴是一同展开了的。领会的展开状态作为‘为其故’的展开状态以及意蕴的展开状态同样源始地涉及整个在世。意蕴就是世界本身向之展开的东西。‘为其故’和意蕴是在此在中展开的，这就是说，此在是为它自己而在世的存在者。”[②]

此在作为理解而成为对于世界的能动者，也就是有能力开发出世界对于此在的诸多可能性，而这又是依赖理解的“筹划”（Entwurf）功能来实现的。海德格尔说：“领会是此在本身的本己能在的生存论意义上的存在，其情形是：这个于其本身的存在开展着随它本身一道存在的何所在。”[③]“作为开展活动，领会始终关涉到‘在世界之中’的整个基本状况。”[④]“领会总是突入诸种可能性之中，这

---

① 原文为 Verstehen，即“理解”，英语文献中译为 understand，但常常照搬德文词而不译。

② 海德格尔：《存在与时间》，陈嘉映、王庆节译，北京：生活·读书·新知三联书店，1987 年，第 175 页。

③ 海德格尔：《存在与时间》，陈嘉映、王庆节译，北京：生活·读书·新知三联书店，1987 年，第 176-177 页。

④ 海德格尔：《存在与时间》，陈嘉映、王庆节译，北京：生活·读书·新知三联书店，1987 年，第 177 页。

是为什么呢？因为领会于它本身就具有我们称之为筹划的那种生存论结构。”[①]“领会的筹划性质实际组建着在世的在。筹划是使实际上的能在得以具有活动空间的生存论上的存在机制。”[②]“领会作为筹划是这样一种此在的存在方式：在这种方式中此在是它的作为种种可能性的可能性。”[③]

理解作为筹划是此在对世界的观看，而这正是纯粹意识对事物本身作本质直观的源头和基础。海德格尔指出：“我们显示出所有的视如何首先植根于领会(烦忙活动的寻视乃是作为知性的领会)，于是也就取消了纯直观的优先地位。这种纯直观在认识论上的优先地位同现成东西在传统存在论上的优先地位相适应。‘直观’和‘思维’是领会的两种远离源头的衍生物。连现象学的‘本质直观’也植根于生存论的领会。只有存在与存在结构才能够成为现象学意义上的现象，而只有当我们获得了存在与存在结构的鲜明概念之后，本质直观这种看的方式才可能决定下来。”[④]

总之，作为关于此在的现象学，释义学表明，此在乃是对作为事物本身的存在者的理解，而这种源始的理解乃落实于纯粹意识对作为存在者的实质本质的“看”，即本质直观。

解释（auslegen）在某种意义上是对理解作为筹划的自觉、明示和整理，根本上还是理解，只不过理解是前意识的存在，而解释是自觉的活动。海德格尔就此写道：“作为领会的此在向着可能性筹划它的存在。由于可能性作为展开的可能性反冲到此在之中，这种领会着的、向着可能性的存在本身就是一种能在。领会的筹划活动具有造就自己的本己可能性。我们把领会的造就自身的活动称为解释。领会在解释中有所领会地具有它所领会的东西。领会在解释中并不成为别的东西，而是成为它自身。生成论上，解释植根于领会，而不是领会生自解释。解释并非要对被领会的东西有所认识，而是把领会中所筹划的可能性整理出来。”[⑤]

此在以解释通达已被理解的东西，而为此解释自身以“作为”为结构，将这结构赋予被理解的东西，如此“以‘某某东西作为某某东西’为线索解释存

---

① 海德格尔：《存在与时间》，陈嘉映、王庆节译，北京：生活·读书·新知三联书店，1987年，第177页。

② 海德格尔：《存在与时间》，陈嘉映、王庆节译，北京：生活·读书·新知三联书店，1987年，第177页。

③ 海德格尔：《存在与时间》，陈嘉映、王庆节译，北京：生活·读书·新知三联书店，1987年，第178页。

④ 海德格尔：《存在与时间》，陈嘉映、王庆节译，北京：生活·读书·新知三联书店，1987年，第180页。

⑤ 海德格尔：《存在与时间》，陈嘉映、王庆节译，北京：生活·读书·新知三联书店，1987年，第181-182页。

在者，并以这种接近存在者的方式把被理解的东西勾连起来”。[①] 海德格尔指出：“在领会中展开的东西，即被领会的东西，总已经是按照下述方式而被通达的，那就是在它身上可以明确地提出它的‘作为什么’。这个‘作为’［als］造就着被领会的东西的明确性结构。‘作为’组建着解释。”[②]

解释是对理解的表达，理解的对象是作为事物本身的存在者，理解的创造性凝结于根本上也是理解的解释的“作为”结构之中。“作为什么”是此在以理解所创造的。解释是在发现的脉络中对作为事物本身的存在者所作的。“说明”（explanation，德文为 Erklären）则是逻辑的运作，是据由理论对经验事实所做的。

二、发现作为解释结构之生成新的实质意义

此在的“理解–解释”这个生存方式为纯粹意识的意向体验包括本质直观提供基础，这里的底蕴在于，现象学直观作为发现活动在于创造源始意义，而这种创造乃建基于此在以解释来生成意义或者说新意义的机能。

解释以其结构生成意义。解释结构包括表里两层面，表层结构也即前面已提到的“作为结构”，深层结构则是所谓“先”［vor-］结构（或译“前”结构）。就两层面的关系而言，可以说深层结构是“作为”的机制。“先”结构由先行具有、先行见到与先行掌握三者构成。所以，海德格尔说：“把某某东西作为某某东西加以解释，这在本质上是通过先行具有、先行见到与先行掌握来起作用的。解释从来不是对先行给定的东西所作的无前提的把握。”[③]

此在作为解释者要把作为存在者的“某某东西”解释成也即当“作为”“某某东西”，他自己总要先怀有“主见”。海德格尔指出，总要有“先入之见”：“任何解释工作之初都必然有这种先入之见，它作为随着解释就已经‘设定了的’东西是先行给定了的，这就是说，是在先行具有、先行见到和先行掌握中先行给定了的。”[④] 解释结构（深层结构）的三要素中，“先行具有”是指解释总是先行锁定并占有作为被解释对象的存在者。海德格尔写道：“这种解释一向奠基在一种先行具有［Vorhabe］之中。作为领悟之占有，解释活动有所领会地向着

---

① 海德格尔：《存在与时间》，陈嘉映、王庆节译，北京：生活·读书·新知三联书店，1987 年，第 182 页。

② 海德格尔：《存在与时间》，陈嘉映、王庆节译，北京：生活·读书·新知三联书店，1987 年，第 182 页。

③ 海德格尔：《存在与时间》，陈嘉映、王庆节译，北京：生活·读书·新知三联书店，1987 年，第 184 页。

④ 海德格尔：《存在与时间》，陈嘉映、王庆节译，北京：生活·读书·新知三联书店，1987 年，第 184 页。

已经被领会了的因缘整体性去存在。对被领会了的、但还隐绰未彰的东西的占有总是在这样一种眼光的领导下进行揭示的：这种眼光把解释被领会的东西时所应着眼的那样东西确定下来了。"[①] 解释总是预先就确定了对先行具有的解释对象采取一定的进路和视角，这就是所谓"先行见到"。海德格尔表明了这一点："解释向来奠基在先行见到［Vorsicht］之中，它瞄着某种可解释状态，拿在先有中摄取到的东西'开刀'。被领会的东西保持在先有中，并且'先见地'（'谨慎地'）[②] 被瞄准了，它通过解释上升为概念。"[③] 对先行具有的解释对象先行采取了一定的进路和视角，这还不够，解释者得先行对对象持某种概念，至此才完成了对对象的先行设定和给定，从而使解释结构臻于完善。海德格尔对这个结构要素这样说明："解释可以从有待解释的存在者自身汲取属于这个存在者的概念方式，但是也可以迫使这个存在者进入另一些概念，尽管按照这个存在者的存在方式来说，这些概念同这个在者是相反的。无论如何，解释一向已经断然地或有所保留地决定好了对某种概念方式表示赞同。解释奠基于一种先行掌握［Vorgiff］[④] 之中。"[⑤] 总之，此在作为解释者总是先行将存在者纳入解释结构的掌握之中，使之成为解释的对象。

此在以解释结构进行解释，由此生成意义。这是源始的意义，区别于辩护脉络中方法论层面的派生的意义，后者可谓是形式的意义，而源始意义是实质意义。所谓"源始意义"，是指生存论层面上的意义。由此观之，意义是此在的生存论属性，而一般存在者是无意义的，有待此在授义。海德格尔表明了这一点。他说："意义是此在的一种生存论性质，而不是一种什么属性，依附于存在者，躲在存在者'后面'。"[⑥] "唯此在才'有'意义。"[⑦] "所有不具有此在的存在方式的存在者都必须被理解为无意义的存在者，亦即从本质上就对任何意义都是空

---

① 海德格尔：《存在与时间》，陈嘉映、王庆节译，北京：生活·读书·新知三联书店，1987年，第183-184页。

② "Vorsichtig"在德文中意为"谨慎的"、"小心的"。海德格尔这里将它和"Vorsicht"［先见］联系起来，玩了一个文字游戏。——引文译者注

③ 海德格尔：《存在与时间》，陈嘉映、王庆节译，北京：生活·读书·新知三联书店，1987年，第184页。

④ 在德文中，"Begrifflichkeit"［概念方式］与"Vorgiff"［先行掌握］之间有字面联系，作者有意利用了这一点，本译文未能反映出这种联系。——引文译者注

⑤ 海德格尔：《存在与时间》，陈嘉映、王庆节译，北京：生活·读书·新知三联书店，1987年，第184页。

⑥ 海德格尔：《存在与时间》，陈嘉映、王庆节译，北京：生活·读书·新知三联书店，1987年，第185页。

⑦ 海德格尔：《存在与时间》，陈嘉映、王庆节译，北京：生活·读书·新知三联书店，1987年，第185页。

白的存在者。”①

此在通过理解和解释产生意义。“意义现象植根于此在的生存论状态，植根于解释的领会。”② 意义其实在于“此在自己的存在以及随着这个存在一道展开的存在者能够在领悟中被占有”③。解释作为筹划，就是以其三元结构把捉作为对象的存在者，这里对对象进行某种分解组合的活动，其产物便是意义，而理解和解释的“作为”正是依据于意义，以之为基础和出发点。海德格尔指出：“在领会着的展开活动中可以加以勾连的东西，我们称之为意义。领会着的解释加以勾连的东西中必然包含有某种东西；意义的概念就包括着这种东西的形式构架。先行具有、先行看见及先行把握构成了筹划的何所向。意义就是这个筹划的何所向，从筹划的何所向方面出发，某某东西作为某某东西得到领会。只要领会和解释造就是此在之在的生存在论状态，意义就必须被理解为属于领会的展开状态的生存论形式构架。”④ 总之，理解和解释就是此在在筹划中生成意义的过程。

纯粹直观以意向体验作出发现，也即以本质直观把捉实质本质，正是以此在的先行解释为基础。筹划作为生存论的“看”，让存在者向此在照面，而此在其间赋予源始意义于存在者，后者于是被当“作为”某某东西，这某某东西便作为“实质本质”让本质直观去发现。

三、修辞作为劝说论辩：新发现作为共识在共同体中出场的话语路径

辩护脉络中方法论层面的科学语言作为人工形式语言（确切说来是以这为主）是逻辑的东西。进入发现脉络，在生存论层面，科学语言尤其显示出作为话语的一面，这就发生了同修辞的本质相关性。

修辞学在西方源远流长，至少可以追溯到公元前5世纪中叶古希腊。修辞主要的是作为劝说论辩（persuation argument）。并非巧合，在科学上修辞也正是作为劝说论辩运用。在科学发现脉络中，有一个重要问题是新发现被共同体接受为共识。这共识从共同体中出场，其主要路径便是话语层面的劝说论辩这种修辞活动。费耶阿本德表明：“显然，对新思想的归顺将不得不借助论证以外的手段促成。它的实现将不得不依赖非理性的手段，诸如宣传、情感、特设性假说以及诉

① 海德格尔：《存在与时间》，陈嘉映、王庆节译，北京：生活·读书·新知三联书店，1987年，第186页。

② 海德格尔：《存在与时间》，陈嘉映、王庆节译，北京：生活·读书·新知三联书店，1987年，第188页。

③ 海德格尔：《存在与时间》，陈嘉映、王庆节译，北京：生活·读书·新知三联书店，1987年，第186页。

④ 海德格尔：《存在与时间》，陈嘉映、王庆节译，北京：生活·读书·新知三联书店，1987年，第185页。

诸形形色色偏见。"① 这里，他尤其强调宣传，而宣传的核心便是劝说论辩。量子论发现史是一个很好的例证。"量子概念最初只是少数人所持的观点，可是到了 1910～1911 年前后，物理学家的看法一般都开始转向于支持这个观点。"② "事实上，突破是在 1911 年发生的；思潮就为之彻底转变。"③ "布鲁塞尔的索耳未会议在这一发展上起了决定性的作用。直到那时尚未卷入的物理学家们——例如彭加勒——也被争取到量子概念上来。"④ 会议期间发表了 12 篇演讲，每次演讲之后都进行热烈的讨论。无疑，这些演讲和讨论都在很大程度上起着劝说论辩的作用。

劝说论辩显然是在共同体中一方作为劝说方同另一方作为被劝说方之间的论争中进行的。劝说方倡言作为新发现的新概念和新理论，被劝说方则维护原有概念和理论，两种理论也可以说形成相互竞争的态势。其结局是被劝说方终被说服而相信新发现，后者便成为共同体的共识。佩拉（M. Pera）提出，修辞的劝说论辩是科学所固有的，科学因而成为论争双方和自然界三方参与的"游戏"。他说："科学辩证法［即修辞论辩——引者］的因素确实既不是内部的，也不是外部的：它们只不过是科学所固有的。"⑤ "科学变成了有三名参与者参加的一场游戏，这三名参与者是：探索精神，或者，更为现实地说，科学界的一组 C_1；自然界 N；以及科学界的另一组 C_2。在这场游戏中，C_1 首先提出一个得到观察或实验结果 O 支持的疑问、问题或假设 h_1，宣布游戏开始；N 提供数据 e；C_2 提出 h_2，与 h_1 及 e 进行讨论，随后，在 C_1 与 C_2 之间，根据科学辩证法因素 F 展开了一场争论 D。当 C_1 与 C_2 对可接受的解决方案达成共识时，竞争才会结束。"⑥ "我把这个模型称为辩证模型，因为其中起作用的是对话者之间的争论，因此，是反驳和劝说的辩证技巧在起作用。"⑦

修辞作为劝说论辩乃致力于改变被劝说者的信念。亚里士多德就已把这种论辩称为"辩证法"，他提出，修辞就等当于辩证法。辩证法也是运用推理的逻辑力量来达致劝说的目的的。亚里士多德就此写道："一个人要想正当地改变他人的信念，去接受另一种意见，他就必须采取辩证的而不是争吵的方式行事，正如

---

① 费耶阿本德：《反对方法》，周昌忠译，台北：时报出版公司，1996 年，第 133 页。
② 赫尔曼：《量子论初期史》，周昌忠译，北京：商务印书馆，1980 年，第 6-7 页。
③ 赫尔曼：《量子论初期史》，周昌忠译，北京：商务印书馆，1980 年，第 138 页。
④ 赫尔曼：《量子论初期史》，周昌忠译，北京：商务印书馆，1980 年，第 138 页。
⑤ 佩拉：《科学之话语》，成素梅等译，上海：上海科技教育出版社，2006 年，第 129 页。
⑥ 佩拉：《科学之话语》，成素梅等译，上海：上海科技教育出版社，2006 年，第 127 页。
⑦ 佩拉：《科学之话语》，成素梅等译，上海：上海科技教育出版社，2006 年，第 127 页。

一个几何学家按几何进行推理而不管结论真伪如何。"① 所以，佩拉指出，科学辩证法就是基于推理的劝说论辩。他说："我将为论证或推理的那些劝说形式保留科学修辞这一术语，劝说论证的目的是在科学争论中改变听众的信仰体系，而且，我也将为这些形式的逻辑或有效规范保留科学辩证法这一术语。"②

辩护脉络中方法论的逻辑推理是证明（demonstration）的推理。发现脉络中修辞的推理则是辩证的，也即论辩（argument）的。两者的区别在于，前者的前提是真实的，而后者的前提只是公认的意见，唯有经过论辩，说服了反对方，这些前提才上升为真理。亚里士多德指出："①当推理所由出发的前提是真实的和原初的，或者，其前提是这样的：我们关于它们的知识原本就体现为一些原初的和真实的前提，这种推理就是一种'证明'；②另一方面，如果推理从公认的意见出发，那么，这种推理就是'辩证的'。"③

两者的区别还在于，修辞论辩还要辅以灵活运用各种策略。"修辞策略是用来劝说对话者的论证技巧的一种组织结构。根本没有任何确定的策略，因为，正如在战争和游戏中一样，在科学中，采取哪种策略，依赖于发明和实践的人具有的创造力和能力。然而，仍然有一些经常出现的策略。"④ 佩拉列举了若干最常用的策略：判决性检验策略、经验权衡策略、理论权衡策略、拖延策略和得到或失去策略。⑤

四、修辞作为隐喻：用生活世界话语创造科学世界新意义

日常生活世界作为发现的场所和创造意义的根据地，还在于以日常话语的隐喻这种修辞手段提供了重要的发现机制。人作为认识者感性地身处现象界，却以意识去"观看"本质世界。因此，对于所"看到"的即发现的东西，只能诉诸肉眼所见的东西去比喻。杨振宁表明，"对称性"这个物理学概念就是隐喻。他说："可以有把握地认为，自从文明伊始，对称性的概念就以某种形式存在于整个人类社会的语言之中了。很难设想有哪一个文明社会，居然会不对水池中受到扰动时由一点产生出来的美妙的圆形水波作一些描述，也很难设想一个文明社会

---

① W. D. Ross ed.: The Works of Aristotle, Volume i, Logic · Topica, London: Oxford University Press, 1928, 161a 33-36.

② 佩拉：《科学之话语》，成素梅等译，上海：上海科技教育出版社，2006 年，第 55 页。

③ W. D. Ross ed.: The Works of Aristotle, Volume i, Logic · Topica, London: Oxford University Press, 1928, 100a 27–31.

④ 佩拉：《科学之话语》，成素梅等译，上海：上海科技教育出版社，2006 年，第 166 页。

⑤ 佩拉：《科学之话语》，成素梅等译，上海：上海科技教育出版社，2006 年，第 165-169 页。

居然会不对人体的匀称美作一些描述。"[①] 爱因斯坦用"对称性"作为隐喻去把捉他为场所假设存在的重要性质。这样，从日常生活世界撷取的作为隐喻的话语被引入科学语言，由此给科学世界创生新的意义。可见，像人工形式语言一样，隐喻的话语也让人得以洞察存在者世界。库恩深刻地指出这一点："如果说博伊德（R. Boyd）说得对：自然界有'关节'存在，而自然类名（natural-kind term）旨在给它们定位，那么，隐喻提醒我们：另一种语言可能定位了与它们不同的关节，按另一种方式切割世界。"[②] 总之，诚如博伊德所说，隐喻为身处日常生活世界的认识者提供了进入科学世界的"认识入口"（epistemic access）。

就科学的隐喻而言，尤其从发现的脉络来看，隐喻的作用不只是"认识入口"，还在于把作为发现的认识引向深入和丰富。这里科学隐喻乃依凭其所谓"互动"（interaction）机制。按照这种观点，"隐喻引起了类比，而不是清楚地说明事物存在的类比"[③④]。引入隐喻之后，隐喻和被隐喻者便在所结成的隐喻关系之下不断进行相互类比，相互转移类似关系，由此发展认识。实际上，隐喻作为话语，其本身同时包含语词意义的一面以及关于自然的知识的一面。库恩就隐喻科学名词的学习来表明这种两面性："一方面，学生知道了这些名词的含义，了解了把它们施加于自然界时哪些特点是相关的，明白了对哪些东西说了它们便会自相矛盾，如此等等。另一方面，学生知道了世界上有哪些种类事物，它们有什么主要特点，还对它们能够和不能起的作用也有所了解。在许多语言学习过程中，这两种知识——语词的知识和自然界的知识——是一起习得的。实际上，根本不是两种知识，而是一种语言所提供的单一硬币的两个面。"[⑤]

正是基于这种互动机制，隐喻作为生活世界的话语才会有给科学世界创造新意义即发现的功能。隐喻把捉了科学实在，引起类比，也就是引导科学认识沿着隐喻去发现它关于自然界的涵义也即知识。以前面提到的"对称性"为例，它在19世纪70和80年代被引入晶体结构研究。"当然，晶体具有对称性，这一点人人清楚；可是准确地说，对称性这个词对于晶体来说究竟意味着什么，这一点就不那么清楚了。事实上，数学家和物理学家们积了长达半个世纪的努力，才使

---

① 杨振宁：《场与对称性》，载：王福山主编：《近代物理学史研究》（二），上海：复旦大学出版社，1986年，第5页。

② T. Kuhn：Metaphor in Science，*In*：J. Conant et al.，ed. Kuhn：The Road since Structure：Philosophical Essays，1970-1993，Chicago：The University of Chicago Press，2000，201-202.

③ Max Black：Models and Metaphors，Ithaca：Cornell University Press，1962，37.

④ 牛顿-史密斯（W. Newton-Smith）主编：《科学哲学指南》，成素梅等译，上海：上海科技教育出版社，2006年，第335页。

⑤ T. Kuhn：What Are Scientific Revolutions? *In*：J. Conant et al.，ed. Kuhn：The Road since Structure：Philosophical Essays，1970-1993，Chicago：The University of Chicago Press，2000，31.

大功告成。在1890年左右，经过俄国的费多洛夫（Fedorov）和德国的舍恩弗利斯（Schoenflies）的工作，沿着十分不同的路径，人们成功地构造了称之为空间群的概念。这个概念抓住了晶体对称性的实质。”①

海森伯指出，隐喻（作为形象的图画）构成认识的“潜能”，它促使科学家从科学语言层面落实隐喻可能带来的新意义。他以“电子轨道”这种隐喻为例指出：“确实，我相信当物理学家谈论原子事件时，他们实际使用的语言在他们内心引起与‘潜能’的概念相类似的想法。所以，与其说物理学家渐渐习惯于把电子轨道等等看作是实在，不如说习惯于把它们看作是一种‘潜能’。至少在某种程度上，语言已调整了自己，使之与这种真实的情况相适应。但这不是人们可以使用普通逻辑形式的那种准确语言；而是在我们内心引起图像的同时，还引起这样一种想法，就是图像和实在只有模糊的联系，它们只代表一种朝向实在的倾向。在物理学家中使用的这种语言的模糊性，已因此引起规定另一种准确语言的尝试，这种准确语言遵循完全符合于量子论数学方案的确定的逻辑形式。”②

第七节　发现作为个人活动

在辩护的脉络中，认识论层面的认识主体根本上是集体性的，尽管在社会向度上也显现一定的个体性。然而，作为发现者，生存论层面的此在则根本上是作为个人进行活动的。此在是个人的存在，作为个人去理解和解释存在者。纯粹意识也是作为生活世界里的个人在实践中同事物本身遭遇。发现作为个人活动，展现并依赖于个人的技能（skill），是个人进行的不可言喻的（tacit，inarticulate）认识活动。

一、此在是作为个人的“我”

此在是人的存在即“生存”，而生存总是人作为个人所有的，就是说，生存总是“我”的生存，而“我”因生存才成为作为本质的人。海德格尔表明了这一点。他说：“此在的两种性质已经勾画出来了：一是它的existentia对于essentia的优先地位，一是它的向来我属［Jemeinigkeit］性质。”③“这个存在者为之存在的那个存在，总是我的存在。……而按照此在这种向来我属的性质，当就此在而

---

① 杨振宁：《场与对称性》，载：王福山主编：《近代物理学史研究》（二），上海：复旦大学出版社，1986年，第5页。

② 海森堡：《物理学和哲学》，范岱年译，北京：商务印书馆，1981年，第119页。

③ 海德格尔：《存在与时间》，陈嘉映、王庆节译，北京：生活·读书·新知三联书店，1987年，第54页。

有所言说的时候，总必须连带说出人称代名词来：‘我是或我存在［ich bin］’，‘你是或你存在［du bist］’。”① “此在就是我自己一向所是的那个存在者；存在一向是我的存在。这种规定提示出一种存在论机制，但也仅此而已。这种规定性同时也包含着存在者状态上的（虽说还粗糙的）提法，向来有一个我是这一存在者，而非他人是这一存在者。这个谁是用自己、用‘主体’、用‘自我’来回答的。这个谁就是那个在变居不定的行为体验中保持其为同一的东西，就是那个从而同这种多样性发生关系的东西。在存在论上，我们把这种东西领会为在一封闭域中并为这一封闭域而向来总已现成的东西、领会为在一种优越的意义上作为根据的东西，我们把它领会为Subjectum，这个Subjectum作为自一者在形形色色的它性中具有自我性质。”②

重要的是，此在的个人性源于生存的个人性。这样，作为此在之生存方式的理解就本然是个人的行动，从而发现是个人的活动。海德格尔强调指出：“人的‘实体’也不是作为灵肉综合的精神，而是生存。”③ “此在的‘本质’根基于它的生存。如果‘我’确是此在的本质规定性之一，那就必须从生存论上来解释这一规定性。只有从现象上展示出此在的某种确定的存在方式，才能答出这个谁。如果此在只有生存着才是它的自我，那么自我的固持状态同样还有自我可能具有的‘不自持状态’都要求我们从生存论存在论上提出问题；而要提出自我的问题，生存论存在论的提问方式乃是唯一适当的通道。”④

当然，“我”的此在是“在世界之中”。“他人”也“在世界之中”。“我”和“他人”“共同此在”地“在世界之中”。“我”和“他人”此在地存在于“共同世界”之中。不过，“我”仍然是“独在”的，问题是“独在”有着“共在”的规定性，或者说为“共在”所规定。海德格尔描绘了个人独在和人人共在相融合的生存论图景。他写道：“世界向来已经总是我和他人共同分有的世界。此在的世界是共同世界。‘在之中’就是与他人共同存在。他人的在世界之内的自在存在就是共同此在。”⑤ “共同此在这个术语标识这样一种存在：存在者状态

---

① 海德格尔：《存在与时间》，陈嘉映、王庆节译，北京：生活·读书·新知三联书店，1987年，第53页。

② 海德格尔：《存在与时间》，陈嘉映、王庆节译，北京：生活·读书·新知三联书店，1987年，第141页。

③ 海德格尔：《存在与时间》，陈嘉映、王庆节译，北京：生活·读书·新知三联书店，1987年，第144页。

④ 海德格尔：《存在与时间》，陈嘉映、王庆节译，北京：生活·读书·新知三联书店，1987年，第144页。

⑤ 海德格尔：《存在与时间》，陈嘉映、王庆节译，北京：生活·读书·新知三联书店，1987年，第146页。

上的他人在世界之内就是向这种存在开放的。他人的这种共同此在在世界之内为一个此在从而也为诸共同在此的存在者开展出来，只因为此在本质上就自己而言就是共同存在。……即使他人实际上不现成摆在那里，不被感知，共在也在生存论上规定着此在。此在之独在也是在世界中共在。他人只能在一种共在中而且只能为一种共在而不在。独在是共在的一种残缺的样式，独在的可能性就是共在的证明。”①

二、纯粹意识是作为个人的“自我主体”

个人的生存以对存在者的理解和解释为其方式。这种生存方式为纯粹意识的体验奠定了基础。这种生存论关系决定了纯粹意识的个人性，也即这种“自我主体”是作为个人进行体验的。其实，胡塞尔“先验现象学从‘单个的主体’向‘复数的主体’，从‘唯我论的自我学’向‘交互主体性现象学’扩展”。② 无疑，先验现象学以个人“自我主体”为基点，而这昭示了纯粹意识是作为个人进行作为发现的意向体验活动的。

认识者如上所述以生活世界即周围世界为“直观基地”。这包括两个层面。一方面，认识者在这个世界中与事物本身遭遇，这时他进行经验活动；另一方面，他作为纯粹意识对之作意向体验。无论哪个层面，认识者都是作为个人进行活动的。

认识者作为个人在对于认识来说是“第一性的、奠基性的”生活世界之中去经验地遭遇事物本身，确切说来是事物本身的“事实”方面。胡塞尔称之为个人以“自然态度”面对周围生活世界。他说：“我们从自然生活中的人的角度开始思考，‘以自然的态度’去想象、去判断、去感觉、去意愿。我们最好以单数第一人称进行的简单思考来阐明上述意思。我意识到一个在空间中无限伸展的世界，它在时间中无限地变化着，并已经无限地变化着。我意识到它，这首先意味着：在直观上我直接地发现它，我经验到它。通过我的看、摸、听等等，而且以不同的感官知觉方式，具有某一空间分布范围的物质物就直接对我存在着，就在直接的或比喻的意义上‘在身边’（vorhanden），不论我是否特别注意着它们和在我的观察、考虑、感觉或意愿中涉及到它们。”③

在此经验认识奠基之下，认识者进而作为纯粹意识去以意向体验作出发现。

---

① 海德格尔：《存在与时间》，陈嘉映、王庆节译，北京：生活·读书·新知三联书店，1987 年，第 148 页。

② 倪梁康：《现象学及其效应——胡塞尔与当代德国哲学》，北京：生活·读书·新知三联书店，1994 年，第 140 页。

③ 胡塞尔：《纯粹现象学通论》，李幼蒸译，北京：商务印书馆，1997 年，第 89 页。

纯粹意识作为“自我主体”，其生存方式便是意向体验。胡塞尔指出了这一点：“如果意向的体验是实显性的，即以我思方式进行的，那么在该体验中的主体是使自身‘指向’意向客体的。‘朝向’此客体的、内在于我思的一种‘目光’属于我思本身，另一方面此目光从因此而永不可欠缺的‘自我’中涌流出来。”[①]这种“先验自我”也是作为个人进行活动的。胡塞尔把先验自我的个别性喻为“单子”，并表明自我主体的个性亦与“交互主体性”（主体际性）相交织。他写道：“作为一个（以绝对的态度生活的）先验自我，我发现自己是由外部决定的。然而现在，我却不再作为由外在实在性所决定的空间时间的实在性。现在，‘外在于我’与‘由外在的某个东西所决定’是什么意思？从先验层面来讲，显然我可以被‘外在的’某个东西，被超越了我的自足本己性的某个东西所制约，只有当它具有‘其他的某个人’的意义，并且以一种彻底的可理解的方式在我之中被看做另一个先验自我，并使这种看法合法化的时候。从这里出发，不仅众多的共同存在的绝对主体（‘单子’）的可能性与意义，而且那些先验地相互激发的诸多主体的可能性与意义……都变得明白清晰了。”[②]

三、发现是个人的技能

重要的科学理论，比如狭义相对论，为什么是爱因斯坦发现的？与他同时代的科学家中间，具有同样的学养，理论素养和实验才干的人，肯定所在多有。这就昭示，科学发现是一种个人技能（personal skill）。这是生存论对发现者之个人性的规定所决定的。个人理解什么存在者，如何理解，如何把捉经验认识的奠基作用，如何实现从经验奠基到本质直观的过渡，又如何进行意向体验，这在在倚重个人的技能。波兰尼（Michael Polanyi）对这种境况作了这样的扼述：“一个发现者的独特能力在于成功地走上探索路线的能力，而其他才俊面对同样机会，却没有看出这些路线，或者不认为它们会带来裨益。这就是他的原创性。原创性要求个人独有的首创精神，总是充满热情，有时达到着迷的地步。从一个潜在问题的最初提示，到探究这个问题的全过程，直到解决它，这个发现过程受个人洞察力制导，靠个人的信心支撑。”[③] 总之，科学发现依从科学家个人的技能，可以表征为科学家个人发挥“技能”的活动。一句话，发现是个人的一种本领即技能。所以，要弄清发现的原理很大程度上就在于探明发现技能的机理。波兰尼就

---

① 胡塞尔：《纯粹现象学通论》，李幼蒸译，北京：商务印书馆，1997年，第107页。

② 胡塞尔：《形式的与先验的逻辑》，转引自：史密斯：《胡塞尔与〈笛卡尔式的沉思〉》，赵玉兰译，桂林：广西师范大学出版社，2007年，第270页。

③ M. Polanyi：Personal Knowledge—Towards a Post-Critical Philosophy，London：Routledge & Kegan Paul Ltd.，1958，301.

此写道："精密科学是一套同经验有关系的公式。我们看到，在认可这种联系时，我们必须程度不等地依靠我们的个人认识能力。我现在要努力进一步阐明这种个人行为的结构，为此要分析这些行为中起作用的各种力量。科学由科学家靠技能运作，他通过运用技能来形成科学知识。因此，我们可以通过考察技能的结构来把握科学家的个人参与的本质。"①

这里必须强调指出，尽管个人及其技能都带有主观性，但这不影响所获致的发现即知识的客观性，因为所发现的是事物本身的实质本质。这就是说，发现过程的主观性并不影响发现结果的客观性。这里，知识的客观性对发现活动的主观性起着制约和规定的作用。第三章已表明，波兰尼明确指出，"个人"和"知识"并不矛盾。发现是个人的技能，是个人进行的活动。他称之为"个人认识"（personal knowing）。他提出，与"个人认识"相对应的是"个人知识"（personal knowledge）。他说，这个名词是他杜撰的，意在强调发现活动的个人性。

四、发现是个人的无言认识

发现作为运用个人技能的个人活动，是个人认识。要弄清个人认识作为发现的原理，如上所述就在于探明个人技能的机理。

个人认识作为发现，其最大特征就在于它是"无言的"（tacit），或者说"不可言传的"（inarticulate）。这同辩护脉络中认识论层面的认识，以及相应的知识即方法论层面的知识，恰成对比，后者是可以言传的，尤其知识更必须用语言来表达。科学家个人为发现而发挥的技能和原创性，它们作为能力、智能及其运用都不依从运用或者都不运用语言（包括图表、符号和公式）。所以说，发现是个人的无言认识。同时，对这种个人认识的能力及其运用，它作为活动的过程，根本上也都无法用语言来表述，我们对之只具有"无言知识"。总之，作为发现的个人认识是个人运用智慧和技能，倚重情感和意志，发挥原创力进行的探索性行为。这决定了无言认识与知识迥异于言传认识和知识。波兰尼就此写道："在智能的言传水平上，探索性行动变得判然不同于既有知识的单纯例行运用，它们是发明者和发现者的行为，需要原创性，给创造能力的施展提供机会，就此而言，它们既不同于应用已知工具的工程师的作用，也不同于演示既有科学成果的教师的作为。这种探索性的理智行动使知识增加，从这个意义说是不可逆的，

① M. Polanyi：Personal Knowledge—Towards a Post-Critical Philosophy，London：Routledge & Kegan Paul Ltd.，1958，49.

而接连不断的例行作为则是在现有的知识架构中运行的，就此而言是可逆的。”①

发现是个人的“无言认识”，发明是个人的技能。这样，要探明技能的机理是不可能的，因为关于它们只能有“无言的知识”，也就是说，发现的技能不可言传。然而，这是从根本上和原则上而言的。发现的“技能”是庞杂的总体。对局部、具体而言，总还有蛛丝马迹可寻。迄今为止，作为波兰尼研究发现之“个人无言认识”的成果，关于这种认识的心理结构，已获得重要的可言传的知识。

个人无言认识在心理上呈“‘支援意识’（subsidiary awareness）–‘焦点意识’（focal awareness）二元结构”。波兰尼勾勒了这幅心理图景：“我认为，认识是对所认识事物的能动领悟，而这行动是需要技能的。讲究技能的认识和实干是这样进行的：让一套细目作为线索或工具服从于达成一项讲究技能的成就（无论实际的还是理论的）。于是，可以说，在我们对我们所达致的那个统一实体所抱持的‘焦点意识’之内也对这些细目产生‘支援意识’。”② 为了使这幅图景易于理解，尤其为了更好地说明支援意识和焦点意识，波兰尼以拿锤子打钉子的活动为例作了生动的说明：“当我们用一把锤子打进一枚钉子时，我既注意钉子也注意锤子，但方式不同。我们盯住我们打击钉子的效果，挥舞锤子时力图最有效地击打钉子。当我们抡下锤子时，我们并未感到它的手柄撞击我们手掌，但感觉到锤头击打钉子。然而，在某种意义上，我们肯定留神我们的手掌和握锤子的手指的感觉。这些感觉引导我们有效地操纵锤子，我们给予钉子的注意也程度同样大小地给予这些感觉，但给予的方式不同。这差异可以这样说明：不若钉子，这些感觉不是我们注意的对象，而是我们注意的工具。它们本身并未受到注视；当我们保持紧张地意识着它们的同时，我们还在注视别的事物。我对我手掌的感觉抱有一种支援意识，而这感觉融入我对我打进钉子一事所抱的焦点意识。”③ 现在可以明白，个人进行无言认识时，对认识对象抱持焦点意识，也即集中关注它。同时，又对进行此一认识活动时可资利用的各种线索和工具抱有“支援意识”。这两种意识都不可或缺，支撑着个人的无言认识。不过，支援意识处于辅助地位，“支援”焦点意识。它们的位置不可互易。焦点意识只能投给认识对象，支援意识必须投给线索和工具。“如果一个钢琴演奏家把注意力从他弹奏作品转移到观察弹奏时他在用手指做什么，那么，他就会乱了套，可能不得不停下来。如

---

① M. Polanyi: Personal Knowledge—Towards a Post-Critical Philosophy, London: Routledge & Kegan Paul Ltd., 1958, 76-77.

② M. Polanyi: Personal Knowledge—Towards a Post-Critical Philosophy, London: Routledge & Kegan Paul Ltd., 1958, VII.

③ M. Polanyi: Personal Knowledge—Towards a Post-Critical Philosophy, London: Routledge & Kegan Paul Ltd., 1958, 55.

果我们把焦点注意转移到我们以前只是作为支援角色意识到的诸细目，那么一般说来情形总是如此。”①

“支援意识”的背后还有“支援知识”支撑着。这种支援知识也是不可言传的。波兰尼详细说明了这一点：“尽管我无法清楚说出，我如何骑自行车，我如何识别我的雨衣（因为我对之没有清楚的认识），然而，这并不妨碍我说：我知道如何骑自行车，如何识别我的雨衣。因为，我知道，我完全知道怎么做这种事，即便我认识的是我仅以工具方式认识的东西的诸细目，而且我就焦点而言还根本无视它们；因此，我可以说，我认识这些东西，哪怕我不能清楚地说出甚或根本说不出我认识的是什么。如我已界定的，支援的或者说工具的知识不是其本身被认识，而是从它对其性质有所贡献的、被作为焦点认识的某种东西这方面得到认识；而且，就此而言，它也是不可详细说明的。通过分析，可以把支援知识引入焦点，把它表述为准则或者外貌特征，但这种说明一般说来不可能详尽无遗。作为专家的诊断医师、分类学家和棉花分级师能够指明他们所掌握的线索，表述他们所依据的准则。但是，他们知道的东西远远超过他们能告诉于人的，而他们认识这些东西，在实际上仅把它们作为工具性的细目，而不是明确地作为对象。因为，关于这种细目的知识是不可言传的（ineffable），而按照这些细目思考一个判断，则是不可言传的思维过程。”②

“支援意识”和“支援知识”有着重要的科学发现意义。科学是认识活动和知识体系的传统，而这传统正是以“支援意识”和“支援知识”作为支撑和核心。科学传统对于科学家个人正是起着“支援意识”和“支援知识”的作用。离开这种作用，随科学发现而来的科学进步和发展乃至整个科学史都是不可想象的。因此，并非偶然，库恩在取科学史进路来构想他的“范式论”科学哲学时，直接汲取和继承了波兰尼的这个思想。实际上，范式包括符号概括、形而上学成分、价值和范例四类要素，而中心要素为范例。范式广义是“学科基体”，狭义即“范例”。这样，科学家的发现活动离不开“学科基体”的支撑，同时，这支撑很大程度上只能以“身教”（通过范例）传授或让人领会。实际上，“范例”作为中心要素也渗透进了其他三类要素。

个人无言认识作为发现活动，其心理结构的另一元即“焦点意识”在于，个人靠沉思维持专注于对象，在沉思中，个人忘我地进入对象内部，居留于那儿而与之相融合。这就是波兰尼所谓的“内居作用”（dwelling in，indwelling）。

---

① M. Polanyi：Personal Knowledge—Towards a Post-Critical Philosophy，London：Routledge & Kegan Paul Ltd.，1958，56.

② M. Polanyi：Personal Knowledge—Towards a Post-Critical Philosophy，London：Routledge & Kegan Paul Ltd.，1958，88.

个人靠沉思维持焦点意识，由此不带思考地专注于对象。波兰尼以沉思恒星区别于对恒星的天文观察为例来说明这一点。他说："当我们忘我地沉思恒星时，我们注意它们，其方式不同于天文观察。我们以极大兴趣凝视它们，但不思考它们。因为，若我们思考，那么，我们对恒星的意识便淡化为对仅仅是恰当概念的例子的意识；我们的兴趣焦点就会移离它们，我们对它们的意识便沦为对这焦点的支援，而它们对眼睛和心智的生动作用也就消失。"① 沉思进而起内居作用，把发现者引向内居对象。波兰尼生动细致地描绘了这幅图景："作为经验的观察者和操纵者，我们被经验引导，经由经验而通过去，但未体验它本身。我们据以观察和操纵事物的概念架构成为我们自己和这些事物之间的屏障。于是，它们的景象和声音以及对它们的嗅闻和触摸都仅仅些微透过这屏障，它把我们同它们隔得很开。沉思则消解掉这屏障，制止我们做通过经验的运动，把我们直接注入经验；我们不再处置事物，而是沉浸于事物。沉思没有隐蔽的意念或意义；我们在沉思时不再处置事物，而是为了我们经验本身而被吸收进这经验固有的性质之中。当我们迷失于沉思之中时，我们在我们沉思的对象之中获得非人格生命；而这些对象本身被蒙上梦幻的微光，这光华给予它们鲜活的但梦一般的实在性。这实在性所以是梦幻般的，乃因为它无时间，也无确定的空间定位。它不是客观的实在性；因为，它不是期待未来得到有形事物确证的理智知觉的焦点，而仅仅驻留于事物呈现于眼睛的各种形状色块。因此，执著沉思的非人格性在于这个人完全参与他沉思的对象，而并不在于他完全脱离它，如同进行理想地客观的观察的情形那样。既然沉思的非人格性是自我放任，那么，可以把它说成是自我为中心的，或者说成是忘我的，视指涉这沉思者的梦幻行为还是指涉他人格被淹没而定。"② 当科学家个人作为发现者在焦点意识支配下凝视对象而陷于沉思时，他不是以感性（时间和空间），也不是以知性（概念架构）去接受对象，而是以想象去同对象融为一体。同时，在这种状态下，对象也似乎离开其客观实在性，而带上"梦幻般"的实在性。然而，惟其如此，发现者个人才能对对象的"本来面目"即"固有属性"——实质本质——有所认识。一个科学家唯有进入这种内居状态，方才能够作出真正的科学发现。

---

① M. Polanyi: Personal Knowledge—Towards a Post-Critical Philosophy, London: Routledge & Kegan Paul Ltd., 1958, 196-197.

② M. Polanyi: Personal Knowledge—Towards a Post-Critical Philosophy, London: Routledge & Kegan Paul Ltd., 1958, 197.

第八节　发现的历史向度

并非偶然，当库恩把科学哲学引向关心科学发现问题时，采取科学史的进路。这正昭示，历史对于科学发现的本质相关性。尤其是，刚才提到，“范式”从支援意识和支援知识而来。“范式”可以说是把科学史化身为作为历史东西的支援意识和支援知识。实际上，被库恩作为主题的“科学革命”正是从科学史对科学发现的把捉，因为科学革命就是从历史场景展示科学发现。总之，库恩科学哲学的三个关键词——科学革命、范式和科学发现——交织起来呈现一个重要课题——发现的历史向度。

一、历史的动力：发现的必然性

作为科学文化，西方文化孕育了一种理性主义的历史观。这种历史观揭示了，科学史是通过批判来实现科学进步也即知识增长的历史。柯林伍德（R. Collingwood）这样说明历史的进步及其机制：“历史的进步只不过是人类活动本身的别名，它们是各种行动的相续，其中每一种都是从前面一种产生的。每种行动我们都可以研究其历史，不管它是属于哪一类；每种行动在一系列的行动中都具有它的地位，并在其中创造出一种下一个行动所必须加以应付的局势。已经完成的行动就引起了新的问题；总是这个新问题而又不是那个老问题，才是新行动所必须加以解决的。”① 知识的进步构成历史的动力，这致使发现作为行动带有历史的必然性。

“发现的必然性”有关键的两点：批判和问题。每个已完成的发现总会留下“必须加以应付的局势”，于是，发现的必然性在于批判这种“局势”，从而找出新的问题，而解决它的行动就是作出新的发现。波普尔的“批判理性主义”作为关于发现的科学哲学正是在这两块基石上构筑起来的。他这样阐明批判、问题和发现的哲理：“在我看来，对‘创造性的’或‘发明性的’思维所必不可少的，是对某一问题抱强烈兴趣（因而准备再三地尝试），加上运用高度批判的思维方式；此外甚至还要准备抨击不富于批判性的思维用于决定尝试（猜想）选择范围之界限的那些前提；以及一种想象的自由，它使我们得以找出至今尚未受到怀疑的错误根源：需加以批判审察的可能的偏见。”② 他特别强调“问题”的

① 柯林伍德：《历史的观念》，何兆武等译，北京：中国社会科学出版社，1987年，第367页。

② 波普尔：《波普尔自传：无尽的探索》，赵月瑟译，北京：中央编译出版社，2009年，第51页。

重要性。他就此写道："科学仅仅从问题开始。"① "人们可能说科学从理论到理论地进步，它是愈趋良好的演绎体系的序列。然而，我实际上是想表明，科学应形象化地表示为从问题到问题地进步——朝向愈趋深刻的问题。"② "我们可以说：知识的增长是从旧问题到新问题。"③

科学发现始于问题。问题出在作为理论之基石即基本原理的概念上面。就此而言，科学史在很大程度是一部概念史。海森伯表明了这一点。他说：牛顿开创的科学发展到19世纪，形成了一套概念。"自然科学开始作出了物质世界的一种更清新和广阔的图景。在物理学中，这种图景是用我们今天称之为经典物理学概念的那些概念来描绘的。世界由空间和时间中的物体组成，物体由物质组成，物质能产生力并受到力的作用。事件由于物质和力之间的相互作用而发生；每个事件都是其他事件的结果和原因。……这个框架得到时间、空间、物质和因果性等经典物理学基本概念的支持。"④ 19、20世纪之交的科学革命引起新旧概念体系交替，其"成果带来的最重要变化是十九世纪概念的这种僵硬框架的解体。……这种解体是明确地分两个阶段发生的。第一阶段是通过相对论，发现了甚至像时间和空间这样的基本概念也能够改变，并且事实上根据新的经验也必须改变。……第二阶段是关于原子结构的实验结果迫使人们进行的关于物质概念的讨论"⑤。

然而，科学史不仅仅是概念史，它还是经验知识增长的历史。库恩以"范式"作为科学史的"实体"，一个主要成就正是把"经验知识史"作为"解题活动"纳入进来。于是，他把科学史从波普尔那里的"不断革命"还原为"常态-革命"，更接近科学史实际。重要的是，"范式论"凸显了作为解题活动的常态科学对于科学发现的重要意义。范式的"生命史"作为科学史不仅鲜活地体现了历史的动力，彰显了发现的必然性——范式必然新陈代谢，并且，如下所述，它还突显了科学史的结构以及连带的发现之过程性。

科学发现的历史必然性还有其精准的一面。这表现为科学发现总是由科学发展的特定水平所决定。到了一定的发展水平，就必然会出现相应的发现。另一方面，科学发现又不能超越科学发展的一定水平。实际上，正是由于这个原故，科学预言乃至科学幻想也只有等到科学发展到了相应水平的时候，才有可能变成现实的科学发现。物理学空间概念史的发展就是生动证例。爱因斯坦指出，在牛顿时代，

---

① K. Popper：Conjecture and Refutations，New York：Harper & Row Publishers，1968，222.

② K. Popper：Conjecture and Refutations，New York：Harper & Row Publishers，1968，222.

③ K. Popper：Objective Knowledge，Oxford：Oxford University Press，1979，258.

④ 海森堡：《物理学和哲学》，范岱年译，北京：商务印书馆，1981年，第130-131页。

⑤ 海森堡：《物理学和哲学》，范岱年译，北京：商务印书馆，1981年，第132页。

莱布尼茨和惠更斯（C. Huygens）两人为一方，牛顿为另一方，两方提出了两种不同的空间概念（a）和（b）。他说："空间的这两种概念可以像下面这样对比起来：（a）空间作为物质客体世界的位置性质；（b）空间作为一切物质客体的容器。在情况（a），要是没有物质客体，空间是不可思议的。在情况（b），物质客体只能想象为存在于空间里面的；因此空间好像是这样一种实在，它在某种意义上是超越于物质世界的。这两种空间概念都是人类想象的自由创造，都是为了更容易理解我们的感觉经验而想出来的手段。"① 显然，（a）更符合相对论的空间概念。但是，对于牛顿建立古典力学来说，只有（b）才能给古典力学的惯性原理和运动定律以恰切的意义。"完全清楚地理解到这一点，那是牛顿的最伟大成就之一。"② 牛顿也知道莱布尼茨和惠更斯提出的（a），且还因之感到不安，但"牛顿明白，空间概念（a）不足以作为惯性原理和运动定律的基础"③。爱因斯坦对此做了中肯的评论："牛顿的决定，在科学当时的状况下，是唯一可能的决定，而且特别也是唯一有成效的决定。但是这问题以后的发展，却循着一条当时谁也无法预见到的曲折道路前进，它表明莱布尼兹和惠更斯的那种直觉上有根据的，但以不适当的论据来支持的抵制，实际上是正当的。"④ 莱布尼茨和惠更斯的发现超越了当时的科学发展水平，故只是在大约300年之后才成为真正有意义的科学发现。

二、历史的结构：发现的过程性

科学史有着"常态–革命"的结构，这决定了在其中展开的科学发现是个过程。因此，在研讨"科学发现的历史结构"时，库恩强调发现的过程性。他说："一直到最近，科学家和历史学家都认为，科学发现是一种可以有前提，也一定有后果，但却没有自己的内部结构的历史事件。通常都把发现某种事物和看见某种东西一样看待，看成是发生在一个特定的时间地点、发生在一个人身上的单一事件，而不把它看成是在空间和时间上扩展着的一个复杂的过程。"⑤ "对于许多科学发现，特别是那些使人最感兴趣和最重要的科学发现，提出'在什么地

---

① 爱因斯坦：《爱因斯坦文集》，第一卷，许良英、范岱年编译，北京：商务印书馆，1976年，第588页。

② 爱因斯坦：《爱因斯坦文集》，第一卷，许良英、范岱年编译，北京：商务印书馆，1976年，第589页。

③ 爱因斯坦：《爱因斯坦文集》，第一卷，许良英、范岱年编译，北京：商务印书馆，1976年，第589页。

④ 爱因斯坦：《爱因斯坦文集》，第一卷，许良英、范岱年编译，北京：商务印书馆，1976年，第589页。

⑤ 库恩：《必要的张力——科学的传统和变革论文选》，纪树立等译，福州：福建人民出版社，1981年，第163页。

点？’这样的问题是不恰当的，提出‘在什么时间？’这样的问题尤其不合适。”①总之，发现是个复杂的过程。

就科学史的“常态-革命”结构而言，常态化身为特定范式，其对科学发现的贡献在于造成了发现的“前史”。范式在常态下指引解题活动。这种活动在不断扩大范式应用范围的同时也在使范式走向适用范围的尽头。

越出这个范围，进入“革命”这个构元。放大来看，这个构元本身呈现“反常-危机-革命”的结构，而这正是发现的历史结构。

“反常”是发现过程的开始。发现始于问题，而问题出在概念上面。然而，从发现的历史过程来说，经验知识层面的解题活动最先揭示的“反常”才开始了共同体走向察知概念发生问题，进而作出发现即提出新概念的历史过程。所以，“反常”是真正的“起点”。库恩说：“那些延续的历史事件，我们通常把这种事件称之为‘发现’。”② 而发现“是从把科学实验和观察中的反常现象——也就是完全和预见不一致的自然现象——分离出来开始的”③。

反常也是个过程，包括觉察反常和调整范式两个阶段。

第一阶段是觉察反常。反常实质上是超出范式适用范围的新的事实类的发现。因此，只有当个别反常事实逐渐增多时，才能觉察到反常，然后自觉地去发现这整类新事实。库恩说：“它们并不是孤立的事件，而是一个个延续的插曲，具有规则地重现的结构。发现开始于觉察反常，即认识到自然界不知怎么违犯了范式所引起的、并支配常态科学的预期。”④

第二阶段是调整范式。“在这个期间，发现反常的这个人和他的集体的许多成员为使这反常现象变成合乎规律的现象而奋斗。”⑤ 于是，“反常的觉察开辟了一个调整理性范畴的时期，直至原先反常的东西成为预期的东西。”⑥ 这种调整导致范式发生两方面的变化：范式的解题能力变强，以及范式开始“变质”。所以，库恩说：“蕴含着这些发现的变化既是建设性的，同样也是破坏性的。科学家吸收了发现之后，就能说明更广范围的自然现象，或者更精确地说明以前已知的现象。但

① 库恩：《必要的张力——科学的传统和变革论文选》，纪树立等译，福州：福建人民出版社，1981年，第164页。

② 库恩：《必要的张力——科学的传统和变革论文选》，纪树立等译，福州：福建人民出版社，1981年，第171页。

③ 库恩：《必要的张力——科学的传统和变革论文选》，纪树立等译，福州：福建人民出版社，1981年，第171页。

④ T. Kuhn：The Structure of Scientific Revolutions，Chicago：The University of Chicago Press，1970，52-53.

⑤ 库恩：《必要的张力——科学的传统和变革论文选》，纪树立等译，福州：福建人民出版社，1981年，第173页。

⑥ T. Kuhn：The Structure of Scientific Revolutions，Chicago：The University of Chicago Press，1970，64.

是，这种进步只有在放弃了以前的某些标准信念或程序，同时还更换了以前范式的某些成分之后，才能达到。"① 问题是，随着范式为应对反常发展而不断调整自身，这种"变质"在程度上进展到某种限度，范式便会陷于危机之中。

危机也包括两个阶段。在第一个阶段，现有范式面对反常，已难以再通过调整自身来胜任解题活动，因而变得模糊起来。在这个阶段，科学共同体成员纷纷提出新的理论，作为可供选择的新范式。库恩对这个危机阶段做了说明。他说："危机的意义在于，它们指示更换工具的时机已经到来。"② 因为，随着反常不断发展，现有范式在相应的解题活动中越来越显得无能为力，危机终于到来：现有范式作为解题活动的工具应当更新了。于是，科学家们竞相提出新理论。库恩指出："新理论仅在常态的解题活动宣告失败之后才涌现。……新理论似乎是对危机的一个直接反应。"③ 这导致"由于发散的明确表达（它们将越来越被看作为特设性调整）激增，常态科学的规则因而变得越来越模糊"④。所以说，"一切危机皆始于一个范式变模糊以及随之而来的常态研究规则变松散。"⑤

危机的第二个阶段里，在众多新提出的相竞争的理论中，有一个脱颖而出，这就是说，一个可能的新范式初露头角。库恩表明了这一点："一场危机可能以一个新的候补范式涌现，以及围绕接受它进行持久斗争告终。"⑥ 就发现的历史结构而言，这是危机"顺理成章"的结局。然而，就一般科学史而言，危机还可能有另外两种结局。一种结局是，"常态科学最终证明能够对付引起危机的问题。"⑦ 另一种结局则是，"从现状来看一时还找不到解决办法"⑧，只得留给未来一代去解决。

危机的结局引向革命。革命就是应对反常经验的范围内抛弃现有的范式，接受那个可能的新范式。这就是说，革命在于特定对象领域里新范式取代了现有范式。库恩指出了这一点："拒斥一个范式的决定总是同时也就是接受另一个范式的决定。"⑨ "这种对于改变既有的习见概念的意义的需要，是……革命冲击的中心。……这最终的概念变革同样是对一个以往确立的范式的决定性破坏。我们甚至可能把这看做是科学中革命性重新定向的原型。……科学革命是科学家借以看

---

① T. Kuhn: The Structure of Scientific Revolutions, Chicago: The University of Chicago Press, 1970, 66.

② T. Kuhn: The Structure of Scientific Revolutions, Chicago: The University of Chicago Press, 1970, 76.

③ T. Kuhn: The Structure of Scientific Revolutions, Chicago: The University of Chicago Press, 1970, 74-75.

④ T. Kuhn: The Structure of Scientific Revolutions, Chicago: The University of Chicago Press, 1970, 83.

⑤ T. Kuhn: The Structure of Scientific Revolutions, Chicago: The University of Chicago Press, 1970, 84.

⑥ T. Kuhn: The Structure of Scientific Revolutions, Chicago: The University of Chicago Press, 1970, 84.

⑦ T. Kuhn: The Structure of Scientific Revolutions, Chicago: The University of Chicago Press, 1970, 84.

⑧ T. Kuhn: The Structure of Scientific Revolutions, Chicago: The University of Chicago Press, 1970, 84.

⑨ T. Kuhn: The Structure of Scientific Revolutions, Chicago: The University of Chicago Press, 1970, 77.

待世界的概念网络的一种更迭。”①

革命就是皈依新范式。这引起了深刻的变化。新范式是关于自然界的新图景。共同体接受新范式就仿佛进入一个新世界进行工作。库恩就此写道：“科学家和外行都不是一件件或一项项地去学会看世界的，除非全部概念的和操作的范畴都已预先准备好。”② “在一次革命之后，科学家在一个不同的世界里工作。”③ “革命前科学界中的鸭子，在革命后变成了兔子。”④

科学革命中科学发现终于完成，而这导致科学进步。这种进步表现为革命中接受的新范式，其解题能力在应对现有范式所面对的反常的范围内强于现有范式。库恩说：“后来的科学理论就在它们应用的、往往判然不同的环境里解题的能力而言，优于以前的理论。这不是相对主义的观点。这表明了我作为科学进步笃信者的意涵所在。”⑤

三、历史的积累：发现的集体向度

发现是科学家个人的活动，由个人独立进行乃至完成。然而，在历史结构中展开的发现过程，是由作为科学共同体成员的诸多个人参与的，其中每个人皆以自己个人的独立活动作出贡献。这里的“独立”是就个人活动本身而言的。问题是，一个特定的科学发现是历时科学发现过程的产物，是诸多参与者个人共同努力的成果。就此而言，也即就诸多个人活动在特定发现过程中结成的关系而言，所谓个人发现活动的独立性又只是相对的。总之，发现作为历史积累的产物，有着集体向度——发现是诸多参与者个人共同完成的成果。

任何科学家个人的发现活动都不可能游离于科学发展的历史积累。它总是依赖于这种积累，同时自身也融入这积累之中。所谓积累，是诸多发现参与者个人历时努力所做贡献的加成。总之，科学发现是历史地积累而成的。

试以玻尔的原子理论为例。⑥ 它是所谓“旧量子论”的最高成就。这理论建立在“分立定态”这个概念的基础之上。玻尔发现“分立定态”，正是历史积累的成果。当时，原子物理学和量子概念研究的三个重大发展已然为这个发现做好了作为必要前提的历史积累。一是卢瑟福（E. Rutherford）的原子模型，它表明，电子绕原子核转动。二是光谱定律的确立，它们揭示，原子光谱的谱线的频率可表示成光谱之差，而这些光谱项表征了原子。三是原子稳定性的发现。一个原子

① T. Kuhn：The Structure of Scientific Revolutions，Chicago：The University of Chicago Press，1970，102.
② T. Kuhn：The Structure of Scientific Revolutions，Chicago：The University of Chicago Press，1970，128.
③ T. Kuhn：The Structure of Scientific Revolutions，Chicago：The University of Chicago Press，1970，135.
④ T. Kuhn：The Structure of Scientific Revolutions，Chicago：The University of Chicago Press，1970，111.
⑤ T. Kuhn：The Structure of Scientific Revolutions，Chicago：The University of Chicago Press，1970，206.
⑥ 海森堡：《物理学和哲学》，范岱年译，北京：商务印书馆，1981 年，第 174-175 页。

可能由于化学过程、碰撞、辐射或者其他原因受到扰动，但它总是又回到原来的状态即正常态。玻尔正是从深入探究这三者所反映的微观世界各规律性之间的本质相关性而发现了“分立定态”。它表明，电子在绕核运动时，由于辐射而失去能量，最后回到正常态，在这个过程中，电子在一些称为分立定态的中间站上停止辐射，最后一个站便是正常态。电子受激而发生辐射，从一个定态跃迁到另一个定态，辐射谱线的频率正比于两个定态的能量差。玻尔的分立定态概念本身又对导致量子力学后来发展的历史积累做出重要贡献。

如果说上述发现由四个环节构成，那么每一个环节也不是某个人独立完成，其本身也是历史积累的产物，也即有其集体性的向度。物理学家格拉肖（S. Glashow）和萨拉姆（A. Salam）、温伯格（S. Weinberg）因在20世纪60年代完成了统一弱力和电磁力的规范理论而获得1979年诺贝尔奖。格拉肖在获奖演讲中就说到了科学发现的这种集体性向度。他说：“织锦是由许多工匠协力织成的，在完工的织物中，难以区分出每个工匠的贡献，而错漏的线脚也遮盖掉了。在我们粒子物理的图像中也是如此。图像的一部分是弱电作用的统一与存在有中性流的预言，现在正为授予诺贝尔奖金而举行庆祝；另一部分夸克假设，从纯粹是个怪念头经由推理而演化为确定的教义；还有一部分是量子色动力学发展成为一种有预测能力的有效的强作用理论。所有这些在织锦中都交织在一起。没有其他部分，任何一部分都很少意义。即使弱电作用理论的发展也不是那么简单直截，它不是在某一位，甚至也不是在三位物理学家的头脑中蕴育成熟的，它同样也是许多科学家（其中有搞实验的也有搞理论的）集体努力的成果。”①

真正意义上的科学发现是作为实质本质的基本概念的发现。然而，新现象和新事实的发现，如果它们不是作为从基本原理推知的演绎结论，那么同样属于科学发现的范畴。因为，这些新现象和新事实必须从概念和理论层面得到同化，才真正成为科学发现，而这又事关概念和理论层面的创新。同时，这整个科学发现同样是历史积累的集体努力的成果。库恩表明了这一点：“发现一种新现象必然是包括着既能认识那个现象存在，又能说明它是什么现象的复杂过程。观察和概念化，事实和事实被理论同化，在科学新事物的发现过程中是不可分地联系着的。这个过程也就不可避免地要延长时间，并且常常涉及许多人。”②

这里以氧的发现为例。首先是氧作为实验事实的发现。“贝银（P. Bayen）在1774年3月以前发现，加热水银的红色沉淀物（HgO）可以产生一种气体。

① 《世界科学》编辑部编：《诺贝尔奖金获得者讲演集——70年代物理学》，上海：知识出版社，1986年，第533-534页。

② 库恩：《必要的张力——科学的传统和变革论文选》，纪树立等译，福州：福建人民出版社，1981年，第169页。

贝银认为这种气体产物就是固定空气（CO_2）。”① “1774 年 8 月初，在贝银的工作发表了几个月之后，普利斯特列（J. Priestley）重复了这一实验，尽管可能他是独立进行的。然而，普利斯特列发现这种气体产物有助于燃烧，这就改变了以前的鉴定。他认为，加热水银的红色沉淀物所得的气体是一氧化二氮（N_2O）。”② “拉瓦锡（A. Lavoisier）又重复了这个实验，一次在 1774 年 11 月，另一次在 1775 年 2 月。只是由于拉瓦锡的试验比普利斯特列的更为精细，结果他又一次改变了以前的鉴定。1775 年 5 月，他认为红色沉淀物所释放出的气体既不是固定空气也不是一氧化二氮；而认为它就是完全没有变化的（大气）空气本身。”③ 1775 年 3 月普利斯特列“又对这种气体重新鉴定。这一次他称之为‘去燃素气体’”。④ 1776 年 2 月间，经过重新检查，“拉瓦锡得出结论说这种气体是大气层空气的一种可以分离的组成，在此以前，他本人和普利斯特列都把空气看作是单一的。认识了这一点，认识到这种气体是一种不能还原的物质，我们可以作出结论说，氧气的发现已经完成了”⑤。其次是通过理论化工作，弄清楚所发现的究竟是什么，从而真正完成这项发现。事实上，“我们要等待拉瓦锡在 1776 年和 1777 年的工作，正是这些工作使得他不仅仅是分离出这种气体，而且还看出它是什么。然而即使是这个结论也还有问题，因为在 1777 年乃至直到他生命结束，拉瓦锡一直坚持认为氧是一种原子‘酸素’，只是在这一‘元素’和热物质‘热质’相结合以后才形成氧”⑥。“但是，酸素直到 1810 年以后才从化学领域被驱逐出去，而热质说则一直拖延到 19 世纪 60 年代。”⑦ 可见，只有理论不断创新，新现象才能确立为真正的科学发现。这里正要仰赖集体向度对于作为历史积累成果的科学发现的贡献。

---

① 库恩：《必要的张力——科学的传统和变革论文选》，纪树立等译，福州：福建人民出版社，1981 年，第 166 页。

② 库恩：《必要的张力——科学的传统和变革论文选》，纪树立等译，福州：福建人民出版社，1981 年，第 167 页。

③ 库恩：《必要的张力——科学的传统和变革论文选》，纪树立等译，福州：福建人民出版社，1981 年，第 167 页。

④ 库恩：《必要的张力——科学的传统和变革论文选》，纪树立等译，福州：福建人民出版社，1981 年，第 167 页。

⑤ 库恩：《必要的张力——科学的传统和变革论文选》，纪树立等译，福州：福建人民出版社，1981 年，第 167-168 页。

⑥ 库恩：《必要的张力——科学的传统和变革论文选》，纪树立等译，福州：福建人民出版社，1981 年，第 168-169 页。

⑦ 库恩：《必要的张力——科学的传统和变革论文选》，纪树立等译，福州：福建人民出版社，1981 年，第 169 页。